U0665722

上海蓝皮书

BLUE BOOK OF SHANGHAI

上海奉贤经济发展分析与研判

（2024~2025）

ECONOMY OF SHANGHAI FENGXIAN:
ANALYSIS AND FORECAST (2024-2025)

主　编／张兆安　朱平芳　高贵峰
副主编／张　淼　邸俊鹏

社会科学文献出版社
SOCIAL SCIENCES ACADEMIC PRESS (CHINA)

图书在版编目(CIP)数据

上海奉贤经济发展分析与研判.2024~2025／张兆安，
朱平芳，高贵峰主编；张淼，邸俊鹏副主编.--北京：
社会科学文献出版社，2025.3.--（上海蓝皮书）.
ISBN 978-7-5228-5023-8

Ⅰ.F127.513

中国国家版本馆 CIP 数据核字第 20258TS409 号

上海蓝皮书
上海奉贤经济发展分析与研判（2024~2025）

主　　编／张兆安　朱平芳　高贵峰
副 主 编／张　淼　邸俊鹏

出 版 人／冀祥德
组稿编辑／谢蕊芬
责任编辑／李　薇　胡庆英
责任印制／岳　阳

出　　版／社会科学文献出版社·群学分社（010）59367002
　　　　　地址：北京市北三环中路甲 29 号院华龙大厦　邮编：100029
　　　　　网址：www.ssap.com.cn
发　　行／社会科学文献出版社（010）59367028
印　　装／三河市东方印刷有限公司

规　　格／开　本：787mm×1092mm　1/16
　　　　　印　张：22.75　字　数：343 千字
版　　次／2025 年 3 月第 1 版　2025 年 3 月第 1 次印刷
书　　号／ISBN 978-7-5228-5023-8
定　　价／158.00 元

读者服务电话：4008918866

编委会名单

主要编撰者简介

张兆安　男，汉族，博士，研究员，博士生导师，上海社会科学院原副院长，现为全国人大代表，上海社会科学院区县研究中心主任，上海国际经济交流中心副理事长，国家高端智库《中国宏观经济运行研究》团队首席专家，中国民主建国会中央委员会委员、中央经济委员会副主任、上海市委副主委。曾经长期担任上海市人民政府发展研究中心咨询部主任，《上海经济年鉴》主编，民建上海市委专职副主委。还曾任第十届上海市政协委员，第十一届、第十二届、第十三届全国人大代表，以及上海交通大学、上海市委党校、上海对外经贸大学、华东政法大学、上海海洋大学等高校兼职教授等。长期以来在上海社会科学院、上海市人民政府发展研究中心以及民建上海市委从事经济理论、决策咨询、新闻出版等工作。出版著作20部、译著1部，发表论文和文章300余篇，自1997年起连续18年主编《上海经济年鉴》，主持120余项国家及省市级重大决策咨询课题，荣获各类奖项20多项。

朱平芳　男，汉族，博士，研究员，博士生导师，现为上海社会科学院研究生院院长、数量经济研究中心主任，享受政府特殊津贴专家，"上海领军人才"。研究方向为计量经济学、宏观经济预测分析与政策评价、科技进步评价与分析；在《经济研究》、《统计研究》和 *Journal of Business & Economic Statistics* 等国内外权威学术刊物上发表论文20多篇；主持上海市人民政府发展研究中心和上海市科学技术委员会软科学项目等。

高贵峰　男，汉族，硕士，中共上海市奉贤区委党校（奉贤区行政学院）副校（院）长，主要分管科研、党建、后勤工作。2024 年以来，组织、主持开展各类课题研究，在研、申报项目 20 个，报送决策咨询成果 9 篇，发表研讨会参会文章 9 篇。其中，决策咨询成果获得党校系统科研咨询成果一等奖。

张　淼　女，汉族，硕士，副教授、会计师、经济师，现为中共上海市奉贤区委党校（奉贤区行政学院）教学部副主任，长期从事经济领域的教学和科研工作，主要研究方向为区域经济学、金融学；在国家、省级刊物发表文章 30 余篇，参编教材、论著 8 部；主持、参与多项省部级、市级科研课题，形成咨政成果，获不同层次奖励。

邸俊鹏　女，汉族，博士，现为上海社会科学院经济研究所、数量经济研究中心副研究员；曾主持国家自然科学基金青年项目、上海市哲学社会科学规划项目一般项目、上海市科学技术委员会软科学项目等，在权威期刊《统计研究》、《数量经济技术经济研究》和《教育研究》等上发表学术论文 10 余篇。

摘　要

　　近年来，奉贤区立足"新片区西部门户、南上海城市中心、长三角活力新城"定位，围绕"奉贤美、奉贤强"战略目标，开拓创新、克难奋进，经济社会高质量发展迈出坚实步伐。本书分别从农业、工业、服务业、固定资产投资、消费品市场、对外贸易形势、财政形势、房地产发展形势等角度对奉贤经济进行深入研究，还对"东方美谷"、营商环境、"数字江海"、"五个创新"、奉贤新城高质量发展、乡村振兴、"贤城工匠"、"无废城市"长效发展以及"贤美文化"等做了详尽的专题分析。全书共有总报告1篇，分报告8篇，专题报告9篇，分别从不同角度对奉贤区的经济运行情况进行了回顾与总结，并开展了相应的分析与研判。

　　首先，本书对奉贤区2024年前三季度的经济运行总体情况进行了解读。奉贤区立足"四个放在"，服务"五个中心"，创新突破抓开局，奋力开创高质量发展新局面。全力以赴高标准推动项目落地，有力有效高水平促进乡村全面振兴，用心用情高品质保障和改善民生，有效地保障了奉贤经济平稳运行。奉贤区坚持"打基础、谋长远"的工作方针，稳步推进经济积极向发展，2024年前三季度经济运行积极向好因素增多，经济发展稳中有进，产业结构持续优化。奉贤聚焦数字经济新赛道，加快推进"数字江海"项目，积极拥抱科技创新的浪潮，创新创业活跃度不断提升，塑造开放型经济新优势；加快发展先进制造业，打造以"东方美谷"为核心的先进制造业承载区；奉贤综保区纳入上海自贸区联动创新区，开放型经济迈上新台阶，激活乡村振兴新动能，推动城乡融合步入快车道，乡村振兴战略实施势头强劲，城乡融合发展迈入新阶段。

其次，本书分别从生产、支出、收入的角度出发，对奉贤区的经济发展情况进行了分析与研判。研究表明：从生产的角度来看，农业结构调整稳步推进，农户增收渠道逐渐拓宽；工业稳中提质，产业特色逐渐清晰；服务业占比提升，对税收收入贡献的主导地位持续稳固。从支出和收入的角度来看，消费品市场增长全市排名靠前，消费券引爆市场活力，固定资产投资有序开展，工业投资进入加速阶段，外贸走势相对疲软，进口明显弱于出口，财政收支双降，房地产降幅收窄，新政频发市场信心增强，多措并举引进人才，保障房安居稳步推进。

最后，本书对奉贤区经济发展亮点与特色进行总结与展望。奉贤积极拥抱数字经济，前瞻布局未来产业，聚焦"数字江海"，放大载体溢出效应，科技引领产业创新，加快发展新质生产力，加速全链条创新，提升科创策源转化力，推进全面深化改革，激发科技创新引领力。错位发展消费特色，打造文化消费活力区，围绕消费升级赋能奉贤新城文化消费活力区。加强人才队伍建设，进一步全面优化营商环境，健全高技能人才激励机制，强化技能人才培训发展，聚焦重点发展领域，培育营商环境品牌。

关键词： 奉贤经济　高质量发展　乡村振兴　数字经济

目 录 ⟨Ϟ

Ⅰ 总报告

B.1 2025年上海奉贤经济形势分析与预测 ……… 朱平芳　邱俊鹏 / 001

Ⅱ 分报告

B.2 2024~2025年奉贤农业经济形势分析与研判 ………… 方顺超 / 021

B.3 2024~2025年奉贤工业形势分析与研判

　　　　………………………… 王永水　倪润德　任　静 / 038

B.4 2024~2025年奉贤服务业形势分析与研判 …………… 纪园园 / 069

B.5 2024~2025年奉贤固定资产投资形势分析与研判

　　　　……………………………………… 何雄就　伏开宝 / 088

B.6 2024~2025年奉贤消费品市场形势分析与研判

　　　　………………………………………… 邱俊鹏　宋敏兰 / 112

B.7 2024~2025年奉贤对外贸易形势分析与研判 ………… 李世奇 / 130

B.8 2024~2025年奉贤财政形势分析与研判 …………… 程东坡 / 149

B.9 2024~2025年奉贤房地产发展形势分析与研判 ……… 谢婼青 / 162

Ⅲ 专题报告

B.10 以"东方美谷"转型升级助力奉贤打造先进制造业

重要承载区 ……………………………… 谢越姑 张 淼 / 181

B.11 持续优化奉贤营商环境所面临的问题与对策

………………………………… 吴康军 马艺瑗 / 197

B.12 奉贤区数字经济高质量发展的进程与展望

………………………………… 丁波涛 赵蔡晶 / 217

B.13 奉贤系统推进"五个创新",建设南上海科创

中心——前沿技术转化首选区 …………… 马鹏晴 朱嘉梅 / 242

B.14 以奉贤新城平台优势资源促进城乡融合发展

………………………………… 孟 醒 吴康军 / 256

B.15 农业新质生产力助力奉贤乡村振兴 ………… 冯树辉 朱嘉梅 / 272

B.16 打造"贤城工匠",激活高质量发展人才引擎

………………………………… 张美星 沈鹏远 / 289

B.17 分类构建促进"无废细胞"生长的动力机制,

推动"无废城市"长效发展 ……………………… 徐大丰 / 303

B.18 "贤美文化"引领奉贤文化高质量发展

………………………………… 廖 辉 杜学峰 / 315

Abstract ……………………………………………………… / 329

Contents ……………………………………………………… / 333

皮书数据库阅读**使用指南**

总 报 告

B.1

2025年上海奉贤经济形势分析与预测

朱平芳　邸俊鹏*

摘　要：　2024年，面对愈加复杂多变的外部环境，以及国内有效需求不足、重点领域风险隐患较多、新旧动能转换带来的阵痛等挑战，奉贤区坚持"打基础、谋长远"的工作方针，稳步推进经济积极向发展。2024年前三季度经济运行积极向好因素增多。农业现代化加速推进，工业转型发展持续升级，服务业提质增效提速；固定资产投资有序开展，消费品市场稳步回升，消费品市场增长全市排名靠前，外贸走势相对疲软，房地产新政频发、市场信心增强。综合奉贤经济发展中面临的内外部风险挑战和机遇，预计2025年奉贤地区生产总值将正向增长，增速水平回升向好。但在抢占数字经济新赛道、强化开放型经济优势、全面激活乡村振兴新动能的同时，仍需警惕并积极应对逆全球化思潮和贸易保护主义抬头，增强前沿科技创新实力，积极

---

* 朱平芳，上海社会科学院数量经济研究中心研究员、博士生导师，主要研究方向为计量经济学、宏观经济预测分析与政策评价、科技进步评价与分析；邸俊鹏，经济学博士，上海社会科学院经济研究所、数量经济研究中心副研究员，主要研究方向为计量经济学理论及其在政策评估中的应用。

培养高技能人才，推动奉贤经济迈向新发展阶段。

关键词： 奉贤经济　数字经济　开放型经济

一　2024年奉贤经济发展状况

2024年以来，随着各项稳增长政策举措持续加大力度，积极因素不断积累，政策效应加快显现。面对复杂严峻的外部环境和国内经济运行中的新情况新问题，我国加大宏观调控力度，着力深化改革开放、扩大国内需求、优化经济结构，有效落实存量政策，加力推出增量政策，国民经济运行总体平稳、稳中有进，生产需求平稳增长，就业、物价总体稳定，民生保障扎实有力，新质生产力稳步发展，高质量发展扎实推进。在一系列政策效应的作用下，尤其是在2024年9月下旬中央政治局重要会议召开以后，一揽子增量政策加快推出，增强了市场信心，改善了预期，提升了市场活力。上海市认真贯彻落实党中央、国务院决策部署和市委、市政府工作要求，有效落实存量政策，加力推出增量政策，2024年前三季度生产需求平稳增长，产业转型升级持续优化，民生保障进一步完善，高质量发展扎实推进，推动经济回升向好的积极因素增多。奉贤区立足"四个放在"，服务"五个中心"，创新突破抓开局，奋力开创高质量发展新局面。同时，全力以赴高标准促进项目落地，有力有效高水平推进乡村全面振兴，用心用情高品质保障和改善民生，有效地保障了奉贤经济平稳运行。

（一）经济回升积极因素增多，产业结构持续优化

经济发展稳中有进，工业投资加速布局。《奉贤统计月报》显示①，2024年前三季度，奉贤区实现地区生产总值1016.0亿元，同比增长1.4%；奉贤区规模以上工业企业累计完成总产值1988.5亿元，同比下降5.0%。其

---

① 本报告中，若无特殊说明，数据均来自《奉贤统计月报》。

中，战略性新兴产业规模以上工业总产值为767.9亿元，同比下降8.5%；美丽健康产业规模以上工业总产值为372.4亿元，同比增长4.8%；固定资产投资总额中工业投资额达到130.1亿元，同比增长4.5%。从表1中可以看出，在奉贤区的主要经济指标中：地区生产总值保持正向增长；工业投资积极布局；受进口总额下降影响（2024年1~8月同比减少20.7%），2024年1~8月进出口总额也下降了8.4%。工业投资的加速布局为未来经济的增长累积了积极的因素。此外，社会消费品零售总额、城乡居民人均可支配收入均保持较为稳定的增长，消费对经济的稳定作用凸显。

表1　奉贤区近几年主要经济指标对比

主要经济指标	单位	2024年1~9月	同比增长（%）	2023年	2022年	2021年
地区生产总值	亿元	1016.0	1.4	1414.7	1371.1	949.8
规模以上工业总产值	亿元	1988.5	-5.0	2808.0	2637.0	2362.8
临港新片区产城融合区工业总产值（规模以上）	亿元	620.1	-10.2	898.0	—	—
战略性新兴产业工业总产值（规模以上）	亿元	767.9	-8.5	1211.8	1161.5	818.4
固定资产投资总额	亿元	405.7	-2.3	581.4	541.9	581.2
其中：工业投资	亿元	130.1	4.5	168.4	136.9	136.7
房地产投资	亿元	183.7	-0.2	258.0	259.8	306.4
社会消费品零售总额	亿元	447.0	2.3	583.3	521.7	564.3
进出口总额	亿元	761.0（1~8月）	-8.4	1202.8	1232.2	1122.1
其中：出口总额	亿元	493.9（1~8月）	0.0[①]	729.7	713.1	629.1
进口总额	亿元	267.0（1~8月）	-20.7	473.1	519.2	493.0
财政收入	亿元	524.8	-6.4	718.3	651.4	670.8
区级地方财政收入	亿元	163.6	-7.9	231.2	222.5	220.8
公共财政预算支出	亿元	229.4	-10.7	335.4	336.8	332.6
城乡居民人均可支配收入	元	47055.0	4.5	59605.0	55292.0	54086.0

注：①2024年1~9月出口总额同比下降0.04%，表格中经四舍五入后为0.0%。

数据来源：历年《上海市奉贤区统计年鉴》、《奉贤统计月报》和《2023年奉贤区国民经济和社会发展统计公报》。

从表2中奉贤区与上海市其他郊区部分经济指标的情况对比可以看出，相比上海其他郊区，2024年奉贤区消费品市场发展较为稳健，对地区生产总值的拉动作用较大。从增速上来看，奉贤区在规模以上工业产值、全社会固定资产投资等方面有待提升。2024年1~8月，上海各郊区财政总收入均有不同程度下降，地方财政资金收入面临一定挑战。

表2 上海市郊区2024年部分经济指标对比

单位：亿元，%

指标	奉贤	闵行	宝山	嘉定	松江	金山	青浦	崇明
地区生产总值（1~9月）	1016.0	2220.8	1284.3	1993.0	1242.4	828.7	1070.8	311.3
同比增速	1.4	4.1	2.4	3.7	2.2	2.6	7.3	3.1
规模以上工业产值（1~8月）	1760.3	2209.6	1566.8	2796.8	2350.9	1627.4	1120.6	377.1
同比增速	-6.8	3.5	-6.2	0.8	-5.2	-3.2	1.4	17.3
财政总收入（1~8月）	489.6	655.3	300.6	520.7	395.4	309.5	440.0	229.4
同比增速	-4.3	-2.4	-5.1	-5.2	-10.4	-3.1	-7.4	-3.1
社会消费品零售总额（1~8月）	400.2	1199.3	655.8	1037.0	467.1	284.9	430.2	92.2
同比增速	3.2	-8.2	-2.6	-1.9	2.1	-4.4	6.2	-6.2
全社会固定资产投资（1~8月）	351.4	462.5	341.4	403.1	395.3	160.0	436.0	102.5
同比增速	-3.9	7.2	-8.6	11.0	6.8	-12.2	17.8	10.7

数据来源：《奉贤统计月报》。

产业结构持续优化，第三产业占比略有回升。《2023年奉贤区国民经济和社会发展统计公报》显示，2023年奉贤区实现地区生产总值1414.7亿元，同比增长3.4%。分产业看，第一产业增加值9.0亿元，同比增长4.3%；第二产业增加值903.2亿元，同比增长2.9%；第三产业增加值502.5亿元，同比增长4.2%。三次产业结构比例为0.6∶63.9∶35.5，其中第一产业占比与上年基本持平，第二产业占比下降0.4个百分点，第三产业占比上升0.5个百分点。2024年1~9月，奉贤区三次产业结构的比例为0.6∶62.8∶36.6。可以看出，尽管近两年奉贤区第三产业占比有所回升，但是奉贤区整体产业结构并未发生显著变化，仍以第二产业为主。

农业结构调整稳步推进，农户增收渠道逐渐拓宽。2024年1~9月，奉贤区实现农业生产总值13.0亿元，同比增长1.2%，相比建筑业、批发和零售业、金融业等行业，农业增速最快；粮食总产量达到550.2吨，同比增长142.0%。近年来，奉贤作为上海实施乡村振兴战略的主战场，不断深化各项改革措施、盘活农村闲置资源、发展新业态，通过开发新品种、新技术、新模式，让农户的增收之路越走越宽。

工业稳中提质，产业特色逐渐清晰。奉贤区共有1282家规模以上工业企业，2024年1~9月，奉贤区规模以上工业总产值达到1988.5亿元。其中，战略性新兴产业的规模以上工业总产值达到767.9亿元，占奉贤区规模以上工业总产值的比重达到38.6%，工业经济发展新动能持续发挥支撑作用；美丽健康产业的规模以上工业总产值达到372.4亿元，占奉贤区规模以上工业总产值的比重达到18.7%。目前，奉贤已经基本形成了四大产业集群：美丽健康、新能源、新材料、数字经济。2024年四季度，奉贤计划开工重大产业项目10项，涉及新能源汽车、生物医药等新兴产业，计划总投资约33.9亿元，达产后预计年产值65.6亿元。

服务业占比提升，对税收收入贡献的主导地位持续稳固。2024年1~9月，奉贤区服务业增加值为371.9亿元，同比增长4.1%，占全产业增加值的比重为36.6%。从税收结构来看，服务业的主导地位持续稳固，反映出经济结构的调整与产业升级趋势。2024年1~9月，奉贤区服务业实现税收收入298.0亿元，虽然增速由正转负，同比下降3.2%，但其占奉贤区税收收入的比重仍达到60.2%。从产业投向来看，服务业固定资产投资完成额为274.9亿元，同比下降5.4%，占奉贤区固定资产投资完成总额的67.8%。分行业来看，批发和零售业持续发展，房地产市场降幅收窄，金融市场规模缩减。

（二）固定资产投资有序开展，消费券引爆市场活力

固定资产投资有序开展，工业投资进入加速阶段。2024年1~9月，奉贤区完成固定资产投资额405.7亿元，同比下降2.3%。从产业分类来看，第一产业固定资产投资额0.6亿元；第二产业固定资产投资额130.2亿元，

同比上涨4.5%；第三产业固定资产投资额274.9亿元，同比下降5.4%，其中，房地产开发投资额为183.7亿元，同比下降0.2%。2024年奉贤区重大工程项目建设规划正式项目65项，计划新开工15项、建成或基本建成24项，重大项目带动作用凸显。尽管2024年前三季度奉贤区固定资产投资增速放缓，但投资总额基本保持稳定。房地产开发投资虽呈下行趋势，但工业投资仍然增长较快，为完成2024年度目标和2025年"十四五"规划的圆满收官奠定了坚实基础。

消费品市场增长全市排名靠前，消费券引爆市场活力。2024年1~9月，奉贤区实现社会消费品零售总额447.0亿元，同比增长2.3%，增速全市排名第四、郊区排名第三；实现限额以上商品销售额1010.9亿元，同比增长1.3%，增速全市排名第四、郊区排名第三。同期，奉贤区通过公共网络实现的商品零售额增速迎来新高，同比增速达到了34.2%，零售总额达到了93.3亿元，是2019年同期的5倍多。2024年9月，上海宣布发放名为"乐·上海"的服务消费券，覆盖餐饮、住宿、电影和体育四个领域，总共投入市级财政资金5亿元。消费券的发放有效提升了线下消费的活跃度。

外贸走势相对疲软，进口明显弱于出口。2024年前八个月奉贤进出口总额为761.0亿元，同比下降8.4%。其中，出口总额为493.9亿元，同比下降0.04%；进口总额为267.0亿元，同比下降20.7%。奉贤2023年85.0%的外贸依存度相比2022年的89.9%有所下降，低于浦东新区。2024年奉贤合同外资和实到外资均面临巨大的挑战，前九个月奉贤外商直接投资合同金额7.6亿美元，同比下降28.3%。在境内外息差加大的现状下，吸引外资和落实外资的难度有所提升。奉贤在吸引外资方面的表现与对外贸易的疲软产生共振，一方面外资规模的下降对货物贸易和服务贸易的进出口均产生不利影响，另一方面贸易摩擦升级也对吸引外资造成负面冲击，两者叠加为奉贤构建开放型经济带来了巨大挑战。

（三）财政收支双降，房地产市场降幅收窄

财政收支双降，支出结构有所调整。2024年1~9月，奉贤实现财政收

入524.8亿元，同比下滑6.4%，这主要是受2023年同期中小微企业缓税入库抬高基数、2023年中出台的对先进制造业企业增值税加计抵减政策翘尾减收等因素影响；实现区级财政收入163.6亿元，同比下滑7.9%。财政支出方面，2024年1~9月奉贤区公共财政预算支出为229.4亿元，同比下滑10.7%。在资源勘探电力信息等事务（99.8%）、公共安全（16.1%）、城乡社区事务（15.0%）、住房保障支出（6.5%）等方面的支出增长较快；在文化体育与传媒（-34.0%）、医疗卫生（-30.5%）、教育（-11.0%）等方面的支出有较大幅度下降。奉贤区财政收支虽出现双降情况，但财政收入下滑速度低于财政支出，未来仍需合理控制财政支出，确保财政的可持续发展。

房地产降幅收窄，新政频发市场信心增强。从房地产投资完成情况来看，2024年1~9月，奉贤区房地产完成投资额183.7亿元，同比下降0.2%，下降趋势明显放缓。从房屋建设情况来看，2024年1~9月，奉贤区房屋竣工面积39.67万平方米，同比下降33.1%，其中住宅25.13万平方米，同比下降40.8%。由于房地产经营建设速度放缓以及市场需求疲软，奉贤区房地产市场竣工面积减少。从房地产销售情况来看，2024年1~9月，奉贤区商品房销售面积62.26万平方米，同比下降15.9%。其中，现房销售面积37.23万平方米，同比增长22.2%；期房销售面积25.03万平方米，同比下降42.6%；现房的去化逐渐回暖。从政策上来看，上海房地产新政频发，新政的出台显著增强了房地产开发商的投资信心，推动了新项目的投入，项目审批和建设速度也得到加快，从而为房地产市场注入了新的活力。

多措并举引人才，保障房安居稳步推进。在引才留才方面，为推动海内外人才来奉交流、合作、发展，留奉安居乐业，奉贤区通过举办各类全球人才招募活动、招才引智高校推介招聘、技术创新大赛等方式，持续释放奉贤"聚天下英才而用之"的引才留才信号。在人才安居保障方面，奉贤区房管局微信公众号"奉贤房管"发布的数据显示，截至2024年6月底，奉贤区累计筹措了3.1万套各类人才安居房源，涵盖单位租赁住房、市场化租赁住房、公共租赁住房和保障性租赁住房等多种类型，为吸引和留住各类人才提供坚实的保障。2024年，全区计划筹措各类人才安居房源3304套，计划供应3386套，并将提供"新时代城市建设者管理者之家"床位1000张。截至2024年6月底，奉贤区已筹措1413套，供应2377套，并提供"新时代城市建设者管理者之家"床位576张，进一步提升了奉贤区对人才的吸引力和宜居性。

二　2025年奉贤经济运行展望

（一）重要机遇

1.抢占数字经济新赛道，加速培育新质生产力

聚焦数字经济新赛道，"数字江海"项目加快推进。奉贤区以推进"数字江海"项目建设为主要抓手，以加快数字产业化和产业数字化发展为关键任务，初步形成了"一体两翼"的奉贤数字经济发展格局。"数字江海"一期已开园，二期正式开工。项目首期占地178.8亩，建筑面积达到25万平方米，由16栋建筑组成。作为上海首批规划试点项目之一的"垂直工厂"已经完成了主体结构的建设。截至2024年6月，该园区的企业入驻率已经达到了70%，入驻和签约的企业均为智能终端、精准医疗、量子计算等前沿领域的佼佼者。预计未来"数字江海"将吸引1000家企业入驻，提供约2万个就业机会，成为南上海地区人才发展和产业集聚的新高地。数字产业化稳步增长，2024年前8个月，区内规模以上信息传输、软件和信息技术服务业同比增长14%，计算机、通信和其他电子设备制造业同比增长8.3%。产业数字化效果显著，中小企业智改数转全面推进，数字化转型示范标杆不断涌现，产业转型服务体系进一步完善。

积极拥抱科技创新的浪潮，创新创业活跃度不断提升。2023年，奉贤区有1700家企业荣获国家科技型中小企业认定，与上年相比增长了23.4%，与2020年的439家相比实现了三年翻两番的壮举；高新技术企业总数突破

2000家，位居全市第五，成功完成了五年翻一番的目标（2019年为972家）①。2023年，奉贤区专利授权量达到12575件，其中发明专利1437件，与2019年相比分别增长了99.3%和295.9%。全区每万人发明专利拥有量达53.03件，与2019年的20.10件相比大幅增长了163.8%②，这一跃升不仅体现了企业科技创新能力的显著提升，也彰显了区域创新活力的全面释放。此外，奉贤区的创新创业载体在数量和质量上都得到了显著的提升，为区域的科技创新和产业升级提供了强有力的支撑。通过不断完善和优化创新创业环境，奉贤区正逐步成为科技创新的热土，吸引着越来越多的创业者和企业前来发展。

2. 塑造开放型经济新优势，加快发展先进制造业

奉贤综保区纳入上海自贸区联动创新区，开放型经济迈上新台阶。2024年，为进一步放大上海自贸试验区的辐射带动效应，协同培育壮大上海开放型经济新动能，全面形成"以开放促改革、促发展、促创新"的生动局面，加快推进综合保税区转型发展和能级提升，上海将奉贤综合保税区纳入首批设立的"6+1"上海自贸试验区联动创新区，制定了《松江、漕河泾、奉贤、金桥、青浦、嘉定综合保税区自贸试验区联动创新区建设方案》，共包括四方面15条具体措施。未来，奉贤综保区将着力推动新业态新模式多元发展，进一步提升贸易便利化水平，提升土地资源利用效率，加强与洋山特殊综合保税区协同发展。2024年，作为奉贤综保区的特色品牌，"美谷美购·跨境购"依托综保区跨境电商功能和距奉贤综保区1公里的区位优势，开启新零售模式，让消费者零距离享受"美谷美购·跨境购"线下跨境购物新体验。奉贤综保区首单跨境电商"1210"出口海外仓零售业务在今年6月正式落地，为奉贤商品热销海外开辟了全新通道。

---

① 上海市奉贤区人民政府：《第0603069号委员提案的主办单位答复》，https://xxgk.fengxian.gov.cn/art/info/10916/i20240510-k672sc2iay1a7qidfw，最后访问日期：2024年11月22日。

② 上海市奉贤区人民政府：《第0603149号委员提案的主办单位答复》，https://xxgk.fengxian.gov.cn/art/info/10941/i20240510-cryhk0skucuvfm2wbh，最后访问日期：2024年11月22日。

打造以"东方美谷"为核心的先进制造业承载区。生物医药是上海着力发展的三大先导产业之一。奉贤区生物医药产业 2023 年完成规上产值 225.5 亿元,规模位列全市第三。[①] 上海生物研究所、药明生物、信念医疗等生物医药公司落地奉贤。在上海市 53 个市级特色产业园区中,奉贤区拥有 6 个园区,数量位列全市第二。[②] 其中,"东方美谷"涵盖 2 个园区,体现出其在奉贤区特色产业布局中的重要地位。根据奉贤区 2024 年四个季度的重大产业项目开工仪式相关新闻报道:一季度,奉贤计划开工重大产业项目 26 项,总投资超过 124 亿元,涵盖生物医药、智能制造、新材料等产业;二季度,奉贤计划开工重大产业项目 10 项,总投资 46.8 亿元,涵盖生物医药、智能制造、新材料等产业;三季度,奉贤计划开工重大产业项目 12 项,总投资 117 亿元,涵盖生物医药、智能制造、新材料等产业;四季度,奉贤计划开工重大产业项目 10 项,涉及绿色新能源、美丽大健康、数智新装备等新兴产业领域,总投资 33.9 亿元,达产后预计可实现产值 65.6 亿元。作为上海先进制造业的重要承载区,"东方美谷"拥有稳固的实体经济发展基础和良好的空间载体,为经济稳定提供了强力支撑。目前,"东方美谷"已形成化妆品、生物医药和高端食品三大主导产业,展现出广阔的发展潜力:化妆品产业积厚成势、生物医药产业备受关注、高端食品产业前景广阔,它们是未来奉贤经济的核心增长点。

3. 激活乡村振兴新动能,推动城乡融合步入快车道

奉贤的乡村振兴战略实施势头强劲。近年来,奉贤大力推进实施乡村振兴战略,着力改善农村人居环境,高位推动上海农业科创谷建设,整合升级"百村"系列品牌,农村集体经济活力不断增强,农村集体经济不断壮大,成功入选国家农业现代化示范区创建名单。2023 年,全区农村集体总资产共 440 亿元,同比增长了 10%,农村常住居民年人均可支配收入达 44500

---

① 上海市奉贤区人民政府:《全区生物医药产业规上产值稳居全市前三》,https://www.fengxian. gov. cn/jw/xwzx/jwdt/20230607/44564. html,最后访问日期:2024 年 11 月 22 日。

② 《奉贤新城:坚持"30 年后看也不落后"理念谋发展》,http://www.ceh. com. cn/epaper/uniflows/html/2024/06/27/04/04_ 73. htm,最后访问日期:2024 年 11 月 22 日。

元，同比增长 9.5%。① 作为上海乡村振兴的主战区，奉贤一直坚持因地制宜、改革创新，农业发展不断提质增效、农村改革不断注入新动能、农民不断增收。新时期，奉贤要争当农业农村现代化先行者、城乡融合发展排头兵。2023 年，上海市奉贤区农业科创谷落地，以"凝聚科创力量　共塑农业未来"的崭新姿态，进一步探索具有现代化国际大都市特点的乡村振兴之路。

奉贤新城产业发展加速，城乡融合发展迈上新台阶。城市与乡村是一个有机体，只有二者可持续发展，才能相互支撑。城乡融合发展是乡村振兴的重要路径，两者相互依存、协同推进。作为上海五个新城之一，奉贤新城承担着疏解中心城区功能、带动周边区域发展的重要使命。奉贤近年来一直注重发挥乡村独特功能，全面提升乡村振兴水平，同时在国际化大都市争当农业农村现代化先行者。奉贤区在城乡融合发展中具有重要的战略定位，在推动城乡融合发展的过程中，奉贤新城的产业集群建设已取得显著成效，特别是在生物医药、美丽健康产业和智能终端等高科技领域。根据"东方美谷　美丽世界"2023 东方美谷国际化妆品大会新闻发布会上奉贤区副区长厉蕾公布的数据，"东方美谷"作为奉贤的特色产业集群，已成为国内知名的美妆产业基地，吸引了国内外多家知名企业入驻，生产企业超过 226 家，占上海化妆品生产企业总数的 37%，极大地推动了区域经济增长，同时带动了周边农村的经济发展。

（二）风险挑战

1.国际经贸形势不确定，开放型经济发展受限

逆全球化思潮和贸易保护主义抬头。当前，新一轮国际经贸规则框架和导向规则的重心逐步从"边境间政策"转向"边境后政策"，特别是在贸易自由化、投资公平和透明度、竞争中立、知识产权等领域形成了国际高标准

---

① 《新华社、解放日报为什么同时头版大篇幅聚焦奉贤这件大事》，https://www.fengxian. gov.cn/gzms/20240407/66829.html，最后访问日期：2024 年 11 月 22 日。

的规则体系。国际经贸规则的重构，使得全球规则之争、制度之争日益激烈。逆全球化思潮和贸易保护主义抬头，全球化深刻加剧了美国等发达经济体内不同群体受益的不均等，中低收入者成为全球化的受损者，以美国为代表的发达国家"民粹主义"势力大涨。世贸组织（WTO）发布的最新《二十国集团（G20）贸易措施监测报告》显示，在2023年10月中旬至2024年10月中旬的审查期间，G20经济体采取的贸易限制措施的覆盖面显著扩大，G20经济体在货物贸易方面推出了91项新的贸易限制措施和141项贸易促进措施，这两项措施主要涉及进口。贸易限制措施的贸易覆盖面估计为8289亿美元，与上一份报告中的2460亿美元相比大幅增加。

开放型经济发展受限。美国在半导体、人工智能、生物科技、清洁能源、先进计算等高科技领域对中国的限制将不断加剧，这不仅体现在投资并购限制、出口管制等领域，也体现在全球科技人才的引进和技术知识的外溢方面。面对愈加复杂的全球政治与经贸格局的演变，奉贤需要不断调整以适应逆全球化思潮和贸易保护主义的新形势变化，抓住从商品要素流动型开放到规则制度型开放的重大机遇，从产业链、供应链、价值链融合角度开辟对外经济的新空间。奉贤在自贸区建设以及制度型开放先行先试等方面拥有一定的先发优势，依托上海自贸区新片区以及虹桥国际开放枢纽、进博会等重大平台，有条件也有能力提高对外开放的能级水平；利用长三角一体化朝纵深推进的历史性机遇，通过加强杭州湾区域合作、找准优势互补的切入点共同服务"一带一路"的建设；引导有条件的企业到自贸区新片区和联动创新区内租赁办公室或设立办事处，通过"借船出海"的形式，零距离与国际接轨，更便捷地实现走出去发展；支持综合实力强、发展潜力大的综合开放型企业做大做强，通过资本运营、战略合作和企业重组等方式，主动"走出去"拓展市场空间，提高企业综合竞争力。

2. 前沿创新实力有待增强，人才综合素质有待提升

优质创新主体的培育力度有待加强。奉贤区虽然拥有一定的产业基础和创新活力，但在优质创新主体的培育和规模方面与上海市内其他制造业强区相比仍有不小差距。根据《2023年奉贤区国民经济和社会发展统计公报》，截至 2023 年底，奉贤区内市级科技"小巨人"企业总数为 147 家，占上海市科技"小巨人"企业总数的 5.2%。这一占比体现出奉贤区在科技企业数量上的优势并不明显。此外，奉贤区的高新技术企业增长也显得有些乏力，现有的科创型实体企业多数已被纳入高新技术企业范畴，新的可挖掘企业数量有限，加上受到招商引资政策调整的影响，注册型企业的数量也有所减少。在市级以上企业创新平台的数量上，奉贤区在全市的占比也偏低。例如，上海市共有跨国公司地区总部 962 家[①]，而奉贤区仅有 13 家，占比仅为 1.4%；上海市外资研发中心总数为 563 家，奉贤区仅有 5 家[②]，占比 0.9%；上海市国家级企业技术中心共 107 家[③]，奉贤区仅有 4 家[④]，占比 3.7%。这些数据反映出奉贤区在吸引和培育高级别创新平台方面还有较大的提升空间。

奉贤区尚未形成明显的技能人才集聚效应。目前，奉贤的技能人才队伍主要特征为初级工数量较多，而高级工相对较少，传统技工的占比高于现代型技工，同时，单一型技工的数量也远超复合型技工。这一现象导致了奉贤技能人才结构不尽优越、领域分布不够全面，这是奉贤区发展的一大短板，在先进制造业和战略性新兴产业等关键领域常常出现"千工好招，一技难求"的现象。大多数企业对拥有"一技之长"的青年人才需求迫切，但求职者对技能成才的认知和认同感普遍较低。此外，部分院校的应届毕业生在择业时更倾向于选择市区内的央企、国企和大型企业，留在奉贤的意愿并不强烈。这种情况导致奉贤区的技能人才与企业用工之间出现了供需错位，企业在寻求合适的人才时感到困难，而求职者却对本地区的职业发展机会缺乏

---

① 《上海概览 2024》，上海人民出版社，2024。

② 上海市奉贤区人民政府：《第 0603025 号委员提案的主办单位答复》，https：//xxgk.fengxian. gov. cn/art/info/11205/i20240510-j9fp1p9at0dq2ppul4，最后访问日期：2024 年 11 月 22 日。

③ 《上海：已拥有 107 家国家企业技术中心和 30 家国家创新示范企业》，https：//www. thepaper. cn/newsDetail_ forward_ 26779277，最后访问日期：2024 年 11 月 22 日。

④ 上海市奉贤区人民政府：《第 0603183 号委员提案的主办单位答复》，https：//xxgk.fengxian. gov. cn/art/info/10916/i20240510-zhxrexm0h2mquj8wzk，最后访问日期：2024 年 11 月 22 日。

足够的了解和兴趣。要解决这一问题，亟须加强技能人才培养和引导，提高求职者对技能职业的认知和重视，促使更多优秀人才留在奉贤，从而实现区域经济的可持续发展。

3. 土地集约化发展，"无废城市"建设动力不足

城市扩张与保护耕地的双重压力。作为大都市郊区，奉贤面临土地资源紧张、环境压力大的挑战，需要在有限空间内实现高质量发展。农村土地利用率不高是奉贤新城城乡融合发展的瓶颈。作为上海郊区，奉贤的土地资源极其宝贵，低效利用的机会成本更高。奉贤面临城市扩张与保护耕地的双重压力，需要在城市建设用地和农业用地之间寻找平衡。特别是奉贤有大量宅基地处于闲置或低效利用状态，亟须盘活利用。这就要求奉贤在推进土地制度改革时，既要遵循国家政策，又要因地制宜，创新土地利用模式；在推进农业现代化的过程中，不仅要解决规模化、集约化的问题，还要着力提高农业的科技含量和生态友好度，实现农业的可持续发展。

"无废城市"建设动力不足。"无废细胞"作为"无废城市"建设的重要组成部分，需要政府、企业等多方共同创建。创建单位种类繁多、特点不同，资源禀赋有较大的差异，"无废细胞"建设目标也应有很大的差异。企业类创建单位以市场目标为导向，事业类单位以社会职能实现为目标。这些单位推动"无废细胞"创建的能力不同、动力来源不同，动力能级也不同。在"无废细胞"创建过程中，需要综合运用规划、土地、财政、金融、价格等政策，加大对创建单位的支持力度，以破解创建单位创建动力不足的问题。然而，有关法规仅对支持"无废细胞"创建提出了法律依据，使"无废细胞"建设有法可依。目前对"无废细胞"创建单位的奖补虽然可以缓解创建动力不足的问题，但是由于"无废细胞"形成后需要长期发挥作用，因此需要内生动力的支持。需要分析不同创建单位的特点，并以此为基础，设计促进创建单位推动"无废细胞"生长的动力机制，推动"无废城市"的长远发展。

（三）走势研判

2024 年是奉贤区实施"十四五"规划的关键之年。面对挑战，奉贤区坚持"打基础、谋长远"的工作方针，稳步推进各项任务。

农业现代化加速推进。2024 年农业产业链的延伸为乡村发展注入新活力；农村居民收入稳步增长、消费显著回暖；农村生态宜居水平显著提升。乡村振兴持续推进，城乡差距逐步缩小；"百村共建"新模式的实施和集体经济的发展有效促进了农民增收，农民收入渠道逐渐拓宽。

工业转型发展持续升级。奉贤基本形成了四大产业集群：美丽健康、新能源、新材料、数字经济。其中，"东方美谷"美丽健康产业形成了食品、药品、化妆品的"三品"结构；新能源方面，新能源汽车核心零部件企业在奉贤集聚；新材料方面，发展精细化工、合成生物新材料等高科技产业，高端电子化学品、高分子复合材料、高性能水性材料、高性能膜材料等产业层次正不断攀升；数字经济方面，奉贤瞄准无人驾驶，打造了国内首个"智慧全出行链"自动驾驶开放测试区，以及数字国际产业城区"数字江海"。

服务业提质增效提速。批发和零售业持续发展，房地产市场降幅收窄，金融市场规模缩减。消费品市场平稳增长，网络零售蓬勃发展。未来还需加快推进服务业集聚区和重大项目建设，促进产业集聚和集约发展；加强数字基础设施建设，推进服务业数字化。

综合来看，结合奉贤区产业定位和布局、经济发展各方面政策，以及奉贤区在消费、投资、外贸等方面的发展现状和趋势，预计 2025 年，奉贤区农业高质量发展将持续深化；工业投资的促进作用有望显现，工业产值有望回升；服务业占比将持续扩大，消费品市场活跃度提升，房地产市场发展企稳，贸易进出口增速将企稳回升。预计 2025 年奉贤区地区生产总值将正向增长，增速水平回升向好。在抢占数字经济新赛道、强化开放性经济优势、全面激活乡村振兴新动能的同时，仍需警惕并积极应对逆全球化思潮和贸易保护主义抬头，增强前沿科技创新实力，积极培育高技能人才，推动奉贤经济发展迈向新的历史阶段。

三　对策建议

（一）积极拥抱数字经济，前瞻布局未来产业

聚焦"数字江海"，放大载体溢出效应。"数字江海"作为奉贤数字经济发展的主引擎，要利用一期开园、二期开工的历史契机，加快各类优质资源与要素的集聚，在实现自身发展的同时放大溢出效应，引领奉贤数字经济发展实现新突破。一是争取更多来自国家与上海市的政府支持，力争国家数字产业载体授牌、列入上海市数字领域重点和示范园区名单，利用政府的政策支持和投资引导，同时吸引更多的投资和项目落地；二是进一步提升园区数字基础设施能级，推进云网协同和算网融合发展，有序推进基础设施智能升级，为园区企业提供高效、稳定的数字服务；三是加强多园联动，发挥"数字江海"对"东方美谷""未来空间"的数字化服务功能，以及"东方美谷""未来空间"对"数字江海"的需求拉动功能，构建内部强关联的"数字+制造+服务"新型产业体系；四是促进内外联动，在进一步深化"数字江海"与临港产业集聚区以及自贸新片区合作的基础上，抓住15号线南延伸段开工建设机遇，推进"数字江海"与北边的紫竹高新技术产业开发区、零号湾全球创新创业集聚区等数字产业园区的深度合作。

巩固强化现有产业优势，前瞻布局未来产业。巩固壮大化妆品、生物医药、高端食品三大新兴产业，打造错位发展的空间格局，突出主业特色。稳定工业"基本盘"，通过传统产业转型升级加大设备更新和技术改造力度。提升质量、扩大规模，并加强产业链的延伸、补充、巩固与强化。深入实施国有企业改革深化提升行动，培育一流企业，同时积极支持外资企业扩大投资和产能。前瞻布局未来产业，依据上海"五大未来产业"细化对标，特别是在基因和细胞治疗、新型储能、特种合金等领域，加快技术突破与产业落地，培育新的产业增长点。加速规上企业数字化诊断全覆盖，推动制造业数字化转型，支持企业开展智能化、数字化改造，研究出台数字经济专项政

策。提升重点产业的机器人密度，支持企业"上云上链上平台"，加快培育灯塔工厂。推进"绿色生产"，支持节能技术改造，推广能源管理体系，生产、创建更多绿色产品、绿色工厂、绿色园区和绿色供应链。深化制造业与服务业的融合，推动先进制造业与现代服务业深度结合，引导企业从提供单一产品向"产品+服务"转型。

（二）科技引领产业创新，加快发展新质生产力

加速全链条创新，提升科创策源转化力。加大研发投入力度，增加基础研究投入比重。奉贤区正全面落实研发费用加计扣除等优惠政策，以激励科技企业增加基础研发投入，并鼓励链主企业牵头，联合组建创新联合体、新型研发机构、工程技术研究中心和企业技术中心等平台，积极参与国家及市级重大创新工程。此外，奉贤区支持企业家和技术负责人领衔重大创新研究任务，开展核心技术攻关，破解制约行业发展的共性问题，从而推动科技成果的转化和产业化。深化区校融合，提高科创成果产业化水平。深入推进产教融合，以科技创新推动产业创新，发展新质生产力。在与上海交通大学、华东理工大学、华东师范大学、上海应用技术大学、上海大学等高校签订战略合作协议的基础上，奉贤区应积极推进华东理工大学国家重点实验室和长三角国家创新中心奉贤分中心等项目的建设。通过打造创新挑战赛平台，奉贤区实施"企业出题、政府搭台、高校解题"的揭榜挂帅模式，组织高校与企业开展精准需求对接会，推动区内企业与高校、科研院所的紧密合作。自 2016 年创新挑战赛举办以来，已有 1500 多家企业参与，征集企业技术需求 827 项，给出解决方案 1289 项，成功推动了一批优秀的科研成果落地。[①]

推进全面深化改革，激发科技创新引领力。打造中小企业低成本创业高地。加大和提升对行业领军人才和专业孵化器运作团队的引进力度和服务水平，鼓励、支持一流孵化人才、科技领军企业、大学科技园等各类主体建设

---

① 《政府搭台促校企合作！创新挑战赛奉贤区东方美谷　专场赛技术需求发布会成功举办》，https：//www.fengxian.gov.cn/kw/xwdt/20241022/78543.html，最后访问日期：2024 年 11 月 22 日。

高质量孵化器。同时，梳理、排摸、整合现有空置物理空间，并支持企业、高校、科研院所共建共享实验室、研发平台，努力探索在孵企业零成本创业"新模式"，将奉贤打造成为科技型中小企业首发地。重塑科创项目发现育机制。充分利用"创·在上海"国际创新创业大赛的遴选培育机制，发现并培育一批具有创新精神和创业能力的人才，并借鉴美国小企业投资公司计划，为遴选出的项目提供资金支持、培训服务、资源对接、政策扶持等科技创新支撑。推进农业科创谷建设，加强科技创新与智能化农业的深度融合，推动农业生产方式的转型升级。建设智慧农业示范基地并逐步推广智慧农业，推进农业大数据平台建设。实施农业科技创新合作计划，通过建立农业科技创新孵化平台促进科技创新与数智化农业的深度融合。孵化平台可以为农业科技企业、科研人员和创业者提供集中的研发和孵化空间，在进行农业新技术的研发、试验和推广的同时，通过培育农业新质生产力助力乡村振兴。

（三）错位发展消费特色，打造文化消费活力区

持续跟踪消费趋势变化，错位发展奉贤消费特色。通过供给新消费产品、新消费业态、新消费空间、新消费服务等，开拓消费新"蓝海"。奉贤区应以上海市现代服务业综合试点为契机，同时以发展"新技术、新产业、新业态、新模式"的"四新"经济为导向，发展以技术创新和模式创新为内核的新型经济形态和服务模式。推动"以旧换新"政策进一步落地见效，以大平台带小企业走"专精特新"之路。进一步扩大"九棵树文化艺术圈"和"言子书院文化艺术圈"的品牌影响力。将"东方美谷艺术节"向"九棵树未来艺术中心"集聚，组织开展国际合唱节、诗歌节等系列活动。打造"九棵树"戏剧演艺品牌，构建场馆、演艺、创意周边、培训、经纪等一体化的产业链生态，助力奉贤区打造南上海文化新高地。完善九棵树（上海）未来艺术中心、奉贤博物馆等地标性文化项目的商业配套服务及业态功能，提高场馆利用效率和产业化发展水平，丰富区域文化体验和文化消费场景。打造特色文旅线路，围绕"景城同建"理念，打造滨海休闲、城

市名片、乡村旅游、产业旅游等线路。此外，策划开展新媒体营销，与微信、抖音、今日头条、小红书等自媒体平台加强合作，打造区域文旅新名片。

围绕消费升级赋能奉贤新城文化消费活力区。围绕促进消费结构升级，推动文化产业和文化事业向多样化和高品质提升。发挥好文具用品、视听设备等制造业传统优势，融入文化、创新、科技等要素，打通文创产品从创意设计到生产销售的各个环节。聚焦工艺设计、时尚设计、建筑设计等重点领域，加快创意设计与传统产业的融合发展，推动"文创产业化""产业文创化"，提升创意链与产业链的结合度。以"奉贤出品"为导引，推进出版服务、创作表演、数字内容、工艺美术等优质原创输出，满足群众的多样化需求，引领大众性文化消费。利用"东方美谷"产业优势，扩大"艺术商圈"覆盖范围，引导百联南桥购物中心等商业综合体提升文化氛围，打造一批文创艺术与商业服务高度融合的综合消费场所。在数字经济蓬勃发展的今天，传统产业要积极寻求转型升级，及时拓展线上服务，延长"吃住行购""文娱医教"等相关居民生活服务的产业链条，确保文化产业持续稳定发展。

（四）加强人才队伍建设，进一步全面优化营商环境

健全高技能人才激励机制，强化技能人才培训发展。首先，应建立和完善高技能人才的激励机制，提高社会对技能人才的重视程度，具体包括优化薪酬体系，确保技能人才的收入与其专业能力和贡献相匹配，设置专项奖励，激发技能人才的创新意识和积极性。其次，建议通过政府表彰、行业奖励和社会认可相结合的方式，建立多层次的荣誉体系，提升技能人才的社会地位与职业自豪感。这样不仅可以吸引更多优秀人才投身技能行业，还能促使现有人才不断提升自身能力。再次，建议强化技能人才的培训与发展，构建一个以行业企业为主体、职业学校为基础、政府推动与社会支持相结合的综合培养体系。政府应加大对职业培训机构的支持力度，鼓励企业与学校合作开展高技能人才培养项目，特别是针对紧缺岗位的专业培训。最后，鼓励社会力量参与技能培训，提高培训课程的实用性和针对性以满足行业需求，

培养出更多适应市场的高技能人才。支持企业按规定评聘特级技师、首席技师。发挥企业办学特色和优势,推进高技能人才培养基地、工匠学院等平台建设,给予每一位优秀人才施展才华的平台,帮助高技能人才实现自我价值。

聚焦本区重点发展领域,培育营商环境品牌。一流的营商环境需要具备良好的基础设施、广阔的市场空间、公平的市场竞争、健全的法制体系、优质的公共服务、丰富的人力资源、完善的税收政策、国际化的商业氛围等。一是围绕奉贤中小企业科创活力区建设,面向奉贤制造类中小企业的降本增效诉求,积极探索中小企业数智化转型可行路径。二是围绕奉贤重点发展的美丽大健康、新能源汽配、数智新经济、化学新材料等产业领域,面向国内"民企500强"和"世界500强",依托上海工博会、进博会等重大平台,顺应产业发展新趋势新赛道,以数智化和绿色低碳化为重点,力争引进一批优质项目、结算总部和区域性总部,为产业转型升级导入新增量、发掘新变量。完善重点项目签约落地闭环管理,建立区领导牵头的包干推进、定期协调、按时签约机制。三是面对招商过程中企业的"要资金、要市场"需求,积极盘活奉贤区国有存量资产,为奉贤民间投资开辟新市场空间,以此为抓手吸引企业落户奉贤。

分 报 告

B.2

2024~2025年奉贤农业经济
形势分析与研判

方顺超*

摘　要： 奉贤作为上海实施乡村振兴战略的主战场，在推进农业农村现代化过程中，农业产业结构调整稳步推进，奉贤农村居民收入稳步增长、消费显著回暖，农村生态宜居水平显著提升。"百村共建"新模式的实施和集体经济的发展有效促进了农民增收。同时，农业产业链的延伸为乡村发展注入新活力，产业融合成为推动乡村振兴的重要动力。然而，2023~2024年奉贤农业发展仍面临科技创新不足、产业结构有待优化、数字化转型挑战、人才短缺等问题。针对这些问题，2024~2025年奉贤农业的发展思路将聚焦深化科技兴农战略、优化产业结构、推进乡村产业融合发展、加强乡村建设和强化共富举措。政策建议包括设立农业科技创新专项资金、制定数字化转型行动计划、完善人才引进机制等，以推动奉贤农业高质量发展、实现乡村全面振兴。

关键词： 乡村振兴　农业农村现代化　集体经济　劳动力结构　农业产业链

---

* 方顺超，上海社会科学院数量经济研究中心博士研究生，研究方向为计量经济学、农村经济。

奉贤区争当农业农村现代化先行者、城乡融合发展排头兵，不断推进乡村全面振兴并取得实质性进展、阶段性成果，正努力构建起与农业农村现代化相适应的新型农村集体经济长效发展机制。2023 年 7 月，奉贤审议通过《中共上海市奉贤区委关于全面推进乡村振兴 争当农业农村现代化先行者、城乡融合发展排头兵的意见》，开启了探索全域乡村振兴的新路径。奉贤区拥有 175 个乡村，农村土地面积占全区面积的 80%，耕地面积占全区面积一半以上，是名副其实的农业大区。2023 年，奉贤成功入选国家农业现代化示范区创建名单，这对上海市全面实施乡村振兴战略、加快推进农业农村现代化具有重要的引领带动作用和基础性支撑作用。[①]

一 推进农业农村现代化，农业产业结构调整稳步推进

（一）农业生产总体情况

根据上海市奉贤区统计局发布的《2023 年上海市奉贤区国民经济和社会发展统计公报》，2023 年奉贤区农业经济呈现稳中有进的良好态势，全年完成农业总产值 23.9 亿元，较上年增长 0.4%，展现了农业经济的韧性和活力。细分来看，种植业以 13.9 亿元的产值领跑，同比增长 0.5%，反映出粮食和蔬菜生产的稳定性。林业虽然规模相对较小，但以 0.9 亿元的产值实现了 3.4% 的增长，显示出生态农业的发展潜力。畜牧业表现尤为亮眼，产值达 1.6 亿元，同比大幅增长 25.7%，体现了"1250 肉盆子"工程的显著成效。值得注意的是，渔业产值为 3.8 亿元，同比下降 10.4%，这可能与环保政策调整和水产养殖结构优化有关。农林牧渔服务业以 3.7 亿元的产值实现了 2.9% 的增长，反映出农业产业链延伸和农村第三产业发展的积极趋势。从产值结构来看，种植业、林业、畜牧业、渔业、农林牧渔服务业的比例为

---

① 《沪郊奉贤的"逆袭"与"蝶变"》，http：//www.sh.xinhuanet.com/20240926/63a72019b7b046c4b333a92393b989a6/c.html，最后访问日期：2024 年 11 月 22 日。

58.2∶3.8∶6.7∶15.9∶15.5。这一结构显示，奉贤区农业仍以种植业为主导，但农林牧渔服务业和渔业也占据了相当比重，体现了产业结构的多元化和均衡性。畜牧业虽然占比相对较小，但增速最快，显示出未来发展潜力。

总的来说，2023年奉贤区农业经济呈现结构优化、质量提升的良好态势。通过实施"四大工程"①，奉贤区不仅保障了市场供应，还推动了农业现代化和产业融合。未来，奉贤区将继续深化农业供给侧结构性改革，加快推进农业科技创新，促进一二三产业融合发展，努力打造现代化都市农业示范区，为上海的城市发展和居民生活质量提升做出更大贡献。

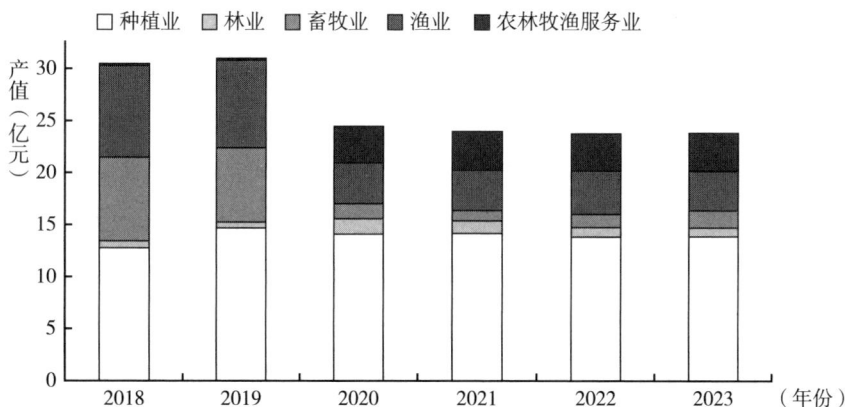

图1　2018~2023年奉贤区农业生产总体情况

数据来源：历年《上海市奉贤区统计年鉴》。

（二）传统种植业

2023年，奉贤区在传统种植业发展方面取得了显著成绩，通过创新农业生产模式、优化种植结构、提升科技水平等多项举措，实现了农业生产的稳定增长和质量提升。② 奉贤区积极落实"1710米袋子"工程，17万亩水

---

① 即"1710米袋子"工程、"1223菜篮子"工程、"8050果盘子"工程和"1250肉盆子"工程。

② 《区农业农村委主任访谈·奉贤篇｜争当农业农村现代化先行者、城乡融合发展排头兵》，https://sghexport.shobserver.com/html/baijiahao/2024/07/30/1389454.html，最后访问日期：2024年11月22日。

稻种植面积、10万吨产量的目标充分体现了奉贤对粮食安全的高度重视。通过推广优质稻种和绿色高效栽培技术，水稻单产和品质得到双重提升。据统计，2023年奉贤区粮食总产量达10.1万吨，较上年增长5.5%（见表1）。在蔬菜生产方面，"1223菜篮子"工程的实施为奉贤区蔬菜产业发展注入了新动力，12万亩次蔬菜种植面积、23万吨产量的目标不仅得以实现，还略有超出，2023年奉贤区蔬菜上市量达23.4万吨。其中，绿叶菜、果菜类等高附加值蔬菜品种的比重不断提高，为市民提供了更加多样化的选择。特色果品种植是奉贤区传统农业的一大亮点。"8050果盘子"（8000亩黄桃和5000亩蜜梨种植）工程的实施，进一步巩固了奉贤区在特色水果生产方面的优势。这些特色果品不仅满足了本地市场需求，还通过电商平台销往全国各地，成为奉贤区农业品牌化发展的典范。2023年，奉贤区传统种植业在保障供给、提质增效、绿色发展等方面均取得了显著成绩。通过科技创新、结构调整和模式创新，传统种植业正朝着高质量、可持续发展的方向稳步前进。奉贤区粮食生产耕种收基本实现全程机械化，主要农作物综合机械化水平达98.7%，农作物秸秆综合利用率达99%。围绕发展绿色高效农机化新技术，奉贤传统种植业以精准喷施和减药减肥为重点，大力推广新型高效植保技术和水稻侧深施肥技术，2022年水稻侧深施肥技术推广2.39万亩。2022年11月，奉贤成功推动全国首个精准测产5G+AI数字化无人农场投入实践。2023年4月28日，全市最早的无人驾驶水稻插秧机在奉贤试点作业。此外，奉贤还对蔬菜大棚进行了"宜机化"改造，着力解决标准8型塑料大棚端面窄、不利于机械转弯掉头、影响作业速度和作业质量的问题，四年累计完成"宜机化"改造面积506亩。2023年，奉贤区各蔬菜生产"机器换人"示范基地作业面积已达3972亩次。其中，耕整机耕面积3875亩次，机械化率达98%；播种移栽面积3430亩次，机械化率86%。全年综合机械化率达67%。① 未来，奉贤区将继续深化农业供给侧结构性改

---

① 黄依雯：《品奉贤野趣诗酒花茶 看乡村振兴浪潮迸发》，《上海农村经济》2024年第6期，第12~13页。

革，加快推进农业现代化，努力打造都市现代农业示范区，为上海的城市发展和居民生活质量提升做出更大贡献。

表1 2018~2023年奉贤区种植业主要作物基本生产情况

年份	粮食			夏熟谷物		
	播种面积（公顷）	单产（千克）	总产量（吨）	播种面积（公顷）	单产（千克）	总产量（吨）
2018	10845	8427	91391	624	4912	3064
2019	10731	8528	91517	109	4500	484
2020	11264	8398	94589	58	4396	254
2021	11480	8363	96013	37	4013	149
2022	11526	8347	96203	23	3584	83
2023	11796	8602	101467	48	4729	227

年份	小麦			水稻		
	播种面积（公顷）	单产（千克）	总产量（吨）	播种面积（公顷）	单产（千克）	总产量（吨）
2018	582	4911	2860	10211	8642	88326
2019	83	4700	388	10389	8619	89544
2020	44	4582	203	11206	8418	94335
2021	21	4423	92	11443	8378	95864
2022	11	4613	51	11503	8356	96121
2023	48	4729	227	11748	8618	101239

年份	蔬菜		西瓜和甜瓜	
	播种面积（公顷）	上市量（吨）	播种面积（公顷）	总产量（吨）
2018	10521	296803	487	14140
2019	7995	227187	475	13642
2020	6633	193151	238	9378
2021	8387	226448	248	9343
2022	7850	238625	240	9267
2023	7491	233782	255	7437

数据来源：历年《上海市奉贤区统计年鉴》。

（三）畜牧业

根据《2023年上海市奉贤区国民经济和社会发展统计公报》，截至2023年底，奉贤区畜牧业产值达1.6亿元，畜牧业发展呈现强劲势头，同比增长

25.7%，在整体农业经济中表现尤为突出，增速在各农业子行业中名列前茅。这一显著增长主要得益于奉贤区"1250 肉盆子"工程的有效实施和畜牧业结构的持续优化。"1250 肉盆子"工程的核心目标是实现 12 万头生猪出栏和 5000 头能繁母猪存栏。根据奉贤区农业农村委员会的工作报告，2023 年奉贤区成功完成了这一目标，能繁母猪存栏量保持在 5200 头左右，为生猪生产的可持续发展奠定了基础。这不仅保障了本地猪肉供应，还为上海市其他区域提供了充足的优质猪肉资源。除生猪养殖外，奉贤区的家禽养殖也取得了可观进步（见表 2）。展望未来，奉贤区畜牧业发展前景广阔。奉贤区将进一步优化畜牧业结构，发展特色养殖，打造奉贤特色畜产品品牌，提高产品附加值和市场竞争力。

表 2　2018~2023 年奉贤区畜牧业生产情况

	2018 年	2019 年	2020 年	2021 年	2022 年	2023 年
生猪出栏数（头）	1252	1578	638	459	516	139
家禽出栏数（万羽）	62	55	68	44	42	50.3
禽蛋产量（吨）	4499	4713	4164	5106	4084	3711
雉鸡出栏数（万羽）	—	—	—	3.1	8.5	19.2

数据来源：历年《上海市奉贤区统计年鉴》。

（四）水产养殖业

奉贤区作为上海市重要的水产养殖基地之一，近年来在水产养殖业发展方面取得了显著成绩，同时，也面临着转型升级的挑战。从经济效益来看，根据《2023 年上海市奉贤区国民经济和社会发展统计公报》，2023 年奉贤区渔业产值为 3.8 亿元，虽然同比下降 10.4%，但仍占农业总产值的 15.9%，是仅次于种植业的第二大农业产业。产值下降可能与以下因素有关：首先，环保政策的趋严导致了部分养殖面积的减少；其次，水产品市场价格的波动也对产值造成了一定影响；最后，产业结构调整过程中的转型成本也暂时影响了经济效益。值得注意的是，奉贤区正在积极推进水产养殖业的转型升级。根据奉贤区农业农村委员会的工作报告，区内正在大力发展生态养殖模式，推广水产健康养殖技术。这不仅有助于提高水产品质量，也减少了养殖对环境的影响。截至 2023 年底，奉贤区已累计实施标准化水产养殖场改造项目 61 个，总面积超 1 万亩。上海品兴农家乐专业合作社承担建设的"国家鱼类绿色生态综合标准化试点项目"（国家鱼类绿色生态综合标准化示范区）于 2022 年正式通过考核评估会，这既是奉贤首个国家鱼类绿色生态综合标准化示范区，也是上海市唯一一个 A 类国家标准化示范区项目。此外，奉贤区还注重发展特色水产品产业。例如，奉贤是上海市杭州湾虾类产业带主产区，与崇明形成"南虾北蟹"的养殖格局。通过"南美白对虾健康养殖示范基地"的示范、辐射和带动作用，南美白对虾养殖技术得到了广泛推广和应用。同时，奉贤区积极与美国、新加坡等国专家开展合作，引进优质种虾，开展种质研究，繁育优质苗种，大力发展虾类养殖。在此基础上，奉贤区积极打造水产养殖与休闲观光相结合的模式。当前，奉贤区的水产养殖业正处于转型升级的关键时期，虽然面临一些挑战，但通过发展生态养殖、培育特色品种、推进科技创新等措施，奉贤区水产养殖业正逐步走上高质量发展的道路，为上海市农业现代化做出重要贡献。

二 农村居民收入稳增、消费增长强劲，生态宜居水平提升

近年来，随着城市化进程的加快、乡村振兴战略的实施以及城乡融合发展的深入推进，奉贤区作为上海市重要的都市农业基地，在农村居民收支增长和生态宜居水平提升方面发展成效显著。

（一）奉贤区农村居民收支恢复性增长

根据《上海市奉贤区统计年鉴（2024）》，奉贤区农村居民 2023 年的收入和消费均呈现显著的恢复性增长态势，反映出区域经济活力的持续提升和居民生活质量的稳步改善。从收入水平来看（见表 3），农村常住居民的年人均可支配收入为 44500 元，较上年增长 9.5%，增速高于城镇常住居民（城镇常住居民的年人均可支配收入为 69568 元，较上年增长 7.7%）；城乡常住居民

年人均可支配收入的比值为 1.56，显示出城乡收入差距进一步缩小的积极趋势，有助于推动城乡融合发展。消费支出方面则呈现更为强劲的复苏态势。农村常住居民生活消费支出为 29736 元，较上年增长 14.9%。这种消费的快速恢复性增长，一方面反映出居民消费需求的集中释放，另一方面说明居民生活品质持续提升。从耐用消费品拥有情况来看，奉贤区居民的生活已经达到较高水平，平均每百户居民家庭拥有 54 辆汽车、179 台空调、203 部移动电话和 56 台计算机，体现出较高的家庭设备现代化水平。农村居民家庭的耐用消费品拥有量虽然相对较低，但也已达到相当水平，平均每百户拥有 34 辆汽车、108 台彩电、82 台洗衣机、81 台热水器、172 部移动电话、137 台空调和 20 台计算机，反映出农村居民的生活质量显著提升、消费结构不断优化。住房条件亦是衡量居民生活质量的重要指标。截至 2023 年底，奉贤区全区居民人均住房面积达 52.2 平方米/人，显著高于全国平均水平；农村居民人均住房面积更是达到 64.5 平方米/人，显著高于城镇居民，体现出奉贤农村居民的居住条件优越。这一方面得益于奉贤区城乡建设的持续推进，另一方面反映出农村地区人口密度相对较低的特点。整体来看，2023 年奉贤区城乡居民收支增长呈现以下特点：第一，收入增长稳健，特别是农村居民收入增速更快，有利于促进城乡融合发展；第二，消费增长强劲，消费增速显著高于收入增长，反映出居民消费信心的恢复；第三，耐用消费品普及程度高，显示出居民生活品质的提升；第四，城乡居民住房条件优越，体现出宜居城区的建设成效。未来，随着区域经济的持续发展和城乡融合的深入推进，奉贤区居民的收入水平和生活质量有望进一步提升，为建设现代化滨海城区奠定了坚实的民生基础。

表 3　2018~2023 年奉贤区城乡常住居民年人均可支配收入

单位：元

		2018 年	2019 年	2020 年	2021 年	2022 年	2023 年
年人均可支配收入	城镇常住居民	52032	56444	58589	63461	64594	69568
	农村常住居民	30514	33517	35404	39298	40628	44500
城乡年人均可支配收入比		1.71:1	1.68:1	1.65:1	1.61:1	1.59:1	1.56:1

数据来源：历年《上海市奉贤区统计年鉴》。

（二）奉贤区农村生态宜居水平提升

在生态宜居水平提升方面，奉贤区通过实施"人居环境优化"专项行动，全面推进农村人居环境整治提升。通过优化田、水、路、林、宅空间布局，改善了农村基础设施条件，提高了农村生活舒适度。特别是在污水处理、垃圾分类、"厕所革命"等方面的持续投入，显著改善了农村环境卫生状况。此外，奉贤区积极推进"15分钟生活圈"建设，不断加强农村公共服务设施建设，提升了农村地区的教育、医疗、文化等公共服务的水平。这些举措不仅提高了农村居民的生活品质，也增强了农村地区的吸引力，为留住人才、吸引人才创造了良好条件。值得一提的是，奉贤区在推进生态宜居建设的过程中，注重保护和传承乡村特色文化，通过加强乡村风貌评估和村庄设计引导，保留了乡村的传统风貌和文化特色，既改善了居住环境，又留住了乡愁记忆。通过一系列举措，奉贤的农村生态宜居水平得到了显著提升，成功创建了第五批乡村振兴示范村明星村、五四村以及7个市级美丽乡村示范村，完成美丽庭院"小三园"建设1.1万户、农村杆线序化71.7公里，新改建公共服务基础设施40个，改造C级以下道路50公里，完成农村公路提质改造45公里，完成乡村公园建设4座，完成长者照顾之家2个。此外，奉贤还深化了农村宅基地改革试点并推进集体经营性建设用地入市试点。

三　打造"百村共建"新模式，集体经济助农增收

2013年上海启动第一轮农村综合帮扶工作时，奉贤作为上海市3个试点区之一，使用市级农村综合帮扶专项资金，并由100个经济薄弱村分别自筹10万元，组建上海百村实业有限公司。在随后的十年里，奉贤区逐步拓展了这一模式，陆续成立了三家"百村"品牌企业，包括上海百村科技股份有限公司、上海百村富民经济发展有限公司和上海百村谊民经济发展有限公司。这些企业共同构成了一个村级集体经济联合体，通过区级层面的统筹

管理,实现了资源的优化配置和效益的最大化。2023年是"百村共建"的里程碑年份。2023年8月,奉贤区整合了现有的"百村"系列企业,成立了百村集团。这一举措标志着奉贤区的农村经济发展策略从单纯的外部援助转向了内生性发展,即从"输血"向"造血"的转变。百村集团采用完全市场化的运营模式,旨在通过提高农民收入和缩小城乡差距来推动乡村振兴。百村集团的成立不仅优化了资产管理体系,还建立了专业的运营团队,为奉贤区农村集体经济的发展提供了一个综合性平台。

2023年"百村"系列公司的资金发放总额达1.39亿元,同比增长11.28%,充分展现了这一模式的成效。除了直接的经济贡献,百村集团还积极参与到奉贤区的农村土地改革中。通过整合上海农业要素交易所,百村集团深度参与了农村"三块地"(农村承包地、集体建设用地和宅基地)的改革项目。这一举措使得原本效率低下或闲置的农村资产得以重新配置和高效利用,为农村产业升级和集体经济发展注入了新的活力。奉贤区还大力推动农村土地流转和集体资产公开交易,通过竞价机制为农村集体资产寻找最佳的投资方向和使用者,同时为集体经济开辟出更加多元化的融资渠道,促进了农村产业的转型升级。截至2023年底,"百村"系列企业的投资成果显著,共完成13个投资项目,累计向各村集体分红超过9.3亿元;全区农村集体总资产达445.31亿元,同比增长11.86%;全区农村集体净资产达157.41亿元,同比增长8.52%;农村集体经济组织收益分配1.41亿元,同比增长11.3%。值得注意的是,资产超过一亿元的村庄数量增加到29个,较2022年增加6个;年收入超过一千万元的村庄达到15个,较2022年增加3个。这一系列成就充分证明了奉贤区在农村经济振兴和城乡一体化发展方面的创新举措取得了实质性成效,为上海市乃至全国的乡村振兴提供了可借鉴的经验。①

---

① 《做大集体"蛋糕"赋能乡村振兴 奉贤百村集团推动全区农村"三资"一盘棋统筹,把帮扶资金变为投资发展资金》,https://www.shanghai.gov.cn/nw4411/20240405/fa7d2b1f626e4425bffdeed477d7169a.html,最后访问日期:2024年11月22日。

四　农业产业链延伸焕活力，产业融合促振兴

奉贤是上海农业大区，优质农产品资源丰富。根据《2023年上海市奉贤区国民经济和社会发展统计公报》及《上海市奉贤区统计年鉴（2024）》，2023年，全区粮食产量约10万吨，蔬菜产量约23万吨，生猪出栏139头，水产品产量约1万吨，水果产量约2万吨，绿色食品认证总量约16万吨，农业总产值约24亿元，农产品加工业产值约92亿元。

（一）农业发展整体情况

奉贤区近年来在推动乡村振兴和农业现代化方面取得了显著成绩。通过推动农业产业链延伸和引导农业全产业链发展，奉贤区正逐步构建起一个充满活力的乡村经济生态系统。在产业升级方面，奉贤区积极引入高质量项目，促进农业与其他产业的深度融合。2023年，区内落地了多个乡村产业项目，涵盖未来食品科技、高端酒店、文化旅游产业园及特色民宿等多个领域，展现了乡村经济的多元化发展趋势。在农业产业化进程中，龙头企业发挥了关键作用。根据《2023年上海市奉贤区国民经济和社会发展统计公报》，截至2023年底，奉贤区拥有34家农业产业化重点龙头企业，其中包括7家国家级龙头企业和9家市级龙头企业。这些企业不仅带动了农业生产效率的提升，还促进了农产品加工和营销的现代化，有效延伸了农业产业链。在休闲农业与乡村旅游方面，奉贤区立足本地特色、创新发展模式，取得了令人瞩目的成绩。区内现有1家全国休闲农业与乡村旅游示范点，8家获得三星级以上认证的休闲农业与乡村旅游企业（园区）。此外，奉贤还拥有5个中国美丽休闲乡村、2个全国乡村旅游重点村和7个全国"一村一品"特色村镇。[①] 这些荣誉不仅彰显了奉贤乡村旅游的品质，也为推动农旅融合发展奠定了坚实基础。

---

① 《亮相2024上海旅游产业博览会，奉贤展示乡村的独特魅力与无限可能》，https://sghexport.shobserver.com/html/baijiahao/2024/04/02/1288242.html，最后访问日期：2024年11月22日。

（二）农产品加工情况

奉贤区长期致力于推动农业产业链的延伸和农产品加工业的发展，形成了一个多元化、高附加值的农产品加工体系。区政府采取了一系列措施，鼓励农民合作社和家庭农场在本地开展农产品初级加工，同时引导规模较大的涉农企业入驻专业园区，发展精深加工技术。这种策略有效推动了农业衍生产品的创新，目前全区已开发出的农产品具有绿色、优质、多样、营养和便捷等特点。在众多农产品加工企业中，一批特色品牌脱颖而出，赢得了市场的广泛认可。例如，妙可蓝多的奶酪棒、海融的奶制品、雪榕和大山合的食用菌产品、鼎丰的腐乳、森蜂园的蜂蜜、荷裕的海制品、富味乡的芝麻油、亿好的水产品、联豪的牛排、麦西恩的健康食品以及城市果园的葡萄原浆等，都已成为奉贤区的代表性产品。这些企业在其各自的领域中展现出独特优势，在奶酪加工、食用菌种源研发和生产、腐乳制作、蜂蜜深加工、水产品和肉制品加工等方面占据了领先地位。它们中有些已在全国范围内享有盛名，有些则彰显着浓郁的地方特色，还有一些是新兴的创新企业。无论规模大小，这些企业都为奉贤区的经济发展和农业转型做出了重要贡献。

奉贤黄桃作为国家地理标志农产品，是区域特色农业的典范，主要品种有锦香、锦绣和锦春。奉贤区通过市场化运作，构建了一条涵盖种植、销售、深加工和衍生品制造的完整产业链，实现了一二三产业的深度融合，大幅提升了黄桃产业的品牌价值。为了进一步提高黄桃的经济效益，奉贤区积极鼓励企业引进先进的加工设备，开发多样化的黄桃衍生品。思尔腾公司的创新产品线就是一个很好的例子：他们开发了黄桃汽水、果汁、啤酒、棒棒糖、精油皂和桃胶等多种产品，尤其是口感醇正、清爽宜人的黄桃汽水，深受游客喜爱。除了产品开发，奉贤区还注重品牌文化建设。在形成了丰富的黄桃产品系列后，区政府着手打造以黄桃为主题的文化展示中心，旨在通过文化传播进一步提升奉贤黄桃的品牌影响力。这种产品开发与文化营销相结合的策略，不仅提升了黄桃产业的经济价值，也增强了奉贤区的农业文化软实力。

奉贤区的农业发展正从传统的粮食生产向高附加值的食品加工和品牌化

发展迈进。这一转变体现在大米产业的创新发展上，特别是在品种选育和产品多元化方面，奉贤区取得了显著成果。区内重点培育的水稻品种，如拥有自主知识产权的美谷2号和适应性强的沪软1212正逐步扩大种植规模，为奉贤大米品牌的培育奠定了优质原料基础。2023年，在一系列稻米品牌推广活动中，奉贤大米衍生品展现出令人惊喜的创新。从传统的酒酿、烧麦到新潮的炒米奶茶，再到融合本地特色的煲仔饭和糍粑，这些产品不仅丰富了消费者的选择，也大幅提升了大米的经济价值。值得一提的是，贤城美谷农产品专业合作社利用本地美妆产业优势开发出大米面膜产品，展现了农业与现代服务业跨界融合的创新思路。

与此同时，金汇镇凭借其"临港新片区、奉贤北大门"的独特地理优势，正在健康食品领域开辟新天地。通过实施乡村振兴战略，该镇吸引了全产业链上下游的优质企业，打造了极具特色的"金汇十二味"区域品牌，形成了初具规模的健康食品产业集群。金汇镇的发展战略聚焦药品（生命健康）、化妆品（美妆日化）和食品（食品保健）三大核心产业，构建了"1+1+X"的产业发展格局。这一模式不仅立足本地资源优势，还通过产业链的完善和升级，推动了产业集聚向更高层次的产业集群转型。目前，该产业集群已吸引了妙可蓝多、海融、瑞橙、辉展、馥松、老大房等近40家龙头企业入驻，展现出强劲的发展势头。这些发展趋势表明，奉贤区正在通过创新驱动和产业融合，推动传统农业向现代农业食品产业转型，不仅提高了农产品的附加值，也为乡村振兴和区域经济发展注入了新的活力。

（三）休闲农业发展情况

奉贤区充分利用独特的乡村资源，精心打造了一系列融合自然景观、农耕体验和绿色消费的旅游项目，大幅提升了区域吸引力。目前，奉贤区已成功开发多条特色旅游路线，涵盖了观光、教育、科普、艺术和文化等多元素内容。其中，"以花会友，邂逅研学时光"和"领略奉贤魅力，享受原味乡村"两条线路获2022中国美丽乡村休闲旅游行（春夏季）精品景点线路推荐。此外，"品乡间野趣诗酒花茶，看乡村振兴浪潮迸发"也入选了2024

中国美丽乡村休闲旅游行（春季）精品景点线路。奉贤区还大力发展乡村民宿产业，为游客提供深度体验。奉贤区还积极组织参与中国美丽休闲乡村、全国"一村一品"特色村镇以及全国休闲农业与乡村旅游精品企业等国家级评选，并借助各类主流媒体平台扩大宣传效果。在2024上海旅游产业博览会上，奉贤区组织了包括淳之文化、宝熠花卉在内的多家代表性企业参展，展示了花卉、陶瓷、琉璃水晶和非物质文化遗产等本地特色产品，有力推广了奉贤特色休闲农业。同时，奉城镇及雉趣园积极参与投资招商活动，吸引了众多乡村产业项目。由此，奉贤区坚持内外并重的发展策略，不断拓展合作渠道。①

五　2023~2024年奉贤农业发展遇到的主要问题

2023~2024年，奉贤区的农业发展虽然取得了一定成效，但仍面临着多方面挑战和问题，这些问题制约着奉贤农业的高质量发展和可持续发展。

第一，农业科技创新与推广应用不足的问题依然突出。尽管奉贤区在水产养殖等领域已经建立了一些技术研发中心，但整体而言，农业科技创新的深度和广度仍显不足。高新技术在农业生产中的应用率偏低，许多农户仍然沿用传统的耕作方式。这不仅影响了农业生产效率的提升，也阻碍了农产品质量的改善。特别是在粮食生产、果蔬种植等领域，新品种、新技术的推广应用仍然面临着诸多障碍。

第二，农业产业结构有待进一步优化。虽然奉贤区已经形成了以种植业为主、兼顾水产养殖和畜牧业的产业格局，但产业链条仍然较短，产品附加值不高。特色农产品如奉贤黄桃、奉贤葡萄等虽然具有一定市场知名度，但深加工程度不够，难以形成规模效应。此外，一二三产业融合发展还不够深入，农业与旅游、文化、教育等产业的结合还不够紧密，难以充分发挥农业

---

① 黄依雯：《品奉贤野趣诗酒花茶　看乡村振兴浪潮迸发》，《上海农村经济》2024年第6期，第12~13页。

的多功能性。

第三，农业数字化转型面临挑战。尽管奉贤区在智慧农业方面已有所尝试，如建立了一些智慧农场，但整体而言，数字技术在农业生产、经营、管理中的应用还不够广泛和深入。大数据、物联网、人工智能等先进技术在农业领域的应用还处于起步阶段。许多农户和农业经营主体对数字化转型的认识不足，缺乏相应的技能和投入能力，这严重阻碍了奉贤农业的现代化进程。

第四，农业人才短缺与老龄化问题日益凸显。随着城市化进程的加快，大量年轻劳动力持续外流，农村劳动力结构失衡，从事农业生产的人员平均年龄偏高。虽然奉贤区在吸引返乡创业大学生和培养新型职业农民方面做出了努力，但农业人才的总量和质量仍然难以满足现代农业发展的需求。特别是在农业科技创新、农业经营管理等方面，高素质人才的缺乏已经成为奉贤农业发展的一个重要瓶颈。

第五，农村生态环境保护与农业发展的平衡问题日益突出。随着人们对食品安全和环境保护的要求不断提高，传统高投入、高污染的农业生产方式已经难以为继。奉贤区虽然在推广生态养殖、发展绿色农业方面获得了一定发展，但在化肥农药减量增效、农业废弃物资源化利用、农业面源污染治理等方面仍面临巨大挑战。如何在保障农业生产效益的同时实现生态环境的可持续发展，成为奉贤区农业发展所必须解决的重要问题。

这些问题的存在，既反映了奉贤区农业发展的现实困境，也凸显了其未来的发展方向。它们相互关联、相互影响，构成了一个复杂的系统性问题。要解决这些问题，需要政府、企业、农户等多方主体的共同努力，需要在政策支持、技术创新、人才培养等多个层面采取综合措施。只有妥善应对这些挑战，奉贤区才能真正实现农业的高质量发展，为上海这座国际大都市的可持续发展做出更大贡献。

六 2024～2025年奉贤农业的发展思路与政策建议

2024年中央一号文件提出，要学习运用"千村示范、万村整治"工程经验，有力有效推进乡村全面振兴。奉贤也需要立足实际情况，聚焦农业发展所遇到的主要问题和突出瓶颈，找准推进乡村全面振兴的主攻方向。2024~2025年奉贤农业的发展思路与政策建议可以归纳如下。

奉贤区应以打造"乡村里的都市、都市里的乡村"为总体目标，坚持科技引领、绿色发展、产业融合的原则，全面推进乡村振兴战略。第一，要进一步深化科技兴农战略，加快推进高标准农田建设，完成"678"（6000亩提标改造、7000亩新建永农、8000亩新增耕地）任务，同时大力发展数字农业，推进"上海·奉贤数字乡村和数字农业云平台"建设，加快无人农场建设步伐。通过科技创新提升农业生产效率和质量，推动农业向智慧化、精准化方向发展。第二，要优化农业产业结构，推广农业绿色生产方式。以东方桃源综合产业片区建设为抓手，做大做强"奉贤黄桃""庄行蜜梨"等特色农产品品牌，同时大力发展优质稻米产业。要严格落实粮食生产安全责任制，扩大"美谷2号"种植面积，打造"贤城美谷"优质稻米品牌。要推进农产品绿色生产基地建设，提高绿色食品认证率，确保农产品质量安全。第三，要推进乡村产业融合发展。以"3+20+150"的品牌发展格局为目标，推动农业与旅游、文化、教育等产业深度融合。要大力发展乡村民宿，打造集观光、休闲、体验于一体的乡村旅游产业链。同时，要盘活农村闲置资源、发展新业态，为农民创造更多增收渠道。第四，要加强乡村建设，提升农村生活品质。推进全域土地综合整治，优化田、水、路、林、宅空间布局，打造乡村"15分钟生活圈"。深化"贤城贤治·和美宅基"工程，推动乡村治理"积分制"全覆盖，提升乡村社会治理水平。第五，要强化共富举措，提高农民幸福指数。持续巩固农村集体经济"五个一"行动成果，发挥"百村集团"乡村振兴服务功能。推动农村集体资产市场化交易，盘活土地、资产等要素。同时，要完善社会保障体系，兜牢民生底线。在政策支持方面，建议设立农业科技创新专项资金，支持农业科技研发和成果转化。制订农业数字化转型行动计划，推动物联网、大数据等技术在农业生产中的应用。设立农产品品牌建设专项资金，支持农产品品牌培育和推广。深入实施乡村人才振兴"十百千"工程，吸引、培养农业科技人才。

同时，要完善多元投入机制，落实每年土地出让收入用于农业农村比例不低于10%的政策。此外，要加强组织领导和考核评估，健全"以考核促提升"工作机制，定期开展乡村振兴满意度测评，及时调整和优化相关政策。要加大对乡村振兴政策和成果的宣传力度，营造全社会共同参与乡村振兴的良好氛围。

通过以上措施，奉贤区将能够推动农业高质量发展，实现乡村全面振兴，为上海这座国际大都市的可持续发展做出更大贡献，最终实现"奉贤美、奉贤强"的战略发展目标。

B.3

2024～2025年奉贤工业形势分析与研判

王永水　倪润德　任　静*

摘　要：　2024年上半年，上海市面对复杂严峻的国际环境和有效需求不足等叠加因素冲击，将巩固经济发展基础、培育发展经济新动能放在突出位置，主要指标保持稳定。奉贤区则顶住压力，坚持落实中央出台的各项政策，坚持扩大投资，主要经济指标稳中有进。2024年1～9月，全区规模以上工业企业单位总数为1282家，规模以上工业总产值达1988.5亿元。工业经济发展新动能不断释放，战略性新兴产业实现工业产值767.9亿元，占全区规模以上工业产值的比重达38.6%；美丽健康产业规模以上工业总产值达372.4亿元，占全区规模以上工业总产值的比重达18.7%。

关键词：　上海奉贤　工业经济　美丽健康产业　战略性新兴产业

上海坚持以习近平新时代中国特色社会主义思想为指导，全面贯彻落实党的二十大和二十届三中全会精神，坚决贯彻落实党中央、国务院的决策部署，坚持稳中求进工作总基调，深化高水平改革开放，推动高质量发展，着力提升城市能级和核心竞争力。据2023年上海市统计局、国家统计局上海调查总队统计数据，2023年上海市GDP达4.72万亿元，较上年增长5%；实际

---

* 王永水，经济学博士、法学博士后，华东政法大学商学院副教授、上海市软科学研究基地——科技统计与分析研究中心兼职研究员，主要研究方向为人力资本、科技进步与经济增长，以及科技政策分析与评价；倪润德，华东政法大学商学院产业经济学硕士研究生；任静，华东政法大学商学院产业经济学硕士研究生。

利用外资达 240.87 亿美元，较上年增长 0.5%；外贸进出口总额达 4.21 万亿元，较上年增长 0.7%；规模以上工业总产值为 3.94 万亿元，较上年下降 0.2%。2024 年上半年，复杂严峻的外部环境对上海的开放式经济产生较大冲击，但上海切实推进高质量发展，积极巩固发展新动能，主要指标保持稳定，服务型、流量型经济加快恢复。2024 年上半年，上海市 GDP 为 2.23 万亿元，较上年同期增长 4.8%。面对有效需求不足的现状，工业企业承受较大压力：2024年 6 月份全市规模以上工业总产值为 0.31 万亿元，比上年同期下降 2.6%；2024年 1~6 月累计规模以上工业总产值为 1.85 万亿元，较上年同期下降 0.9%。①

2023 年奉贤区把稳增长放在突出位置，主要经济指标全部实现正增长：地区生产总值可比增长 3.4%；区级财政收入同比增长 3.9%（剔除国家新的减税降费政策影响则增长 9.1%）；全社会固定资产投资总额达 581.4 亿元，同比增长 7.3%，其中工业投资 168.4 亿元，同比增长 21.2%；规模以上工业总产值达 2808.0 亿元，可比增长 4.7%，增速排名上海郊区第三；社会消费品零售总额达 583.3 亿元，同比增长 11.8%。② 2024 年 1~9 月，奉贤区顶住压力，主要经济社会发展指标总体平稳，稳中有进：全区 GDP 为 1016.0 亿元，同比增长 1.4%；财政总收入为 524.8 亿元，同比下降 6.4%，其中税收收入为 492.3 亿元，同比下降 5.1%；限额以上商品销售额为 1010.9 亿元，同比上涨 1.3%；社会消费品零售总额达 447.0 亿元，累计增长 2.3%。

一 奉贤工业经济总体运行态势

2024 年 1~9 月，奉贤区全区（包括市化工区奉贤区域）规模以上工业总产值达 2520.9 亿元，全区规模以上工业企业总数达 1282 家，出现 405 家单位亏损，总计资产达 3560.39 亿元，负债为 1613.67 亿元，营业收入达

① 数据来自上海市统计局，https：//tjj.sh.gov.cn/index.html。
② 《政府工作报告——2024 年 1 月 17 日在上海市奉贤区第六届人民代表大会第五次会议上》，https：//xxgk.fengxian.gov.cn/art/info/6591/i20240211-7gb5ftbb8j38xlvxrz，最后访问日期：2024 年 11 月 26 日。

1893.28亿元，利润总额为128.51亿元；规模以上工业企业累计完成总产值1988.5亿元，累计下降5%；在全区经济发展新动能方面，美丽健康产业规模以上工业总产值达372.43亿元，占规模以上工业总产值的比重为18.73%；战略性新兴产业规模以上工业总产值为767.9亿元，占比达38.62%；临港新片区产城融合区（奉贤）工业总产值610.1亿元，占比30.68%。2024年1~9月，全区规模以上工业能源消耗总量为84.58万吨标准煤，同比增长0.4%，用电总量为24.17亿千瓦时，同比增长2.4%。截至2024年6月，全区用水总量为1030万立方米，同比下降4.7%。

与调查的上海市各郊区工业经济进行横向对比（见图1、图2），2024年1~8月，奉贤区规模以上工业产值为1760.30亿元，在上海郊区中排名第四；面对2024年工业市场活力减弱以及严峻的国际环境带来的冲击，奉贤区工业受到较大影响，规模以上工业产值同比下降4.8%。2024年1~7月，奉贤区全区规模以上工业利润为110.9亿元，在上海郊区中排名第三，利润额同比增长率为-6.8%；全区固定资产投资总额为405.7亿元，其中工业投资130.1亿元，较上年增长4.5%，占比达32.07%；规模以上工业累计销售产值同比下降6.30%，为1964.14亿元，累计产销率99%，累计出口交货值同比下降5.8%至262.40亿元。

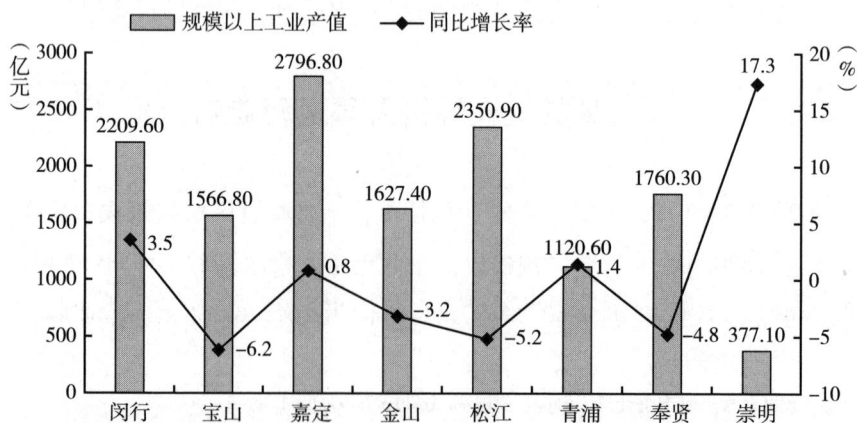

图1　上海市各郊区2024年1~8月规模以上工业产值及其同比增长率

数据来源：《奉贤统计月报》。

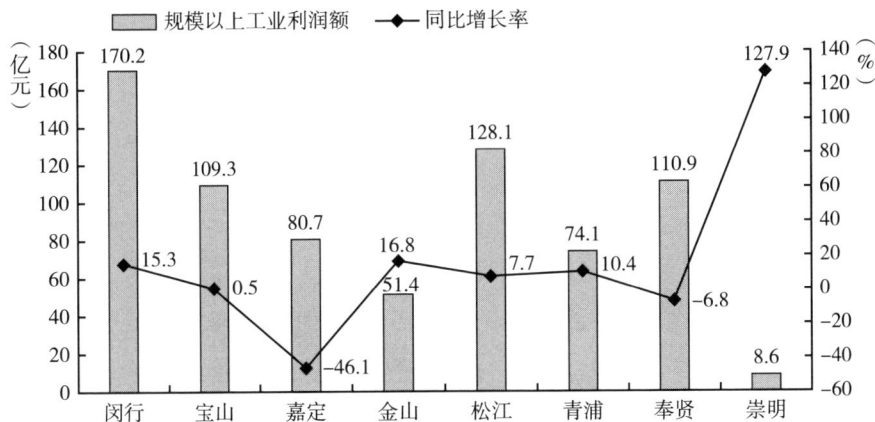

图 2　上海市各郊区 2024 年 1~7 月规模以上工业利润额及其同比增长率

数据来源：《奉贤统计月报》。

进一步地，聚焦奉贤区各月份规模以上工业增长情况。图 3 反映了 2024 年 2~9 月奉贤区各月份规模以上工业总产值当期值、规模以上工业总产值累计额，以及规模以上工业总产值累计增长率。2 月奉贤区规上工业总产值为 154.10 亿元，累计增长率达 1.80%。在国内工业市场需求不足、工业产品价格下跌、国际形势复杂严峻、巴以冲突和贸易保护盛行的背景下，3 月奉贤区规上工业总产值累计增长率为 -3.80%，当期规上工业总产值为 229.16 亿元。4~5 月累计增长率进一步下跌，分别为 -5.00%、-4.90%，规上工业总产值分别为 219.82 亿元、227.40 亿元。6 月累计增长率有所提升，实现规上工业总产值 236.65 亿元，累计增长率为 -3.10%。7~9 月累计增长率呈下跌态势，分别为 -4.30%、-4.80%、-5.00%，分别实现规上工业总产值 221.76 亿元、223.12 亿元、225.72 亿元。与 2023 年同期相比，2024 年 2~9 月各月份的规模以上工业总产值累计增长率均相对较低：一方面，国内工业市场有效需求不足，且工业品出厂价格持续低迷，对企业运营造成压力；另一方面，国际环境形势严峻复杂，巴以地区战火连连，贸易保护时有发生，传统工业制品出口备受压力。但是同时能够看出，奉贤区规模以上工业总产值总体平稳，没有明显的波动，奉贤区工业的韧性得以显现。

随着工业企业预期回升，工业环境持续优化，产业转型、产业集聚的步伐加快，奉贤区工业有望得到进一步发展。

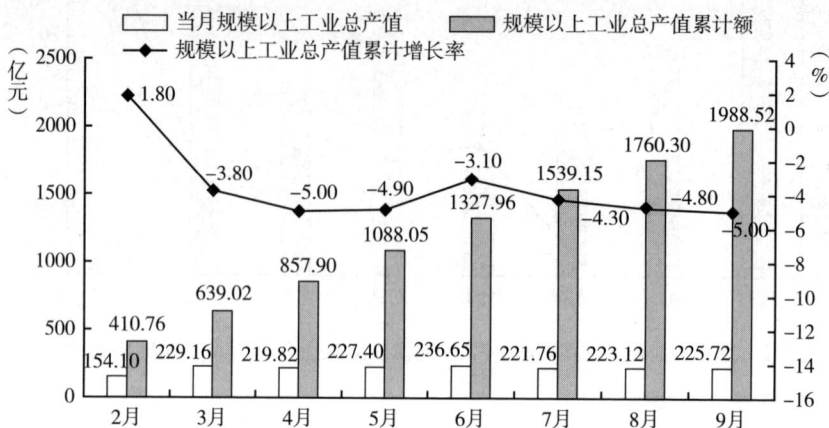

图3　奉贤区 2024 年 2~9 月各月份规模以上工业总产值及其累计增长率

数据来源：《奉贤统计月报》。

从规上工业税收及其累计增长率数据来看（见图4），2024 年 1~9 月奉贤区规上工业税收累计 165.24 亿元，同比下降 10.10%。在各月份数据中，1~2 月规上工业税收处于相对较高水平，分别为 33.03 亿元和 30.21 亿元。2024 年 1~9 月奉贤区规上工业税收呈现以季度为周期税收额逐月下降的小幅波动：3月为第一季度之末，当月规上工业税收为 7.54 亿元；4~6 月规上工业税收分别为 23.98 亿元、14.75 亿元、13.79 亿元；7~9 月规上工业税收分别为 23.91 亿元、9.13 亿元、8.91 亿元。累计增长率方面：2024 年 2~9 月均为负增长状态；1月较上年同期增长 1.70%；2~3 月持续走低，分别为 -10.10% 和 -15.50%；4~7 月有所回升，分别为 -11.90%、-11.90%、-8.90%、-6.40%；8~9 月分别为 -7.40%、-10.10%。与 2023 年同期相比，2024 年 1~9 月规上工业税收累计值均相对较低，这主要是由于国家税收优惠不断落实和工业企业收入有所减少。随着工业市场回暖，税收情况将有所改善。

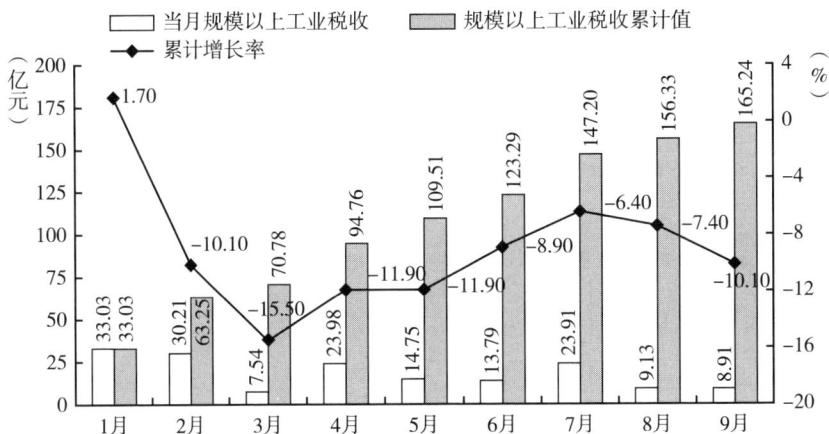

图4 奉贤区2024年1~9月规模以上工业税收情况及其累计增长率

资料来源：《奉贤统计月报》。

图5进一步对奉贤区规模以上工业企业效益指标进行分析。2024年1~9月，全区规模以上工业企业单位总数达1282家，总资产达3560.39亿元，负债总计1613.67亿元，营业收入为1893.28亿元，利润总额为128.51亿元，销售利润率为6.79%；亏损单位405家，亏损单位的亏损额为27.11亿元；企业单位总数较上年同期增长2.4%，利润总额较上年同期下降5.3%。以上数据说明，尽管当前工业市场活力较弱，但整体信心有所增强，营商环境也在逐步改善。在2024年各月份数据中：①工业销售产值及出口交货值方面，考虑季节性因素的影响，除1月份工业销售产值、出口交货值整体较低外，其他月份的工业销售产值均呈相对平稳的态势，9月工业销售产值达230.08亿元；出口交货值也保持相对稳定的态势，在30亿元上下浮动。②销售产值累计增长率方面，除2月销售产值累计增长率为0.2%、实现正增长外，3~9月整体均在-6%上下浮动。③出口交货值累计增长率方面，2~5月呈曲折下降趋势，5月达-13.60%；6~9月逐步回升，9月出口交货值累计增长率为-5.80%。2024年工业销售产值和出口交货值受市场有效需求不足影响，和2023年相比有一定下跌，

受国际因素影响，出口交货值的降幅较工业销售产值更大。另外，各月份累计产销率均稳定在 100%左右，9 月累计产销率为 100%。

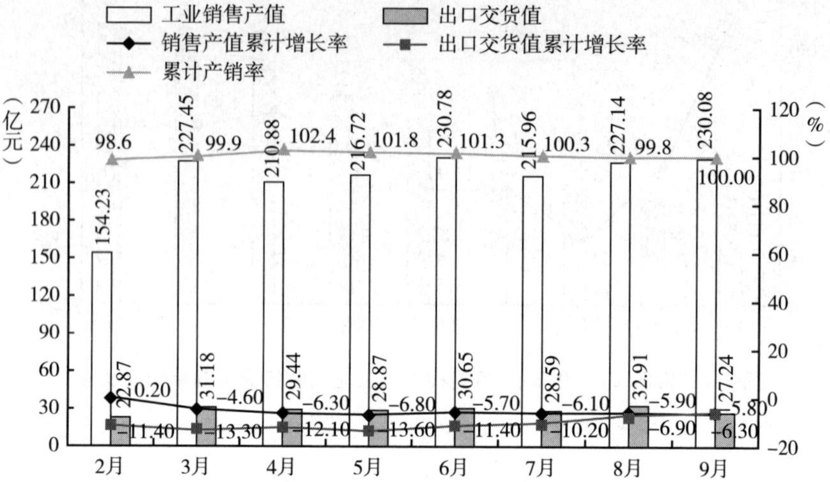

图 5　奉贤区 2024 年 2~9 月工业销售产值、出口交货值
及其累计增长率、累计产销率

数据来源：《奉贤统计月报》。

二　按街镇分规模以上工业企业发展情况

接下来对按街镇分规模以上工业企业的发展情况进行分析。

回顾 2023 年，表 1 给出了奉贤区 2023 年各街镇规模以上工业企业的主要经济指标。在规模以上工业企业单位数方面，奉城、庄行、金汇、青村和柘林均超过百家，分别为 145 家、117 家、120 家、161 家和 132 家，占各街镇规模以上工业企业总数的比重分别为 15.76%、12.72%、13.04%、17.50%和 14.35%，而海湾单位数最少，为 9 家，占比为 0.98%。各街镇规模以上工业总产值达 1182.78 亿元，增长率为 2.1%，其中四团工业总产值最高，为 195.54 亿元，占比 16.53%，增长率达 25.7%；奉城和青村工业总产值达 150 亿元以上，分别为 166.90 亿元和 184.28 亿元，占比分别达

14.11%和15.58%，增长率分别为-4.1%和5.3%。同样地，海湾的工业总产值最低，为30.68亿元，增长率为-20.3%。

表1　奉贤区2023年按街镇分规模以上工业企业主要指标

	单位数（个）	单位数占比（%）	工业总产值（亿元）	工业总产值占比（%）	工业总产值增长率（%）
南桥镇	88	9.57	89.80	7.59	0.9
奉城镇	145	15.76	166.90	14.11	-4.1
庄行镇	117	12.72	135.68	11.47	0.9
金汇镇	120	13.04	145.02	12.26	-0.2
四团镇	80	8.70	195.54	16.53	25.7
青村镇	161	17.50	184.28	15.58	5.3
柘林镇	132	14.35	117.09	9.90	7.9
海湾镇	9	0.98	30.68	2.59	-20.3
西渡街道	68	7.39	117.80	9.96	5.4
合　计	920	100.00	1182.78	100.00	2.1

数据来源：《上海市奉贤区统计年鉴（2024）》。

表2给出了奉贤区2023年按街镇分规模以上工业企业营收相关指标。2023年全年各街镇总共实现营业收入1339.85亿元，实现营业利润74.24亿元，营业利润率为5.54%。具体来说，奉城、青村的营业利润突破10亿元，营业利润占比分别为15.74%、20.69%，营业利润率分别为6.27%、6.71%。营业利润率最高的是海湾，为14.06%，最低的是四团，为2.62%。

图6给出了奉贤区2024年1~9月各街镇规模以上工业总产值及其增长率。2024年1~9月，超半数街镇的规模以上工业总产值出现负增长，其中四团、西渡街道、头桥街道的降幅较大，分别为-15.10%、-21.00%、-12.70%。2024年1~9月份，四团规模以上工业总产值累计达到469.36亿元，为所有街镇中最高。2024年1~9月规模以上工业总产值超过百亿元的街镇还有奉城、庄行、金汇、青村、海湾，产值分别

为 125.11 亿元、108.95 亿元、105.62 亿元、142.08 亿元、161.99 亿元；此外，超过 50 亿元的街镇包括：南桥、柘林和西渡街道，分别为 65.85 亿元、87.27 亿元、68.01 亿元。头桥街道规模以上工业总产值规模最小，为 8.86 亿元。

表 2 奉贤区 2023 年按街镇分规模以上工业企业营收情况

单位：亿元，%

	营业收入	营业利润	营业利润占比	营业利润率
南桥镇	95.74	4.40	5.93	4.60
奉城镇	186.22	11.68	15.74	6.27
庄行镇	155.77	8.43	11.36	5.41
金汇镇	152.59	9.08	12.23	5.95
四团镇	233.37	6.12	8.24	2.62
青村镇	228.94	15.36	20.69	6.71
柘林镇	130.75	4.74	6.38	3.62
海湾镇	31.91	4.49	6.04	14.06
西渡街道	124.56	9.95	13.40	7.99
合　计	1339.85	74.24	100.00	5.54

数据来源：《上海市奉贤区统计年鉴（2024）》。

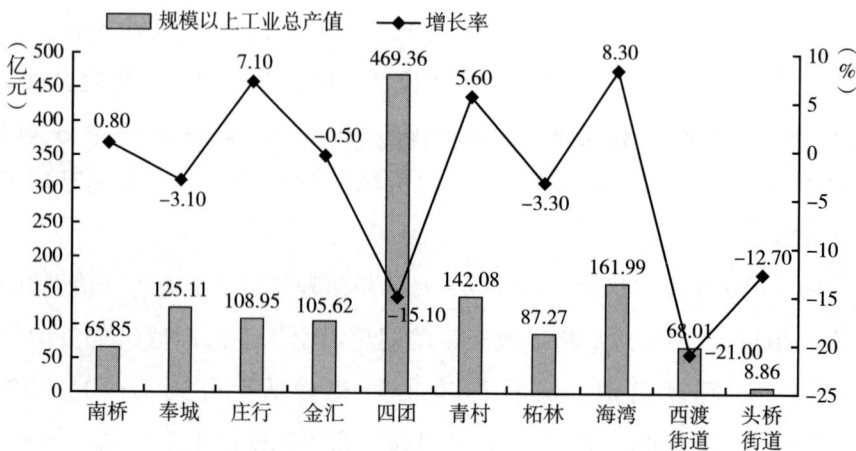

图 6 奉贤区 2024 年 1~9 月各街镇规模以上工业总产值及其增长率

数据来源：《奉贤统计月报》。

　　另外，统计数据表明，2024 年 1~9 月，包括海湾旅游区、工业综合开发区、杭州湾开发区、东方美谷集团、临港（奉贤）、经发在内的开发区规模以上工业总产值累计额分别达到 0.95 亿元、351.09 亿元、218.86 亿元、73.30 亿元、438.83 亿元、1.23 亿元，奉贤区各开发区合计实现工业总产值 1084.26 亿元，占全区规模以上工业总产值的 54.53%。

　　图 7 给出了奉贤区 2024 年 1~8 月各街镇规模以上工业企业主营业务收入及其累计增长率。半数以上街镇的规模以上工业企业主营业务收入总额呈现不同程度的负增长，其中头桥街道降幅最大，为−8.80%。此外，奉城、金汇、柘林、海湾、西渡街道均出现了负增长，增长率分别为−2.20%、−0.80%、−3.60%、−7.70%和−1.90%。四团规模以上工业企业主营业务收入累计增长率最高，为 11.40%。从规模上看，奉城、庄行、四团、青村规模以上工业企业主营业务收入均达到百亿元以上，分别为 110.24 亿元、105.31 亿元、173.47 亿元、151.83 亿元；此外，超过 50 亿元的街镇还有南桥、金汇、柘林、西渡街道，主营业务收入分别为 61.60 亿元、95.80 亿元、80.66 亿元、74.66 亿元。与 2023 年同期比较，四团和青村仍是主营业

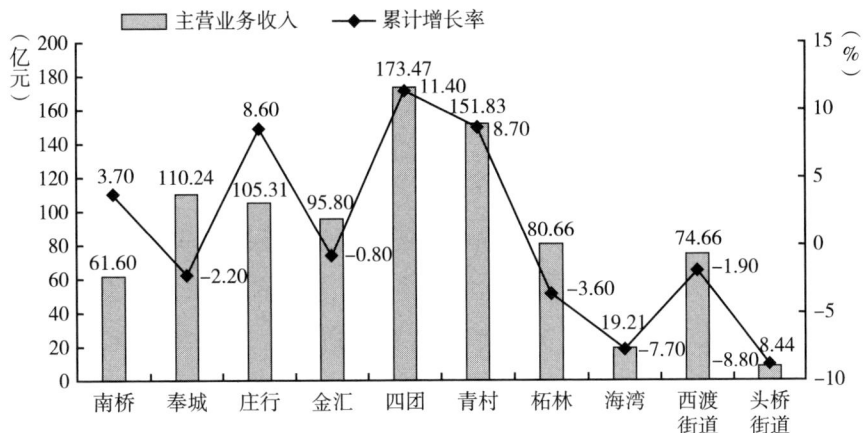

图 7　奉贤区 2024 年 1~8 月各街镇规模以上工业企业主营业务收入及其累计增长率

数据来源：《奉贤统计月报》。

务收入规模较大的街镇，海湾规模则仍相对较小；头桥街道作为新成立的街道，主营业务收入规模居末位。统计数据同时公布了2024年1~8月奉贤区内开发区规模以上工业企业营业收入，达1012.06亿元，占全区规模以上工业企业主营业务收入的53.46%，其中工业综合开发区、杭州湾开发区、临港（奉贤）营业收入达百亿元，分别为334.70亿元、210.09亿元和406.29亿元。

2024年1~8月各街镇规模以上工业利润总额及其累计增长率方面（见图8）：青村、奉城、庄行的工业利润总额位居前三，分别为14.16亿元、6.01亿元、5.70亿元；头桥街道、海湾、南桥的工业利润总额相对较低，分别为0.24亿元、2.89亿元、3.53亿元；除庄行、金汇、西渡街道外，其他街镇的工业利润总额均实现正增长，而金汇负增长最高，为-18.10%。与2023年同期相比，柘林规模以上工业利润总额经历了高速攀升，2024年1~8月其累计增长率达到了71.10%，为各街镇最高，但青村仍是工业利润总额最高的街镇。2024年1~8月，共有五个街镇的工业利润总额实现了20%以上的正增长。综上分析，奉贤区各街镇的盈利能力有所提高，奉贤区的工业产品正向更高附加值产品转型。另外，统计资料表明，2024年1~8月奉贤区内开发区规模以上工业利润总额为77.39亿元，占全区规模以上工业利润总额的60.22%。其中，利润总额相对较高的为工业综合开发区和杭州湾开发区，分别为26.99亿元和19.68亿元。

结合各街镇规模以上工业利润总额和主营业务收入指标，以"工业利润总额/主营业务收入"测算各街镇工业销售利润率（见图9），发现除金汇、四团、头桥街道外，其他街镇的销售利润率均超过5%。各街镇中，海湾销售利润率最高，达到了15.02%；青村达到了9.32%，位居第二；四团最低，为2.69%。与2023年同期相比，海湾、青村、柘林的销售利润率有2%左右的提升，西渡街道下降得最多，由2023年的9.07%降至2024年的7.54%。整体来说，奉贤区坚持创新驱动和高新企业引领，各街镇销售利润率稳中有进。

另外，统计资料给出了2024年1~8月临港新片区产城融合区（奉贤）

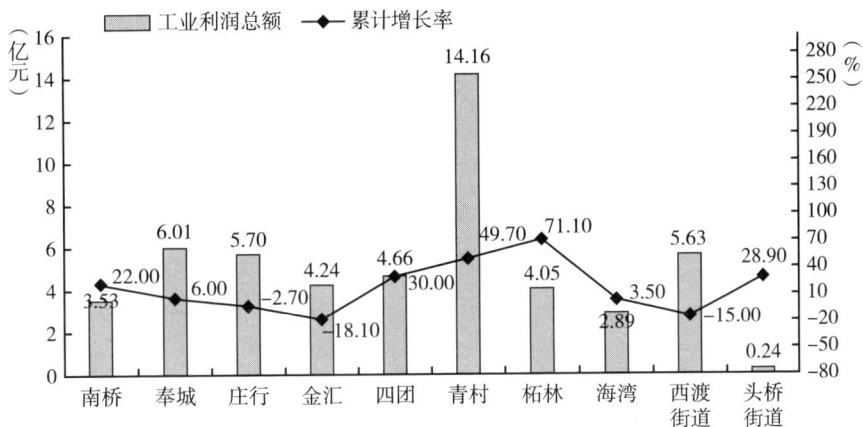

图8 奉贤区2024年1~8月各街镇规模以上工业利润总额及其累计增长率

数据来源:《奉贤统计月报》。

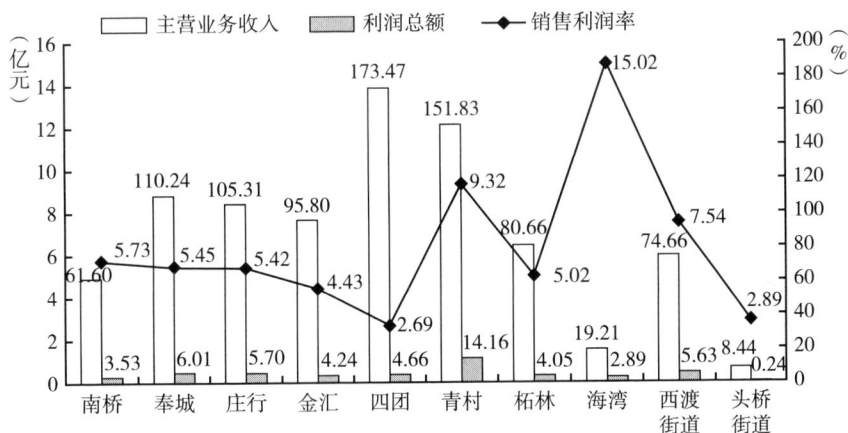

**图9 奉贤区2024年1~8月各街镇规模以上工业企业主营业务收入、
利润总额和销售利润率**

数据来源:《奉贤统计月报》。

相关的经济效益指标。其中,规模以上工业总产值为610.10亿元,较2023年同期下降10.2%;资产总计681.26亿元,同比增长5.2%;实现营收580.29亿元,同比下降13.7%;利润总额为20.33亿元,同比下降33.3%。临港资产投入正不断加大,目前虽因市场环境因素营收有所下降,但未来前景向好。

2024年1~9月奉贤区各街镇规模以上工业综合能源消费量及其增长率见图10。在综合能源消费量绝对值方面，四团和青村位居第一和第二，四团综合能源消费量为86179吨标准煤，青村为76780吨标准煤，这与它们的工业总产值相对较高有一定关系。在增长率方面，大部分街镇呈正增长，仅青村、柘林、海湾、西渡街道同比有所下降，分别为-3.00%、-2.60%、-0.30%、-1.20%。青村在综合能源消费量降低的同时工业总产值有所提高，体现出当地节能减排政策的成效。

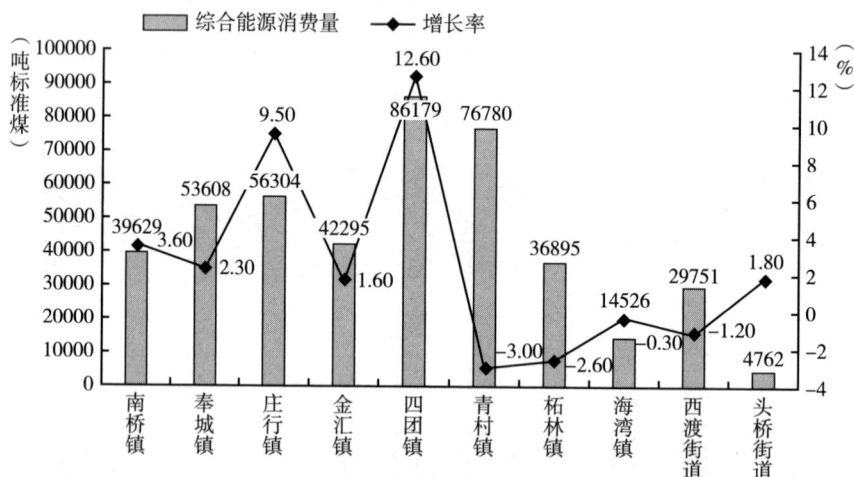

图10　奉贤区2024年1~9月各街镇规模以上工业综合能源消费量及其增长率

数据来源:《奉贤统计月报》。

另外，据调查资料，奉贤各开发区规模以上工业综合能源消费量的总体情况为：除工业综合开发区、杭州湾开发区综合能源消费量呈负增长外，其余开发区的综合能源消费量均出现不同程度的增长。工业综合开发区、杭州湾开发区规模以上工业综合能源消费量分别为150778吨标准煤、126133吨标准煤，增长率分别是-4.4%、-8.2%；海湾旅游区、东方美谷集团、临港（奉贤）和经发消耗量分别为697吨标准煤、59445吨标准煤、67089吨标准煤、972吨标准煤，分别增长176.3%、7.1%、5.3%和5.3%。

三 按行业分规模以上工业企业发展情况

回顾 2023 年，表 3 给出了奉贤区 2023 年各行业规模以上工业企业数和工业总产值相关指标。从企业数来看，各行业规模以上工业企业数合计 1259 家，其中化学原料和化学制品制造业、金属制品业、通用设备制造业、专用设备制造业、电气机械和器材制造业的企业数达到百家以上，分别为 121 家、109 家、179 家、119 家、132 家；规模以上工业总产值达百亿元以上的行业包括：化学原料和化学制品制造业、医药制造业、橡胶和塑料制品业、通用设备制造业、专用设备制造业、汽车制造业以及电气机械和器材制造业，产值分别为 292.33 亿元、177.97 亿元、108.34 亿元、187.78 亿元、193.84 亿元、464.58 亿元、696.44 亿元。

表 3 奉贤区 2023 年按行业分规模以上工业企业主要经济指标

	企业数（家）	企业数占比（%）	工业总产值（亿元）	工业总产值占比（%）
农副食品加工业	13	1.03	41.76	1.46
食品制造业	39	3.10	68.34	2.39
酒、饮料和精制茶制造业	5	0.40	5.06	0.18
纺织业	20	1.59	50.81	1.78
纺织服装、服饰业	13	1.03	14.00	0.49
皮革、毛皮、羽毛及其制品和制鞋业	6	0.48	6.13	0.21
木材加工和木、竹、藤、棕、草制品业	9	0.71	7.70	0.27
家具制造业	40	3.18	33.43	1.17
造纸和纸制品业	37	2.94	29.34	1.03
印刷和记录媒介复制业	20	1.59	8.71	0.31
文教、工美、体育和娱乐用品制造业	24	1.91	43.07	1.51
石油加工、炼焦和核燃料加工业	3	0.24	7.28	0.26
化学原料和化学制品制造业	121	9.61	292.33	10.24
医药制造业	37	2.94	177.97	6.24
化学纤维制造业	2	0.16	0.37	0.01

续表

	企业数（家）	企业数占比（%）	工业总产值（亿元）	工业总产值占比（%）
橡胶和塑料制品业	99	7.86	108.34	3.80
非金属矿物制品业	41	3.26	94.48	3.31
黑色金属冶炼和压延加工业	13	1.03	14.10	0.49
有色金属冶炼和压延加工业	13	1.03	99.85	3.50
金属制品业	109	8.66	83.92	2.94
通用设备制造业	179	14.22	187.78	6.58
专用设备制造业	119	9.45	193.84	6.79
汽车制造业	88	6.99	464.58	16.28
铁路、船舶、航空航天和其他运输设备制	10	0.79	11.69	0.41
电气机械和器材制造业	132	10.48	696.44	24.40
计算机、通信和其他电子设备制造业	28	2.22	30.43	1.07
仪器仪表制造业	21	1.67	20.07	0.70
其他制造业	9	0.71	6.34	0.22
废弃资源综合利用业	1	0.08	0.29	0.01
电力、热力生产和供应业	3	0.24	40.09	1.41
燃气生产和供应业	1	0.08	9.63	0.34
水的生产和供应业	4	0.32	5.53	0.19
合　　计	1259	100.00	2853.70	100.00

数据来源：《上海市奉贤区统计年鉴（2024）》。

表4给出了奉贤区2023年各行业规模以上工业企业营收相关数据。其中，医药制造业、化学原料和化学制品制造业的营业利润相对较高，分别为38.49亿元和32.14亿元，营业利润占比分别达到19.42%、16.22%，利润率分别为22.42%、9.31%。电气机械和器材制造业规模以上工业企业营业收入是所有行业中最高的，达到721.32亿元。此外，营业收入达到百亿元以上的行业还有化学原料和化学制品制造业、医药制造业、橡胶和塑料制品业、非金属矿物制品业、有色金属冶炼和压延加工业、通用设备制造业、专用设备制造业和汽车制造业。

表4 奉贤区2023年按行业分规模以上工业企业营收情况

单位：亿元，%

	营业收入	营业利润	营业利润占比	营业利润率
农副食品加工业	48.80	4.59	2.32	9.42
食品制造业	72.41	6.45	3.25	8.91
酒、饮料和精制茶制造业	5.11	0.37	0.19	7.28
纺织业	52.03	4.20	2.12	8.08
纺织服装、服饰业	14.25	0.55	0.28	3.85
皮革、毛皮、羽毛及其制品和制鞋业	8.97	0.10	0.05	1.08
木材加工和木、竹、藤、棕、草制品业	8.47	0.45	0.23	5.27
家具制造业	38.84	0.27	0.14	0.70
造纸和纸制品业	29.54	0.21	0.11	0.72
印刷和记录媒介复制业	9.17	-0.20	-0.10	-2.23
文教、工美、体育和娱乐用品制造业	56.93	9.22	4.65	16.19
石油加工、炼焦和核燃料加工业	10.67	0.66	0.33	6.19
化学原料和化学制品制造业	345.09	32.14	16.22	9.31
医药制造业	171.65	38.49	19.42	22.42
化学纤维制造业	0.59	-0.06	-0.03	-10.93
橡胶和塑料制品业	120.50	8.52	4.30	7.07
非金属矿物制品业	105.54	7.27	3.67	6.89
黑色金属冶炼和压延加工业	14.59	0.14	0.07	0.99
有色金属冶炼和压延加工业	120.65	4.88	2.46	4.04
金属制品业	89.48	4.79	2.42	5.36
通用设备制造业	196.11	11.22	5.66	5.72
专用设备制造业	225.30	15.09	7.62	6.70
汽车制造业	493.88	18.63	9.40	3.77
铁路、船舶、航空航天和其他运输设备制造业	12.73	1.06	0.54	8.34
电气机械和器材制造业	721.32	21.68	10.94	3.01
计算机、通信和其他电子设备制造业	35.79	1.89	0.96	5.29
仪器仪表制造业	21.07	1.59	0.80	7.55
其他制造业	6.13	0.32	0.16	5.23
废弃资源综合利用业	0.28	0.01	0.00	1.90
电力、热力生产和供应业	40.44	4.18	2.11	10.34
燃气生产和供应业	10.32	0.21	0.11	2.03
水的生产和供应业	6.66	-0.73	-0.37	-11.03
合　计	3093.30	198.19	100.00	6.41

数据来源：《上海市奉贤区统计年鉴（2024）》。

表5给出了奉贤区2024年1~9月分行业规模以上工业总产值情况。其中，农副食品加工业，食品制造业，造纸和纸制品业，印刷和记录媒介复制业，文教、工美、体育和娱乐用品制造业，石油加工、炼焦和核燃料加工业，化学原料和化学制品制造业，橡胶和塑料制品业，有色金属冶炼和压延加工业，通用设备制造业，专用设备制造业，铁路、船舶、航空航天和其他运输设备制造业，计算机、通信和其他电子设备制造业，仪器仪表制造业，其他制造业，水的生产和供应业的工业总产值取得正增长，其余各行业均出现不同程度的负增长。奉贤区2024年1~9月规模以上工业总产值占比超过10%的行业为化学原料和化学制品制造业、汽车制造业、电气机械和器材制造业，其工业总产值分别为220.47亿元、331.56亿元、397.87亿元，产值占比分别为11.09%、16.67%、20.01%，增长率分别为4.2%、-0.8%、-24.6%。此外，工业总产值达到百亿元的还有专用设备制造业（165.51亿元）、医药制造业（132.13亿元）和通用设备制造业（133.60亿元），其增长率分别为13.4%、-2.0%和2.9%，产值占比分别为8.32%、6.64%和6.72%；50亿元以上的还有食品制造业、橡胶和塑料制品业、非金属矿物制品业、有色金属冶炼和压延加工业、金属制品业，工业总产值分别为51.76亿元、81.30亿元、61.76亿元、89.41亿元和58.92亿元，增长率分别为6.3%、3.9%、-11.1%、18.3%和-0.1%，产值占比分别为2.60%、4.09%、3.11%、4.50%和2.96%。值得注意的是，化学纤维制造业的规模以上工业总产值跌幅最大，增长率为-59.7%。化学纤维制造业和废弃资源综合利用业的产值占比均仅为0.01%，分析可能的原因之一为产业调整和高污染企业迁出。

表5 奉贤区2024年1~9月分行业规模以上工业总产值

单位：亿元，%

	工业总产值	产值占比	增长率
农副食品加工业	32.54	1.64	6.3
食品制造业	51.76	2.60	6.3

续表

	工业总产值	产值占比	增长率
酒、饮料和精制茶制造业	3.30	0.17	−14.8
纺织业	21.49	1.08	−38.9
纺织服装、服饰业	9.57	0.48	−11.7
皮革、毛皮、羽毛及其制品和制鞋业	3.62	0.18	−18.0
木材加工和木、竹、藤、棕、草制品业	4.64	0.23	−19.2
家具制造业	22.17	1.12	−7.1
造纸和纸制品业	21.93	1.10	0.5
印刷和记录媒介复制业	6.85	0.34	4.4
文教、工美、体育和娱乐用品制造业	32.27	1.62	7.2
石油加工、炼焦和核燃料加工业	6.21	0.31	18.3
化学原料和化学制品制造业	220.47	11.09	4.2
医药制造业	132.13	6.64	−2.0
化学纤维制造业	0.13	0.01	−59.7
橡胶和塑料制品业	81.30	4.09	3.9
非金属矿物制品业	61.76	3.11	−11.1
黑色金属冶炼和压延加工业	9.97	0.50	−2.5
有色金属冶炼和压延加工业	89.41	4.50	18.3
金属制品业	58.92	2.96	−0.1
通用设备制造业	133.60	6.72	2.9
专用设备制造业	165.51	8.32	13.4
汽车制造业	331.56	16.67	−0.8
铁路、船舶、航空航天和其他运输设备制造业	8.77	0.44	0.8
电气机械和器材制造业	397.87	20.01	−24.6
计算机、通信和其他电子设备制造业	23.40	1.18	8.0
仪器仪表制造业	14.23	0.72	7.7
其他制造业	4.76	0.24	16.6
废弃资源综合利用业	0.17	0.01	−15.8
电力、热力生产和供应业	28.01	1.41	−7.2
燃气生产和供应业	5.84	0.29	−19.8
水的生产和供应业	4.36	0.22	16.3
合　计	1988.52	100.00	−5

数据来源：《奉贤统计月报》。

进一步地，分别选择 2024 年 1~9 月规模以上工业总产值占比相对较大的行业和增长率相对较高的行业做进一步分析。其中，电气机械和器材制造业是规模以上工业总产值占比最大的（20.01%）；有色金属冶炼和压延加工业和石油加工、炼焦和核燃料加工业是规模以上工业总产值增长率排名最高的行业（18.3% 和 18.3%），由于石油加工、炼焦和核燃料加工业规模较小，产值占比仅为 0.31%，下文选择有色金属冶炼和压延加工业深入分析其规模以上工业总产值及增长率情况。

图 11 给出了奉贤区 2024 年 2~9 月电气机械和器材制造业规模以上工业总产值及累计增长率情况。从累计增长率方面看，受市场有效需求不足和工业产品价格下跌影响，2~9 月电气机械和器材制造业规模以上工业总产值累计增长率全部为负值。从 2 月份的 -12.00% 下降至 3 月的 -21.90%、4 月的 -25.8%，5 月出现最低值，为 -27.00%，后续月份出现小幅回升，6~9 月累计增长率分别为 -25.70%、-25.30%、-24.60%、-24.60%。从规上工业总产值当月值方面来看，2~9 中仅 2 月和 4 月的规上工业总产值当月值低于 40 亿元。2 月最低，为 35.72 亿元；其他月份相对稳定，在 44 亿元上下浮动；9 月当月值为 43.10 亿元，累计值为 397.87 亿元。

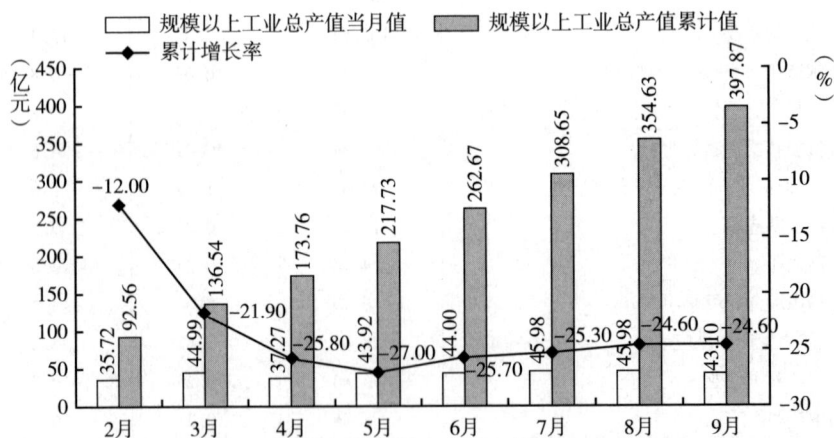

图 11　奉贤区 2024 年 2~9 月电气机械和器材制造业规模以上
工业总产值及累计增长率

数据来源：《奉贤统计月报》。

图 12 给出了奉贤区 2024 年 2～9 月有色金属冶炼和压延加工业规模以上工业总产值及累计增长率情况。2024 年以来，政府出台多项相关产业利好政策，常用有色金属价格高位波动，主要金属品种如铜、铝、铅、锌的国内市场价格走势偏强，且下游需求强劲。从累计增长率方面看，2～9 月累计增长率呈总体上升趋势，9 月累计增长率达 18.3%。从规模以上工业总产值当月值来看，除 2 月和 3 月分别为 0.6 亿元、8.9 亿元外，其他各个月份均在 14 亿元以上，说明奉贤区有色金属冶炼和压延加工业正稳定发展。

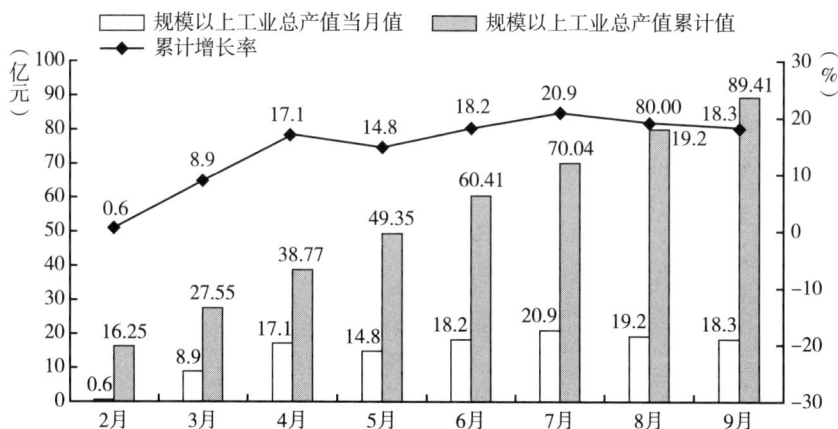

图 12　奉贤区 2024 年 2～9 月有色金属冶炼和压延加工业规模以上工业总产值及累计增长率

数据来源：《奉贤统计月报》。

四　按注册登记类型分规模以上工业企业发展情况

表 6 和表 7 给出了奉贤区 2023 年各注册登记类型规模以上工业企业主要经济指标以及营收情况。其中，私营有限责任公司、其他有限责任公司和外商投资有限责任公司的规模以上工业企业数超百家，分别为 772 家、145 家和 182 家，占比分别为 61.32%、11.52% 和 14.46%；其工业总产值

分别为891.66亿元、797.67亿元和581.93亿元，占比分别为31.25%、27.95%和20.39%。营收方面，私营有限责任公司和外商投资有限责任公司类规模以上工业企业的营业收入和营业利润分别是各登记注册类型中排名第一的，它们的营业收入分别达到了935.51亿元和643.60亿元、营业利润分别为42.59亿元和51.56亿元。另外，营业利润率较高的注册登记类型为港澳台投资股份有限公司和私营股份有限公司，分别达到了53.77%和12.79%。

表6　奉贤区2023年按注册登记类型分规模以上工业企业主要经济指标

	企业数（家）	企业数占比（%）	工业总产值（亿元）	工业总产值占比（%）
私营有限责任公司	772	61.32	891.66	31.25
其他有限责任公司	145	11.52	797.67	27.95
私营股份有限公司	55	4.37	175.99	6.17
其他股份有限公司	17	1.35	150.11	5.26
全民所有制企业	1	0.08	0.14	0.01
集体所有制企业	1	0.08	0.05	0.01
股份合作企业	3	0.24	2.74	0.10
个人独资企业	8	0.64	2.82	0.10
合伙企业	1	0.08	0.67	0.02
其他内资	0	0.00	0.00	0.00
港澳台投资有限责任公司	67	5.32	211.43	7.41
港澳台投资股份有限公司	4	0.32	32.57	1.14
港澳台投资合伙企业	0	0.00	0.00	0.00
其他港澳台投资企业	0	0.00	0.00	0.00
外商投资有限责任公司	182	14.46	581.93	20.39
外商投资股份有限公司	3	0.24	5.91	0.21
合　计	1259	100.00	2853.70	100.00

数据来源：《上海市奉贤区统计年鉴（2024）》。

表 7　奉贤区 2023 年按注册登记类型分规模以上工业企业营收情况

单位：亿元，%

	营业收入	营业利润	营业利润占比	营业利润率
私营有限责任公司	935.51	42.59	21.49	4.55
其他有限责任公司	847.67	26.32	13.28	3.11
私营股份有限公司	197.18	25.21	12.72	12.79
其他股份有限公司	188.31	15.46	7.80	8.21
全民所有制企业	0.16	0.01	0.00	5.80
集体所有制企业	0.05	−0.01	−0.01	−32.17
股份合作企业	2.74	0.29	0.15	10.72
个人独资企业	2.89	0.13	0.07	4.67
合伙企业	0.66	0.02	0.01	2.54
其他内资	0.00	0.00	0.00	0.00
港澳台投资有限责任公司	230.81	20.25	10.22	8.77
港澳台投资股份有限公司	30.99	16.66	8.41	53.77
港澳台投资合伙企业	0.00	0.00	0.00	0.00
其他港澳台投资企业	0.00	0.00	0.00	0.00
外商投资有限责任公司	643.60	51.56	26.01	8.01
外商投资股份有限公司	12.74	−0.30	−0.15	−2.35
合　计	3093.30	198.19	100.00	6.41

数据来源：《上海市奉贤区统计年鉴（2024）》。

表 8、表 9 分别给出了奉贤区 2024 年 2~9 月分登记注册类型规模以上工业总产值及其增长率、2024 年 2~9 月分登记注册类型规模以上工业总产值结构比重及其增长率。其中，工业总产值累计占比最高的为私人控股企业，其累计工业总产值为 1278.26 亿元，占比达到 64.30%，增长率降低 6.50%。港澳台控股企业累计总产值为 86.21 亿元，占比为 4.34%，增长率为 0.80%；外商控股企业工业总产值为 417.92 亿元，仅次于私人控股企业，占比为 21.02%；国有控股企业工业总产值为 182.54 亿元，占比为 9.18%，增长率为 −7.90%；集体控股企业工业总产值为 2.44 亿元，占比为 0.12%，增长率为 −10.8%；其他登记注册类型企业的工业总产值为 21.16 亿元，占比为 1.06%，增长率为 9.70%。横向对比各登记注册类型规模以上工业总产值增长率，除港澳台控股企业和其他登记注册类型企业出现正增长外，其他

登记注册类型规模以上工业总产值增长率均为负。对比各登记注册类型规模以上工业总产值结构比重，国有控股和私人控股增长率有一定幅度的下降，这可能与相关领域对外国资本开放有一定关系。

表8 奉贤区2024年2~9月分登记注册类型规模以上工业总产值及其增长率

单位：亿元，%

	2月	3月	4月	5月	6月	7月	8月	9月	累计	增长率
国有控股	16.12	18.74	18.38	19.87	20.31	22.77	21.22	18.91	182.54	-7.90
集体控股	0.13	0.26	0.45	0.17	0.39	0.22	0.16	0.23	2.44	-10.80
私人控股	97.26	147.61	138.69	146.27	157.00	141.04	143.28	145.78	1278.26	-6.50
港澳台控股	5.55	10.32	10.31	10.10	10.11	9.67	10.17	9.73	86.21	0.80
外商控股	33.01	49.76	49.84	48.21	46.11	45.52	46.21	49.14	417.92	-0.40
其 他	2.01	2.46	2.15	2.78	2.74	2.54	2.07	1.93	21.16	9.70
合 计	154.10	229.16	219.82	227.40	236.65	221.76	223.12	225.72	1988.52	-5.00

数据来源：《奉贤统计月报》。

表9 奉贤区2024年2~9月分登记注册类型规模以上工业总产值结构比重及其增长率

单位：%

	2月	3月	4月	5月	6月	7月	8月	9月	累计	增长率
国有控股	10.50	8.20	8.40	8.70	8.60	10.30	9.50	8.40	9.20	-0.30
集体控股	0.10	0.10	0.20	0.10	0.20	0.10	0.10	0.10	0.10	0.00
私人控股	63.10	64.40	63.10	64.30	66.20	63.60	64.20	64.50	64.30	-1.10
港澳台控股	3.60	4.50	4.70	4.50	4.30	4.40	4.60	4.30	4.30	0.30
外商控股	21.40	21.70	22.60	21.20	19.50	20.50	20.70	21.80	21.00	1.00
其 他	1.30	1.10	1.00	1.20	1.20	1.10	0.90	0.90	1.10	0.10

数据来源：《奉贤统计月报》。

五 美丽健康产业及战略性新兴产业工业企业发展情况

奉贤经济发展新动能表现方面，以美丽健康产业和战略性新兴产业为重点研究对象（见图 13、图 14、图 15、图 16）。

图 13 给出了奉贤区 2023 年美丽健康产业规模以上工业总产值及其增长率。其中，生物保健、日用化学和绿色食品规模以上工业总产值均超百亿元，分别为 172.20 亿元、121.00 亿元、106.44 亿元，增长率分别为 −25.3%、13.2%、5.3%。除日用化学和绿色食品产业规模以上工业总产值呈正增长外，其他美丽健康产业规模以上工业总产值增长率均为负，其中，生物保健产业降幅最大。

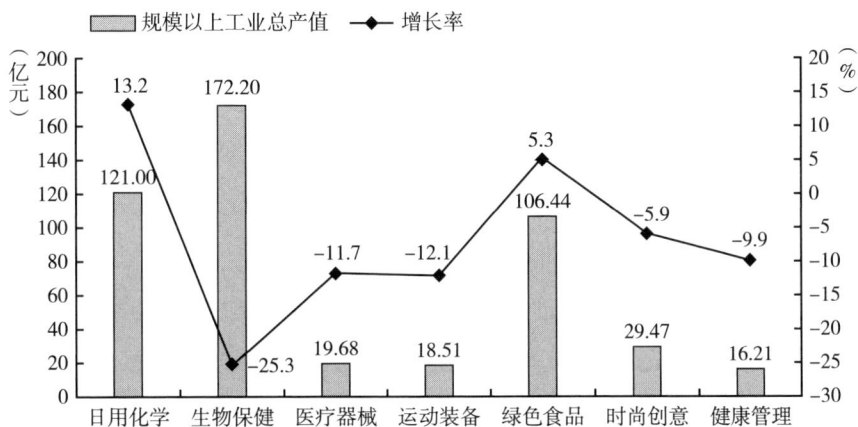

图 13　奉贤区 2023 年美丽健康产业规模以上工业总产值及其增长率

数据来源：《上海市奉贤区统计年鉴（2024）》。

2024 年 1~9 月，美丽健康产业规模以上工业总产值达 372.44 亿元，累计增长率为 4.8%；规模以上工业企业数达 237 家，累计增长 1.3%；资产总计 1060.08 亿元，累计增长 0.5%；负债额为 367.84 亿元；营业收入为 345.22 亿元；利润额为 52.07 亿元，累计增长 12.7%；税收收入达 28.11 亿元，因减税政策，增长率为−10.3%；固定资产计划投资 554.55 亿元，自开始建设累计完成投资 253.97 亿元，2024 年已完成投资额 52.26 亿元。美丽健康产业的主打产业包括生物保健、日用化学、绿色食品、运动装备、医疗器械、时尚创意和健康管理。绿色生活、追求时尚的理念逐渐深入人心，从统计数据可以看出，在主打产业中，日用化学、绿色食品、医疗器械、时尚创意产业的规模以上工业总产值实现了正增长，增长率分别为16.7%、6.7%、2.4%、11.9%。生物保健和日用化学的产值规模达到百亿元以上，分别为132.68亿元和102.37亿元。产值规模超过50亿元的产业还有绿色食品，为75.96亿元。与2023年同期相比，生物保健、日用化学、绿色食品仍然是产值规模较大的产业，其他产业产值规模仍相对较小。

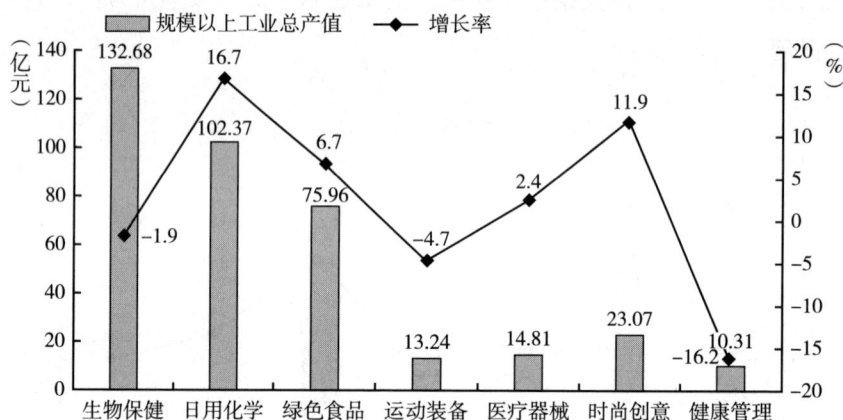

图14 奉贤区2024年1～9月美丽健康产业规模以上工业总产值及其增长率

数据来源：《奉贤统计月报》。

关于战略性新兴产业的发展情况，首先回顾2023年，图15给出了奉贤区2023年战略性新兴产业规模以上工业总产值及其可比增幅。可以看出，新能源、高端装备、生物医药、新材料、新能源汽车领域的规模以上工业总产值均达到百亿元以上，分别为132.3亿元、143.2亿元、225.5亿元、160.7亿元、485.1亿元，企业数分别达到了17家、47家、79家、58家和9家。其中，新能源汽车以仅9家企业创造了最大的产值占比。新材料、新能源汽车、节能环保、数字创意的可比增幅均超过全市水平。此外，2023年奉贤区战略性新兴产业合计可比增幅为5.00%，高于全市水平，产业发展初具成效。

图16给出了奉贤区2024年1～9月战略性新兴产业规模以上工业总产值及其可比增幅。据统计资料反映，奉贤区2024年1～9月战略性新兴产业规模以上工业总产值累计总额为767.9亿元，企业数为240家，同比下降

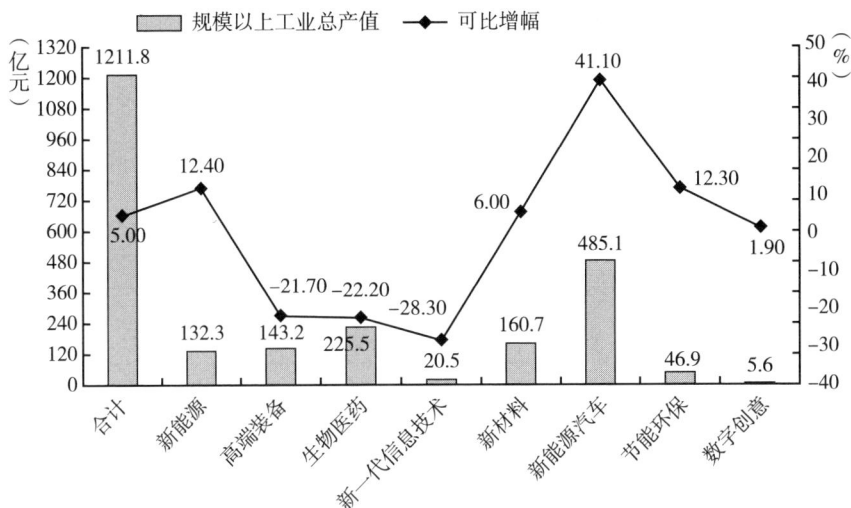

图15 奉贤区 2023 年战略性新兴产业规模以上工业总产值及其可比增幅

数据来源：《上海市奉贤区统计年鉴（2024）》。

8.50%，占全区比重达 38.6%，在一定程度上说明奉贤区重视战略性新兴产业。从产值上看，新能源汽车、生物医药、高端装备、新材料的累计值超 100 亿元，分别达到了 286.1 亿元、168.7 亿元、121.7 亿元、108.4 亿元，可比增幅分别为-12.4%、1.3%、17.5%、-3.5%，其中仅生物医药和高端装备增长速度为正，且均超过了全市可比增幅。新能源、新一代信息技术、节能环保、数字创意的累计值分别不足 50 亿元，规模较小，可比增幅也均为负值，分别为-49.6%、-4.0%、-5.4%、-37.5%。

另外，对各街镇的经济发展新动能进行进一步分析（见图17、图18、图19）。2024 年 1~9 月，美丽健康产业规模以上工业总产值累计值较高的三个街镇分别是庄行、海湾、柘林，分别为 25.48 亿元、20.37 亿元、19.44 亿元，较低的是四团、头桥街道，分别为 3.28 亿元、3.66 亿元。增长最多的街镇为四团，增长率达 24.90%；西渡街道降幅最大，较上年同期下降 14.00%。从税收及其增长率来看，2024 年 1~9 月，规上工业税收累计值排名前三的街镇是海湾、金汇、柘林，分别为 1.81 亿元、0.97 亿元、

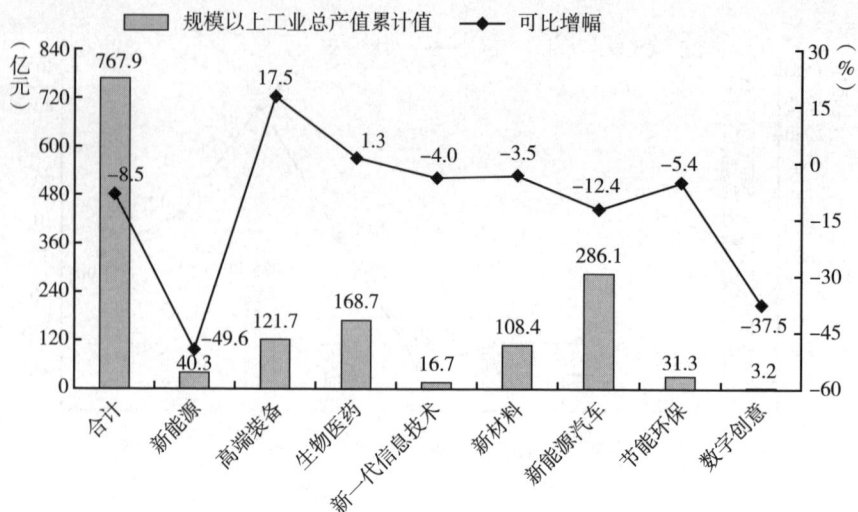

图16 奉贤区2024年1~9月战略性新兴产业规模以上工业总产值及其可比增幅

数据来源:《奉贤统计月报》。

0.86亿元。受减税政策影响,2024年大部分街镇美丽健康产业规模以上工业税收有所下降,仅四团和海湾实现正向增长,增长率分别为21.80%、6.20%;西渡街道降幅较大,工业税收同比下降51.40%。

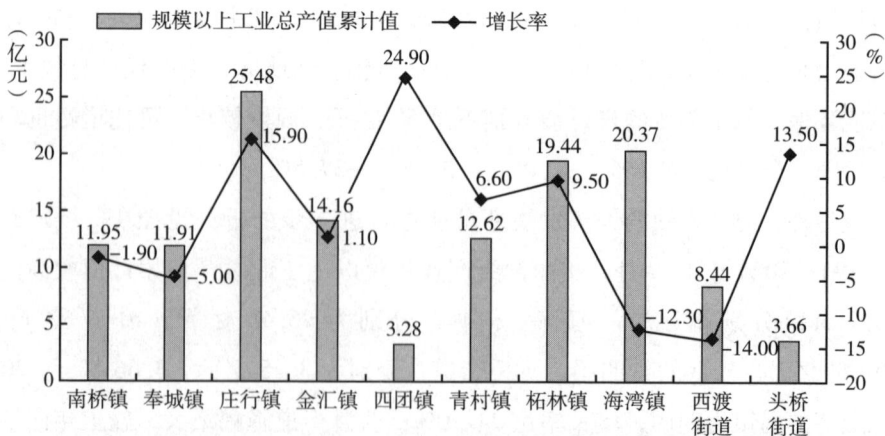

图17 奉贤区2024年1~9月各街镇美丽健康产业规模以上工业总产值及其增长率

数据来源:《奉贤统计月报》。

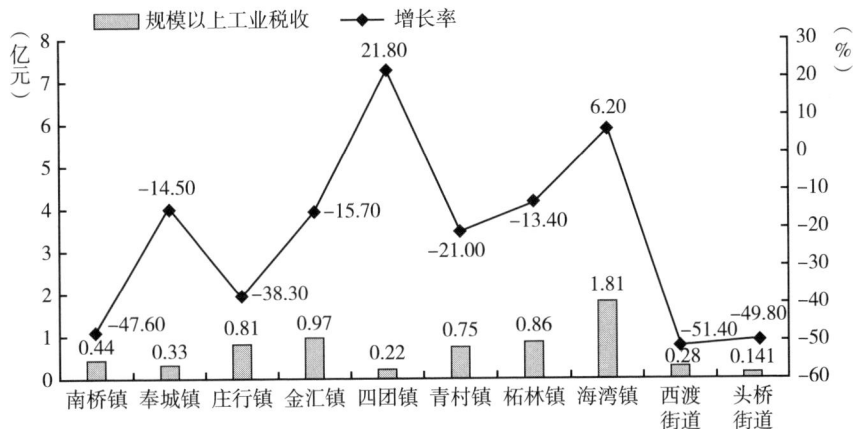

图 18　奉贤区 2024 年 1~9 月各街镇美丽健康产业规模以上工业税收及其增长率

数据来源：《奉贤统计月报》。

统计数据显示，2024 年 1~9 月奉贤区内各开发区美丽健康产业规模以上工业总产值、税收整体情况为：规模以上工业总产值方面，奉贤区内各开发区美丽健康产业规模以上工业总产值均实现正增长，其中海湾旅游区、经发增长率超 15%，分别为 18.3%、17.3%。值得注意的是，工业综合开发区作为美丽健康产业工业总产值最高的开发区，增长率达到了 11.3%，仅次于与其体量相差巨大的海湾旅游区和经发；税收方面，仅东方美谷集团、临港（奉贤）的美丽健康产业规模以上工业税收有所增长，增长率分别为 18.9%、10.9%，其他开发区都有所降低，其中经发降幅最大，达-54.3%。

以下是奉贤区 2024 年 1~9 月各街镇战略性新兴产业规模以上工业总产值累计值及其可比增幅。2024 年 1~9 月，战略性新兴产业规模以上工业总产值累计值较高的三个街镇分别是四团、西渡街道和青村，规上工业总产值累计值分别为 80.60 亿元、25.70 亿元、20.10 亿元，均超过了 20 亿元；其他街镇的规上工业总产值累计值相对较低，其中头桥街道最低，为 5.70 亿元。从可比增幅来看，庄行、金汇、四团、青村、头条街道均实现正向增长，其中四团和金汇可比增幅超过 10%，分别为 20.20% 和 13.80%。

统计数据显示，2024 年 1~9 月奉贤区内各开发区战略性新兴产业规模

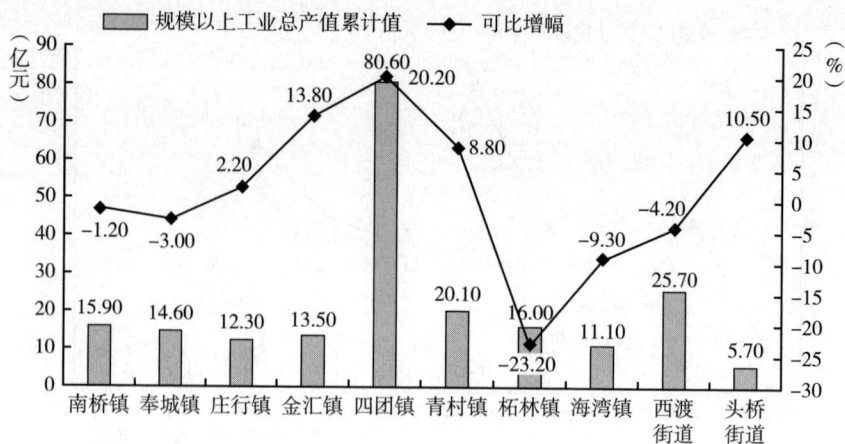

**图 19　奉贤区 2024 年 1~9 月各街镇战略性新兴产业规模以上
工业总产值累计值及其可比增幅**

数据来源：《奉贤统计月报》。

以上工业总产值整体情况为：工业综合开发区、杭州湾开发区、东方美谷集团、临港（奉贤）的规模以上工业总产值增长率分别为-32.2%、4.9%、0.3%、-10.2%，工业综合开发区、杭州湾开发区以及临港（奉贤）的规模以上战略性新兴产业工业总产值超过百亿元，分别为 101.9 亿元、107.7 亿元和 317.8 亿元。

六　研究总结

2024 年上半年是充满挑战和机遇的一段时期。一方面，国际环境严峻复杂，战乱与贸易保护给出口企业带来困难，同时，国内市场也面临着有效需求不足的困境，工业产品出厂价格下跌，工业制造业备受压力；另一方面，各种利好政策加速出台，社会投资不断加大，经济社会发展的各种基础正被夯实。奉贤区直面经济发展中的挑战与机遇，脚踏实地，稳步发展。2024 年 1~9 月，奉贤区规模以上工业企业数达到 1282 家，资产总计达 3560.39 亿元，营业收入为 1893.28 亿元，利润额为 128.51 亿元，工业销售利润率为6.79%。其中，亏损单位数为405家。同时期，奉贤区规模以上工业总产值累计额为1988.52亿元，累计增长-5%；规模以上工业税收累计达165.24亿元；工业销售产值累计1964.14亿元，出口交货值累计262.40亿元，分别累计增长-6.30%、-5.80%。

值得关注的是，2024年1~9月，就分行业分析规模以上工业发展情况而言，由于有色金属需求和售价相比往年有所增长，有色金属冶炼与压延加工业规模以上工业总产值呈平稳上升态势，累计增长18.30%。就分街镇分析规模以上工业发展情况而言，四团、海湾和青村规模以上工业总产值较高；另外，开发区规模以上工业总产值合计额达到1084.25亿元，占全区规模以上工业总产值的比重为54.53%。从全区发展新动能方面来看，美丽健康产业企业总数达到237家，累计增长1.3%；规模以上工业总产值为372.4亿元，增长较快，增长率为4.8%，占所有产业规模以上工业总产值的比重达18.73%。同时期，战略性新兴产业规模以上工业总产值达767.9亿元，占所有产业规模以上工业总产值的比重为38.62%。美丽健康产业和战略性新兴产业的规上工业产值合计占全区所有产业规上工业总产值的比重超过50%，说明奉贤区注重培育工业新动能，重视新质生产力发展。

综上，奉贤区在诸多不利因素的作用下仍展现出坚定的发展决心和发展信心，规模以上工业企业数持续增加，工业投资保持增长，积极推进美丽健康产业、战略性新兴产业发展，主要经济指标保持稳定，地区生产总值稳中向好，为未来进一步发展固本培元，打下了坚实的基础。

七　对策建议

面对当前工业消费显著不足、工业发展压力大、工业利润偏低的状况，本报告提出如下建议。

一是政府继续加大工业投资和固定资产投资，完善相关配套基础设施，为工业企业发展提供便利。

二是积极招商引资，有针对性地引入战略性新兴产业和美丽健康产业相关企业及其上下游企业，发挥产业集群效应，提高这两种产业在区内工业产业中的比重，培育经济发展新动能。

三是注重培育和发展小微企业，通过建立小微企业绿色通道等方式在公司建立、资金补贴、公司融资等方面提供帮助。

四是加强政企联动，拓宽政企联系渠道，广泛听取企业意见，着力解决工业企业发展中的痛点难点问题，发挥好服务型政府作用。

B.4
2024~2025年奉贤服务业
形势分析与研判

纪园园*

摘　要：　2024年1~9月，奉贤区服务业增加值为371.85亿元，同比增长4.1%，占全产业增加值的比重为36.6%。从税收结构来看，服务业的主导地位持续稳固，反映出经济结构的调整与产业升级趋势。2024年1~9月，奉贤区服务业实现税收收入297.99亿元，增速由正转负，同比下降3.2%，占全区税收收入的比重达到60.22%。从产业投向来看，服务业固定资产投资完成额为274.88亿元，同比下降5.4%，占全区固定资产投资完成总额的67.75%。分行业来看，批发和零售业持续发展，房地产市场降幅收窄，金融市场规模缩减。预计2025年，奉贤区消费品市场平稳增长，网络零售蓬勃发展，房地产市场在经历一段时期的调整之后有望回暖，金融市场将继续处于调整周期。

关键词：　服务业　固定资产投资　税收结构

一　奉贤区服务业总体概况

（一）服务业占比持续上升，产业结构逐步优化

2024年1~9月，奉贤区服务业增加值达到371.85亿元，同比增长

---

* 纪园园，经济学博士，上海社会科学院经济研究所、数量经济研究中心副研究员，主要研究方向为计量经济学与大数据分析、计量经济理论。

4.1%，占全产业增加值的比重为 36.6%，较上年同期上升 1 个百分点。同期，奉贤区工业增加值为 619.36 亿元，同比下降 0.2%，占全产业增加值的比重为 60.96%。① 2023 年奉贤区服务业增加值为 502.50 亿元，同比增长4.2%（见图 1），占全产业增加值的 35.5%，较 2022 年上升 0.5 个百分点；工业增加值为 878.5 亿元，同比增长 2.6%，占全产业增加值的比重为62.10%。从长期趋势来看，2010～2023 年，奉贤区服务业增加值占全产业增加值的比重呈稳步提升的趋势，由 2010 年的 26.8% 增至 2023 年的35.5%。与此同时，工业增加值占全产业增加值的比重则从 70.4% 逐渐回落至 62.10%。这一变化标志着奉贤区逐步形成了服务业和工业相互依存、相辅相成的双轮驱动发展格局。奉贤区服务业占全产业增加值比重的上升不仅是数量的增长，更是产业结构优化的深层次体现，为区域经济的长远、可持续发展奠定了坚实的基础。

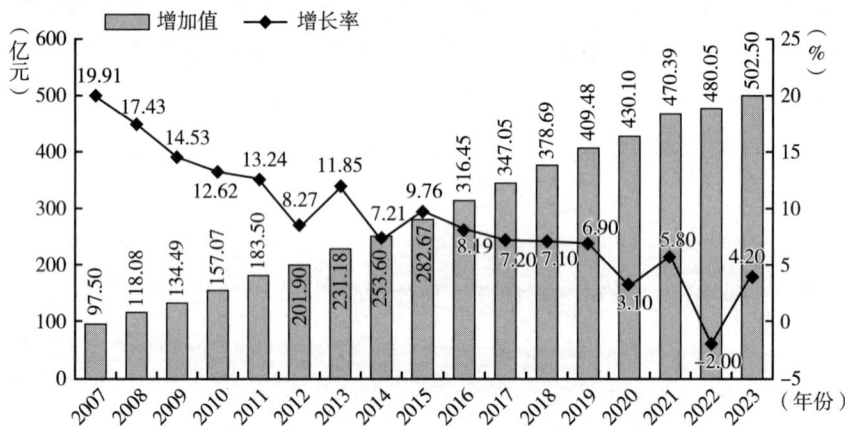

图 1　2007～2023 年奉贤区服务业增加值及增长率

数据来源：历年《上海市奉贤区统计年鉴》。

（二）服务业各细分行业呈现不同发展态势

2024 年 1～9 月，奉贤区服务业的各细分行业呈现不同发展态势。除住

_____

① 若无特殊说明，本报告数据均来源于历年《上海市奉贤区统计年鉴》以及《奉贤统计月报》。

宿和餐饮业以及房地产业的增加值呈下降趋势外,其他行业均保持增长(见表1)。从服务业内部结构来看(见图2),排名前三的行业依次为批发和零售业、房地产业和金融业。其中,批发和零售业居首位,实现增加值62.83亿元,同比增长4.9%,占服务业增加值的比重为16.90%;房地产业居次位,增加值为51.00亿元,同比下降0.4%,占服务业增加值的比重为13.72%;金融业则位列第三,增加值为40.18亿元,同比上升6.7%,占服务业增加值的比重为10.81%。

表1　2024年1~9月奉贤区服务业发展总体状况

单位:亿元,%

	增加值	增长率	占服务业增加值的比重
服务业	371.85	4.1	100.00
批发和零售业	62.83	4.9	16.90
交通运输、仓储和邮政业	14.67	5.8	3.95
住宿和餐饮业	5.62	-8.9	1.51
金融业	40.18	6.7	10.81
房地产业	51.00	-0.4	13.72

数据来源:《奉贤统计月报》。

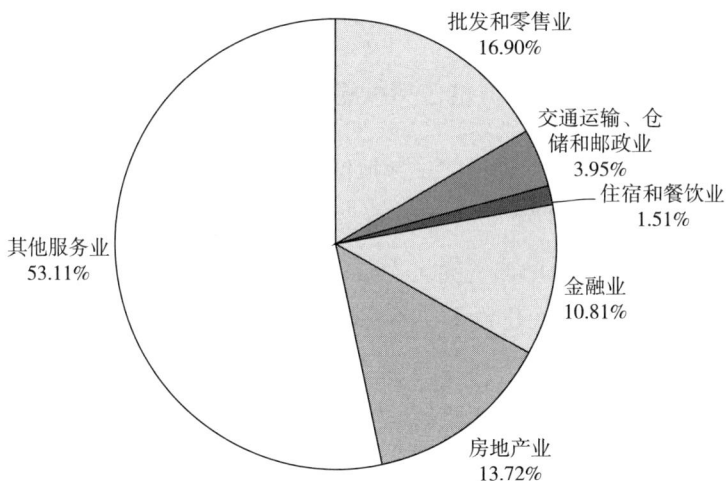

图2　2024年1~9月奉贤区服务业增加值各行业分布

数据来源:《奉贤统计月报》。

（三）服务业固定资产投资平稳增长

2024 年 1~9 月，奉贤区服务业在全区固定资产投资中明显居主导地位。从产业投向来看，服务业固定资产投资完成额为 274.88 亿元，同比下降 5.4%，占全区固定资产投资完成总额的 67.75%。同期，工业固定资产投资完成额为 130.13 亿元，同比增长 4.5%，占全区固定资产投资完成总额的 32.07%；农业固定资产投资额为 0.62 亿元，占全区固定资产投资完成总额的比重最低，仅为 0.15%，但呈显著增长态势，增幅高达 749.4%。在服务业内部，从细分行业来看，2024 年 1~9 月，房地产开发投资依然占据主导位置，投资完成额为 183.70 亿元，占服务业投资完成总额的 66.83%，同比微降 0.2%。

2023 年，奉贤区服务业固定资产投资完成额达 412.74 亿元，较 2022 年增长 8.4%，占全区固定资产投资完成总额的比重为 71%。从服务业的内部投资结构看，房地产业固定资产投资完成额为 258.01 亿元，占奉贤区服务业固定资产投资完成总额的 62.51%，与 2022 年相比下降幅度收窄，降幅为 0.7%。同时，第二产业固定资产投资完成额为 168.41 亿元，其中工业投资完成额为 168.39 亿元，增长率达 21.2%，占全区固定资产投资完成总额的 28.96%。相较之下，第一产业的固定资产投资完成额仅为 0.22 亿元，同比减少 34.4%。

（四）服务业税收主导地位持续稳固

服务业在税收收入结构中的主导地位持续稳固，反映出经济结构的调整与产业升级趋势。2024 年 1~9 月，奉贤区服务业实现税收收入 297.99 亿元，增速由正转负，虽同比下降 3.2%，但其占全区税收收入的比重仍达到 60.22%，较上年同期上升约 1 个百分点。同期，奉贤区工业税收收入为 165.24 亿元，同比下降 10.1%，在全产业税收收入中的占比为 33.39%。相比之下，奉贤区农业税收收入为 0.69 亿元，虽同比增长 141.4%，但在全产业税收收入中的占比仅为 0.14%。

从服务业各细分行业来看，税收收入排名前三的依然是批发和零售业、租赁和商务服务业以及房地产业。2024 年 1~9 月，奉贤区批发和零售业税收收入为105.15亿元，增速由正转负，同比下降1.3%，在服务业税收总额中所占的比重为35.29%，较上年同期上升约1个百分点；租赁和商务服务业税收收入为74.98亿元，同比下降3.7%，占服务业税收总收入的比重为25.16%，与上年同期几乎持平；房地产业税收收入为34.33亿元，同比下降17.3%。2024年1~9月，上述三大行业的税收收入合计占服务业税收总收入的比重达71.97%。在细分行业增速方面，金融业和房地产业的下降幅度最为显著，分别下降29.6%和17.3%，而住宿和餐饮业表现最佳，同比增长26.7%。

表2 2024年1~9月奉贤区服务业分行业税收情况

单位：亿元，%

	税收	增长率	占服务业税收收入的比重
批发和零售业	105.15	−1.3	35.29
交通运输、仓储和邮政业	10.31	13.8	3.46
住宿和餐饮业	1.06	26.7	0.35
信息传输、软件和信息技术服务业	15.69	12.3	5.26
金融业	10.36	−29.6	3.48
房地产业	34.33	−17.3	11.52
租赁和商务服务业	74.98	−3.7	25.16
科学研究和技术服务业	30.98	6.6	10.40
居民服务、修理和其他服务业	5.37	−7.3	1.80

数据来源：《奉贤统计月报》。

二 服务业主要行业的发展特点

（一）批发和零售业持续发展，消费品市场活力提升

2024年1~9月，奉贤区批发和零售业持续发展，增加值达62.83亿元，同比提升4.9%，占服务业增加值的比重最高，为16.9%。2023年，奉贤区批发和零售业的增加值达到87.88亿元，同比增长5.0%，全年商品销售总额达到1396.5亿元，比2022年增长4.7%，增速位居上海郊区之首。

消费品市场的活力显著提升。2023 年，奉贤区的社会消费品零售总额达 583.3 亿元，同比增长 11.8%。其中，限额以上社会消费品零售额为 229.9 亿元，同比增长 7.5%，占社会消费品零售总额的 39.4%，比 2022 年提高 0.8 个百分点。限额以上社会消费品按主要商品类别分为 11 类，其中，7 类商品实现增长，4 类商品呈下降趋势。增幅较大的品类有化妆品类、烟酒类、石油及制品类以及日用品类，其零售额分别为 69.9 亿元、1.4 亿元、6.1 亿元和 7.7 亿元，增速分别达到 35.2%、21.6%、16.2% 和 11.8%。下降的品类为汽车类、中西药品类、粮油食品类以及家电和音像器材类，其零售额分别为 35.8 亿元、1.0 亿元、9.4 亿元和 3.4 亿元，同比下降 2.5%、11.4%、15.7% 和 75.2%。从销售渠道来看，2023 年，奉贤区通过公共网络实现的商品零售额为 107.6 亿元，同比增长 3.9%。其中，限额以上批发和零售业企业的网上零售额占限额以上企业商品零售总额的 46.8%，拉动限额以上社会消费品零售额增长 1.9 个百分点。

从总体趋势来看（见图 3），2013~2023 年，批发和零售业的增加值经历了一段快速增长的时期后有所回落，逐步进入平稳增长阶段。2023 年，奉贤区的商品销售实现了由下降到增长的转变，批发和零售业增加值重新回到增长轨道。

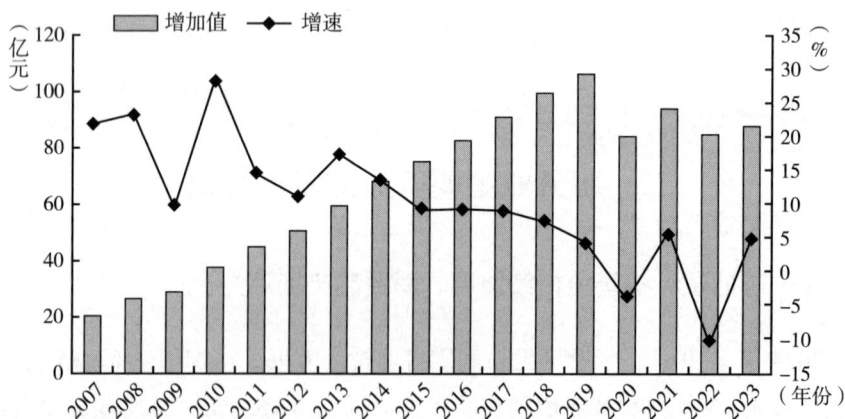

图 3　2007~2023 年奉贤区批发和零售业增加值及其增速走势

数据来源：历年《上海市奉贤区统计年鉴》。

（二）房地产业下降趋势放缓

2024年，奉贤区房地产市场继续收缩。2024年1~9月，奉贤区房地产业增加值为51.00亿元，同比微降0.4%，收缩幅度明显趋缓，占全产业服务业增加值的比重为13.72%，位列服务业第二。同期，奉贤区房地产开发投资完成额为183.7亿元，同比减少0.2%，呈减速放缓趋势。2023年，奉贤区房地产业增加值为72.13亿元，同比下降2.3%；全年房地产开发投资总额为258亿元，同比下降0.7%。

从房地产经营状况来看，2023年全年，奉贤区房屋施工面积为1032万平方米，同比减少27.4%；房屋竣工面积为72.3万平方米，下降幅度达76.5%。2024年1~9月，房屋施工面积和新开工面积尽管持续下降，但降幅相比上年同期有所收窄。具体而言，2024年前三季度，奉贤区房屋施工面积为912.52万平方米，同比减少13.0%。其中，新开工面积为63.65万平方米，同比微降0.8%。房屋竣工面积方面，2024年1~9月，奉贤区房屋竣工面积为39.67万平方米，同比减少33.1%。其中，住宅竣工面积为25.13万平方米，同比减少40.8%。总体而言，奉贤区房地产市场房屋竣工面积的减少与开发进度放缓和市场需求疲软密切相关。虽然"5·27"新政意在提升开发商的投资信心、鼓励更多资本投入新项目，并加快项目审批与建设进度，预计会对房地产开发产生正面影响，但新政的效果尚未充分显现。

从奉贤区房地产销售面积相关数据来看，2023~2024年，奉贤区房地产市场总体呈收缩趋势。2023年，奉贤区商品房销售面积为102.9万平方米，同比下降21.4%。其中，住宅销售面积为86.7万平方米，同比减少28.6%。与此同时，待售面积增长至201.2万平方米，同比增长10.6%。2024年1~9月，奉贤区商品房销售面积为62.26万平方米，同比减少15.9%。其中，现房销售面积达37.23万平方米，同比增长22.2%；期房销售面积则降至25.03万平方米，同比减少42.6%。在销售额方面，2023年奉贤区商品房销售总额为243.8亿元，同比下降8.4%。2024年1~9月，奉贤区商品房销售额累计150.77亿元，同比减少21.2%。其中，现房销售额为41.71亿元，同比上升 11.7%；期房销售额为 109.06 亿元，同比下降 29.2%。可以看出，现房销售呈逐步回暖趋势，这主要得益于"沪九条"新政，该政策于 2024 年 5 月 27 日实施，推动现房市场比期房市场更快地复苏。

从总体趋势上看（见图 4），2007~2023 年奉贤区房地产业增加值曲折攀升，但 2021~2023 年逐步回落。2023~2024 年，奉贤区房地产市场持续收缩，市场需求低迷，销售整体下滑，开发建设进展缓慢。

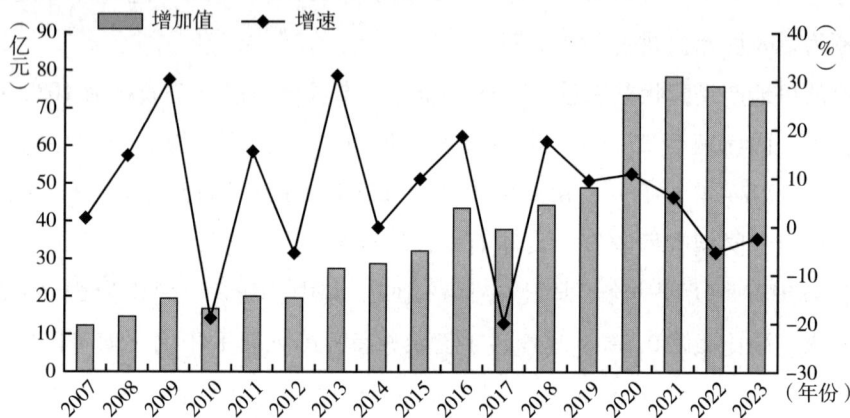

图 4　2007~2023 年奉贤区房地产业增加值及其增速走势

数据来源：历年《上海市奉贤区统计年鉴》。

（三）金融业恢复增长，银行存贷款协同增长

2024 年 1~9 月，奉贤区金融业实现增加值 40.18 亿元，较上年同期上升 6.7%，在全产业服务业增加值中的占比达到 10.81%。2023 年，存贷款业务保持协同增长态势，全年实现增加值 52.45 亿元，同比增长 5.5%。截至 2023 年底，奉贤区设有 28 家银行分支机构，运营网点数量达 146 个，另有证券机构 15 家。年末统计显示，2023 年奉贤区银行存款余额达 3001.07 亿元，较年初增长 6.2%；银行贷款余额为 1781.67 亿元，较年初增长 6.1%。

截至 2024 年 9 月底，奉贤区的银行存款余额已达 3117 亿元，相比年初增长 3.9%，增速与上年同期基本一致。从存款构成来看，2024 年 1~9 月，奉贤

区企业存款余额为 1185 亿元，较 2024 年初减少 3.4%，降幅较上年同期缩小约 2 个百分点，占全区银行存款总额的 38.02%。与此同时，居民储蓄存款余额为 1932 亿元，较 2024 年初增长 8.9%，占全区银行存款总额的 61.98%。

截至 2024 年 9 月底，奉贤区的银行贷款余额达到 1892 亿元，较年初实现了 6.2% 的增长。在贷款结构方面，企业贷款余额达到了 1221 亿元，增幅为 6.5%，占全区贷款总额的 64.53%。其中，中小企业贷款 713 亿元，较年初增长 4.9%，占企业贷款余额的 58.39%。个人贷款余额则达到 680 亿元，比年初增长 7.0%。其中，个人住房贷款占比最大，贷款额为 479 亿元，与年初基本持平，占个人贷款余额的比重为 70.44%。从贷款期限分布来看，短期贷款和中长期贷款均保持增长，中长期贷款居主导地位。截至 2024 年 9 月底，短期贷款余额达到 584 亿元，比年初增长 10.7%；中长期贷款余额为 1316 亿元，比年初增长 5.0%。

根据存贷款余额的区域分布情况（见表3），可以看出奉贤区各街镇（开发区）的存贷款余额呈明显差异化。其中，南桥镇在存款余额和贷款余额方面均位居各街镇（开发区）之首，占比分别达到 53.43% 和 63.61%，体现出其在全区资金流动中的主导地位。

表 3　2023 年奉贤区各街镇（开发区）存贷款余额

	网点数（个）	各项存款余额(亿元)	占全区比重（%）	各项贷款余额(亿元)	占全区比重（%）
南桥镇	53	1603.47	53.43	1133.24	63.61
奉城镇	18	234.92	7.83	53.96	3.03
庄行镇	6	75.13	2.50	21.57	1.21
金汇镇	8	130.34	4.34	47.91	2.69
四团镇	6	106.28	3.54	17.71	0.99
青村镇	9	142.41	4.75	34.80	1.95
柘林镇	9	106.25	3.54	27.61	1.55
海湾镇	6	34.88	1.16	2.34	0.13
西渡街道	6	116.54	3.88	29.63	1.66
奉浦街道	18	337.34	11.24	225.90	12.68
金海街道	4	62.30	2.08	164.20	9.22

续表

	网点数（个）	各项存款余额（亿元）	占全区比重（%）	各项贷款余额（亿元）	占全区比重（%）
海湾旅游区	1	13.11	0.44	1.65	0.09
杭州湾开发区	1	15.83	0.53	21.15	1.19
头桥集团	1	22.26	0.74	0.00	0.00
全区总计	146	3001.07	100	1781.67	100

数据来源：《上海市奉贤区统计年鉴（2024）》。

2024 年 1～9 月，奉贤区的证券交易总额为 13295 亿元，同比减少 2.6%。其中，股票交易额为 6934 亿元，同比下降 14.1%；A 股交易额为 6891 亿元，同比减少 14.4%。2023 年，全区证券交易总额为 18786.13 亿元，较上年增长 6.7%。其中，A 股交易额为 11007.75 亿元，同比下降 4.0%。全年新增 2 家上市公司，区内各类上市公司总数增至 29 家。

（四）信息传输、软件和信息技术服务业创新活力蓬勃

2023 年，奉贤区在科技创新领域持续展现强大的驱动力，区域创新生态显著优化，尤其是信息传输、软件和信息技术服务业的活力被进一步激发。2023 年，奉贤区新增 5 个市级院士专家工作站，累计达到 8 个，配合 67 个市级专家工作站和 3 个专家服务中心，形成了富有竞争力的专家合作网络，推动区域内多元科技成果的孵化与落地。至 2023 年末，奉贤区柔性引进了两院院士 25 人，汇集了 502 位专业人才，专家团队建设综合水平居全市前列。在科技企业认定方面，奉贤区全年受理了 740 家企业的高新技术企业认定申请，公示拟认定企业 616 家，使全区高新技术企业总数突破 2000 家，跻身全市前五。与此同时，1700 家企业获评国家科技型中小企业，增幅达 23.4%。新认定的 9 家市级科技"小巨人"企业将奉贤区"小巨人"企业总数提升至 147 家，进一步夯实了区内科技产业的多层次创新结构。奉贤区在高新技术成果转化方面也取得了显著成效，全年受理并登记技术合同 1623 件，总成交金额达 49.4 亿元，认定数量同比提升 25.2%。这一过程

中，上海中器环保科技有限公司凭借其出色的技术转化能力入围高转"十强"企业，另有11个项目入选高转"百佳"项目，进一步彰显了奉贤区在科技成果转化方面的竞争力和创新导向。总体来看，奉贤区的科技创新战略不仅为信息技术及相关服务业注入了新的活力，也通过对高端人才的积极引进和高新技术的成果转化，推动了区域科技创新水平的全面提升。这些发展成果不仅为奉贤未来数字化转型和高质量经济增长奠定了坚实基础，亦为进一步引领长三角科技创新提供了区域范例。

2023年，奉贤区加快推进数字基础设施建设，信息化发展水平显著提升，为区域智能化转型奠定了坚实基础。通过加快"双千兆宽带"和"城域物联专网"等新型信息基础设施项目的落地实施，奉贤区在通信网络覆盖和服务质量方面取得重要进展。统计显示，2023年全区共有2G基站1128个、3G/LTE基站642个、4G基站3437个、5G基站4829个，另设室分微站和新型小区站885个，满足了不同场景的通信需求。光缆铺设总里程达399.08万芯千米，千兆网络已覆盖1923个小区和559幢商务楼宇，光纤入户覆盖数达180.53万户，实现100%全覆盖，这表明奉贤区在家庭和企业网络普及方面已达到高标准。与此同时，窄带物联网（NB-IOT）设备容量达3055.8万个，进一步推动了区域内万物互联的实现，为智慧城市的发展提供了必要支撑。此外，奉贤区在提升信息消费体验方面也取得显著进展。高清IPTV用户数累计达27.88万户，移动通信用户总数达236.13万户，信息服务基础设施的覆盖面与服务水平稳步提升。5G技术在奉贤区的创新应用项目累计已达53个，这不仅增强了区域信息化基础的服务能力，也为未来智能制造、智慧物流、智能交通等领域的进一步发展打下了坚实基础。

（五）交通运输、仓储和邮政业平稳发展

2024年1～9月，奉贤区交通运输、仓储和邮政业的增加值达到14.67亿元，同比增长5.8%，占服务业总增加值的3.95%。从2023年全年数据来看，交通运输、仓储和邮政业的增加值为20.77亿元，较2022年增长1.3%。这不仅反映出奉贤区在传统交通物流领域的稳步提升，也彰显出区

域物流服务能力的逐步增强和行业数字化、智能化进程的加速。

2023 年，奉贤区的交通运输、仓储和邮政业呈显著增长趋势，反映出区域内人口流动性增强及城市物流需求升级的特点。全年公交客流量总计4083.74 万人次，其中常规公交和奉浦快线的客流量分别达到 3566.37 万人次和 517.37 万人次。全区日均客流量为 11.18 万人次，公交班次达 5765次，日运营里程达到 13.33 万公里。这些数据表明，区域公交网络的高效运营满足了居民的通勤需求，并为城市绿色出行提供了基础支持。轨道交通方面，5 号线南延伸段在奉贤区的客流量激增，全年总客流量达 2419.45 万人次，比 2022 年增加了 85.91%。这一显著增幅不仅体现了轨交 5 号线在推动区域出行便利化方面的作用，还表明区域轨道交通建设有效释放了客流的集聚效应，提升了公共交通网络的整体效率。月均客流量 201.62 万人次，日均客流量 6.63 万人次，反映出地铁作为日常通勤选择的广泛接受度和优越性。在邮政业务领域，奉贤区的寄递需求迅速攀升，全年邮政行业寄递业务量突破 2.10 亿件，同比增长 45.5%，业务收入增长至 10.20 亿元，同比增加 18.6%。这表明随着电子商务的持续发展和区域经济活力的提升，居民对快递服务的需求激增。全年投送邮件量达 4901.89 万件，同比增长19.3%，而各类报刊的投送量为 654.85 万件，同比下降 39.4%，反映出纸媒需求的持续下滑，以及数字化阅读的进一步普及。

（六）住宿和餐饮业增速回落

2024 年 1~9 月，奉贤区住宿和餐饮业实现增加值 5.62 亿元，同比下降8.9%，增速较上年同期有所回落，占服务业总增加值的比重为 1.51%。2023 年全年，奉贤区住宿和餐饮业的增加值为 8.7 亿元，较 2022 年下降2.6%。住宿和餐饮业的发展在很大程度上依赖区域文化旅游产业的支撑，奉贤区的文化旅游活动在提振相关消费需求上起到了积极的作用。2023 年，奉贤区共接待国内外游客 772.13 万人次，旅游相关营业收入达 11.8 亿元。特别是在五一假期期间，"新江南之春"管乐嘉年华的举办不仅提升了奉贤区的知名度，还激发了周边消费场景的消费需求，带动"上海之鱼"片区酒店的入住率超过了80%。在此基础上，奉贤区还通过举办第十六届伏羊节，提供了更为丰富的"羊文化"体验，采用联动小红书博主推广和市作协采风活动的多渠道营销方式，进一步推动农家餐饮的营业额增长至985.66万元，带动核心区蜜梨的销售额达2389.6万元，形成了具有文化特色的区域消费场景。此外，奉贤区积极打造"文化+旅游"融合模式，推出"探春赏花之旅"路线，"碧海金沙"则获评"中国体育旅游精品景区"，海湾国家森林公园成为国家级体育旅游示范基地。奉贤的特色品牌也不断提升其在文旅产业中的价值，包括神仙酒厂、森蜂园、鼎丰酿造等在内的10个本土品牌的13款产品被评选为"上海礼物"，玛丽黛佳、卓文后两个品牌的两款产品入选"上海伴手礼"，进一步提升了"奉贤制造"在市场中的知名度和认可度。总体而言，奉贤区的这种通过文化驱动旅游消费、通过旅游拉动本地产业的模式正契合国内"文旅融合"发展的趋势。特别是通过围绕节庆活动和本土特色品牌所开展的推广，奉贤区不仅激发了住宿和餐饮业的消费活力，还推动了旅游目的地的多元化体验，创造了具有地域特色的消费链条。

2024年1~9月，奉贤区限额以上住宿和餐饮企业的营业额为9.76亿元，同比下降11.2%，反映出在市场环境变化与消费者需求转型背景下，住宿和餐饮业正面临新的挑战与需求调整。2023年，奉贤区限额以上住宿和餐饮企业全年营业额为15.01亿元，其中：餐费收入为主导，达到11.83亿元，占总营业额的78.81%；客房收入为2.52亿元，占比16.79%；商品销售额仅为0.0238亿元，占比0.16%；其他收入为0.637亿元，占比4.24%；通过公共网络渠道实现的客房收入为0.509亿元，同比增长117.4%，显示出在线业务在住宿业中正发挥愈加重要的作用。随着数字消费和新兴旅游趋势的兴起，住宿和餐饮业亟须加速转向线上线下融合发展的模式。奉贤区线上客房收入的高增速表明，传统住宿企业在加大数字化转型方面取得了一定成果，公共网络渠道对业绩提升的支撑作用日益显著。从收入结构来看，餐费收入在2023年住宿和餐饮业全年营业额中占据了较大份额，这反映出餐饮消费依然是该行业的核心业务。随着消费升级趋势的增强，高端餐饮和个性化用餐需求逐渐兴起，未来或可通过提升服务品质和体验创新来推动餐费收入的增长。

三 2025年奉贤区服务业发展趋势判断

（一）消费品市场平稳增长，网络零售蓬勃发展

2024 年 1~9 月，奉贤区限额以上商品销售总额达 1010.86 亿元，同比增长 1.3%，全区社会消费品零售总额则达到 446.96 亿元，增幅为 2.3%。其中，限额以上社会消费品零售额为 177.72 亿元，同比增长 7.3%，通过公共网络实现的商品零售额达到 93.30 亿元，显著增长 34.2%。这表明，数字经济环境下，奉贤区的消费模式正经历深刻转型，尤其是网络零售的快速增长正引领新的消费趋势。在大数据时代，电商平台不仅是销售渠道，更是消费数据的中心，通过分析消费者行为偏好、个性化推荐等方式，电商平台有效提升了用户参与度和购买率。奉贤区线上零售额的显著增长正是这一趋势的真实体现，表明电子商务对区域经济的支撑作用日益增强。同时，随着数字货币与移动支付的广泛应用，电子支付已逐渐取代传统现金支付。电子支付不仅提供了即时结算的便利，还增强了跨区域消费流通能力，使得消费者的购买行为不再受限于地理因素，这对区域内及跨区域的经济流动起到了积极推动作用。

2023 年，奉贤区的网络零售蓬勃发展，表现出良好的增长态势：全年通过公共网络实现的商品零售额达 107.6 亿元，同比增长 3.9%；限额以上批发和零售业的网上零售额占全区限额以上批发和零售业商品零售总额的 46.8%，为限额以上社会消费品零售额的增长贡献了 1.9 个百分点。此外，限额以上住宿企业通过网络实现的客房收入达 0.509 亿元，同比增长 117.4%，而餐饮企业通过网络实现的餐费收入为 0.205 亿元，同比增长 31.0%。这表明奉贤区在网络零售方面的多元化发展已成为推动区域消费增长的重要力量。奉贤区限额以上住宿和餐饮业的客房和餐饮网络收入的高增

长率反映出公共网络渠道已逐步渗透至传统服务业，特别是住宿和餐饮等线下行业。伴随数字营销与用户体验优化技术的进步，未来，在公共网络平台上开展餐饮、住宿服务的潜力有望进一步释放，推动服务业的数字化升级。2025年，奉贤区在提振消费市场方面将持续发力，通过鼓励线上线下融合、支持数字支付发展及推动智能零售布局等多项举措，网络零售与消费品市场将保持稳中上升的趋势。

（二）房地产市场降幅收窄

2023~2024年，奉贤区房地产市场呈持续收缩态势，房地产市场受到了需求放缓与供需结构调整的共同影响。2023年全年，奉贤区房地产业增加值为72.13亿元，同比下降2.3%。2024年1~9月，奉贤区房地产业增加值为51亿元，同比下降0.4%。从房地产开发情况来看，2024年上半年，全区房屋施工面积为864.70万平方米，同比下降9.9%，而新开工面积却逆势上扬，同比增长18.0%，达45.25万平方米。进入2024年第三季度后，市场收缩态势有所放缓，1~9月房屋施工面积和新开工面积同比降幅分别缩窄至9.6%和2.5%。这表明在整体市场发展趋缓的背景下，开发商在新开工项目上采取了更加谨慎的策略，以应对不断变化的市场需求。在销售层面，奉贤区商品房销售面积在2024年上半年为34.27万平方米，同比下降33.0%。其中，现房销售面积12.99万平方米，同比下降30.8%；期房销售面积21.28万平方米，同比下降34.3%。尽管现房销售面积降幅有所放缓，但期房销售从此前的增势转为下降，且下降速度进一步加快。2024年1~9月，奉贤区商品房销售面积累计62.26万平方米，同比减少15.9%。值得关注的是，现房销售市场逐渐回暖，销售面积增长22.2%，而期房销售面积则锐减42.6%，显示出市场对现房的需求有所回升，而对期房销售的信心显著下降。这一趋势背后揭示了市场信心和需求结构的变化。购房者对房地产市场的预期影响着期房与现房的销售结构。奉贤区现房销售回暖表明，消费者更倾向于购买已竣工的住宅，这可能出于规避不确定性风险的考量。同时，期房销售增速放缓甚至下滑则反映出消费者对未来市场走势持观望态度。

整体来看，奉贤区房地产市场虽持续收缩，但其降幅有所放缓。这一趋势显示出市场正在逐步适应宏观调控和供需调整带来的新平衡。"5·27"新政的出台为市场注入了新的活力，通过提高开发商的投资信心，鼓励房地产开发企业加大新项目的投入力度，同时在审批和建设流程上加速推进。这一系列措施预计将在短期内为房地产开发活动带来积极影响，优化市场活力，推动形成更为稳健的发展态势。基于对现有数据与政策效应的分析，可以初步推测，2025年奉贤区房地产市场的收缩趋势可能会延续，但降幅有望进一步收窄。"5·27"新政不仅使开发商的投资信心提升，还间接提升了市场对更高品质项目的需求与关注。随着政策激励措施的落实，开发企业逐渐在成本优化、质量管控、购房者需求匹配等方面投入更多精力，政策的调控引导并营造出一种更健康、理性的市场环境。奉贤区或可借助这一机会继续优化房地产结构，加大对中高端项目的投入，引导消费升级，增强区域房地产市场的抗风险能力。产能需求将更加聚焦于质量与价值，推动开发企业在产品设计和项目管理上进一步优化。

（三）金融市场规模缩减

2024年上半年，奉贤区证券交易市场面临增速放缓的挑战，交易总额为9064亿元，同比下降1.0%。其中，股票交易额为4902亿元，同比减少11.5%；A股成交额为4859亿元，同比下降11.9%。2024年1~9月，奉贤区证券交易总额进一步回落至13295亿元，同比下降2.6%；股票交易额为6934亿元，同比降幅扩大至14.1%。从历史表现来看，奉贤区证券市场自2019年开始复苏，市场交易额显示出较强的增长势头。2020年，全区证券交易总额实现同比增长51.6%，带动金融市场进入快速发展期。然而，2021年增速逐步回落，至2022年由正转负，进入负增长区间。经过2023年的周期性调整，奉贤证券市场迎来短暂回温，但2024年初交易额再次出现小幅下滑，预计2025年市场将继续调整，金融市场规模将持续缩减。奉贤区证券市场的周期性波动，揭示了区域金融活动对宏观经济环境和政策变化的高度敏感性。研究表明，证券交易量在经济上行周期中易受政策激励效应推动而快速增长，而在经济增长放缓和流动性收紧阶段则易出现波动。2024 年的回落，尤其是股票交易额的降幅扩大，表明市场信心仍不稳固，投资者对宏观经济前景及流动性持观望态度。

从未来趋势看，2025 年奉贤区证券市场或将继续处于调整周期，这一阶段的调整将促使市场回归理性，金融市场的规模可能继续缩减，但市场的健康度和稳定性将有望提升。奉贤区在此背景下可进一步加大对政策调控与金融创新的支持力度，引导投资者关注长期价值，从而在经济周期变化中使市场保持活力。奉贤区证券市场的调整不仅有助于构建更加成熟的区域证券市场，也为其他地区在金融市场波动中的应对提供了借鉴。

四　2025年加快奉贤区服务业发展的对策建议

（一）加快推进服务业集聚区和重大项目建设，促进产业集聚和集约发展

一是根据奉贤区产业特色和区域优势，合理规划服务业集聚区，重点发展金融、科技、文化旅游、健康医疗等现代服务业，形成各具特色的集聚区。通过集中建设基础设施、优化交通与配套服务，提升区域吸引力，放大产业集聚效应。二是围绕"东方美谷"等奉贤特色品牌，吸引高端服务业、总部经济及创新型企业入驻。奉贤区可以提供专属政策支持，如税收减免、人才引进、金融支持等，以吸引企业投资，提高集聚区的整体产业层次，推动产业结构升级。三是通过数字化和智能化管理手段，实时监控和优化集聚区内的资源使用，提升服务业的运营效率。应用物联网、大数据和人工智能技术构建集聚区的智能管理系统，对水、电、气等资源进行高效管理，减少资源浪费，降低运营成本。四是在集聚区内推动企业间资源共享与基础设施共建。建立共享的物流仓储、公共办公空间、会议中心等公共设施，避免重复建设和资源浪费，提高区域资源使用效率，打造高效、低耗的产业集聚生态。

（二）加强数字基础设施建设，推进服务业数字化

一是推进 5G、物联网和大数据中心等基础设施建设，为服务业的数字化应用提供支持。同时，通过布局城市信息化网络与智能终端设备，提升行业服务的连通性和数据采集的广泛性，为后续的智能分析和应用打下基础。二是利用人工智能、区块链、云计算等前沿技术重构服务模式，将传统服务业务转变为数据驱动的智能化业务。通过 AI 智能客服、自动化流程管理、虚拟现实体验等方式提升客户服务体验，减少人力成本。同时，区块链技术可以用于支付和信息安全，提升客户信任度和数据保护能力。三是发展线上线下融合的多渠道服务模式。数字化使服务业不再局限于实体空间，通过线上渠道（如电商平台、社交媒体等）与线下渠道的联动，可以形成"O2O"模式。无论是零售、旅游、医疗还是金融服务，通过线上服务预定、线下体验交付的方式，可以满足消费者个性化、即时化的服务需求，提升服务体验。四是推动行业数字生态建设与开放合作。服务业的数字化发展不仅需要单个企业的创新，还需要行业整体生态的协同。通过建立行业数字化平台，推动不同企业间的数据共享与开放合作，实现跨领域资源整合。比如，金融业、零售业和物流业之间的协同，可以通过数据开放实现一体化的支付、物流和售后服务，推动服务流程的无缝衔接。

（三）建设特色产业园区，促进产城融合

建设特色产业园区是促进产城融合、实现区域经济协调发展的关键举措。奉贤区应积极发挥其产业集群优势，展现其优质营商环境以及"东方美谷"品牌的吸引力，通过多维度投资推介活动、专项招商引资以及精细化的园区资源管理提升区域竞争力。在此过程中，特色园区的建设不仅要依托现有的楼宇资源，更要通过企业家沙龙、行业论坛等多种形式的活动，强化企业间联动，促进资源共享与协同创新。针对现有的园区存量资源，奉贤区应注重盘活与优化，提升入驻企业的整体层次。通过引进优质项目、筛选具有创新能力的高成长性企业，园区可以实现产业结构的进一步优化，增强

其在高端产业链中的核心竞争力。与此同时，要持续完善城市服务并加强基础设施建设，以增强园区对周边的辐射带动作用，为产业链上下游企业营造良好的投资和生活环境，促进企业留驻。特色园区建设中的产城融合模式逐渐转变为"产—城—人"一体化发展的新模式。这一模式强调园区与城市空间的联动，将居住、教育、医疗等生活服务与产业功能融为一体，以吸引高端人才集聚，提升园区的综合承载力。奉贤区可探索在特色园区引入智能管理系统与绿色建筑理念，推进数字化和绿色园区的双重建设，从而打造低碳、智慧的创新环境，吸引更多高附加值项目落地。

B.5
2024~2025年奉贤固定资产投资形势分析与研判

何雄就　伏开宝*

摘　要：　本报告以奉贤区固定资产投资为主要研究对象，从增速、结构和与上海其他郊区的对比等方面着手，分析研究了该区2013~2023年固定资产投资的发展历程。研究发现，2013~2023年奉贤区经历了一段城市化快速推进的过程，2020年起固定资产投资总额开始保持稳定。通过与上海其他郊区横向比较，以及对投资的结构进行分析发现，奉贤区工业投资占比不断提升，区域产业结构近年来正持续不断优化。进一步与临沪部分县级市（区）固定资产投资总额进行比较发现，在综合交通网络优化的带动下，奉贤的区位优势不断提升，为区域后期高质量发展奠定了基础。2024年1~9月，奉贤区固定资产投资有序推进，未出现大幅波动的情况，在经济恢复的过程中起到了"稳定器"作用。本报告认为，尽管2024年奉贤经济已经处于复苏阶段，但不确定性因素仍然较多，房地产投资下行压力仍然存在，工业投资在连续几年的快速增长后也有放缓的趋势，因此短期内奉贤区固定资产投资需要继续发力，为经济发展稳中提质提供有力支撑。在多方协同推进的前提下，2024年奉贤区政府工作报告设定的全社会固定资产投资增长5%以上、工业投资增长5%的目标可以实现。

关键词：　固定资产投资　工业投资　产业结构

---

* 何雄就，经济学博士，主要研究方向为区域经济与经济增长；伏开宝，嘉兴南湖学院讲师，经济学博士，主要研究方向为经济增长与产业经济。

2023 年，奉贤区在严峻复杂的内外部形势下始终保持战略定力，把稳增长放在突出位置，主要经济指标全部实现正增长。其中，固定资产投资发挥了重要的作用。2024 年是"十四五"规划的关键一年，奉贤区大力推进现代化产业体系建设以及关键性交通重点工程建设，推动新兴产业集群加快形成，固定资产投资总体向好，奋力开创"奉贤美、奉贤强"的高质量发展新局面。

一 2013～2023年奉贤区固定资产投资分析

本节主要从投资总量、产业结构、增长速度等多个方面呈现 2013～2023 年奉贤区固定资产投资的发展情况，简要地分析奉贤区固定资产投资的变化趋势。通过趋势分析可以了解 2013～2023 年奉贤区投资的活跃程度，以及判断未来投资的总体走势，为出台区域固定资产投资政策提供参考。

（一）2013～2023年奉贤区固定资产投资完成额分析

从总量上看，2013～2023 年，奉贤区固定资产投资完成额总体保持稳定上升态势。2013～2016 年固定资产投资规模相对稳健。2017～2021 年固定资产投资完成额持续稳定增加。受新冠疫情、经济下行等因素影响，2022 年固定资产投资完成额有所下降，2023 年企稳回升至 2021 年水平。"十三五"开始，奉贤区固定资产投资进入快速增长阶段，2017 年投资增速高达21.6%（含市属项目），2018 年增速仍保持在 20%以上。2019 年固定资产投资增速有所放缓，但是 2020 年重新突破 10%，达到 13.7%。后虽经历宏观负面因素冲击，但 2023 年增速重新恢复至 7.3%，展现了区域内固定资产投资的韧性（见图 1）。

通过对奉贤区和上海市固定资产投资增长速度进行比较（见图 2），可以看到奉贤区固定资产投资增速在 2014～2016 年间低于上海市总体水平。不过，2017 年起奉贤区增速基本领先于上海总体，并一直持续到 2021 年。其中，2018 年增速甚至比上海整体高出近 16.4 个百分点。从增速数据来看，近年来奉贤区是上海市内投资较为活跃的地区，主要原因是奉贤新城发

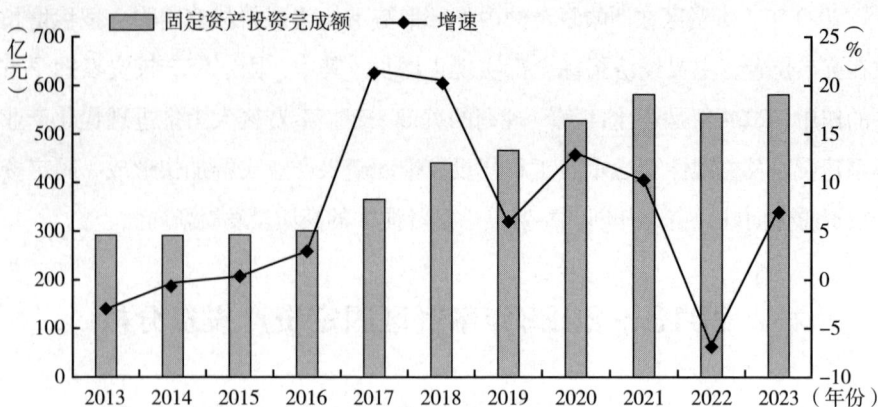

图1　2013~2023年奉贤区固定资产投资完成额及其增速

数据来源：历年《上海市奉贤区统计年鉴》。

展规划的带动，以及奉贤区政府加大高质量转型发展力度、吸引了广大社会资本的关注。同时可以发现，奉贤固定资产投资增速的弹性较大，与上海市整体相比周期性特征更加明显，主要原因在于奉贤区投资总额基数相对较小，较容易受到投资总额变化的影响。2023年，上海经济处于复苏状态，固定资产投资发挥了一定作用。奉贤区固定资产投资增速为7.3%，落后于上海市的部分区域，同期上海市固定资产投资增速为13.8%。

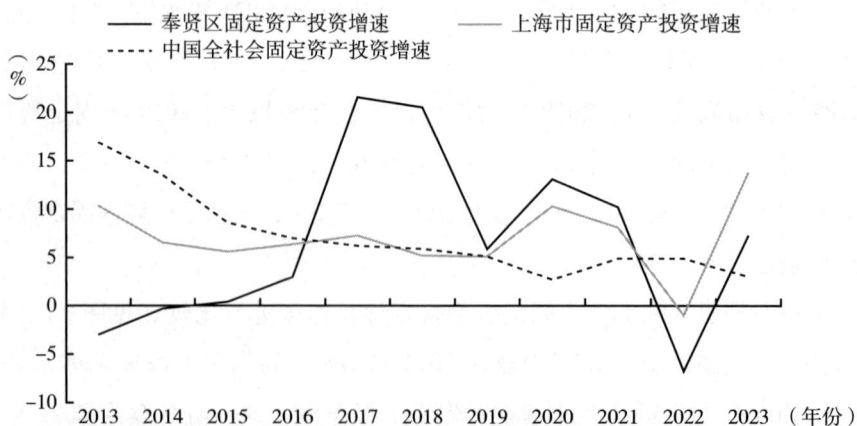

图2　2013~2023年奉贤区、上海市及中国全社会固定资产投资增速对比

数据来源：国家统计局网站、上海市统计局网站、历年《上海市奉贤区统计年鉴》。

（二）2013~2023年奉贤区固定资产投资产业结构分析

对固定资产投资的结构性分析有助于探究地区未来经济发展的质量及产业结构的演变趋势。在地区产业升级过程中，资金通常会更多地流向战略性新兴产业和城市基础设施建设，从而吸引更多投资持续流入该地区。

从固定资产投资的产业结构来看，2013~2023年，奉贤区经历了城市化建设的快速推进。这一时期，房地产开发投资成为固定资产投资增长的主要驱动力。在房地产投资热潮推动下，奉贤区第三产业在固定资产投资中的占比总体呈上升趋势。然而，房地产开发投资的大幅增加具有"双刃剑"效应。随着开发热度的下降，房地产投资增速放缓，甚至出现负增长，这可能在短期内抑制奉贤区固定资产投资总额的增长。不过，近几年的投资数据显示，奉贤区的工业投资增加在一定程度上抵消了房地产开发投资放缓的影响。这种此消彼长的现象表明，奉贤区的固定资产投资结构正在逐步优化，反映出该区域促进经济转型升级和高质量发展的政策和措施正在逐步见效。这一趋势变化可从图3中观察到。

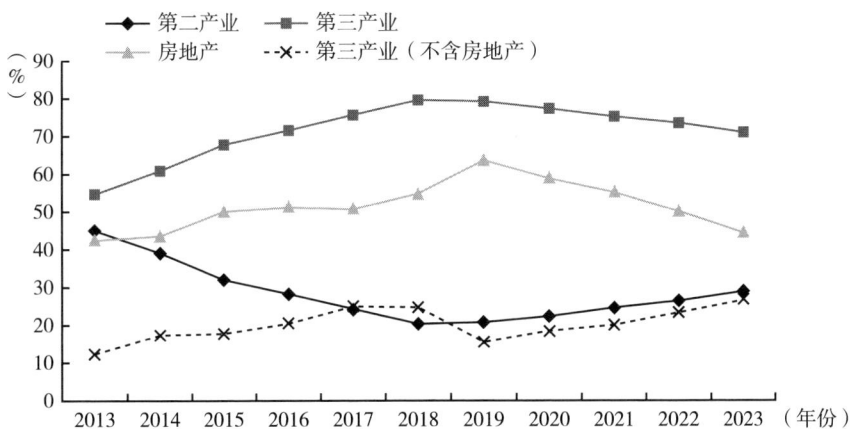

图3　2013~2023年奉贤区固定资产投资占比（分产业）

数据来源：历年《上海市奉贤区统计年鉴》。

从 2013 年到 2018 年，奉贤区第三产业投资占比持续增加，而第二产业投资占比则不断下降。第三产业投资占比增加的主要动力来自房地产业。房地产开发投资的增加既得益于全国范围内的房地产投资热潮，也与奉贤区位优势的提升和住房需求的持续增长有关。2018 年，奉贤区第三产业在固定资产投资中的占比达到阶段性高峰，高达 79.6%，第二产业所占比重则被压缩至 20.4%。自 2019 年起，第二、第三产业投资占比的趋势开始转向。在"房住不炒"政策的影响下，2020 年起房地产开发投资占比逐年下降。但即便如此，2023 年房地产开发投资占比仍达到 44.4%，略高于 2013 年的 42.4%。同时，2023 年第二产业投资占比虽提升至 29.0%，但与房地产开发投资相比仍有较大差距。因此，尽管工业投资的快速增长有助于维持奉贤区固定资产投资总额的相对稳定，但区域内部固定资产投资完成额的增速仍可能在一段时间内受到房地产开发投资下行波动的显著影响。

除了房地产开发，城市能级的提升还有赖于其他基础设施的建设。排除房地产开发投资的影响后，可以发现奉贤区的城市基础设施建设也在快速推进。2013~2017 年，奉贤区第三产业固定资产投资（不含房地产）占比持续上升，从 2013 年的 12.3% 迅速增至 2017 年的 25.0%。然而，2018 年和 2019 年这一比例有所下降，尤其是 2019 年大幅降至 15.6%，这主要是因为前期的基建项目完成后，在建项目数量大幅减少。不过，2020~2023 年，非房地产类第三产业投资占比稳步回升，这既因为房地产投资占比下降，又因为非房地产类投资完成额不断增加，总额从 2019 年的 68.1 亿元增至 2023 年的 154.7 亿元。

从固定资产投资的产业增长速度来看，奉贤区曾经历过一段工业投资的"低谷"时期，2013~2015 年第二产业固定资产投资增速逐年下降，2015 年第二产业投资增速一度下降至 17.7%（见图 4）。得益于第三产业固定资产投资的快速增长，2016~2020 年奉贤区固定资产投资完成额逐年稳步提升。第二、第三产业固定资产投资增速的差异直接导致了两类产业投资占比的变化。工业投资热度较低的现象从 2019 年开始改变，当年第二产业投资增速转正，达到 7.9%。2020 年第二产业投资增速高达 25.3%，2021 年第二产业固定资产投资保持近 20%的增速。在经济下行压力较大的情况下，2022年第二产业投资保持正增长，投资规模基本不变，而同年房地产投资下降了15.2%。2023 年第二产业投资重回快速增长路径，增速高达 22.9%。第二产业投资的快速发展从侧面展现了社会对奉贤未来发展的信心，近年来工业投资的稳健增长也印证了奉贤区经济的高质量发展趋势。

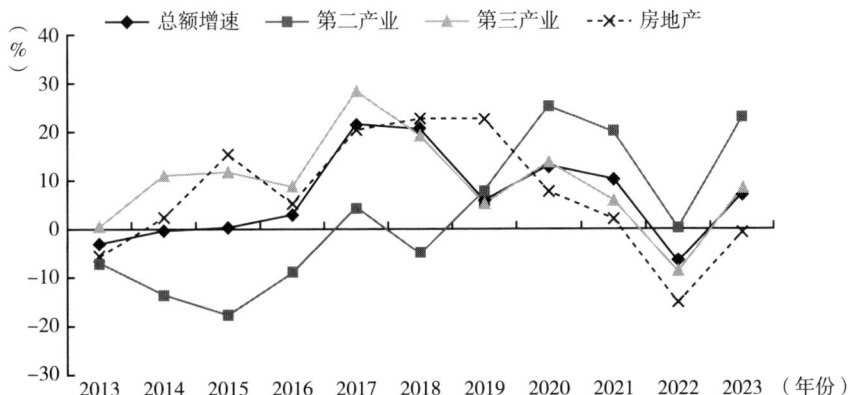

图 4 2013~2023 年奉贤区固定资产投资增速（分产业）

数据来源：历年《上海市奉贤区统计年鉴》。

不含房地产的第三产业固定资产投资主要由基础设施项目投资构成。这类投资的增速波动较大（见图 5），主要受不同时期基建项目开工和储备数量的影响。2016~2018 年，该项投资增速保持两位数增长，分别为 2016 年的 18.5%、2017 年的 48.7%和 2018 年的 12.0%，其中 2016 年、2017 年的增速均高于同期房地产开发投资增速。2019 年，该部分投资总额大幅下降；2020 年增速又回升至两位数以上，达到 38.4%。这一变化主要是由于 2019年大型基建项目数量减少，城市基础设施投资同比下降 50.4%，降幅达60.4 个百分点。2020 年不含房地产的第三产业投资实现高增长，主要是由于 2019 年的低基数效应。总体来看，近年来奉贤区城市建设开发步伐加快，2021 年不含房地产的第三产业固定资产投资增速接近 18%。这类投资的增长推动了奉贤城市功能的完善和品质的提升，成为吸引人才和资金的重要优势。同时，基建类投资 2020~2023 年的增速高于全区固定资产投资增速，2023 年城市基础设施投资达 74.24 亿元，同比增长 11.0%，充分展现了基建投资的逆周期调节作用。

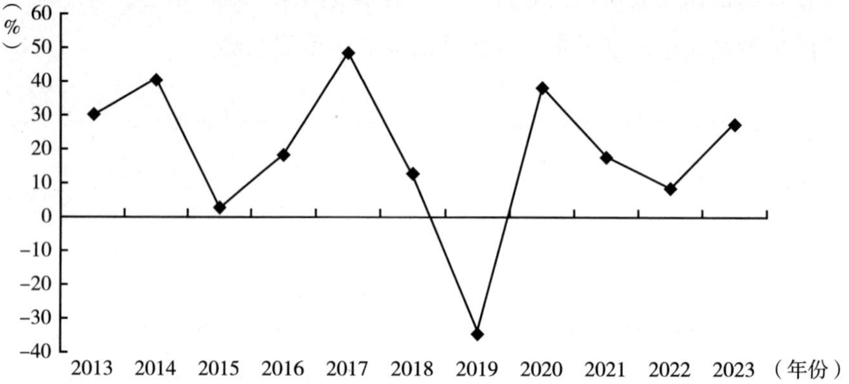

图 5　2013~2023 年奉贤区第三产业（不含房地产）固定资产投资增速

数据来源：历年《上海市奉贤区统计年鉴》。

在经历了一段时期的快速增长后，奉贤区的房地产开发投资在 2013~2014 年呈现出较为温和的增长态势，但从 2015 年起又重新进入快速增长阶段。如图 6 所示，自 2015 年起，除了 2016 年奉贤区房地产开发投资增速低于 10%，2015~2019 年奉贤区房地产开发投资增速一直保持在 15% 以上，且在 2017~2019 年进一步加快，三年增速均超过 20%。2020 年是转折点，当年房地产投资增速降至 7.7%，2021 年进一步降至 2.1%，2022 年则出现了负值，降至-15.2%。在 2013~2023 年的十年间，奉贤区的房地产投资变化趋势与全国房地产开发热潮基本同步，但奉贤区房地产开发投资的增长在很大程度上得益于区位优势的加强。随着交通基础设施的持续改善，奉贤区居民对住房的需求无论是数量方面还是质量方面都在不断增长。交通、民生相关基础设施的完善不仅使奉贤区成功融入核心城区"一小时通勤圈"，也提升了区域生活品质，使得在奉贤安居乐业成为居民的自然选择。

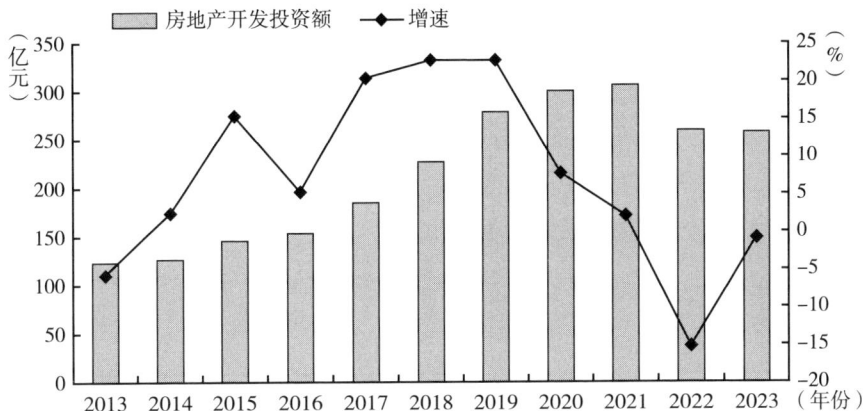

图 6 2013~2023 年奉贤区房地产投资变化趋势

数据来源：历年《上海市奉贤区统计年鉴》。

（三）2013~2023年上海郊区固定资产投资比较分析

上海各郊区在政策背景、经济水平和社会文化等方面存在一定的相似性，因此以郊区作为样本进行比较，有助于更深入地观察奉贤区固定资产投资的发展历史、现状和趋势。从绝对投资总量来看，2023 年上海郊区固定资产投资总额分别为：闵行 758.83 亿元、青浦 623.39 亿元、宝山 619.03 亿元、松江 605.44 亿元、奉贤 581.37 亿元、嘉定 579.6 亿元、金山 310.94 亿元、崇明 148.1 亿元。奉贤的固定资产投资总额在上海郊区中处于中游水平，这与其交通区位、产业集聚和人口分布等因素密切相关。从增长速度来看，2013~2023 年，奉贤区固定资产投资快速增长，平均增速为 7.14%，在上海郊区中属于增速较高的区域之一，高于同期上海市固定资产投资的平均增速，在上海郊区中仅次于松江区（见图 7）。

从投资结构数据来看，2023 年，在上海市 8 个郊区中，奉贤区工业投资占上海市全社会固定资产投资的比重为 29.0%，在郊区中排名第三，比 2022 年提高了 3.7 个百分点。自 2018 年以来，奉贤区工业投资占比持续上升，六年间增长了 9.9 个百分点。这一增长既受到房地产增速放缓的影响，

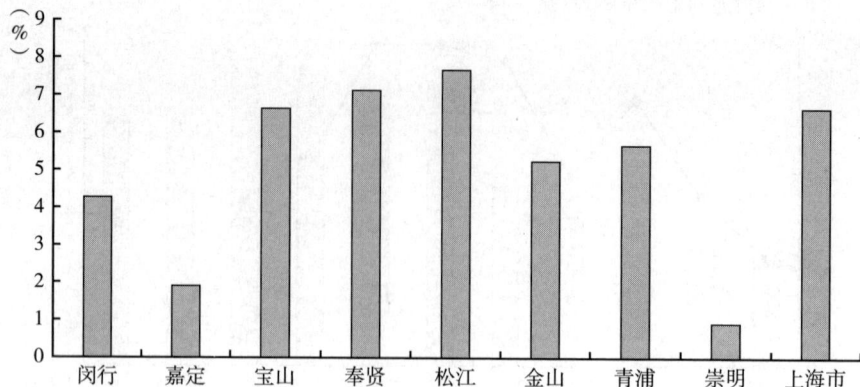

图7 2013~2023 年上海市及其郊区（县）固定资产投资平均增速

数据来源：根据上海市统计局官方网站相关数据以及 2013~2023 年各区统计年鉴数据计算。

也得益于奉贤区政府加大工业投资力度，这为区域经济的高质量发展打下了坚实基础（见表1）。与上海其他郊区相比，奉贤的工业投资占比虽与松江、金山等区存在一定差距，但差距已显著缩小。总体而言，奉贤的工业投资占比呈稳步提升的态势，区域产业结构正在持续优化。

表1 2018~2023 年上海郊区工业投资占比情况

单位：%

	2018 年	2019 年	2020 年	2021 年	2022 年	2023 年
奉贤	19.1	19.5	21.6	23.5	25.3	29.0
宝山	14.7	14.1	15.4	19.5	25.4	18.5
崇明	2.0	1.6	8.6	10.0	14.2	23.4
嘉定	23.5	29.9	24.7	22.1	24.2	17.8
金山	40.4	36.0	31.7	30.6	32.0	37.2
闵行	13.9	14.0	16.1	15.9	14.1	12.6
青浦	9.0	7.9	11.0	10.6	8.3	8.3
松江	26.7	29.3	33.1	34.0	33.2	29.9

数据来源：根据 2018~2023 年各区统计年鉴数据计算。

2023年，奉贤区房地产投资占上海市全社会固定资产投资的比重为44.4%，较2022年下降了3.5个百分点（见表2），这一比例自2019年以来已连续下降四年。房地产开发投资增速的加快下行是导致这一结果的主要原因。2022年，宝山、松江、奉贤、崇明、闵行、青浦、金山和嘉定的房地产开发投资增速分别为-25.0%、-17.8%、-15.2%、-11.9%、-9.6%、-9.2%、-6.4%和1.2%。到了2023年，这些地区的房地产开发投资增速分别为22.0%、16.5%、-0.7%、-27.0%、21.9%、-1.4%、-14.3%和16.0%，部分地区房地产投资的形势仍然较为严峻。

表2　2018～2023年上海郊区房地产投资占比情况

单位：%

	2018年	2019年	2020年	2021年	2022年	2023年
奉贤	51.6	59.8	56.9	52.7	47.9	44.4
宝山	72.3	76.3	63.8	60.2	52.7	58.5
崇明	60.3	45.1	36.8	44.0	50.2	44.5
嘉定	63.8	58.3	52.5	55.2	54.3	57.5
金山	59.1	36.1	42.7	41.1	42.4	36.2
闵行	58.2	57.0	57.1	58.1	62.2	66.6
青浦	63.2	64.1	62.4	63.6	62.5	57.2
松江	62.4	59.3	55.4	54.7	52.6	53.1

资料来源：根据上海市统计局官方网站数据以及2018～2023年各区统计年鉴数据计算。

观察表2数据，可以发现宝山、松江、闵行等地的房地产投资占比已接近甚至超越2021年水平。相比之下，金山、崇明等较偏远地区的投资增速则出现了进一步下滑。奉贤和青浦则基本遏制了房地产投资的快速下跌趋势。从房地产投资的复苏趋势来看，区位因素对投资的影响显著。随着奉贤区交通设施尤其是轨道交通的进一步优化，预计其房地产投资将获得一定支撑。

在区域经济发展的不同阶段，固定资产投资占比情况也可能存在一定差异。从可比性角度出发，根据2023年各区GDP规模分类，目前上海郊区中，年GDP超过2000亿元的有闵行区和嘉定区；在1500亿～2000亿元区间的有宝山区和松江区；奉贤区、青浦区和金山区处于 1000 亿~1500 亿元区间；崇明区 2023 年 GDP 不足 500 亿元。进一步分析奉贤区、青浦区和金山区数据，发现金山区工业投资占比较高，青浦区房地产投资占比较高，而奉贤区则在两者之间均衡发展，这表明房地产投资增速的波动对固定资产投资增速的影响相对较小。如图 7 所示，2013~2023 年，奉贤区固定资产投资的平均增速较高。2013 年，奉贤区固定资产投资总额为 291.8 亿元，低于嘉定区的 497.7 亿元。到了 2023 年，奉贤区固定资产投资总额显著增长至581.4 亿元，超过了嘉定区的 579.6 亿元。从上海郊区的比较分析来看，2013~2023 年是奉贤区固定资产投资的黄金时期，奉贤区抓住发展机遇，引导资金流入第二、第三产业，推动了区域的高质量发展和城市品位的提升。

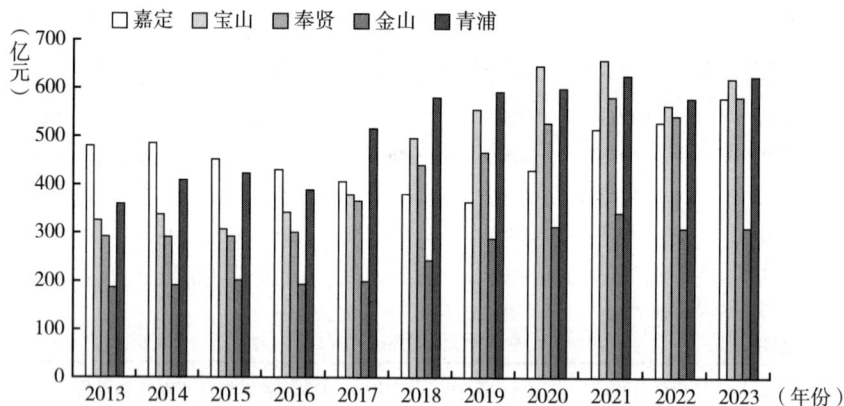

图 8   2013~2023 年上海部分郊区固定资产投资情况

数据来源：2014~2024 年嘉定区、宝山区、奉贤区、金山区和青浦区统计年鉴。

（四）2013~2023 年奉贤与部分临沪县级市（区）固定资产投资比较

为了深入分析奉贤区固定资产投资的趋势，这里将奉贤区与周边若干县级市（区）进行对比分析，具体包括嘉善、启东、太仓和海门。这种对比分析具有重要价值，因为奉贤区与这些县级市（区）在地理位置上具有相似性，并且在长三角区域一体化进程中，它们既是协同发展的合作伙伴，也是吸引有限投资资源的竞争对手。对这些地区的固定资产投资情况进行比较研究，有助于理解区域经济发展态势和制定相应策略。

从表3可以看到，2013年奉贤投资总额是嘉善的121%、启东的72%、太仓的58%、海门的69%。2018年，奉贤当年固定资产投资总额是嘉善的152%、启东的64%、太仓的119%、海门的64%。到了2023年，奉贤当年固定资产投资总额是嘉善的146%、启东的63%、太仓的105%、海门的65%。

表3　奉贤区固定资产投资与临沪城市的比例关系

单位：%

年份	奉贤/嘉善	奉贤/启东	奉贤/太仓	奉贤/海门
2013	121	72	58	69
2018	152	64	119	64
2023	146	63	105	65

数据来源：根据2014~2024年奉贤区、嘉兴市、南通市、苏州市统计年鉴数据计算。

从增长速度来看，观察2013~2023年奉贤与上述临沪县级市（区）固定资产投资平均增速（见图9），可以发现该时期嘉善、启东和海门的投资总额增速较快。与这些地区相比，奉贤的平均增速慢于长江以北的两个县级市（区），快于长江以南的两个县级市（区）。2018~2023年奉贤固定资产投资平均增速相对放缓，与海门、启东基本持平，低于太仓与嘉善。

从不同时期固定资产投资平均增速来看，2013~2023年，隶属于长江北翼南通市的海门和启东经历了资本存量快速增加的阶段，这与苏通大桥、崇启大桥和沪苏通长江公铁大桥等重大基础设施的建成有着密切的关系。这些基础设施的建成显著增强了上海作为长三角龙头城市对江北城市的资本辐射效应，侧面印证了重大交通基础设施对固定资产投资的正向促进作用。不过，2018~2023年，上述县级市（区）的固定资产投资平均增速有所放缓。与此同时，2013~2017年增速较慢的太仓与嘉善在2018~2023年实现了快速增长。这是由于在长三角一体化进程中，与上海毗邻的太仓和嘉善等地直

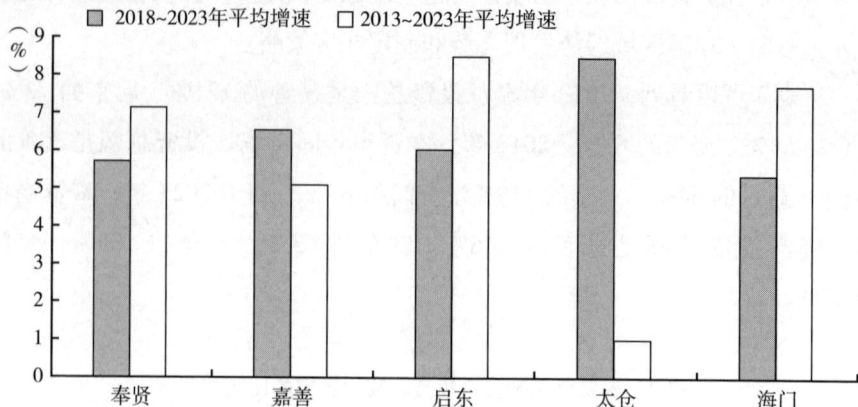

**图9 2018~2023年和2013~2023年奉贤与临沪部分县级市（区）
固定资产投资平均增速**

数据来源：根据2014~2024年奉贤区、嘉兴市、南通市、苏州市统计年鉴数据计算。

接受到上海的辐射，一体化进程促进了这些地区城市界面和交通设施的改造升级。就奉贤区而言，2013~2023年固定资产投资增长相对稳定。作为长三角一体化龙头城市——上海的内部区域，奉贤区在综合交通网络优化的带动下，固定资产投资稳步增加，为区域后期的高质量发展奠定了基础。

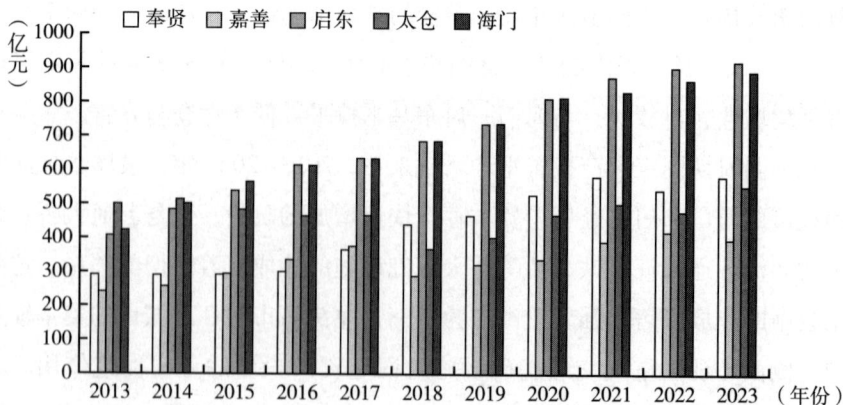

图10 2013~2023年奉贤与临沪部分县级市（区）固定资产投资情况

数据来源：2014~2024年奉贤区、嘉兴市、南通市、苏州市统计年鉴。

（五）2023年奉贤区固定资产投资的特点

2023年，奉贤区全社会固定资产投资（含市属项目）总额达到581.4亿元，同比增长7.3%，增速较2022年增加了13.1个百分点，固定资产投资完成额每月保持较高水平且稳健推进。总体来看，一季度固定资产投资稳健增长，二季度在基数效应影响下增速快速攀升，下半年由于2022年的高基数，增速有所回落，全年增速变化可能呈现"倒V"形态。其主要特点如下。

工业投资增长进入"快车道"。2023年，奉贤区完成工业投资168.41亿元，同比增长23.0%。医药制造业作为区域工业投资的引擎，其重要作用日益凸显。美丽大健康产业资金流入增幅显著，在近年的积累、区政府持续投资及招商引资的推动下，"东方美谷"已成功打造成为地区产业名片，是上海地区规模最大、全国知名度最高的化妆品集聚地之一。从规模上看，"东方美谷"集聚了全市1/3以上的化妆品企业，产业规模接近700亿元。

大型项目引领作用显著。2023年奉贤区完成投资额超过亿元的项目共46个。其中，医药制造项目27个，完成44.90亿元；化学品制造项目5个，完成16.55亿元；非金属矿物制品项目4个，完成13.01亿元。这为工业投资增速的高位运行提供了支撑。美丽大健康产业共计完成投资91.22亿元，同比增长6.9%。在"东方美谷·奉贤新城"全球招商季系列活动中，奉贤区引进了先尼科等实业型项目57个，投资亿元或千万美元以上项目14个。2023年，"四个一批"项目加快建设，信念药业等多个重点项目开工，榕融新材料等众多项目竣工。大力引入大型项目有助于奉贤区培育发展新经济新业态，推动优势产业巩固壮大，提振经济发展信心，为奉贤未来的高质量发展积蓄后劲。

重点发展区域强势支撑。在不计入房地产投资的情况下，杭州湾开发区投资额达15.53亿元，东方美谷集团投资额达21.55亿元，工业综合开发区完成投资24.34亿元，临港（奉贤）实现投资66.35亿元。奉贤新城范围内共有266个项目，共完成投资225.54亿元，占全社会固定资产投资总额的38.8%。奉贤新城范围内，房地产开发投资力量拉动作用显著，房地产开发投资额达137.20亿元，除房地产以外的第三产业投资额也达52.44亿元；在上生所、药明生物等项目的带动下，工业投资额达到35.90亿元。

房地产投资总体企稳。2023年奉贤区房地产开发投资额为258.0亿元，同比减少0.7%，南桥镇、金海街道等区域多个房地产大项目陆续启动，有效遏制了投资下行的趋势。但是，需要看到奉贤区房地产投资面临增量不足、减量不少的问题，2023年奉贤区房地产价格下行预期对销售的负面影响仍然存在：商品房销售面积1028753平方米，同比下降21.4%；销售额2438372万元，同比下降8.4%。从施工面积来看，2023年同比减少13.8%，在施工面积缩减较多的情况下，后期房地产投资仍有一定的下行压力。

城市基建投资助力复苏。2023年全年奉贤区基础设施建设投资完成额为74.24亿元，同比增加11.0%。重大项目有大叶公路奉贤段改建工程、奉贤区生物能源再利用中心新建工程、奉贤西部污水处理有限公司四期建设工程等。公共事业基础设施投资发力，奉贤区公共卫生中心新建工程、奉贤区西渡街道社区文体活动中心及社区事务受理服务中心新建工程、落英缤纷文化中心新建工程、奉贤区青村镇养老院改扩建工程、奉贤区徐家路幼儿园新建工程等项目为奉贤区固定资产投资总额的稳定贡献力量。

二 2024年1~9月奉贤区固定资产投资分析

2024年是奉贤区实施"十四五"规划的关键之年。面对国内有效需求不足、重点领域风险隐患较多、新旧动能转换带来的阵痛等挑战，奉贤区坚持"打基础、谋长远"的工作方针，稳步推进各项任务。尽管2024年前三季度奉贤区固定资产投资增速放缓，但投资总额保持稳定。房地产开发投资虽呈下行趋势，但工业投资增长仍然较快，为完成2024年度目标和2025年"十四五"规划的圆满收官奠定了坚实基础。

（一）奉贤区固定资产投资总体运行状况

2024年，奉贤区固定资产投资保持相对平稳的发展态势，1~9月完成投资额 405.7 亿元，同比下降 2.3%。从产业分类来看，第一产业固定资产投资完成 0.62 亿元；第二产业完成 130.2 亿元，同比大幅上涨 4.5%；第三产业完成 274.9 亿元，同比下降 5.4%，其中，房地产开发投资完成额为 183.7 亿元，同比下降 0.2%。从构成来看，建筑工程投资额为 233.5 亿元，同比下降 1.7%；安装工程投资额为 10.9 亿元，同比增加 7.2%；设备、工具、器具购置投资完成 33.0 亿元，同比下降 28.1%；其他费用 128.4 亿元，同比增加 5.6%。

（二）各街镇（开发区）固定资产投资情况

2014 年 1~9 月，临港奉贤分区、海湾镇、四团镇、工业综合开发区、杭州湾开发区、东方美谷集团、奉城镇和金汇镇的固定资产投资总额分别超过 10 亿元，为 52.9 亿元、46.2 亿元、26.8 亿元、15.6 亿元、14.7 亿元、13.5 亿元、10.7 亿元和 10.3 亿元（见图 11）。上述投资较大的地区中，四团镇比去年同期增长 31.3%，杭州湾开发区同比增长 17.8%，奉城镇同比

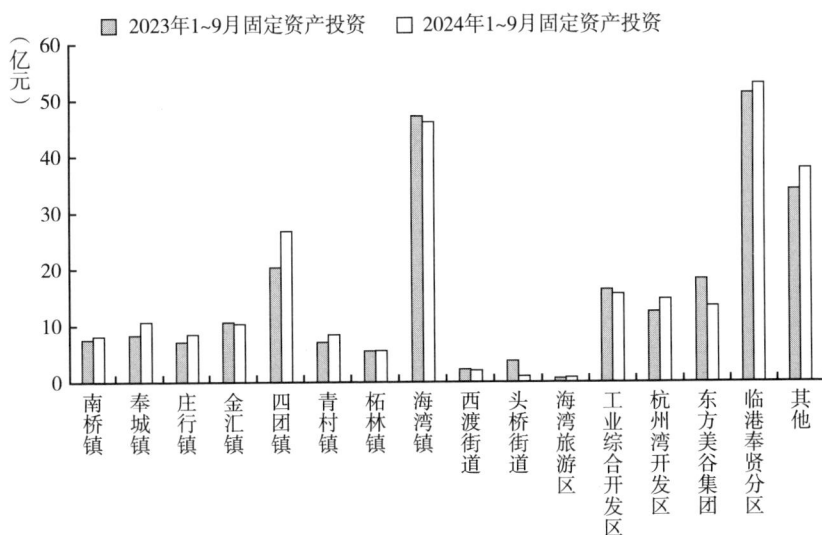

图 11 2023 年 1~9 月、2024 年 1~9 月奉贤区分街镇（开发区）固定资产投资总额

数据来源：2023 年 1~9 月、2024 年 1~9 月《奉贤统计月报》。

增长 27.9%，东方美谷集团投资总量阶段性下降，其他地区基本与上年持平。总体上，各街镇（区）固定资产投资稳定，对奉贤区经济运行平稳恢复起到了积极作用。

从工业投资来看，2024 年 1~9 月四团镇、海湾镇、杭州湾开发区、东方美谷集团和临港奉贤分区工业投资总额分别超过 10 亿元，为 22.3 亿元、19.6 亿元、14.5 亿元、13.9 亿元、12.4 亿元（见图 12）。四团镇工业投资额同比增加 43.3%，杭州湾开发区同比增加 29.2%，海湾镇同比下降12.1%，东方美谷集团同比下降 22.3%，临港奉贤分区同比下降 46.1%。部分街镇（开发区）虽然总量下降，但总额仍然较高，这主要是受近几年地区投资活跃造成的高基数影响。

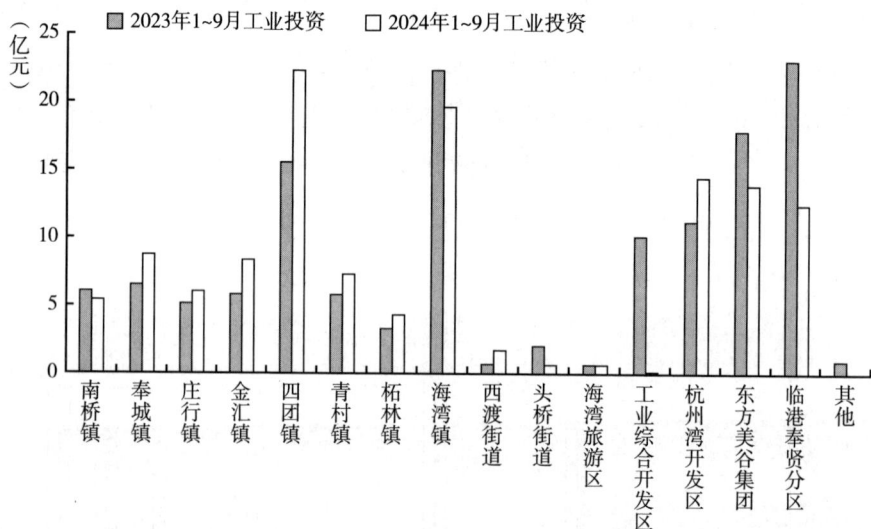

图 12　2023 年 1~9 月、2024 年 1~9 月奉贤区分街镇（开发区）工业投资总额

数据来源：2023 年 1~9 月、2024 年 1~9 月《奉贤统计月报》。

（三）2024年1~9月奉贤区固定资产投资的特点

2024 年 1~9 月，奉贤区固定资产投资有序推进，未出现大幅波动的情况，在经济恢复的过程中起到了"稳定器"作用。奉贤区在固定资产投资方面引导资金进入提升城市能级的领域，合理安排建设进度，实现稳增长与提质量两手抓，助力构建新发展格局。总体上，2024年前三季度，奉贤区固定资产投资呈现如下特点。

固定资产投资总体稳定，增速放缓。2024年1~9月，全区固定资产投资完成额为405.7亿元，同比下降2.3%。从图13可以看到，2024年前三季度各月份固定资产投资完成额与2023年基本持平，仅4月、8月存在一定差距，但仍处于合理波动范围。2024年奉贤区政府工作报告提出的固定资产投资增长建议目标为5%，要实现该目标需在四季度加大项目推进力度。

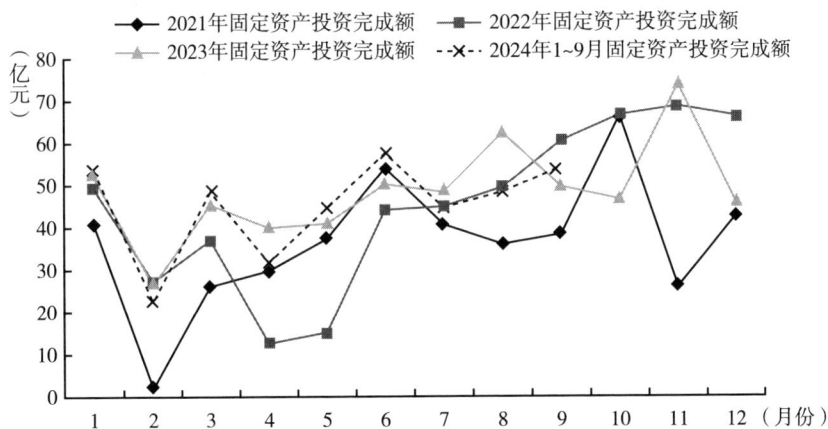

图13　2021~2023年、2024年1~9月奉贤区月度固定资产投资完成额

资料来源：2021~2023年、2024年1~9月《奉贤统计月报》。

工业投资仍处于活跃水平。2024年1~9月，奉贤区工业投资完成额达130.1亿元，同比增加4.5%。从图14可以看出，奉贤区4月份的工业投资完成额一般较低，季节性因素影响明显。除了4月份的工业投资波动较大，2024年1~9月其余月份的工业投资完成额基本接近或高于2023年同期水平。从工业投资的活跃程度来看，奉贤作为上海先进制造业的重要承载区，正逐渐朝着工业强区的目标稳步前进。

重大项目带动作用凸显。2024年奉贤区重大工程项目建设计划共规划正式项目65项。截至2024年11月底，计划新开工15项、计划建成或基本建成24项。2024年一季度计划开工重大产业项目26个，总投资超过124亿

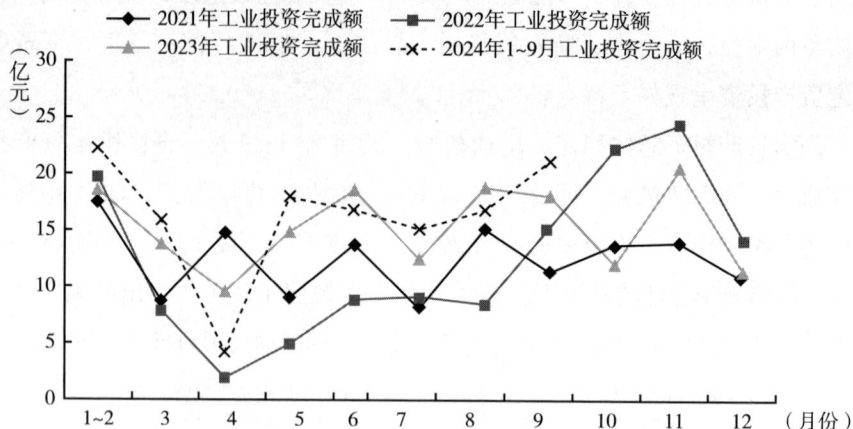

图14　2021~2023 年、2024 年 1~9 月奉贤区月度工业投资完成额

数据来源：2021~2023 年、2024 年 1~9 月《奉贤统计月报》。

元；二季度计划开工重大产业项目 10 个，总投资 46.8 亿元；三季度计划开工项目共计 12 个，总投资约 117 亿元，覆盖生物医药、智能制造、新能源汽车、新材料等行业。在重大项目的支撑下，奉贤区工业投资保持活跃状态，展现出社会各界对奉贤经济发展前景的信心。

房地产投资平稳着陆。2024 年 1~9 月，奉贤区房地产开发投资额为183.7 亿元，同比下降 0.2%。房地产开发投资的稳定有助于区域经济的稳定复苏，区域人才购房政策效应也可为房地产投资给予一定支撑。不过，奉贤区房地产开发投资增量不足、减量不少的问题仍然存在，2024 年 1~9 月房屋施工面积同比下降 13.0%，下降速度较上年同期放缓，房地产开发投资仍需加大促投工作力度，进一步提振区域楼市。

从分月份投资数据来看（见图 15），2023 年第四季度的月投资数据总体下行，意味着 2024 年第四季度投资的同比基数较小，在前三季度房地产投资已接近平稳的情况下，第四季度房地产开发投资的压力较小。参照2021 年和 2022 年的数据，2024 年第四季度存在加快工程施工的可能性，若加大施工力度，房地产开发投资将给予经济恢复更大的支撑。

城市基建投资注重提质。2024 年 1~9 月，奉贤区城市基础设施投资额为

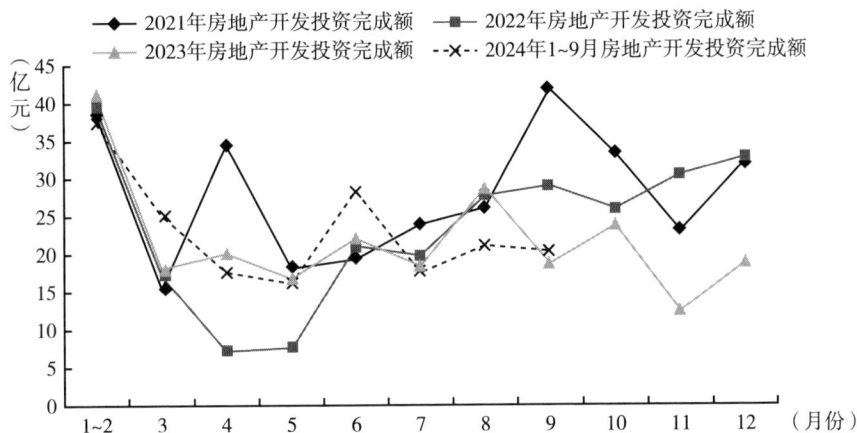

图 15 2021~2023 年、2024 年 1~9 月奉贤区月度房地产开发投资完成额

数据来源：2021~2023 年、2024 年 1~9 月《奉贤统计月报》。

37.4 亿元，同比下降 9.0%。基础设施建设在过去几年充分发挥稳经济的作用的基础上，2024 年更为注重城市更新，以促进地区转变作为符合超大城市特点的发展方向。奉贤主要以民生工程与城市品位为抓手：民生工程方面，聚焦城中村改造、雨污管道及泵站改造、河道整治等公共基础设施的建设；城市品位方面，着重提升城市吸引力和空间承载力，提高内涵式发展水平。

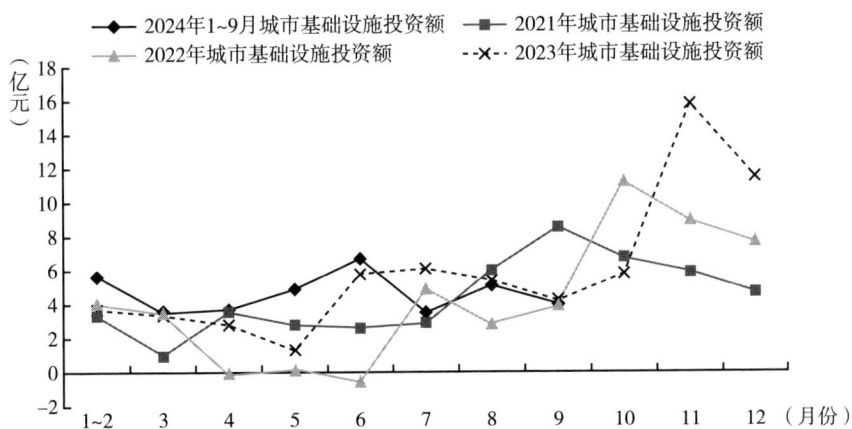

图 16 2021~2023 年、2024 年 1~9 月奉贤区月度城市基础设施投资额

资料来源：2021~2023 年、2024 年 1~9 月《奉贤统计月报》。

三　奉贤区固定资产投资优化建议

从短期来看，尽管奉贤经济社会发展在经历宏观负面冲击后已经企稳并进入复苏状态，但必须认识到复苏并不是一蹴而就，过程中需要解决中小微企业发展困难以及产业链能级较低的问题，只有直面总体创新能力不够强的现状、进一步夯实市场预期，才能筑牢高质量发展的根基。从长期来看，奉贤区发展机遇依然较多，众多国家级、区域级战略的叠加实施为奉贤区提供了无限的发展潜力。关键在于，如何有效应对短期的压力，将之转化为推动奉贤长期发展的动力。根据奉贤区的特点，未来，奉贤区固定资产投资的发展方向可以紧盯四个方面，即主导产业、新兴产业、交通区位与城市品位。

（一）提升关键产业核心竞争力

奉贤区作为国内知名的化妆品产业集聚地，被誉为"中国化妆品产业之都"。建议持续深化"东方美谷"品牌建设，重点聚焦生物医药、化妆品和高端食品。加速推进"生命信使"基因药物创新产业园等特色园区的发展，构建千亿级大健康产业集群，推动产业聚链成群、集群成势。要实现对关键产业的全生命周期支持、制定符合产业发展方向的惠企政策，就要解决发展中的问题、培育壮大现有企业、加大招商引资力度、吸引更多企业入驻，加快形成完善的产业生态链，实现产业链补链延链强链。在此过程中，持续增加工业投资，推动经济高质量发展。

（二）扩大新兴产业规模

建议继续积极推动美丽大健康、新能源汽配、数智新经济、化学新材料等新兴产业的发展，提升产业竞争力。推动"工业上楼"，打造"智造空间"，开工建设高标准厂房200万平方米。发展培育新能源汽配产业链，加快东山精密、德联汽车等项目建设。积极探索新型储能产业的发展，率先实施一批标志性项目，培育原创性技术。加快"数字江海"新名片的打造，开工建设数字江海示范区（二期）项目，推进数字技术应用和产业导入。建设电子化学品专区和医药化学品中试基地，打造化学新材料产业集聚新高地。加强多元金融支持，以资本链带动创新链、做强产业链。

（三）强化交通区位优势

建议加快构建网络化综合交通体系，推动轨道交通由单线运营向网络化建设转变，通过强化与中心城区的交通联系提升奉贤区位优势。加快轨交15号线南延伸项目和市域铁路南枫线一期工程建设。骨干路网方面，G228、航塘公路、金钱公路等完工，推进浦星公路（南延伸）、解放路（西延伸）等项目。同步优化公交线网和站点设置，治理城市"停车难"问题。对接推动沪乍杭铁路站点优化设置，提升基础设施互联互通水平，争取将奉贤打造为杭州湾沿海大通道的重要节点。

（四）打造宜居宜业城市

建议以重点项目为引领，优化奉贤新城建设，提升城市整体品质。以"一城一中心"为抓手，围绕新城中央活力区（CAZ）等重点区域有效规划开发，打造一批城市新地标。实施城市更新行动，推动冷江雨巷、贝港"城中村"等项目开工，完成100万平方米老旧小区综合改造，启动古华庭、鼎丰酱园等项目运营。打造实施"15分钟社区生活圈"行动，提升社区环境品质和公共服务效能。加大美丽乡村建设力度，打造生态宜居乡村，推进生态园林城市建设，争创国家生态园林城市、中国气候宜居城市。

四　奉贤区固定资产投资形势展望

得益于轨道交通5号线等交通重点项目的完工并投入使用，奉贤区与上海中心城区的时空距离显著缩短，与其他区域间的联系大幅加强。与此同时，奉贤区面临新城建设、新片区建设、新湾区建设等多重发展机遇，这为区域提供了广阔的发展前景。未来，奉贤区若能抓住历史机遇、推进创新转型、形成产业集群并构建现代化产业体系，将有望提升城市能级和品位，实现更高质量的发展目标。这不仅有利于奉贤区自身的发展，也将为整个地区乃至全国的经济发展做出更大的贡献。

从国家和地区的总体经济形势来看，2024 年全球经济形势仍然复杂多变，美国加息对全球流动性的影响仍然存在。国内经济虽然逐渐走出疫情的影响，但复苏的步伐并不稳固。特别是房地产行业的下行周期给经济的稳定增长带来了压力。在这样的大背景下，固定资产投资特别是第二、第三产业的固定资产投资持续发力，重要制造业和相关工业领域的发展成为推动经济增长和结构优化的重要力量。同时，房地产市场的稳定也不可忽视，短期内适度加大房地产开发项目的推进力度，对于稳定房地产市场、避免投资过快下降、向区域经济其他领域传递负面影响而言有其必要性。

中期来看，我国作为发展中国家，为满足人民群众不断增长的物质文化精神需要，经济仍需保持较快增长速度。高质量发展、中等收入陷阱的突破也要求固定资产投入力度更大、质量更优，新兴产业形成更大集群，传统产业实现现代化转型升级，这些因素均是固定资产持续投入的重要支撑。

从奉贤区发展形势来看，奉贤制定了建设"产城融合、功能完备、生态宜居、交通便利、治理高效"独立综合性节点城市的目标，奉贤未来将建成人民满意的人文之城、创新之城、未来之城。奉贤区近年来朝该目标不断进发，但在产业链健全度、城市能级水平、总体创新能力等方面距离高质量发展还存在差距。虽然奉贤区位已大幅优化，但仍需加快构建现代化综合交通体系，加快导入高能级项目，抢抓成为长三角一体化过程中上海的重要辐射节点。此外，区域内部城乡发展差异较大，乡村振兴仍需大力推进，当前民生基础设施以及资源的质量、结构还不能完全满足人民群众日益增长的美好生活需求。上述因素均是奉贤固定资产投资保持稳健的内生动力。

从具体产业项目来看，美丽大健康、绿色新能源、通用新材料、数智新装备四大产业集群的构建需要长期投资投入，传统产业高端化、智能化、绿色化等转型升级对固定资产投资的需求也持续存在。固定资产投资的稳定投入是奉贤区推进新型工业化和建成现代化产业体系的重要支撑。

从房地产开发投资来看，奉贤区人口发展目标显示未来本区域仍将积极引导大量人力资源涌入。人力资源的流入对住房产生了数量和质量两方面的要求。高质量的住房一方面将吸引人才在奉贤区安居乐业，另一方面也是本地居民追求更美好生活的重要一环。短期而言，尽管房地产开发热度下降，但该项投资占比仍然较高。结合经济复苏基础仍然不稳的现状，奉贤需要采取有效措施防范房地产开发投资下降过快带来的潜在负面效应，避免对经济全面恢复产生过多的压力。

综合研判，本报告认为，尽管奉贤经济已经处于复苏阶段，但复苏的不确定性因素仍然较多，房地产开发投资下行压力仍然存在，工业投资在连续几年的快速增长后也有放缓的趋势。因此，2024年下半年，奉贤区固定资产投资需要继续发力，为经济发展稳中提质提供有力支撑。在多方协同推进的前提下，2024年奉贤区政府工作报告设定的全社会固定资产投资增长5%以上、工业投资增长5%的目标应该能够实现。从长期视角来看，奉贤建设"产城融合、功能完备、生态宜居、交通便利、治理高效"独立综合性节点城市的目标、区域产业优化升级的要求等都是支撑固定资产投资持续稳定投入的重要因素。在持续投资的带动下，奉贤将有效实现经济高质量发展，建成人文之城、创新之城、未来之城，成为长三角一体化区域的关键性节点城市。

B.6

2024~2025年奉贤消费品市场
形势分析与研判

邸俊鹏　宋敏兰*

摘　要： 2024年是"消费促进年"。在一线城市消费增长乏力的背景下，奉贤区消费品市场运行相对平稳。网络类消费的迅猛增长以及乡村消费潜力的不断释放保障了奉贤消费品市场的正向增长。此外，奉贤区还通过举办各类文旅体活动、赛事，有效地激发了消费热情。未来，在需求侧，奉贤区仍需通过保就业、加强人口和产业导入等提高居民收入增长预期，进而提振居民消费信心；在供给侧，仍需充分挖掘奉贤消费特色，通过发放消费券等方式强化政策精准供给，逐步完善消费基础设施，为消费者提供更优质的产品和服务，创造更有保障、更放心的消费环境。

关键词： 消费品市场　消费促进　消费券

恢复和扩大需求是当前经济持续回升向好的关键所在，而强烈的消费意愿要想转化为消费行动，离不开消费能力和稳定收入预期的支撑。2024年国务院政府工作报告指出，2024年发展的主要预期目标之一是居民收入增长和经济增长同步。继2023年"消费提振年"之后，商务部将2024年定为"消费促进年"。在加快推进消费品以旧换新、推动消费平稳增长方面，各地政策频出，有效提升了人民的消费热情。2024年9月，中央政治局会议

---

* 邸俊鹏，经济学博士，上海社会科学院经济研究所、数量经济研究中心副研究员，主要研究方向为宏观经济形势分析、计量经济学理论及政策评估；宋敏兰，上海社会科学院研究生，主要研究方向为宏观经济分析。

提出"要把促消费和惠民生结合起来，促进中低收入群体增收，提升消费结构。要培育新型消费业态"。① 中央政治局会议的精神也为 2024 年乃至 2025 年消费品市场的发展指明了方向。

一 2024年消费品市场的发展趋势分析

消费品市场的繁荣是拉动我国经济增长的主要驱动力。据国家市场监管总局所属的中国物品编码中心统计数据，截至 2024 年 6 月底，我国登记使用商品条码的消费品总量突破 2 亿种，位居全球第一。② 消费品总量的激增不仅是对我国消费品市场空前繁荣的生动诠释和我国消费经济蓬勃发展的生动写照，也是国家经济转型升级、内需潜力持续释放的重要体现。

（一）政策提振消费信心，农村消费增长显著

政策及时调控提振市场信心。2024 年上半年受房地产市场持续调整及股市赚钱效应偏弱影响，居民消费和民间投资增速偏低，国内有效需求不足，导致 2024 年二季度以来经济下行压力有所加大，物价水平整体偏低。2024 年 3 月我国推出《推动大规模设备更新和消费品以旧换新行动方案》，各部门各地区陆续出台补贴政策和细化举措，对促进消费品行业的生产和销售产生了积极作用。此外，2024 年 9 月份以来，中央陆续出台了一揽子增量政策，这些政策有力增强了市场信心，有效释放了内需潜力。国家统计局相关数据显示，2024 年前三季度，我国社会消费品零售总额为 353564 亿元，同比增长 3.3%；全国网上零售额为 108930 亿元，同比增长 8.6%。其中，实物商品网上零售额为 90721 亿元，同比增长 7.9%，占社会消费品零

---

① 《中共中央政治局召开会议 分析研究当前经济形势和经济工作 中共中央总书记习近平主持会议》，https://www.gov.cn/yaowen/liebiao/202409/content_ 6976686.htm，最后访问日期：2024 年 11 月 30 日。

② 《我国消费品种总量突破 2 亿种》，https://www.samr.gov.cn/xw/zj/art/2024/art_ 7683a02663f34691a787b8db0f41272f.html，最后访问日期：2024 年 11 月 30 日。

售总额的比重为 25.7%。

农村居民消费增长稳健。根据国家统计局公布的数据,从收入来看,2024 年前三季度,我国城镇居民人均可支配收入为 41183 元,同比增长 4.5%;农村居民人均可支配收入为 16740 元,同比增长 6.6%。从消费支出来看,我国城镇居民人均消费支出为 25530 元,同比增长 5.0%;农村居民人均消费支出为 13839 元,同比增长 6.5%。[①] 从以上数据来看,相比城镇居民,农村居民的收入增速较快、消费支出增长较为显著。近年来随着乡村振兴战略的贯彻实施,农村居民的收入来源逐渐拓宽、消费观念也逐步改变,有效保证了社会整体消费品市场的稳健运行。

消费新场景不断涌现。大数据、人工智能等新技术催生新的消费场景,消费新业态、新模式、新产品层出不穷。各地不断打造消费新场景,如老工业遗址变身科幻乐园等具有未来体验感的消费场所,为消费者带来了全新的消费体验。在消费需求变化过程中,增量"新"也体现为数字消费仍然保持较快增长。此外,新赛道和新需求也不断涌现。2024 年以来,一些新产品、新品牌、新消费场景、新服务模式和新创意性消费加快涌现,推动了很多供给方面的新赛道快速成长,如奶茶新品推出速度加快,新能源汽车、服装服饰等领域新品牌落地也相对较多。

(二)消费券引爆市场活力,消费信心逐步回升

2024 年上半年上海消费市场表现弱于全国。根据国家统计局和上海市统计局发布的相关数据,2024 年上半年,我国社会消费品零售总额为 235969 亿元,同比增长 3.7%;上海全市社会消费品零售总额为 9165.71 亿元,同比下降 2.3%。可以看出,2024 年上半年上海市消费市场表现弱于全国。不仅是上海,其他一线城市如北京、深圳、广州等地也出现了类似的情况。上海市发展改革委主任顾军向上海市人大常委会报告 2024 年上半年全

[①] 《2024 年前三季度居民收入和消费支出情况》,https://www.gov.cn/lianbo/bumen/202410/content_ 6981188.htm,最后访问日期:2024 年 11 月 30 日。

市国民经济和社会发展计划执行情况及下半年经济社会发展重点工作建议时作出总结：居民消费行为更趋谨慎，更加注重性价比和情绪消费。汽车、金银珠宝、家电等大宗消费出现下滑，餐饮业营业额下降，特别是正餐消费明显下降。跨境消费面临出境客流快速增长、入境客流恢复偏弱的双重挑战，部分高端消费出现外流。受房地产价格下降以及证券市场总市值缩水的影响，上海居民家庭总资产规模降幅较大，居民消费能力显著下降，消费规模尤其是高端消费缩减严重。叠加由市场宏观环境不景气导致的创业失败、企业缩减用工成本引发的降薪、裁员等事件的影响，上海居民对收入增长的预期逐渐走弱，进一步加剧了消费的下滑。

系列消费促进活动不断提振消费信心。2024年4月，上海市建设国际消费中心城市领导小组办公室印发《2024年上海市促消费系列活动方案》和《第五届上海"五五购物节"总体方案》，明确了全面消费促进活动的整体安排。2024年9月初，上海市发展改革委、上海市财政局联合印发《上海市关于进一步加大力度推进消费品以旧换新工作实施方案》，统筹安排超40亿元资金，这一资金量高于历年安排的促消费补贴资金量，确保惠及更多消费者。相较于以往，本轮"以旧换新"的补贴品类范围进一步扩大，新增电动自行车以旧换新补贴政策，扩大家电、家装、家居和适老化产品补贴范围。2024年9月25日，上海宣布发放名为"乐·上海"的服务消费券，涵盖餐饮、住宿、电影和体育四个领域，旨在促进服务消费发展、释放消费潜力，加快国际消费中心城市建设。根据上海市商务委和消费大数据实验室（上海）数据，自第一轮消费券发放以来，截至2024年10月28日，全市线下餐饮消费合计330.87亿元，同比增长25.1%。①

借助消费券进行品牌推广、带动消费升级。通过发放不同类型的消费券，可以带动各个行业联动，形成稳定的消费生态链。例如，消费者在享受餐饮优惠的同时，也能够带动旅游和影视等相关产业的发展。在多元化消费

① 《上海下月再发三批餐饮消费券》，https：//www.shanghai.gov.cn/nw4411/20241130/874ba5e298b241459a29bfb7236dff4e.html，最后访问日期：2024年11月30日。

政策的刺激下，消费选择范围大幅扩展，这为消费者提供了更具吸引力的消费体验。以"乐品上海"餐饮消费券为例，消费券是对整体消费市场环境的深刻洞察和精准定位。借助新兴科技手段，通过租赁平台、实时数据分析等商务工具，市政府能够及时获取消费者的反馈和需求，从而进一步优化后续的促消费策略。在信息化时代，精准营销与消费者行为分析将成为推动商业增长的新动力。

二 2024年奉贤区消费品市场运行的主要特点

（一）消费品市场运行平稳，增长情况全市排名靠前

奉贤区消费品市场增长情况全市排名靠前。根据上海市奉贤区人民政府门户网站数据，2024年1~9月，奉贤区消费市场整体运行情况平稳。奉贤区统计局相关数据显示，2024年1~9月，全区实现社会消费品零售总额447.0亿元，同比增长2.3%，增速全市排名第四，郊区排名第三；实现限额以上商品销售额1010.9亿元，同比增长1.3%，增速全市排名第四，郊区排名第三。

消费品市场稳步回暖。从图1可以看出，近年来，奉贤区社会消费品零售总额除了受新冠疫情影响较大的2020年和2022年，2019年、2021年、2023年这三年总体呈稳步增长态势。从图2可以看出，2024年前三季度奉贤区社会消费品零售总额尽管仍低于2019年同期，但相比2023年同期已有较大增幅。

2024年第三季度表现不及上年同期。从图3可以看出，2024年上半年的3月、4月、5月这三个月份，奉贤区社会消费品零售总额均高于上年同期。但自6月起，奉贤区社会消费品零售总额连续四个月略低于2023年同期，涵盖暑期消费旺季。不过，2024年9月，上海消费券政策及时出台，在政策的催化下，相信2024年第四季度的社会消费品零售总额将迎来新的增长阶段。

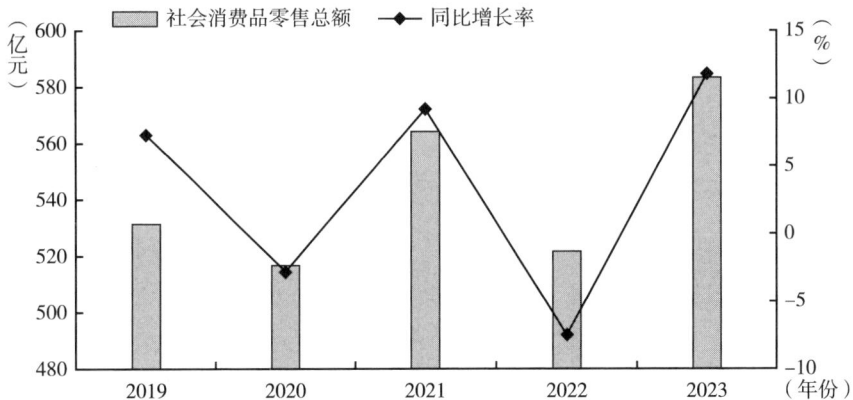

图 1　2019~2023 年奉贤区社会消费品零售总额及其同比增长率

数据来源：《奉贤统计月报》。

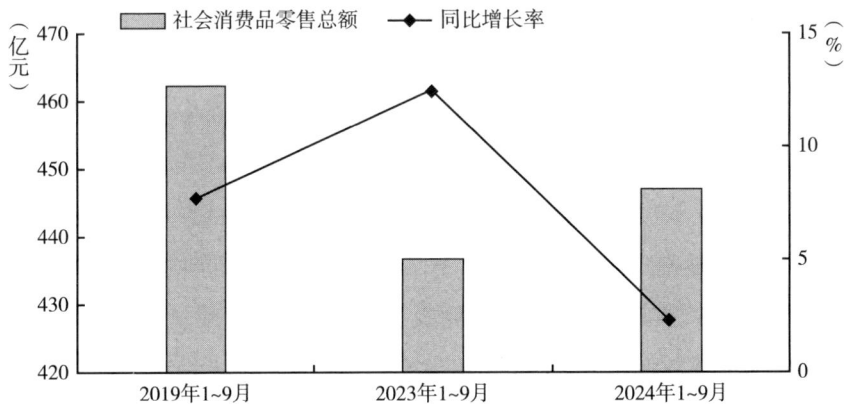

图 2　不同年份前三季度奉贤区社会消费品零售总额及其同比增长率

数据来源：《奉贤统计月报》。

（二）网络消费稳步增长，升级类消费扩张显著

网络购物类消费保持增长态势。从微观抽样数据来看，根据奉贤区经济委员会对全区 24 家重点商业企业的抽样统计数据，2024 年 9 月份共计实现销售 8.7 亿元，同比下降 5.6%，8 月份环比增长 11.5%。2024 年 1~9 月，

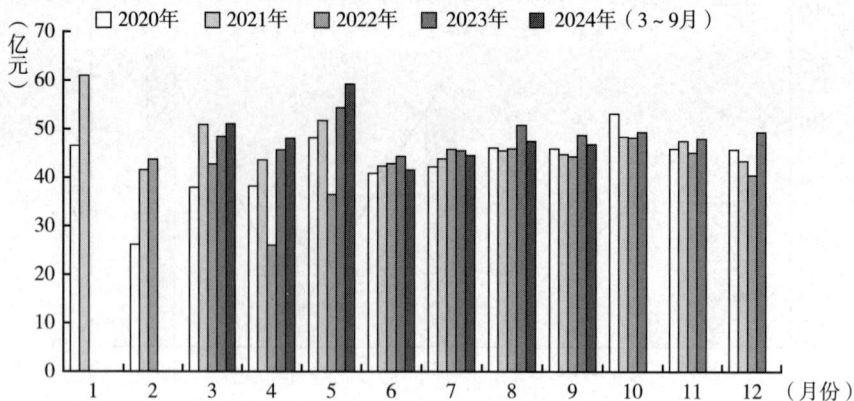

图3 2020~2024年（3~9月）奉贤区社会消费品零售额月度变化情况

数据来源：《奉贤统计月报》。2022年1月、2023年1~2月、2024年1~2月奉贤区统计月报中未公布消费品数据。

全区统计样本企业共计实现销售71.6亿元，同比下降1.3%。五大业态呈"一升四降"态势，网络购物类同比增长2.5%，而购物中心百货类、卖场超市类、专业专卖店类、宾馆餐饮类同比分别下降1.2%、5.7%、4.4%、12.8%。从图4和图5也能看出，尽管自2020年以后，奉贤区通过公共网络实现的商品零售额的增长率逐年下降，但零售总额逐年递增；2024年前三季度，奉贤区通过公共网络实现的商品零售额增速迎来新高，同比达到了34.2%，零售总额则达到了93.3亿元，是2019年同期的5倍多。可以看出，线上购物已经成为居民的消费习惯。根据中国网络社会组织联合会与中国国际电子商务中心联合编撰的《中国新电商发展报告2024》，数字消费、服务消费、以旧换新成为新增长点；随着直播电商内容形式不断创新，通过直播电商购买商品已成为中国消费者一种常态化的购物方式。

化妆品、服装等升级类消费逐年增长，汽车类消费有所回升。从图6和图7可以看出，奉贤区化妆品类社会消费品零售总额已连续三年增长，2023年全年实现化妆品类社会消费品零售总额69.9亿元，较2022年同期有较大增幅。2024年前三季度化妆品类消费已达63.8亿元，接近2023年全年水

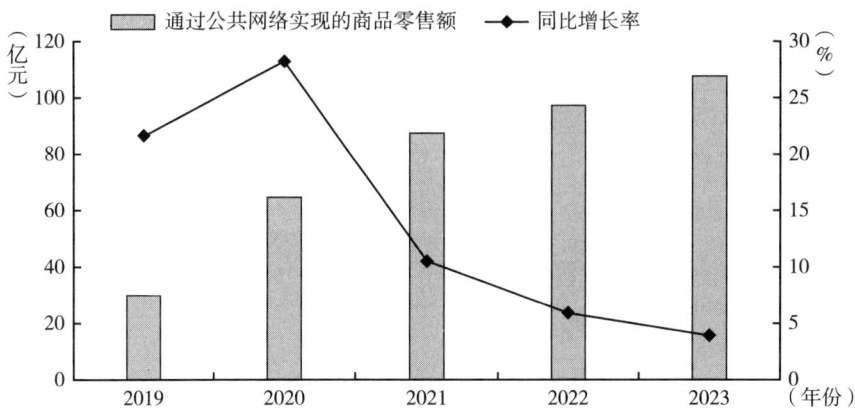

图4　2019~2023年奉贤区通过公共网络实现的商品零售额及其同比增长率

数据来源：《奉贤统计月报》。

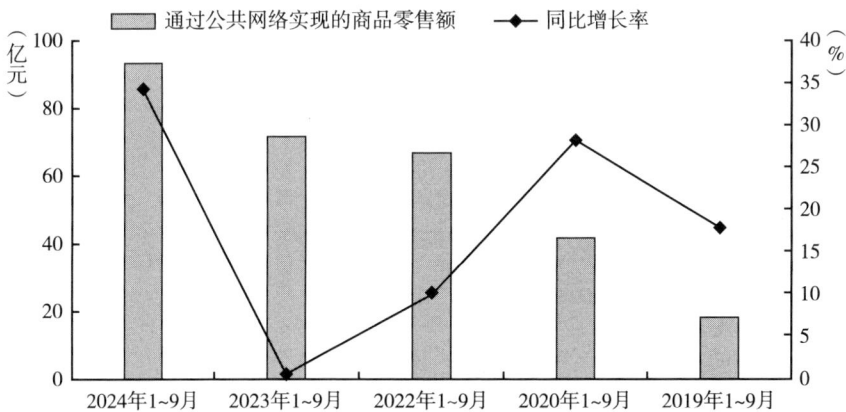

图5　2019~2024年前三季度奉贤区通过公共网络实现的
商品零售额及其同比增长率

数据来源：《奉贤统计月报》。

平，预计2024年全年化妆品类消费仍将实现较大增长。服装鞋帽针纺织品类消费在2019~2023年逐年递增，2024年前三季度其零售总额虽略低于2023年同期水平，但相信在第四季度一系列消费政策的促进下，服装鞋帽针纺织品类消费将保持增长态势。从汽车类消费来看，2020年的汽车类消费

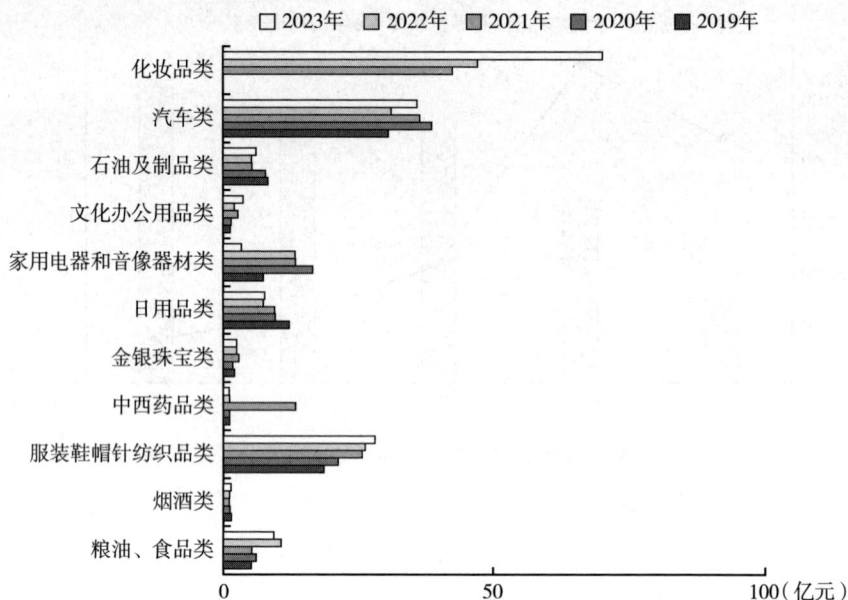

图6　2019~2023年奉贤区按主要商品分类社会消费品零售额

数据来源：《奉贤统计月报》。

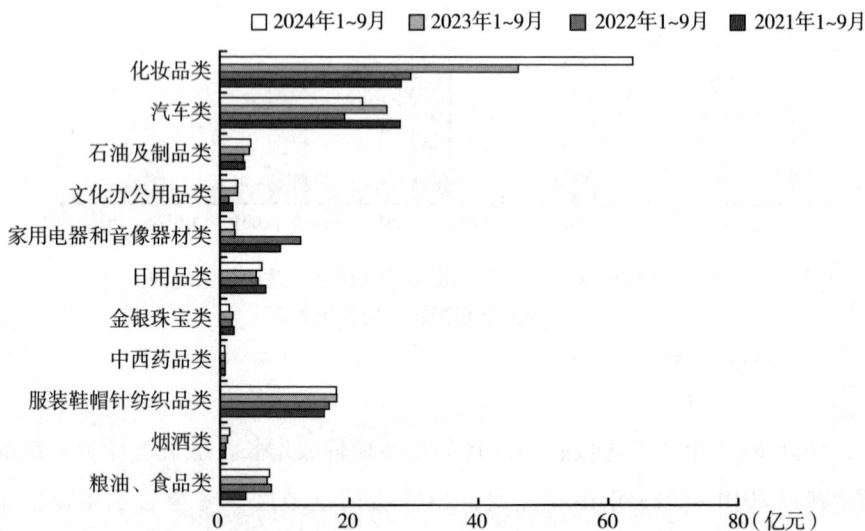

图7　2021~2024年前三季度奉贤区按主要商品分类社会消费品零售额

数据来源：《奉贤统计月报》。

达到峰值（38.56亿元），2022年有较为明显的下降，2023年恢复至35.8亿元。2024年前三季度相较2023年同期有所下降，但仍显著高于2022年同期水平。2024年第四季度，上海消费品以旧换新的政策优惠力度有所加大，相信对汽车类消费也将起到较大的促进作用。

（三）消费活动精彩纷呈，乡村消费潜力释放

奉贤正加快推进消费城市建设。2024年，奉贤紧抓"一节六季"全年促消费活动，结合奉贤本地特色，组织了企业参与跨年迎新购物季、迎春消费季、第五届上海"五五购物节"、"上海之夏"国际消费季和"乐品上海"等活动。奉贤区积极顺应文旅消费新趋势，以满足居民游客多样化的消费需求为导向，以新质生产力带动文旅消费体验提升、结构升级，通过举办各类促消费活动，不断优化消费环境，激发文化和旅游消费潜能，推动文化和旅游消费面持续扩大，为经济社会发展贡献更大的综合效益，不断提升人民群众获得感、幸福感。

表1　奉贤区消费活动概览（2023年12月~2024年10月）

	活动主题	活动内容简介
2023年12月~ 2024年1月	跨年迎新购物季	以商圈活动为主。百联南桥：万事兴龙大拜年；龙湖上海金汇天街：新春答谢季；苏宁易购年货节；美谷美购广场：龙年迎新购物季；龙湖上海奉贤天街："非遗""戏剧""年货市集""滚灯表演""新春文创"等丰富多样的活动
2024年2月	2024迎春消费季	聚焦汽车、家电、美丽经济掀起消费热潮，点燃"她经济"，炫出"她精彩"
2024年5月	遇见之旅　未见之美	2024奉贤区文旅促消费主题。促进奉贤文旅产业发展，激活奉贤文旅消费市场。节庆活动提升、产品业态丰富、夜游潜力激发、美食美宿推广、旅游客源拓展，以及"奉贤好礼"特色产品开发，旨在全面提升文旅消费体验
2024年5月	龙飞奉5·5购贤城	依托"东方美谷""时尚消费品"区位优势，聚焦美食、美居、美妆等本地特色消费品，深入开展商旅文体农消费联动，通过"品牌+文化"推广模式，聚力激发品牌集聚效应，展现南上海消费之城新活力
2024年6月	2024上海夜生活节	2024年中国上海奉贤体育动感之夜在商圈带来武术、爵士舞、健身秀等12个体育项目展演

续表

	活动主题	活动内容简介
2024 年 7 月	上海之夏 乐游贤城 FENGXIAN	结合上海夜生活节、上海金秋购物旅游季、上海首届光影节等活动 IP，打造"1+5+X"夏季消费嘉年华，即举办一场启动仪式，聚焦"夜间经济、文旅消费、体育赛事、农产品消费、大宗消费"五大领域，推出 X 场促消费活动。系列活动将从 7 月首个周末持续至 10 月的第二个周末，横跨整个第三季度，贯穿暑假、夏日带薪假期、中秋节、十一黄金周等节假日时间段，形成商旅文体农联动促消费的良好态势，打响"上海之夏"暑期消费促进新品牌
2024 年 10 月	"经"秋十月，"Fun"享生活	2024 上海供销运河市集以"区域品质生活中心"为定位，进一步配优配齐社区服务功能，将"15 分钟生活圈"打造成居民的"幸福圈"，为奉贤发展产业、吸引人才、提升城市生活品质提供强大助力

乡村旅游影响力逐步提升。奉贤区通过创新营销策略（如"互联网+民宿"）以及举办各类节展活动（如"绿野仙踪·荷你奇遇"海湾森林公园荷花节和"巧同造化——中国古代科技文物精华展"），扩大了乡村旅游影响力，带动了流量经济效应，提升了消费体验。2024 年，奉贤区更注重乡村旅游产业发展，尤其是民宿的建设、品质提升与发展，针对乡村民宿、乡村民宿行业协会和旅游节庆活动主办方三类主体推出扶持奖励政策。《奉贤区乡村旅游发展扶持奖励办法》规定，奉贤区将对 2023 年 11 月 9 日后经上海市旅游资源开发质量评定委员会审核，被评定为四星级、五星级民宿的，给予一次性费用补助，其中四星级民宿补贴 20 万元，五星级民宿补贴 30 万元。符合条件的乡村民宿最高可获得 50 万元的扶持奖励资金。

农村居民收入增速较快，消费增长潜力大。奉贤区统计局数据显示，2023 年，奉贤的农村集体总资产达到 445.31 亿元，同比增长 11.86%；农村常住居民人均可支配收入达到 44500 元，同比增长 9.5%，高于城镇常住居民收入增速（7.7%）。奉贤城乡居民人均可支配收入比约为 1.56∶1，达到了部分发达国家水平。

（四）文旅消费体验升级，赛事点燃体育热情

文旅消费政策指引消费发展新路径。2024年5月，奉贤发布了《奉贤区促进文化和旅游消费的若干措施》和《奉贤区乡村旅游发展扶持奖励办法》，展现了奉贤在文旅消费领域的新思路和新举措。具体措施包括六大行动：节庆活动提升、产品业态丰富、夜游潜力激发、美食美宿推广、旅游客源拓展以及"奉贤好礼"特色产品开发，旨在全面提升文旅消费体验。为使奉贤区文旅产业增添新活力，南桥镇、奉贤区经委、恋链轻舍分别围绕文旅资源、项目投资等进行推介，江海村桃花岛文旅项目、"芳华李窑"乡村休闲综合体、海湾红叶节等12个项目现场签约。此外，奉贤区文化旅游局还与锦江集团、建设银行、携程旅行网及支付宝签订了战略框架协议。为进一步营造活力更足、体验更优的消费环境，奉贤区主打商旅文体农融合补贴促消费，于2024年8月9日正式推出"奉贤新城消费体验官"，跨界联动打造"上海之夏　乐游贤城FENGXIAN"消费新体验。

体育赛事点燃消费热情。2024年奉贤区以体育为引擎，创新体育消费新场景，不断激发体育促消费作用。发放定向消费券，增强体育消费黏性。2024年上海体育消费券配发于当年4月22日启动，奉贤共有33家体育消费券定点场馆。体育进商圈，点燃消费热情。南桥百联商圈成功举办"发展体育产业　促进体育消费"2024年"五五购物节"中国上海奉贤体育动感之夜活动，吸引7000余市民参与活动，80余万人对活动实况进行浏览、转发，吸引客流16万人次，同比增长32%，消费金额达1700万元，同比增长35%。发挥联盟作用，提振消费信心。奉贤区健身行业联盟自成立以来，严格遵守《奉贤健身行业联盟章程》，统一使用标准合同，并对7天冷静期、退费、转卡等情况进行约定，实现健身行业投诉量下降50%、联盟会员单位零投诉，市民对联盟的信任度、满意度均达100%。以赛事为引领，激发消费潜能。以体育赛事为引擎，让赛事"流量"变经济"增量"。通过举办2024年世界摩托车越野锦标赛、国际

女子赛艇精英赛、环上海·新城自行车公开赛等国际、国内赛事，发挥赛事的溢出效应，促进旅游、交通、住宿、餐饮等相关业态融合发展，进而带动区域经济发展。

三 2025年奉贤消费品市场发展研判

2024年以来，国内外环境复杂多变，外部环境变乱交织，风险挑战增多，国内经济正处在结构调整转型的关键时期，周期性矛盾和结构性矛盾交织，调整的阵痛正在释放。通过前述分析可以看出，2024年在一线城市消费增长乏力的背景下，奉贤区消费仍保持增长，说明奉贤区经济的韧性较强，且奉贤区居民对收入增长的预期较稳定，有效地保障了奉贤区消费品市场的正向发展。奉贤区积极响应国家和上海市的政策，积极参与全市的消费促进活动，举办了具有奉贤特色的商贸、文旅、体育等消费活动，有效地保障了奉贤区消费品市场的平稳发展。在奉贤区社会各界的共同努力下，2024年奉贤区消费品市场运行平稳，社会消费品零售总额保持增长，网络消费实现较快增长，升级类消费扩张显著。

综合来看，近几年奉贤区举办的文旅、商贸、体育健康等方面的特色消费活动有效地激发了居民消费热情，"南上海消费之城"品牌逐渐打响。从2023年奉贤区人均生活消费支出现金分布情况来看，奉贤区居民的"交通和通信""文化教育、娱乐用品及服务"支出增长较快，"医疗保健"类支出增长也较为显著，说明奉贤区的居民消费结构逐渐优化（见图8）。市级消费券政策有效地引爆了全市消费热情，为2025年奉贤区消费品市场的增长奠定了基础。预计2025年奉贤区的社会消费品零售总额将持续增长，乡村特色消费有望成为奉贤消费品市场增长的亮点。奉贤未来还需持续发展美丽健康、新能源、新材料、数字经济等优势产业，稳定居民收入增长预期，顺应居民消费结构变化趋势，加强文娱、生活服务、医疗保健等方面的消费促进力度。

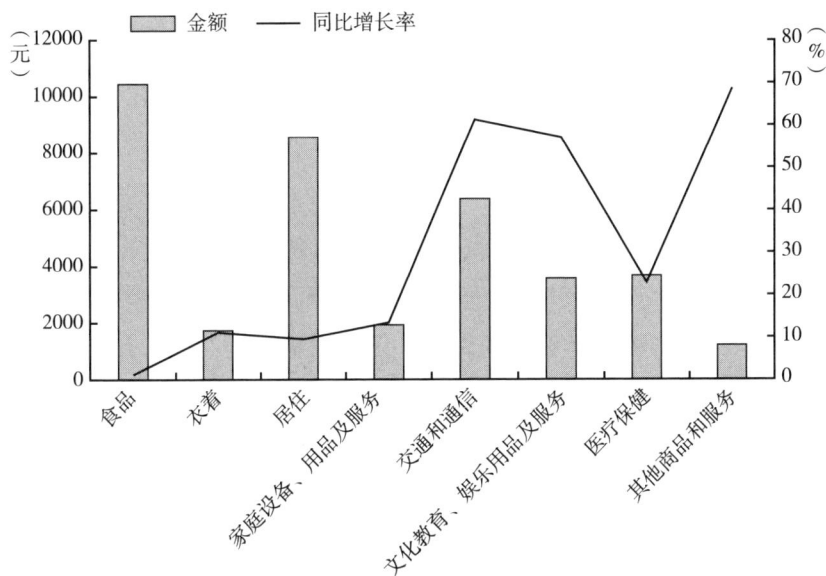

图8　2023年奉贤区人均生活消费支出现金分布情况

数据来源：《上海市奉贤区统计年鉴（2024）》。

四　对策建议

（一）提高收入增长预期，提振消费信心

完善就业帮扶服务，提高居民收入增长预期。当前消费动力不足的一个主要原因是居民收入增长预期不足，因此需要政府通过多种方式增加居民收入、提高居民收入增长预期。实施就业优先政策，从而提高居民的消费能力。建设好"15分钟就业服务圈"社区服务站点，开展职业技能培训，帮助困难群体就业，用职业技能培训"端稳"就业饭碗，拓宽就业渠道，推动低收入群体进入中等收入行列；加速推进人力资源服务业发展，聚焦产业发展、新城建设、乡村振兴等重点领域，加快构建人力资源服务全链条，创造良好人力资源发展生态；多渠道保障年轻人以及残障、低保

等弱势群体的就业创业情况，落实落细各项服务，保障重点群体的就业适配性和稳定性；进一步完善社会保障体系，做好民生兜底工作。为低收入群体排忧解难，不仅可以提升低收入群体的获得感、幸福感、安全感，体现党和政府的民生厚度、政策温度，而且有助于改善居民收入预期、放大财富效应。

以优质岗位吸引优秀人才，逐渐改善就业结构。青年人才是消费的主力军，吸引青年人才来奉贤就业、安居是有效保障奉贤消费品市场稳步增长的基础。一是要拿出具有吸引力的岗位。盘点区级美丽健康、新能源、新材料、数字经济等重点产业、重点企业的引才需求，通过开展大规模、高规格、多点位的走进高校招才引智活动及人才招聘活动，以广聚天下英才之势，跑出人才集聚"加速度"。二是要完善就业服务。为青年人才提供金融支持、场地支持、算力补贴、液态链接等服务，为广大青年人才提供更加全面、精准的创新创业支持。例如，金海街道针对数字经济赛道需要在算力基础设施上运行人工智能模型的优秀项目，购买了国内知名公司算力平台服务，提供云算力、高效 AI 训练方面的算力券补贴。立足政策精准供给与服务贴心到位两大方面：聚焦青年人才工作生活实际所需，持续推出人才服务包，实现资源的精准'滴灌'；尽可能帮助青年创业人才降低成本、减轻负担，让他们大胆创新、安心创业。三是要留住奉贤高校毕业生。持续围绕当下高校毕业生的实际情况和就业需求，积极深挖岗位需求，建立校企招聘"直通车"，同时围绕未就业高校毕业生做好跟踪服务，持续开展就业帮扶工作，切实回应毕业生的求职关切，为奉贤区经济发展汇聚更多磅礴青春力量。

（二）错位发展消费特色，打响奉贤品牌

充分挖掘奉贤消费特色，高位谋划"贤城优品"品牌发展战略。为实现消费带动产业高质量发展，奉贤区消保委在奉贤区市场监管局的指导下，集聚并发挥产业服务优势，挖掘地方特色消费品潜力，共同讲好品牌故事，开辟"南上海·贤城优品"地方特色消费品全新赛道。为此，奉贤区消保

委、宣传部、市场监管局、经委、文化旅游局等政府部门分别在其各自的职能范围内为打响"贤城优品"品牌做出努力，如建成首个"贤城优品"消费体验驿站、启动"贤城优品行"消费体验活动、组建"贤城优品官"队伍、开展"贤城优品"奉贤城市推介活动、指导"贤城优品"商标成功注册、挖掘辖区企业老字号和新锐品牌资源、将"贤城优品"作为旅游产业推广项目等。未来打响"贤城优品"品牌，还需要搭建更加活跃的网络宣传阵地，发展线上线下融合平台，提升品牌知名度；提升服务供给品质，引导企业将"贤城优品"与企业团建、福利活动相结合，提高本地企业和居民的品牌认知度；加强市场调研，利用大数据和人工智能技术分析消费者行为，提供精准化推送和定制化服务；持续关注并推动生产性服务业发展，形成产业链集群效应，为制造企业高质量发展提供助力。

持续跟踪消费趋势变化，及时提供新消费新服务。消费的提振仍需从供给端发力，通过供给新消费产品、新消费业态、新消费空间、新消费服务等，拓宽消费新"蓝海"。奉贤区应以上海市现代服务业综合试点为契机，同时以发展"新技术、新产业、新业态、新模式"的"四新"经济为导向，发展以技术创新和模式创新为内核的新型经济形态和服务模式。推动"以旧换新"政策进一步落地见效，以大平台带小企业走"专精特新"之路。保持生活性服务业的健康稳定发展，大力发展医疗健康、养老、托育、家政、体育、文旅等生活性服务业，引进国际知名专业服务机构，推动商圈和楼宇经济提质发展，加快建立完善与国际接轨的服务标准体系，吸引具有国际品牌运作能力的国内外运营商在奉贤投资运营优质项目，培育国际知名品牌在奉贤的影响力。发展在线外卖、即时零售等数字消费新业态，推广无人机配送、飞行文旅等低空经济新模式，引导消费者形成简约适度、绿色低碳的现代消费新理念。积极发展夜间经济、休闲经济，延长消费时间链条，促进消费空间范围向更多城市拓展。

（三）强化政策精准供给，支持消费升级

消费券精准投放，不断释放消费活力。发放消费券是各地促消费的手段

之一。上海市投入市级财政资金5亿元，面向餐饮、住宿、电影、体育四个领域发放"乐·上海"服务消费券；北京市发放"绿色节能消费券"，每份券包总金额1500元，可购买符合条件的21类绿色节能产品；浦东新区投入区级财政资金1亿元，用于发放"乐享浦东"餐饮消费券；成都市发放数字人民币线上消费券，金额共计1.6亿元；太原市投放5类22种数字消费券，财政总投入4.2亿元……全国多地陆续发放消费券，提振消费市场活力。未来，奉贤可效仿此做法，在区里需重点刺激的文旅、康养、餐饮、体育等领域定向精准发放消费券；发放消费券时可兼顾不同年龄群体，以线上为主、线下为辅；通过数字化手段提高消费券的使用效率和效果，例如通过大数据分析、人工智能等技术手段实现更加精准的投放和监管；提高消费者认知，引导消费者更加合理地使用消费券；适时考虑开展普惠消费券的设计和发放，并对消费券使用情况进行跟踪，继而对发放政策作出新的调整，以便真正助推"消费潜力不断释放"；要注重从消费制度、消费环境不断完善的角度入手，建立更加完善的消费增长长效机制，有效扩大消费面，使广大城乡"烟火气"更加升腾。

积极应对人口老龄化，推动养老消费升级。2024年11月，上海市商务委等12部门印发《本市关于更好发挥消费信贷促进消费提质升级作用的实施意见》，其中提出要构建养老消费场景。引导适老化改造专业公司、养老机构等主体对接金融机构，结合本市"适老化改造"政策，研究消费者在适老化改造场景下的消费信贷需求，与政府适老化改造补贴政策联动，加大对适老化改造的消费信贷支持力度，助力老年群体提升居家养老品质。奉贤区统计局数据显示，截至2024年2月底，全区60岁以上户籍老年人口21.22万，占总户籍人口的37.27%，老年护理康复需求日益增长。奉贤应积极探索拓展智慧助老场景，在数字设施、服务、技能等方面综合施策，推动养老消费升级。例如，在数字服务提质方面，打造智慧社区食堂、智慧菜场、数字居家电视"一键通"平台等；在数字技能提升方面，布局多个"微站点"，引入共享打印机等数字设备，配备答疑帮办志愿者，帮助老年人群使用智能设备；在智慧居家场景中，构建"一根线""一张网""一个家"的智慧家庭服务生态和体系，设置定位、支付、呼救等一系列便捷功能，为老人和孩子提供便捷、安全、智能的服务。

（四）完善基础设施，改善消费环境

完善消费服务基础设施，逐步改善消费环境。要打造良性发展的消费环境，先要全面提升区域内服务设施的现代化水平。2024 年 10 月，奉贤区内首个国企和供销社共同投资建设的社区商业综合体——经发商业广场正式开业，打造以居民文化休闲娱乐为引导的智慧型社区商业，进一步促进奉贤商业繁荣，推动区域经济发展。经发商业广场的正式开业，标志着奉贤商业基础设施的进一步完善。在大型商业综合体建成的同时，还应关注社区基础服务的完善，逐步提升"15 分钟社区生活圈"的品质。未来，奉贤可以以南桥镇、奉城镇为中心发展国际商业消费示范核心区，以海湾镇、庄行镇为中心打造著名旅游目的地和文旅康养核心区，以金汇镇、青村镇、柘林镇为中心打造创新产业集群引领核心区，然后通过这些优先提升服务水平的地区带动周边地区消费并深化区域合作，全面推动服务业高速发展。

创造更好的营商环境，保障消费者权益。在创造营商环境方面，奉贤可以深化实施城市提升行动、完善国际消费配套设施、健全消费服务标准、优化消费服务体验，具体包括构建便捷的综合交通网络、塑造宜居宜业的城市形态、打造舒适便利的社区商圈、提升消费监管服务水平等。在优化消费促进机制方面，奉贤可以用好自由贸易试验区、服务业综合试点等政策红利，研究构建国际消费促进制度体系，积极探索服务贸易规则、国际贸易合作试点等，并从财税金融、土地政策、高端人才和全球营销等方面为奉贤区创造有保障的消费环境提供坚实支撑。在维护消费者合法权益方面，奉贤消保委与区检察院共同签署了《关于加强消费领域民事支持起诉配合的意见》。这一文件的签署，不仅标志着双方在保护消费者权益、维护市场秩序方面的合作迈上了新台阶，更是一次深度探索消费民事公益诉讼与检察支持起诉机制融合创新的实践。

B.7
2024～2025年奉贤对外贸易
形势分析与研判

李世奇[*]

摘　要： 面对愈加复杂多变的外部环境，奉贤对外贸易规模连续两年保持在1200亿元以上。2024年8月奉贤进出口总额为102.6亿元，同比下降8.4%。其中，出口总额为68.2亿元，同比下降0.04%；进口总额为34.4亿元，同比下降20.7%。奉贤对外依存度有所下降，顺差规模继续领跑全市。奉贤综合保税区纳入上海自贸区联动创新区，开放型经济迈上新台阶。2024年1～9月奉贤外商直接投资合同金额为7.61亿美元，同比下降28.3%；1～8月实到外资2.35亿美元，同比下降1.8%。奉贤在吸引和落实外资方面仍需发力；外资来源保持相对稳定；东方美谷集团重回吸引外资区域首位。展望未来，奉贤需要抓住从商品要素流动型开放到规则制度型开放的重大机遇，从产业链、供应链、价值链融合角度开辟对外贸易的新空间。

关键词： 对外贸易　综合保税区　外商直接投资

一　奉贤对外贸易的主要特点

（一）外贸走势相对疲软，进口明显弱于出口

奉贤对外贸易增速在2023年上半年基数较高和国内外需求走弱的共同

---

[*] 李世奇，经济学博士，上海社会科学院数量经济研究中心助理研究员，主要研究方向为宏观经济增长与科技创新政策评估。

作用下，总体呈现前低后稳的态势。2024 年第一季度，奉贤外贸出现了较为明显的滑坡，进出口月累计总额为 266.8 亿元，相较 2023 年同期的 341.5 亿元大幅下降 21.1%，远低于上海市同比 1.1% 的降幅（见图1）。奉贤进出口累计同比增速在 2024 年第二季度有一定程度的回升，4 月降幅收窄至 17.1%，5 月和 6 月进一步收窄至 13.7% 和 11.7%。与此同时，2024 年 4 月开始上海进出口同比增速转正，奉贤和上海的差距在不断缩小。2024 年第三季度奉贤对外贸易增速仍在低位徘徊，7 月降幅为 10.1%，7 个月累计同比降幅在 10% 以上，为 2019 年以来的首次。

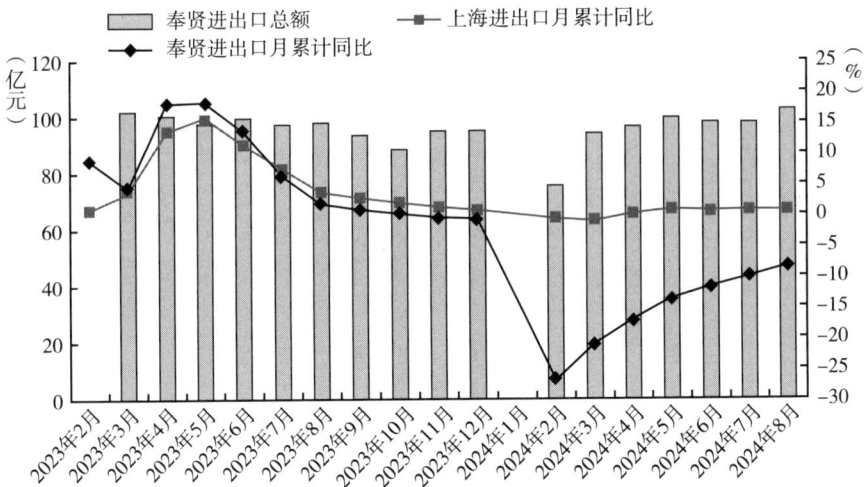

**图1　2023 年 2 月~2024 年 8 月奉贤进出口总额以及
上海与奉贤进出口月累计同比**

数据来源：《奉贤统计月报》。

奉贤出口保持相对较强的韧性，2024 年前三个月奉贤出口累计同比下降 1.7%（见图2），低于上海市同比 1.0% 的增速。进入第二季度，奉贤出口降幅略有扩大，前五个月累计同比降幅为 2.9%，而后一路收窄，前八个月奉贤出口总额累计达到 493.9 亿元，同比下降 0.04%。地缘军事和政治冲突加剧对国际航运造成负面影响、主要发达经济体维持较高利率水平、欧美对我国新能源汽车加征关税给奉贤出口带来了极为不利的影响，然而奉贤出口在 2023 年第二季度累计同比增速在 20%以上的基础上，2024 年前八个月单月平均出口规模仍稳定在 60 亿元以上，取得这样的成绩极为不易。但是，奉贤新能源、光伏产品在贸易保护主义不断抬头和有针对性的贸易壁垒政策影响下，短期增长承受较大压力。

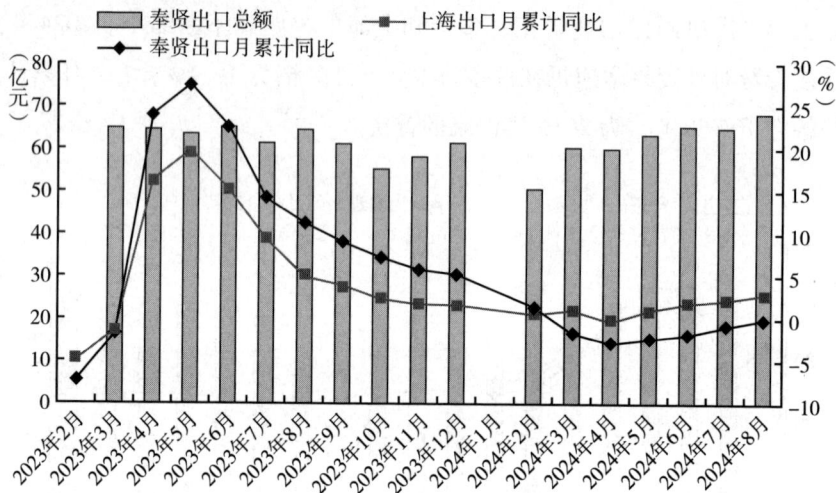

图 2　2023 年 2 月~2024 年 8 月奉贤出口总额以及
上海与奉贤出口月累计同比

数据来源：《奉贤统计月报》。

相较而言，2024 年奉贤的进口表现明显弱于出口，进口与出口的分化在 2023 年的基础上进一步加大。受 2023 年第一季度疫情防控平稳转段后进口产品瞬时激增的影响，2024 年前两个月奉贤进口累计同比下降 52.2%，单月进口规模从 2023 年的 30 余亿元下降至 20 余亿元。但需要指出的是，奉贤 2023 年前两个月的单月进口规模并不是常态，从 3 月开始单月进口规模恢复至 30 余亿元，所以 2024 年 3 月以后奉贤进口累计同比降幅快速收窄，3 月降幅为 42.3%，6 月降幅为 28.3%。上海市上半年进口累计同比下降 0.2%。综合进口和出口的表现来看，去掉基数效应带来的影响，两者的内在稳定性均有所增强，进口增速有向出口增速收敛的趋势，但与上海全市相比较而言，奉贤对外贸易的韧性仍需要进一步加强，而这有赖于奉贤自身产业结构的进一步升级与国内外宏观经济条件的改善。

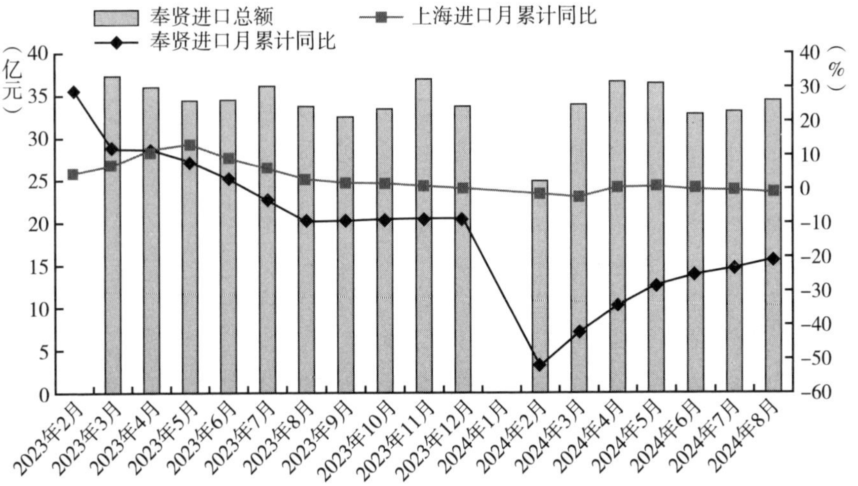

**图3　2023年2月～2024年8月奉贤进口总额以及
上海与奉贤进口月累计同比**

资料来源：《奉贤统计月报》。

从长历史周期来看，2023年奉贤进出口的增速自2019年以来首次转负，与2022年相比进一步下降，连续两年下滑，波动性逐步走低（见图4）。展望未来，随着主要发达经济体进入降息通道，外需硬着陆的可能性较低，但是全球经济增速放缓的趋势很难改变，奉贤对外贸易短期内仍未见新增长曲线，所以进出口增速的较低波动性可能会是2024～2025年的常态，预计2024年奉贤进出口增速较2023年有一定程度的回落，2025年则有望企稳。

从净出口水平来看，2023年奉贤净出口额占奉贤地区生产总值的比重为18.14%，相较于2022年14.14%的水平进一步提升（见图5）。2024年前七个月，奉贤净出口总额为193.1亿元，相较于2023年同期的126.2亿元有较为明显的增长，但这主要是前两个月进口恢复常态规模所带来的。2024年奉贤净出口规模有望连续四年保持增长，对奉贤经济发展起到较好的支撑作用。

图4 2007～2023年奉贤进出口总额以及上海与奉贤进出口同比增速

数据来源：历年《上海市奉贤区统计年鉴》。

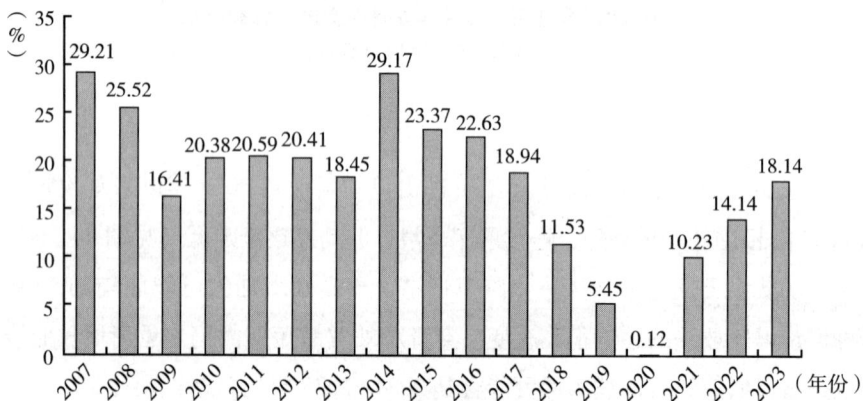

图5 2007～2023年奉贤净出口额占奉贤地区生产总值的比重

资料来源：历年《上海市奉贤区统计年鉴》。

（二）对外依存度有所下降，顺差规模继续领跑全市

根据上海市各区2023年发布的统计公报，通过比较2023年上海市各区的对外贸易情况，可以看出奉贤出口同比增速排在全市第8位，相比2022

年下降 2 位，进口同比增速排在全市第 13 位，相比 2022 年下降 4 位。在上海郊区中，2023 年奉贤 1202.80 亿元的进出口总额低于松江的 2619.66 亿元、闵行的 2340.00 亿元、嘉定的 1681.80 亿元，高于宝山的 1138.03 亿元、金山的 1045.91 亿元、青浦的 874.65 亿元和崇明的 187.90 亿元；奉贤-0.70%的进出口同比增速则低于崇明的 27.60%、青浦的 10.30%、金山的 9.90%、宝山的 4.70%、嘉定的 1.50%和闵行的 0.00%，高于松江的-22.14%；奉贤 729.70 亿元的出口总额低于嘉定的 851.20 亿元，高于金山的 596.50 亿元、青浦的 528.88 亿元、宝山的 422.69 亿元和崇明的 49.10 亿元；奉贤 5.20%的出口同比增速则低于崇明的 16.80%、青浦的 14.20%、宝山的 6.20%和嘉定的 5.80%，高于金山的-9.90%；奉贤 473.10 亿元的进口总额高于金山的 449.41 亿元、青浦的 345.77 亿元和崇明的 138.80 亿元，低于嘉定的 830.70 亿元和宝山的 715.34 亿元；奉贤-8.70%的进口同比增速则低于崇明的 31.90%、青浦的 4.80%、宝山的 3.80%和嘉定的-2.50%，高于金山的-9.79%（见表 1）。

表 1　2023 年上海市各区对外货物贸易主要指标

单位：亿元，%

	进出口总额	进出口同比增速	对外贸易依存度	出口总额	出口同比增速	进口总额	进口同比增速
奉贤区	1202.80	-0.70	85.02	729.70	5.20	473.10	-8.70
浦东新区	25759.04	4.70	154.11	9900.81	11.20	15858.23	1.00
黄浦区	1544.56	17.80	48.92	352.95	7.30	1191.61	21.40
徐汇区	967.56	-9.60	37.45	260.26	-15.50	707.30	-7.30
长宁区	625.60	-6.66	27.36	294.25	-6.32	331.34	-6.97
静安区	561.02	7.80	19.71	162.47	-1.30	398.55	12.00
普陀区	355.18	-0.40	26.54	172.32	-16.70	182.86	22.20
虹口区	543.90	8.00	41.26	112.00	2.20	431.90	9.60
杨浦区	316.30	5.30	14.24	200.10	5.70	116.20	4.30
闵行区	2340.00	0.00	77.95	—	—	—	—
宝山区	1138.03	4.70	63.01	422.69	6.20	715.34	3.80
嘉定区	1681.80	1.50	59.21	851.20	5.80	830.70	-2.50

续表

	进出口总额	进出口同比增速	对外贸易依存度	出口总额	出口同比增速	进口总额	进口同比增速
金山区	1045.91	9.90	87.92	596.50	-9.90	449.41	-9.79
松江区	2619.66	-22.14	150.55	—	—	—	—
青浦区	874.65	10.30	60.74	528.88	14.20	345.77	4.80
崇明区	187.90	27.60	44.54	49.10	16.80	138.80	31.90

数据来源：上海市各区2023年统计公报。

从对外贸易依存度来看，奉贤2023年85.02%的依存度相比2022年的89.87%有所下降，低于浦东新区的154.11%、松江的150.55%和金山的87.92%，在上海各区中排名第四。2023年奉贤净出口规模继续保持增长，从2022年的193.90亿元大幅增长至256.60亿元，超过青浦的183.11亿元、金山的147.09亿元、杨浦的83.90亿元和嘉定的20.50亿元，顺差规模继续领跑上海全市各区。上海郊区中，宝山和崇明的净进口规模分别为292.65亿元和89.70亿元。奉贤是上海唯一一个顺差规模连续两年超过190亿元的地区，说明相比青浦、金山、嘉定、宝山、崇明等上海郊区，奉贤对于全球经济的波动更加敏感，特别是对欧美等主要发达经济体的出口有较大的外部依赖性，受到贸易摩擦和产业转移的影响更大，但是随着全球进入降息周期以及贸易摩擦的边际作用递减，奉贤出口增速有望在2025年获得一定程度的支撑。

再来看上海中心城区，2023年黄浦的对外贸易依存度为48.92%，徐汇为37.45%，长宁为27.36%，静安为19.71%，普陀为26.54%，虹口为41.26%，杨浦为14.24%。其中，黄浦区较2022年有所提升，而徐汇区和长宁区则有一定程度的下降，其余各区基本保持稳定，且均明显低于奉贤区。中心城区除杨浦外均为逆差状态，黄浦的净进口总值为838.66亿元，徐汇为447.04亿元，长宁为37.09亿元，静安为236.08亿元，普陀为10.54亿元，虹口为319.90亿元。

2024年，奉贤净出口规模预计有所增加，但对外贸易依存度有望进一步下降，随着奉贤产业能级和居民收入水平的提升逐步向中心城区收敛。

（三）奉贤综保区纳入上海自贸区联动创新区

2024 年，为进一步放大上海自贸试验区的辐射带动效应，协同培育壮大上海开放型经济新动能，全面形成"以开放促改革、促发展、促创新"的生动局面，加快推进综合保税区转型发展和能级提升，上海将奉贤综合保税区纳入首批设立的"6+1"上海自贸试验区联动创新区，制定了《松江、漕河泾、奉贤、金桥、青浦、嘉定综合保税区自贸试验区联动创新区建设方案》，共包括四方面 15 条具体措施。

奉贤综保区着力推动新业态新模式多元发展，稳步拓展保税维修业务范围，以试点方式推动综合保税区内企业开展维修产品目录范围外的保税维修业务，支持符合条件的企业在综合保税区内开展全球医疗器械、电子产品保税维修业务试点；支持跨境电商产业集聚，依托综合保税区仓储、物流功能，布局电商平台、电商企业和服务供应商，推动"丝路电商"相关企业集聚；探索拓展"保税+"业务，支持综合保税区开展消费品展示业务，探索研究"前店后仓"模式。

奉贤综保区进一步提升贸易便利化水平，完善多元化融资服务，推广动产质押融资业务模式，进一步拓宽企业融资渠道，开展应收账款、存货、仓单等权利和动产质押融资业务，助力企业解决融资难、融资贵等问题；启用冰鲜水产品两段准入监管模式，在满足海关指定监管场地实施查检、进口商落实食品安全主体责任、建立境外出口商和生产企业审核制度并配合海关实施监督检查等相关监管要求，开展风险评估基础上，启用冰鲜水产品两段准入监管模式。

奉贤综保区加强各类要素保障，提升土地资源利用效率，允许综合保税区开展综合用地改革，在区域内试点实行混合用地、综合用地、创新型产业用地等政策，推进工业、科研、办公、中试生产用地等功能混合，鼓励工业"上楼"，引导科技研发、企业总部管理等创新功能加快集聚。加大人才引进力度，引进高科技人才和技能型人才，提高外国人才工作许可便利性，对于拟长期在综合保税区工作的高科技领域外籍人才、外国技能型人才和符合综合保税区产业发展方向的外籍人才，可适当放宽年龄、学历和工作经历的限制，符合条件的一次性给予最长 2 年的工作许可。

奉贤综保区加强区域协同联动，与洋山特殊综合保税区协同发展，聚焦洋山特殊综合保税区在制度创新、功能拓展、园区建设等方面的创新举措，推进产业互联、创新互动、优势互补，建立项目信息分享机制，利用奉贤综合保税区现有空间资源，加强与洋山特殊综合保税区在保税研发、保税维修、跨境电商等重点领域的对接合作，集聚一批美丽健康产业企业。

（四）奉贤开放型经济迈上新台阶

奉贤区在 2024 年 5 月印发了《关于推进奉贤综合保税区高水平开放高质量发展的实施意见》，共包括 9 条具体措施。意见指出，奉贤综保区将进一步支持企业落户，激发区域经济活力，做大奉贤综保区规模体量；优化企业评审考量指标，区内企业在奉贤区各类企业资质认定及评审中，凡涉及经济密度指标的，将海关税收、进出口额纳入考量标准；深化"一平台三中心"建设，围绕奉贤综保区"东方美谷"国际服务贸易集成平台、保税研发设计中心、保税展示交易中心和保税检测维修中心，对设立的贸易总部、结算中心、国家级或市级保税研发设计机构、保税展示交易平台及企业、高精尖设备保税检测维修机构及企业，按贡献大小给予相应奖励。

奉贤综保区构建跨境电子商务全产业链，放大跨境电商示范园区引领效应，对跨境电商、跨境仓储、跨境直播等相关产业项目，在信息化建设、直播基地打造、品牌企业孵化等方面给予一定比例的支持；推动特色品牌打造，持续擦亮"美谷美购·跨境购"品牌，向对提升奉贤综保区影响力、吸引力作出突出贡献的运营企业和平台给予一定比例的支持；支持企业创新发展；在企业转型升级、科技创新以及规范管理等方面给予一定比例的扶持；做大进出口额规模。

奉贤综保区对注册在地的企业，按年度进出口额贡献大小给予相应奖励，向对提升进出口额有突出贡献的中介组织、产业平台等给予相应奖励；持续优化服务配套，在提高项目推进速度方面发挥区级协调联动机制作用，优化项目申报流程；在企业注册、办证、融资、通关等方面提供优质服务，并给予相关政策扶持，对贡献突出企业的高管及优秀人才，在住房补贴、人才落户、子女教育等方面提供便利，为符合条件的入驻企业对接人才公寓资源提供支持保障；支持优势产业集聚，对在功能创新、业态开拓、产业提升、进出口额等方面贡献突出的企业，实行"一事一议"专项政策。

2024年，作为奉贤综保区的特色品牌，"美谷美购·跨境购"依托综保区跨境电商功能和距奉贤综保区1公里的区位优势，开启新零售模式，让消费者零距离享受"美谷美购·跨境购"线下跨境购物新体验。奉贤综保区首单跨境电商"1210"出口海外仓零售业务在6月正式落地，为奉贤商品热销海外开辟全新通道。奉贤海关通过"贤关企荟"平台，主动对接周边加工贸易出口企业，引导辖区内传统产业与电商平台企业深度融合，开设海外仓业务"绿色通道"，鼓励更多企业开拓海外市场，增强企业发展的"后劲儿"。为企业讲解跨境电商海外仓备案相关政策，指导企业充分利用综保区税收优惠政策和跨境电商政策红利，预先优化业务流程，畅通申报渠道，支持企业用好海外仓资源，提升数字化水平，让国内产品便捷地送达境外消费者手中。

奉贤海关率先在奉贤综保区推行"区内直转"业务。通过"区内直转"模式，综保区内货物可在向海关申报后的30分钟内完成海关账册的核增核减，在综保区仓库内就可实现"非保税货物"与"保税货物"的状态转换。新模式在有效缩减物流成本的同时，也为企业灵活开展进出口业务提供了便利。通过"区内直转"模式，货物无须进出综保区卡口，在仓库内就能完成状态切换，省去了货车预约、装货、过卡、卸货的工序，每个集装箱能节省1500元，预计全年可以节省成本30万元。

二 奉贤外商直接投资的主要特点

（一）吸引和落实外资仍需发力

根据《奉贤统计月报》，2024年第一季度，奉贤吸引外资在上年同期较低基数的基础上表现较好，外商直接投资合同金额前两个月累计同比增长33.8%。但是到3月，奉贤吸引外资增速出现下滑，同比增长5.0%，4月增速由正转负降至-0.3%，5月同比下降6.9%，6月开始降幅进一步扩大至两位数，2024年前九个月奉贤外商直接投资合同金额为7.60亿美元，同比下降28.3%（见图6）。奉贤在吸引外资方面的表现与对外贸易的疲软产生共振：一方面，外资规模的缩减对货物贸易和服务贸易的进出口均产生了不利影响，另一方面，贸易摩擦升级也对吸引外资造成了负面冲击。两者叠加为奉贤构建开放型经济带来巨大挑战。

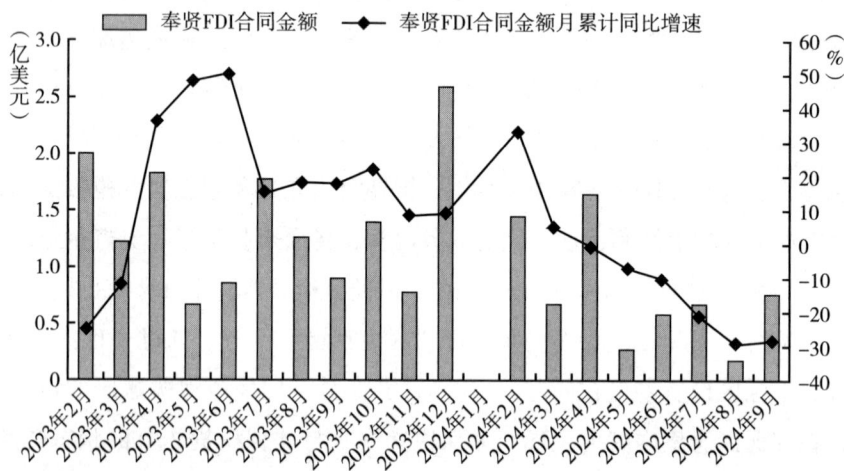

图6　2023年2月~2024年9月奉贤FDI合同金额及月累计同比增速

数据来源：《奉贤统计月报》。

奉贤在落实外资方面还需要进一步发力。2024年第一季度奉贤落实外资同比增长4.5%，显著高于上海市同期-22.5%的增速；5月增速由正转负，同比下降6.7%，领先上海的幅度有所缩小，上海市同期增速为-26.7%。进入6月后，上海市的降幅有所收窄，而奉贤的降幅未有明显改观，7月同比增速降至-7.1%（见图7）。2024年前八个月奉贤外商直接投资实际到位金额为2.35亿美元，累计同比下降1.8%，2023年同期累计同比增速为-6.1%，在低基数上仍然未有明显改观，上海市累计同比下降

22.8%。尽管奉贤在落实外资方面的表现好于全市，但仍需更加有力的举措进行支撑。

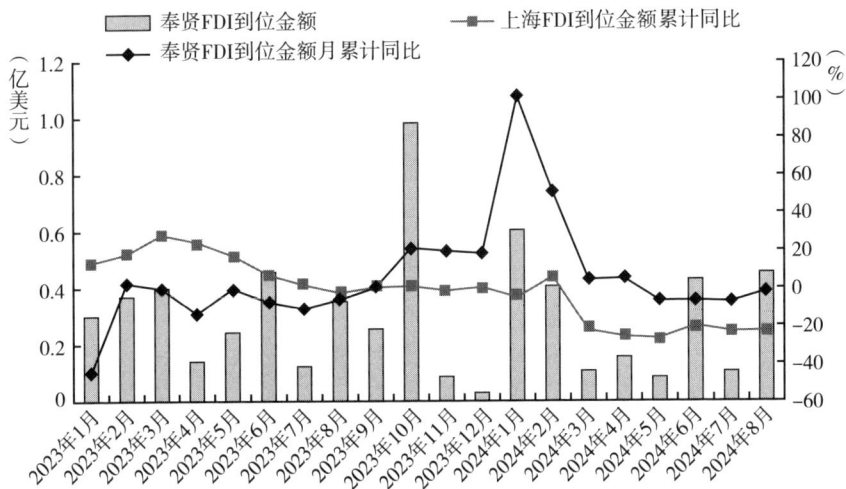

图7 2023年1月~2024年8月奉贤FDI到位金额以及上海与奉贤FDI到位金额月累计同比

数据来源：《奉贤统计月报》。

相比2023年奉贤在吸引和落实外资方面的良好表现，2024年奉贤合同外资和实到外资均面临巨大的挑战，特别是境内外息差加大，进一步提升了吸引和落实外资的难度。尽管发达经济体已经进入降息周期，但海外资金的重新流入仍需要时间，2025年奉贤外商直接投资合同金额和实际到位金额均有望在低位企稳。长期来看，2023年奉贤外商直接投资合同金额同比增长9.1%至15.38亿美元，高于"十三五"时期10.42亿美元的平均水平，实际到位金额同比增长18.30%至3.74亿美元，高于"十三五"时期2.80亿美元的平均水平（见图8）。

（二）合资项目数大幅增加，FDI实际到位金额占比仍待进一步提升

根据上海市各区2023年发布的统计公报，通过比较2023年上海各区吸引和落实外资的情况，可以看出上海各区在吸引和落实外资上竞争尤为激

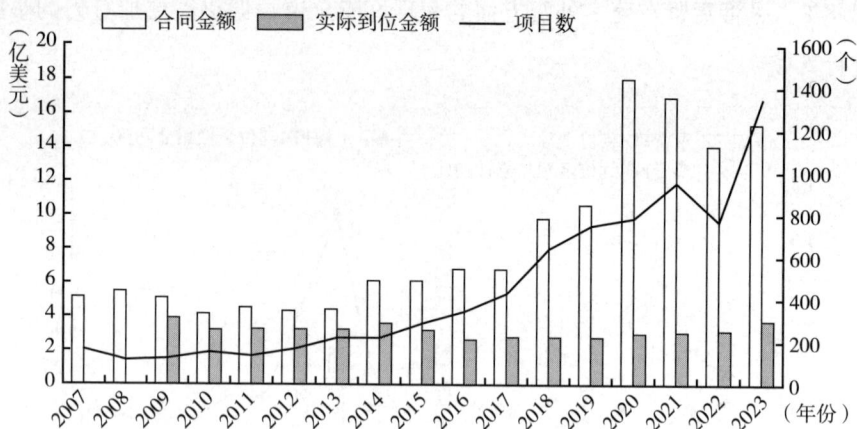

图8　2007～2023年奉贤外商直接投资情况

数据来源：历年《上海市奉贤区统计年鉴》。

烈。奉贤在吸引外资规模上处于上海各区中上游水平，排名由2022年的第11位上升至第6位，但在落实外资规模上仍处在上海各区中下游水平，连续两年排在第12位。在上海郊区中，2023年奉贤15.38亿美元的外商直接投资合同额低于闵行的40.10亿美元、松江的36.26亿美元和青浦的25.38亿美元，高于宝山的13.86亿美元、嘉定的7.10亿美元、金山的5.31亿美元和崇明的1.94亿美元；奉贤9.10%的外商直接投资合同金额同比增速低于松江的60.30%、青浦的23.80%和崇明的14.60%，高于宝山的-8.10%、闵行的-12.00%和嘉定的-70.10%，与金山持平；奉贤3.74亿美元的外商直接投资实际到位金额低于闵行的14.23亿美元、松江的8.52亿美元、嘉定的8.20亿美元、青浦的6.95亿美元和宝山的5.63亿美元，仅高于金山的3.22亿美元和崇明的1.87亿美元；奉贤18.30%的外商直接投资实际到位金额同比增速高于闵行7.00%、崇明的5.20%、松江的2.10%、宝山的-6.40%、嘉定的-8.80%和青浦的-21.80%，仅低于金山的28.70%（见表2）。

从FDI实际到位金额占地区生产总值的比重来看，奉贤1.86%的比重虽相比2022年的1.56%有所提升，但仍低于浦东新区的4.36%，以及同为上海郊区的松江的3.45%、青浦的3.40%、闵行的3.34%、崇明的3.12%、宝山的 2.20%、嘉定的 2.03% 和金山的 1.91%（见表 2）。奉贤 FDI 实际到位金额占地区生产总值的比重在上海郊区中仍然较低，需要更加有力的政策措施落实外商直接投资，充分把握自贸区新片区以及联动创新区带来的机遇，进一步下大力气提升实到外资规模及其占比，挖掘最大潜力向上海郊区平均水平靠拢。

表 2　2023 年上海各区外商直接投资主要指标

	新批 FDI 项目数（个）	FDI 合同金额（亿美元）	FDI 合同金额同比增速（%）	FDI 实际到位金额（亿美元）	FDI 实际到位金额同比增速（%）	FDI 实际到位金额占各区生产总值的比重（%）
奉贤区	1348	15.38	9.10	3.74	18.30	1.86
浦东新区	1221	119.50	−33.50	103.44	−6.40	4.36
黄浦区	82	18.05	6.10	18.45	69.40	4.12
徐汇区	129	15.10	5.50	17.10	37.30	4.66
长宁区	212	8.12	−24.90	4.51	−24.87	1.39
静安区	256	12.50	−11.97	—	—	—
普陀区	185	4.89	−76.60	15.31	3.10	8.06
虹口区	99	14.61	2.00	3.23	17.20	1.73
杨浦区	—	—	—	12.41	13.00	3.94
闵行区	—	40.10	−12.00	14.23	7.00	3.34
宝山区	336	13.86	−8.10	5.63	−6.40	2.20
嘉定区	—	7.10	−70.10	8.20	−8.80	2.03
金山区	—	5.31	9.10	3.22	28.70	1.91
松江区	321	36.26	60.30	8.52	2.10	3.45
青浦区	262	25.38	23.80	6.95	−21.80	3.40
崇明区	269	1.94	14.60	1.87	5.20	3.12

数据来源：上海市各区 2023 年统计公报。

从外商直接投资的方式来看，2023 年外商独资项目数从 2022 年的 503 个大幅增加至 915 个，合同金额为 11.90 亿美元，同比增长 13.99%；中外合资项目数从 2022 年的 267 个大幅增加至 433 个，合同金额为 3.48 亿美元，同比下降 4.87%（见图 9）。从外商直接投资的产业结构来看，2023 年奉贤服务业共吸收外资 13.88 亿美元，同比增长 7.70%；奉贤工业吸收外资

1.50 亿美元，同比增长 23.46%（见图 10）；服务业吸收占比继续保持在 90% 以上水平。

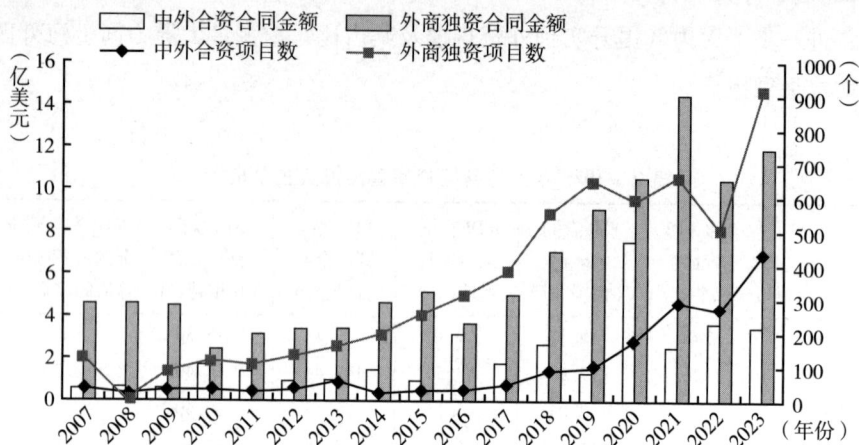

图 9　2007~2023 年按投资方式分奉贤外商直接投资情况

数据来源：历年《上海市奉贤区统计年鉴》。

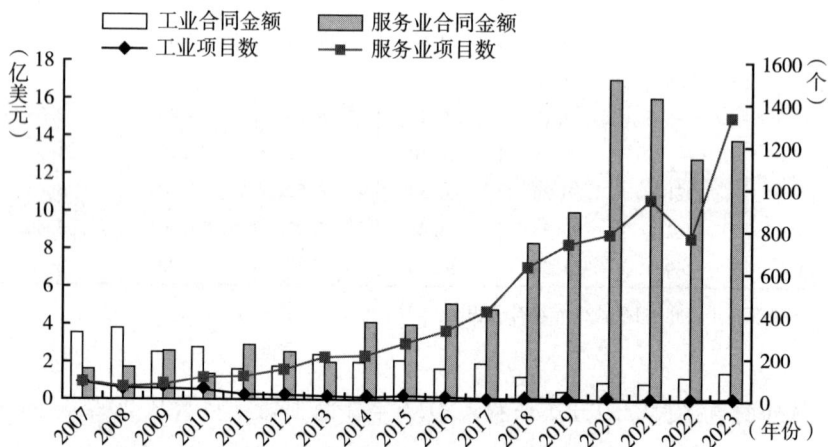

图 10　2007~2023 年按产业结构分奉贤外商直接投资情况

数据来源：历年《上海市奉贤区统计年鉴》。

从外商直接投资的合同金额看，2023 年合同金额在 500 万美元以上的大型投资项目数为 70 个，合同总额为 10.34 亿美元，同比下降 6.60%；合同金额在 500 万美元以下的中小型投资项目数为 1278 个，合同总额为 5.04 亿美元，同比增长 66.37%（见图 11）。投资规模在 500 万美元以上的项目的平均投资金额从 2022 年的 0.22 亿美元下降至 0.15 亿美元，投资规模在 500 万美元以下的项目平均投资金额从 2022 年的 42.2 万美元下降至 39.5 万美元。

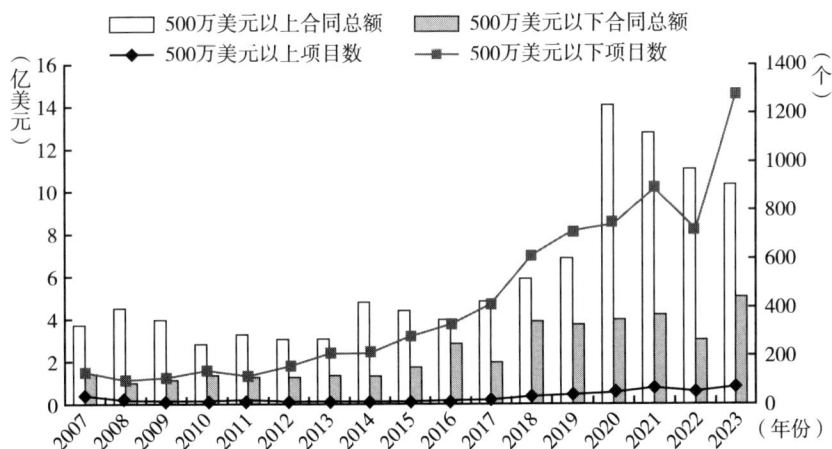

图 11　2007~2023 年按合同金额分奉贤外商直接投资情况

数据来源：历年《上海市奉贤区统计年鉴》。

（三）资金来源保持稳定，东方美谷集团重回吸引力首位

从投资来源地来看，2023 年中国香港以 395 个投资项目排名第一，中国台湾以 338 个投资项目、美国以 89 个投资项目紧随其后（见表 3）。中国香港、中国台湾和美国连续三年成为奉贤外商直接投资来源地项目最多的地区，并且 2023 年投资项目数均有大幅增长，创历史最高纪录。

表 3   2007~2023 年奉贤外商直接投资来源地排行前三名

单位：个

年份	第一名	第二名	第三名
2023	中国香港(395)	中国台湾(338)	美国(89)
2022	中国香港(227)	中国台湾(168)	美国(52)
2021	中国香港(263)	中国台湾(203)	美国(60)
2020	中国台湾(189)	中国香港(153)	韩国(71)
2019	中国香港(164)	中国台湾(125)	韩国(70)
2018	中国香港(142)	中国台湾(128)	韩国(81)
2017	韩国(83)	中国香港(82)	中国台湾(75)
2016	韩国(64)	中国台湾(63)	中国香港(56)
2015	中国香港(71)	中国台湾(48)	韩国(31)
2014	中国香港(49)	美国(22)	中国台湾(20)
2013	中国香港(82)	中国台湾(31)	美国(17)
2012	中国香港(49)	日本(19)	美国(17)
2011	中国香港(54)	日本(16)	美国(12)
2010	中国香港(46)	日本(19)	美国(9)
2009	日本(14)	中国香港(11)	美国(4)
2008	中国香港(28)	日本(11)	美国(6)
2007	中国香港(37)	日本(20)	美国(13)

注：括号内为项目数。

数据来源：历年《上海市奉贤区统计年鉴》。

从吸引投资的区域来看，2023 年东方美谷集团跃升至第一位，成为奉贤吸引外资最多的地区，金额为 2.92 亿美元；综合开发区从第四位升至第二位，金额为 2.17 亿美元；临港奉贤分区从第一位降至第三位，金额为 2.14 亿美元；南桥新城超过杭州湾开发区升至第四位，金额为 2.00 亿美元；杭州湾开发区降至第五位，金额为 1.83 亿美元（见表 4）。

表 4   2011~2023 年奉贤各街镇（区）吸引外商直接投资合同金额排行前五名

年份	第一名	第二名	第三名	第四名	第五名
2023	东方美谷集团	综合开发区	临港奉贤分区	南桥新城	杭州湾开发区
2022	临港奉贤分区	东方美谷集团	杭州湾开发区	综合开发区	南桥新城
2021	综合开发区	临港奉贤分区	杭州湾开发区	南桥新城	奉城镇

年份	第一名	第二名	第三名	第四名	第五名
2020	临港奉贤分区	综合开发区	杭州湾开发区	南桥新城	东方美谷集团
2019	综合开发区	南桥新城	杭州湾开发区	青村镇	金汇镇
2018	东方美谷集团	杭州湾开发区	综合开发区	奉城镇	柘林镇
2017	综合开发区	杭州湾开发区	东方美谷集团	南桥新城	奉城镇
2016	金汇镇	综合开发区	杭州湾开发区	南桥新城	庄行镇
2015	综合开发区	杭州湾开发区	临港奉贤分区	星火开发区	生物科技园区
2014	综合开发区	金融基地	杭州湾开发区	金汇镇	海港开发区
2013	综合开发区	杭州湾开发区	南桥镇	奉城镇	青村镇
2012	综合开发区	化工区	青村镇	庄行镇	海港开发区
2011	综合开发区	化工区	临港奉贤分区	生物科技园区	柘林镇

数据来源：历年《上海市奉贤区统计年鉴》。

三　奉贤对外贸易未来发展趋势与预测

当前，新一轮国际经贸规则框架和导向规则的重心逐步从"边境间政策"转向"边境后政策"，特别在贸易自由化、投资公平和透明度、竞争中立、知识产权等领域形成了国际高标准的规则体系，国际经贸规则的重构使得全球规则之争、制度之争日益激烈。逆全球化思潮和贸易保护主义抬头，全球化深入加剧了美国等发达经济体国内不同群体受益的不均等，中低收入者成为全球化的受损者，以美国为代表的发达国家"民粹主义"势力大涨。美国对华政策的定位发生改变，将中国视为战略竞争对手，从而在新一代电信、人工智能、半导体、生物技术等与国家安全直接相关的核心技术领域采取更严密的技术封锁措施，中国在技术获取的市场化流动上遭受限制。将中国视为主要的战略竞争对手已成为美国各界的共识，在此背景下，中国未来面临的国际竞争环境将不会变得更为宽松。美国在半导体、人工智能、生物科技、清洁能源、先进计算等高科技领域对中国的限制将不断加剧，这不仅体现在投资并购限制、出口管制等领域，也体现在全球科技人才的引进和技术知识的外溢方面。面对愈加复杂的全球政治与经贸格局的演变，奉贤需要不断调整、适应逆全球化思潮和贸易保护主义的新形势变化，抓住从商品要素流动型开放到规则制度型开放的重大机遇，从产业链、供应链、价值链融合角度开辟对外经济的新空间。

上海正加快推进国际贸易与国际航运中心建设，着力强化国内大循环与国际大循环的战略链接功能，提升其在国内国际要素汇集与资源配置中的枢纽作用，协同推进更高水平的对外开放。奉贤在自贸区建设以及制度型开放先行先试等方面具有一定的先发优势，依托上海自贸区新片区以及虹桥国际开放枢纽、进博会等重大平台，有条件也有能力提高对外开放的能级水平；利用长三角一体化朝纵深推进的历史性机遇，通过加强杭州湾区域合作，找准优势互补的切入点，共同服务"一带一路"建设。奉贤应主动深入重点外贸企业，开展关于自贸区联动创新区常识、基本政策和最新建设情况等内容的辅导，为入驻上海自贸区新片区和联动创新区内的企业提供信息、政策等服务；引导有条件的企业到自贸区新片区和联动创新区内租赁办公室或设立办事处，通过"借船出海"的形式，零距离与国际接轨，更便捷地实现"走出去"发展；支持综合实力强、发展潜力大的综合开放型企业做大做强，通过资本运营、战略合作和企业重组等方式，主动"走出去"拓展市场空间，提高企业综合竞争力；培育和集聚更多富有活力的平台型贸易企业，适应平台型贸易企业特点，以鼓励创新为原则，为平台型贸易企业发展留足空间，共同参与推动"一带一路"倡议。

总体来看，下一个五年是我国推进高水平对外开放的关键时期，奉贤要主动对接国际高标准经贸规则，打造透明稳定可预期的制度环境，优化开放合作环境，积极落实外商投资和对外投资管理体制改革措施，保障外资企业在要素获取、资质许可、标准制定、政府采购等方面的待遇。展望2025年，奉贤进出口增速预计将企稳回升，特别是进口增速和出口增速的差异将有所收敛，外商直接投资合同金额和实际到位金额预计也将在2024年的基础上有所提升。

2024～2025年奉贤财政
形势分析与研判

程东坡 *

摘　要： 本报告通过梳理2023～2024年奉贤经济发展数据和财政收支特征，揭示当前奉贤财政运行的特征与问题，并进一步对2024～2025年奉贤财政展开形势分析与研判。2023年，奉贤区经济回升带动财政收入增长，但收入结构对第二、第三产业中部分行业依赖性较大，税收来源多元性不足。2024年上半年，奉贤财政收入因政策性减免及经济环境波动出现下滑，但全年收入在稳增长政策带动下有望回升。财政支出方面，奉贤区优化支出结构，增加城乡社区事务和住房保障等民生领域投入，但医疗卫生、文化体育等领域支出有所缩减。2024～2025年，奉贤财政运行面临收入增长压力与支出需求扩大的双重挑战，尤其是特定行业税收依赖和经济不确定性增加对财政稳定性构成风险。建议通过推动新兴产业发展和传统产业升级，优化支出结构，重点保障教育、城乡基础设施和民生服务等领域投入，进一步提升财政运行的可持续性，为区域经济高质量发展提供支持。

关键词： 奉贤财政　收支平衡　支出控制

尽管过去几年中上海遭受疫情反复、国际局势动荡等诸多不利因素冲击，但通过政府、企业和社会各界的共同努力，上海经济总体已实现企稳回升，呈现稳中有进、稳中向好的态势。2023年到2024年上半年，上海经济

---

* 程东坡，上海社会科学院数量经济学博士研究生，主要研究方向为计量经济建模与经济决策分析、科技统计、电力统计。

延续稳定发展态势，高质量发展稳步推进。2024 年以来，随着各项稳增长政策举措持续发力，积极因素不断增多，政策效应逐步显现，上海市经济回升向好态势进一步巩固。2024 年上半年，上海市实现地区生产总值22345.59 亿元，同比增长 4.8%，呈现出服务业引领增长、先导产业增势较好、投资保持较快增长等主要特征。

2023 年，奉贤积极应对各种挑战，实现经济运行稳步增长，全年地区生产总值达 1414.7 亿元，同比增长 3.4%。分产业看，第一产业增加值为9.03 亿元，同比增长 4.3%；第二产业增加值为 903.2 亿元，同比增长2.9%，上拉地区生产总值 1.9 个百分点；第三产业增加值为 502.5 亿元，同比增长 4.2%，上拉地区生产总值 1.4 个百分点。从产业发展看，奉贤区产业结构不断优化，呈现出以第二产业为主导，第一、第三产业不断优化发展的特征。第二产业在区域发展中的支撑作用愈加明显，增加值占比稳定在64%左右，全年实现工业增加值 878.5 亿元，同比增长 2.6%，拉动地区生产总值增长 1.6 个百分点。临港新片区完成规上工业产值 898.0 亿元，同比增长 14.5%。其中，234 家战略性新兴产业企业完成工业总产值 1211.8 亿元，可比增长 5.0%，高于全市 6.8 个百分点，为奉贤经济发展提供了重要的动能支撑。第三产业在多个领域取得了一定的增长和进步，为奉贤区的经济发展提供了重要支撑。具体来说，一是消费市场活力提升，奉贤区全年社会消费品零售总额达 583.3 亿元，同比增长 11.8%；二是商品销售额由降转增，全年实现商品销售额 1396.5 亿元，同比增长 4.7%，增速全市排名第二、郊区排名第一；三是规上服务业平稳运行，全年实现规上服务业营业收入 259.6 亿元，同比增长 3.3%。

2024 年上半年，奉贤经济保持稳定向好发展，但增速放缓。2024 年以来，随着各项稳增长政策举措持续发力，企业发展信心增强、消费市场复苏，为奉贤经济的持续稳定增长奠定了坚实基础，而经济增长有望扩大税源，支撑财政收入稳定增长。但同时，为应对政策调整和中美贸易摩擦等因素对奉贤财政收入产生的不利冲击，未来需要合理控制财政支出，确保财政的可持续发展。

一 奉贤区财政收入状况分析

本部分主要基于对历年统计数据的纵向分析对奉贤区财政收入做时间轴上的跟踪，并对增长趋势做评估。但由于2024年统计年鉴尚未发布，截至完稿时只公布了统计公报，因此在部分细分数据上无法做到详尽描述。

由图1可以明显地看到，从2013年到2023年，奉贤财政总收入和区级财政收入整体呈现波动上升的趋势，而增长率方面由于中美贸易摩擦、新冠疫情等外部冲击而表现出了较强的波动性。2023年奉贤实现财政总收入718.31亿元，同比增长10.3%；区级财政收入231.23亿元，同比增长3.9%。财政总收入大幅增长反映出奉贤经济活力显著提升，呈现积极向上的发展态势。虽然区级财政收入增长率相对财政总收入较低，但仍保持增长态势。

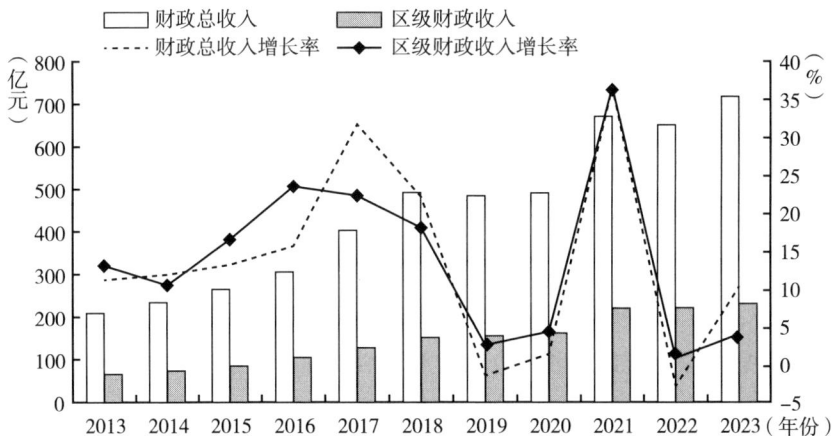

图1 2013~2023年奉贤区财政收入的变化趋势

数据来源：历年《上海市奉贤区统计年鉴》。

2024年1~9月，奉贤实现财政总收入524.76亿元，同比下滑6.4%，这主要是受上年同期中小微企业缓税入库抬高基数、2023年出台的对先进制造业企业增值税加计抵减政策翘尾减收等因素影响；区级财政收入163.59亿元，同比下滑7.9%（见表1）。

表1 2008~2024年前三季度奉贤区财政收入情况

单位：亿元

年份	财政总收入	区级财政收入	年份	财政总收入	区级财政收入
2008	93.60	28.55	2017	403.20	128.11
2009	106.46	31.96	2018	492.21	151.20
2010	127.23	40.43	2019	484.65	154.99
2011	170.96	52.85	2020	491.13	161.60
2012	188.44	58.41	2021	670.82	220.80
2013	209.39	66.03	2022	651.42	222.48
2014	234.18	72.91	2023	718.31	231.23
2015	264.88	84.89	2024(1~9)	524.76	163.59
2016	306.13	104.81			

数据来源：历年《上海市奉贤区统计年鉴》、2024年《奉贤统计月报》。

由图2可见，2024年奉贤财政收入增长放缓。从2024年月度数据看，1~9月财政总收入为524.76亿元，同比下滑6.4%；根据以往的财政收入分析，第二季度的财政收入占全年总收入的比重较高，但从2023年数据来看，奉贤全年财政收入为718.31亿元，其中第二季度贡献173.85亿元，占比不足全年总额的1/3。相比2023年第二季度，2024年第二季度财政收入同比下降1.3%，可见贸易摩擦和宏观经济政策不确定性对财政收入的影响之巨。值得注意的是，受先进制造业企业增值税加计抵减政策翘尾减收以及中小微企业缓税入库抬高基数等因素的影响，2024年3月份财政总收入同比下滑13.4%。随着各项稳增长政策举措持续发力，2024年第四季度奉贤经济持续向好，全年财政总收入将增长，假设最后三个月财政收入数据相较上年同期能够增长28.0%，则2024年奉贤财政总收入将达到672.68亿元。考虑到政府一系列产业政策有助于扩大税源、支撑财政收入稳定增长，预计2024年奉贤财政总收入将超过672.68亿元。

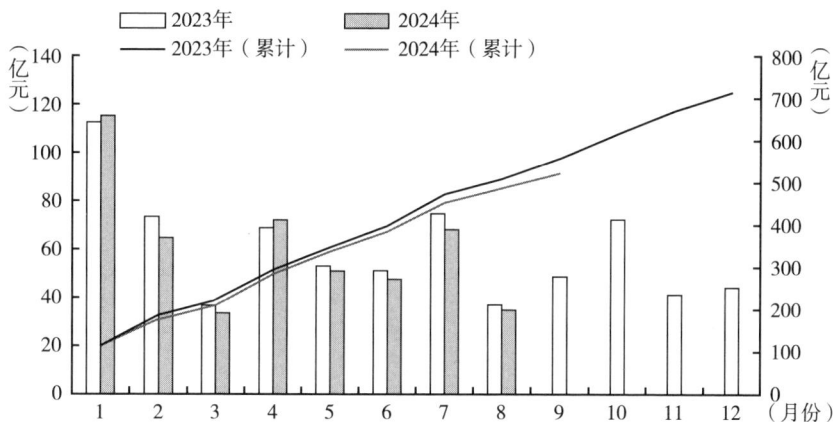

图2　2023～2024年奉贤区财政收入月度数据

数据来源：2023年、2024年《奉贤统计月报》。

（一）奉贤区财政收入结构

从奉贤的财政收入结构来看，2023年非税收部分增速放缓，总量为49.57亿元，同比增长1.9%，占财政总收入的比重从7.5%下降至6.9%；税收部分，2023年累计缴收668.74亿元，相较2022年增长10.9%。从细分税种来看，增值税占比最大，占全年税收总额的51.3%，共计343.16亿元，同比增长23.1%；其次是企业所得税156.06亿元，占比23.3%，同比下滑1.2%；消费税同比增长11.2%，但总量较少，仅3.12亿元，占比0.5%；个人所得税为102.19亿元，占比15.3%，同比下滑2.7%，是四个细分税种中下滑幅度最大的。增值税收入的持续增长，充分体现出奉贤企业逐渐企稳、稳中向好，发展活力不断增强。受2022年同期中小微企业缓税入库抬高基数、2023年出台的对先进制造业企业增值税加计抵减政策翘尾减收等因素影响，企业所得税出现小幅下滑。个人所得税有别于其他税种，2023年奉贤个人所得税近三年增速由正转负。受数据可得性限制，本报告使用2022年1～6月和2023年1～6月的劳动报酬数据分析个人所得税的趋势转变。2022年上半年奉贤社会从业人员平均工资为9442元/月，2023年同期为11335元/月，同比增长20.0%；同期从业人员数量从223096人下滑至 222583 人,小幅下滑 0.2%。平均工资增长超过从业人口增长,极有可能意味着某些行业或者高收入人群的收入增长过快,造成收入差距逐渐拉大。

(二)分行业税收贡献情况

从产业角度来看,2023 年税收总收入增加,税收贡献结构稳中向好、持续优化。由表 2 可知,2023 年第二产业税收贡献 266.55 亿元,同比增长 8.0%,占税收总收入的比重为 39.8%,较 2022 年下滑 1.1 个百分点;第三产业税收贡献 403.18 亿元,同比增长 13.0%,占税收总收入的比重为 60.2%,较 2022 年增长 1.1 个百分点。

表 2　2019~2024 年前三季度奉贤区分行业税收情况

单位:亿元

	2019 年	2020 年	2021 年	2022 年	2023 年	2024 年 1~9 月
税收总收入	460.98	462.71	625.00	604.01	670.09	494.85
第一产业	0.29	0.29	0.28	0.31	0.36	0.69
第二产业	253.50	212.51	253.92	246.79	266.55	196.17
工业	229.92	187.77	217.93	212.01	227.28	165.24
第三产业	207.19	249.92	370.80	356.91	403.18	297.99
交通运输、仓储及邮政业	8.78	9.12	13.10	6.83	12.17	10.31
信息传输、计算机服务和软件业	4.55	8.59	14.64	14.94	17.91	15.69
批发和零售业	72.16	79.31	111.58	119.95	141.86	105.15
住宿和餐饮业	0.60	0.33	0.48	0.84	1.00	1.06
金融业	3.32	6.24	16.20	23.28	17.07	10.36
房地产业	44.06	54.02	75.49	51.05	52.21	34.33
租赁和商务服务业	44.38	62.52	94.75	90.46	103.85	74.98
科学研究和技术服务业	18.23	20.55	31.36	35.00	38.99	30.98
居民服务和其他服务业	5.73	4.29	5.41	6.62	7.86	5.37

数据来源:历年《上海市奉贤区统计年鉴》以及 2023 年、2024 年《奉贤统计月报》。

从行业细分来看,第二产业中电气机械和器材制造业的产值最大,占 2023 年全部工业产值的 24.7%;其次是汽车制造业以及化学原料和化学制品制造业,占比分别为 16.4%、9.9%;最后,专用设备制造业占比 6.8%,通用设备制造业占比 6.5%,医药制造业占比 6.2%,其余行业的产值占全部工业产值的比重均不足 5.0%。在以上产值占比较大的领头行业中，增速最快的是仪器仪表制造业，增长 29.0%；其次是石油加工、炼焦和核燃料加工业，增长 26.5%；居第三位的是电气机械和器材制造业，增长 24.1%。2024 年奉贤经济持续稳定增长，但工业总产值增速同比下滑 5.0%。有色金属冶炼和压延加工业，石油加工、炼焦和核燃料加工业，其他制造业，水的生产和供应业增长超过 15%，但同时，诸多行业陷入不同程度的衰退，其中化学纤维制造业衰退幅度最大，下滑 59.7%。2024 年奉贤工业总产值增速下滑主要受到经济政策不确定性的影响以及国际环境局势的冲击。俄乌冲突的升级加剧了能源价格的上涨，同时美国对中国展开了新一轮的芯片制裁，这在未来很有可能对一些需要芯片支撑的设备的生产制造造成冲击。

在第三产业中，批发和零售业的税收贡献是最大的，2023 年贡献税收 141.86 亿元，占第三产业税收总收入的 35.2%；第二为租赁和商务服务业，贡献税收 103.85 亿元，占比 25.8%；第三为房地产业，贡献税收 52.21 亿元，占比 13.0%。疫情后经济恢复增长，交通运输、仓储及邮政业增长最为明显，2023 年同比增长 78.2%，但该行业本身在奉贤区第三产业税收中的占比不高，因此对整体税收增长影响不大。截至 2024 年 9 月底，第三产业税收中金融业跌幅最大，同比下滑 29.6%。金融业税收下滑主要有以下两个方面的原因：一是市场需求下降，企业生产经营困难、难以维系，贷款需求不足；二是受房地产行业整体下行的影响，个人住房贷款业务下滑严重。因此，金融业的低迷状态很可能还要持续。此外，租赁和商务服务业的服务对象往往是制造业，主要开展为企业提供厂房设备等融资租赁服务，如果制造业因为各种原因而遇冷，也会进一步反映到租赁和商务服务业上。

二　奉贤区财政支出状况分析

（一）2023年奉贤区财政支出概况

奉贤区 2023 年公共财政预算支出为 335.38 亿元，同比下降 0.4%。其

中，城乡社区事务支出 23.45 亿元，同比增长 48.4%；住房保障支出 11.06
亿元，同比增长 37.2%；资源勘探电力信息等事务支出 24.76 亿元，同比增
长 23.7%；社会保障和就业支出 24.33 亿元，同比增长 12.5%；教育支出
39.73 亿元，同比增长 9.2%；农林水事务支出 17.41 亿元，同比下降
29.5%；医疗卫生支出 23.25 亿元，同比下降 15.2%（见图 3 及表 3）。

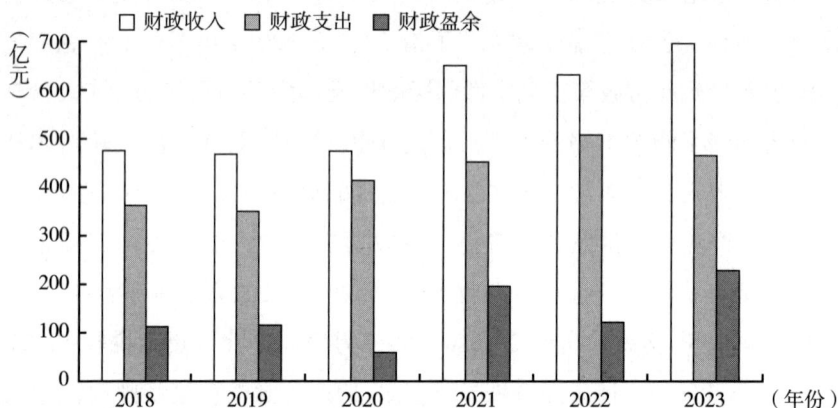

图 3 2018~2023 年奉贤区财政收支情况

数据来源：历年《上海市奉贤区统计年鉴》及《2023 年上海市奉贤区国民经济和社
会发展统计公报》。

表 3 2019~2024 年前三季度奉贤区财政支出情况

单位：亿元

预算科目	2019 年	2020 年	2021 年	2022 年	2023 年	2024 年 1~9 月
支出总计	432.52	427.11	467.38	524.28	480.92	301.45
公共财政预算	289.15	259.22	332.60	336.79	335.38	229.36
一、一般公共服务	8.55	8.26	8.44	10.21	9.59	7.96
二、国防	0.39	0.25	0.24	0.26	0.31	0.22
三、公共安全	9.82	10.94	11.45	12.19	10.63	9.90
四、教育	29.69	32.67	32.37	36.38	39.73	24.62
五、科学技术	3.35	4.99	5.55	5.19	5.19	3.42
六、文化体育与传媒	2.35	2.74	3.60	6.39	4.75	2.36

预算科目	2019 年	2020 年	2021 年	2022 年	2023 年	2024 年 1~9 月
七、社会保障和就业	22.06	17.55	18.86	21.62	24.33	19.70
八、医疗卫生	12.46	13.28	14.21	27.43	23.25	12.35
九、节能环保	3.91	2.99	1.91	4.17	2.03	1.54
十、城乡社区事务	28.25	16.14	22.66	15.80	23.45	19.73
十一、农林水事务	32.19	29.33	29.99	24.70	17.41	16.58
十二、资源勘探电力信息等事务	11.94	13.41	22.78	20.02	24.76	39.00
十三、住房保障	5.93	7.60	8.59	8.07	11.06	7.65
附：基金预算支出	142.37	167.15	134.78	—	23.25	72.08

数据来源：历年《上海市奉贤区统计年鉴》及 2024 年《奉贤统计月报》。

在教育方面，奉贤教育事业稳步均衡发展，教育资源布局持续优化。全区教育机构共计 171 个。其中，基础教育机构 153 个，中等教育机构 12 个。基础教育机构中，学前教育班 934 个，在园幼儿 24254 人，专任教师 2143 人；小学班级 1010 个，在校生 40487 人，专任教师 2756 人；初中班级 607 个，在校生 22394 人，专任教师 2104 人；高中班级 184 个，在校生 6859 人，专任教师 717 人。此外，"海之花"青少年活动中心、华二临港奉贤分校、奉浦小学、南音幼儿园 4 个项目建成并开办使用，世外学校高丰路小学、万顺路学校以及徐家路、汇贤雅苑和定康路幼儿园等新项目建设稳步推进，上海中学国际部奉贤分校新建工程（一期）项目正式落地。同时，奉贤与东华大学、上海大学签约合作开办东华致远中学、上大附属奉贤实验学校和幼儿园，并进一步加强 0~3 岁托育服务工作，全年建成社区"宝宝屋"12 个，新增托幼一体园 9 所，成功创建成为首批全国婴幼儿照护服务示范城市。

在农业方面，奉贤农业结构调整稳步推进，农业经营主体持续培优，农村生态宜居水平显著提升。一方面，完成国家级示范社监测 15 家，市级示范社申报及监测 66 家，区级示范社 131 家；完成区内 13 家农业产业化上海市重点龙头企业监测，新认定 3 家企业为农业产业化上海市重点龙头企业；1 人获"全国农业农村劳动模范"称号，1 人入选第六届全国农村创业优秀带头人典型案例；成功推荐 6 名农民专业合作社负责人入选 2023 年上海市乡村产业振兴带头人培育"头雁"项目。另一方面，成功创建第五批乡村振兴示范村明星村、五四村以及 7 个市级美丽乡村示范村；完成美丽庭院"小三园"建设 1.1 万户，农村杆线序化 71.7 公里，新改建公共服务基础设施 40 个，改造 C 级以下道路 50 公里，完成农村公路提质改造 45 公里，完成乡村公园建设 4 座，完成长者照顾之家 2 个；深化农村宅基地改革试点，推进集体经营性建设用地入市试点。

在就业和社会保障方面，奉贤就业形势保持稳定：全年新增就业岗位 20361 个，补贴性职业技能培训 52788 人次，高级工及以上评价发证 2294 人次，帮助 435 名长期失业青年就业创业，帮扶引领成功创业 839 户；本市户籍城乡登记失业人数 6828 人。

（二）2024年奉贤区财政支出情况及短期趋势

2024 年奉贤财政支出大幅下滑，截至 9 月，奉贤公共财政预算支出 229.36 亿元，基金预算支出 72.08 亿元，合计 301.44 亿元，同比下滑 15.8%。其中，文化体育与传媒支出减少最多，同比下滑 34.0%；资源勘探电力信息等事务支出提升巨大，同比增加 99.8%；新冠疫情冲击影响消退，医疗卫生支出减少 30.5%；为实现经济企稳回升、增加就业，社会保障和就业支出同比增加 0.5%；政府越来越重视民生改善，城乡社区事务作为保障和改善民生的重要领域，支出增长 15.0%。预计 2024 年全年奉贤财政收支和盈余依旧会保持下降趋势。未来，为进一步改善民生、推进乡村振兴战略实施，奉贤会在城乡社区事务和住房保障等方面加大支出。此外，为实现"双碳"目标，还会增加节能环保方面的公共支出。

三　存在的问题和对策建议

（一）奉贤区财政收支小结

2023 年，奉贤区经济呈现企稳回升的良好态势。在经济增长的有力带动下，奉贤税收实现增长，进而促使财政收入显著增加。尽管财政支出有所下滑，但这一变化使得财政盈余大幅增长。

截至2024年9月，奉贤区财政收支虽出现双降情况，但财政收入的下滑速度低于财政支出。从当前趋势来看，奉贤区有望继续实现财政盈余的增加。2024年以来，随着各项稳增长政策举措持续发力，积极因素不断增多，企业发展信心得到极大鼓舞，投资意愿提升，创新动力不断增强。奉贤区为企业提供了更加稳定的政策环境和发展预期，降低了企业运营成本，提高了企业盈利能力。同时，创新环境的优化吸引了更多创新型企业入驻，形成了良好的创新生态。在消费市场方面，消费者信心提升，消费结构升级。稳增长政策带来的经济稳定预期使消费者对未来收入和就业前景更加乐观，减少了对未来不确定性的担忧，更愿意增加消费支出。消费升级带动了相关产业的发展，如高端制造业、现代服务业等，这些产业的发展又进一步促进了经济增长，为经济的持续稳定增长奠定了坚实基础。

未来，经济的持续增长有望进一步扩大税源，为财政收入的稳定增长提供有力支撑。财政盈余的增长将为奉贤区未来改善民生、实现乡村振兴积蓄强大的经济力量。

（二）存在的问题

第一，税收一定程度上依赖特定行业，不利于财政收入增长的可持续性。从税收贡献上来看，奉贤区税收依赖于第二产业和第三产业中的某些特定行业，如第二产业中的电气机械和器材制造业、汽车制造业、化学原料和化学制品制造业、专用设备制造业、通用设备制造业和医药制造业，以及第三产业中的批发和零售业、租赁和商务服务业、房地产业。从行业增长与税收的关系来看，2023年奉贤区增值税收入占比最大，占全年税收总额的51.3%，共计343.16亿元，同比增长23.1%。增值税收入的持续增长体现出奉贤企业发展逐渐企稳。其中，电气机械和器材制造业增长24.1%，对增值税增长贡献较大。2024年奉贤工业产值增速下滑主要是因为受到经济政策不确定性的影响以及国际环境局势的冲击，部分行业陷入衰退，如化学纤维制造业衰退幅度高达 59.7%，这直接影响税收收入。但同时，有色金属冶炼和压延加工业，石油加工、炼焦和核燃料加工业，其他制造业，水的生产和供应业税收增长分别超过 15%，这些行业的发展状况对税收影响亦较大。

税收依赖特定行业可能会造成经济稳定性风险增加和产业结构调整困难。一方面，如果特定行业受到国际形势变化、政策调整、市场需求变化等外部冲击，将直接影响奉贤的税收收入，导致财政收入不稳定，进而影响政府的财政支出计划和公共服务提供。另一方面，税收依赖特定行业使得政府在推动产业结构调整时面临较大压力：一是为了保证税收收入，可能会在一定程度上继续支持特定行业的发展，而忽视对其他潜在产业的培育；二是调整产业结构可能会导致短期内税收收入下降，影响政府的决策决心。

第二，社会经济预期不确定性加剧。整体经济环境给企业经营带来了极大的不确定性，尤其是中小型企业自身体量较小，抗风险能力较弱，面对经济的不确定性，企业会在投资时趋于保守，缩减经营规模甚至停业以减少损失。未来经济的不确定性来自两方面：一方面是整体的经济环境；另一方面则是技术变革冲击。技术进步和创新可能颠覆现有的产业结构和商业模式，对地方经济造成影响，尤其是对那些依赖特定传统产业的地区。技术的快速变革和市场竞争的加剧可能影响某些外商投资企业的市场份额和盈利模式。整体经济形势的不稳定可能影响地方经济的稳定性。

（三）对策建议

为了降低税收对特定行业的依赖，减少经济稳定性风险和产业结构调整困难，奉贤需要推动产业多元化发展。一方面，培育新兴产业。结合奉贤区"东方美谷""未来空间"等发展战略，加大对美丽健康、智能网联汽车、生物医药等新兴产业的扶持力度。设立新兴产业发展专项资金，对新兴产业企业的研发投入、技术改造、市场拓展等给予补贴和奖励。例如，向在奉贤区开展关键核心技术攻关并取得突破的美丽健康企业给予高额研发补贴。加强与高校、科研机构的合作，促进科技成果转化。建立产学研合作平台，推动高校和科研机构的科研成果在奉贤区落地转化，培育一批具有核心竞争力的新兴产业企业。例如，与上海交通大学、华东理工大学等高校合作，在奉贤区设立生物医药研发中心。打造新兴产业园区和创新基地，为新兴产业提供良好的发展环境，如建设智能网联汽车产业园、生物医药创新园等，吸引新兴产业企业入驻，形成产业集聚效应。另一方面，提升传统产业。一是推动传统制造业转型升级。鼓励企业采用先进技术和设备，提高生产效率和产品质量。例如，对企业进行智能化改造给予补贴，支持企业建设智能工厂和数字化车间。二是促进传统产业与新兴产业融合发展。引导传统制造业企业与数字经济、人工智能等新兴产业企业合作，开发新产品、拓展新市场。例如，推动传统汽车制造业企业与智能网联技术企业合作，发展智能网联汽车。三是加强传统产业品牌建设。支持企业开展品牌培育和推广，提高产品附加值和市场竞争力。例如，对获得国家级、市级品牌荣誉的企业给予奖励，组织企业参加国内外知名展会，提升奉贤区传统产业品牌知名度。

此外，政府和企业需要共同努力，通过优化投资环境、增强市场活力、提高供应链的稳定性等措施维持外商投资企业在当地的经济活动并增加税收贡献。同时，加强公共服务和基础设施建设，鼓励创新和技术发展。具体来说，继续加大对教育、基础设施的投入，提高居民生活质量，促进长期稳定发展。支持当地企业的创新和技术升级，提高产品和服务的竞争力。风险的本质是不确定性，减少对未来的不确定性就是在帮助企业降低风险。只有企业有活力，经济才能得到增长，继而带动税收的增长，维持地方财政收支健康。

B.9
2024~2025年奉贤房地产发展形势分析与研判

谢婼青*

摘　要： 房地产作为国民经济的支柱行业，在促进消费和提振市场信心方面发挥着重要作用。如何稳定与健康地发展房地产市场已成为当前亟待解决的关键问题。2023年12月，中央经济工作会议针对房地产方面提出了系列要求，将房地产纳入"持续有效防范化解重点领域风险"范畴，加快构建房地产发展新模式。2024年5月27日，上海发布"沪九条"新政，明确了稳定房地产市场、满足居民多样化住房需求的方向。奉贤区房地产市场在2023~2024年持续收缩，市场需求疲软，销售整体下降，房地产开发建设进度放缓。然而，新政的出台显著增强了房地产开发商的投资信心，推动了新项目的投入，项目审批和建设速度也得到加快，从而为房地产市场注入了新的活力。奉贤区积极推进多主体供给、多渠道保障、租购并举的住房制度建设，深入实施人才安居工程，为吸引一流人才创造更加优越的居住条件，进一步推动区域经济社会的高质量发展。

关键词： 房地产市场　住房需求　人才安居　高质量发展

---

* 谢婼青，经济学博士，上海社会科学院数量经济研究中心、经济研究所副研究员，主要研究方向为计量经济建模与经济决策分析、金融统计与风险管理、科技统计。

一 2024年上海市房地产市场发展情况和相关政策

（一）2024年上海市及各区房地产市场发展情况

2023年12月，中央经济工作会议针对房地产方面提出了一系列要求，将房地产放在"持续有效防范化解重点领域风险"范畴下，加快构建房地产发展新模式。2024年前三季度，全国各地出台了一系列房地产市场相关政策，积极优化楼市、稳定市场、释放购房需求，因城施策支持房地产市场平稳健康发展，尤其向调降房贷利率、降低购房首付等政策方向发力。同时，上海、广州、杭州、西安等城市放松限购。上海出台房地产政策以刺激市场需求并满足居民多样化的住房需求。2024年5月27日，上海发布"沪九条"新政，即《关于优化本市房地产市场平稳健康发展政策措施的通知》，体现了上海稳定房地产市场、满足居民多样化住房需求的政策方向，不仅促进了市场的短期复苏，还为未来的房地产市场发展奠定了基础。

2024年上半年，上海房地产业增加值达到1677.06亿元，同比增长2.1%；房地产开发投资同比增长8.4%，其中住宅增长12.8%，办公楼下降8.4%，商业营业用房下降12.0%。从房屋建筑经营情况来看，2024年上半年，全市商品房施工面积14677.71万平方米，同比下降1.5%，其中住宅施工面积6700.42万平方米，同比下降1.8%；全市新开工面积924.09万平方米，同比增长5.4%；全市竣工面积716.77万平方米，同比下降17.1%。

从房屋销售情况来看，全市销售面积783.23万平方米，同比增长0.8%，其中住宅销售648.49万平方米，同比增长0.7%。据上海中原研究院数据，2024年上半年，新房市场供求双双回落，上半年共计供应381万平方米，同比下降17%，成交319万平方米，同比下降39%；成交均价受中高端供应活跃影响，创近年新高，达7.97万元/平方米；从月度数据来看，2024年初传统淡季供应成交均处于低位，3月小阳春短暂回暖后，市场供求继续呈现下滑态势，直到5月"沪九条"新政出台，6月新房市场止跌回稳。2024年上半年全市商品住宅网签成交套数为2.5万套，同比下降

43.2%，但是结构性成交趋势明显，6月份成交均价76416元/平方米，同比增长16.3%。据同策研究院数据，2024年上半年二手住宅成交套数为99947套，同比增长9%，其中6月份成交价格52698元/平方米，同比下降8%，二手房市场"以价换量"的趋势明显。从6月份成交数据来看，400万元以内的住房占比达到73.61%，其中300万元以内的住房占比达到57.24%。可以看到，"5·27"新政对上海二手房市场产生明显影响，外地单身人群对于市区的"老破小"有一定需求。

据上海市统计局数据，2024年1~9月，上海市房地产开发投资同比增长7.8%。同期，商品房施工面积15581.46万平方米，同比下降2.0%，其中住宅施工面积7175.89万平方米，同比下降2.9%；商品房新开工面积1492.25万平方米，同比下降6.9%，其中住宅新开工面积867.67万平方米，同比下降4.4%；商品房竣工面积899.10万平方米，同比下降25.3%，其中住宅竣工面积460.25万平方米，同比下降35.3%；商品房销售面积1205.88万平方米，同比下降5.9%，其中住宅销售面积994.91万平方米，同比下降7.0%。可以看出，2024年1~9月，住宅的房屋建筑、销售面积与去年同期相比均有不同程度的下降（见表1）。

表1　上海市2024年1~9月房地产开发和经营概况

指标	1~6月	同比增长（%）	1~9月	同比增长（%）
房地产开发投资（亿元）		8.4		7.8
住宅		12.8		10.8
办公楼		−8.4		−5.6
商业营业用房		−12.0		−14.6
房屋建筑、销售面积（万平方米）				
施工面积	14677.71	−1.5	15581.46	−2.0
住宅	6700.42	−1.8	7175.89	−2.9
新开工面积	924.09	5.4	1492.25	−6.9
住宅	531.80	0.9	867.67	−4.4
竣工面积	716.77	−17.1	899.10	−25.3
住宅	351.36	−29.0	460.25	−35.3
销售面积	783.23	0.8	1205.88	−5.9
住宅	648.49	0.7	994.91	−7.0

数据来源：2024年上海市统计局、国家统计局上海调查总队统计数据。

2023 年全年，上海市完成零星旧改 12.3 万平方米，受益居民 4084 户；全年实施老旧小区改造 1310 万平方米，完成 29.6 万平方米小梁薄板房屋等不成套旧住房改造，启动 10 个城中村改造项目，推动既有多层住宅加装电梯 3001 台，建设筹措 8.1 万套（间）保障性租赁住房，筹措供应 1.1 万张"新时代城市建设者管理者之家"床位。

表 2 显示了上海市各区 2022 年房地产经营建设和房屋存量数据。

表 2　上海市各区 2022 年房地产经营建设和房屋存量情况

单位：万平方米

地区	房屋施工面积	房屋竣工面积	其中住宅房屋	全部房屋合计	其中	
					居住房屋	非居住房屋
浦东新区	22332.85	2482.20	1062.48	36091	17436	18655
黄浦区	164.69	6.10	3.33	3969	1654	2315
徐汇区	242.96	55.65	13.29	6768	3636	3132
长宁区	4035.56	858.13	508.40	4401	2433	1968
静安区	998.79	243.22	164.03	6254	3133	3121
普陀区	4090.01	825.71	574.76	6472	3827	2645
虹口区	3940.52	728.37	531.42	3927	2179	1748
杨浦区	508.22	72.25	25.25	6414	3466	2948
闵行区	9344.48	1326.47	809.32	17472	8665	8807
宝山区	8430.02	1231.00	631.19	12072	6810	5262
嘉定区	652.90	275.02	256.43	11191	4896	6295
金山区	377.11	97.78	8.28	6210	2201	4009
松江区	1418.26	363.64	105.94	13155	5673	7482
青浦区	479.61	81.29	27.56	8593	3215	5378
奉贤区	1125.00	100.60	70.68	8725	3376	5349
崇明区	62.14	11.78	10.98	3089	1585	1504
总　计	58203.12	8759.21	4803.34	154805	74185	80620

数据来源：《上海市奉贤区统计年鉴（2023）》。

在房屋建筑和施工方面，2022 年上海全市房屋施工面积达到 58203.12 万平方米，同比增长 6.20%。其中，浦东新区房屋施工面积为 22332.85 万平方米，在全市各区中排名第一，其次是闵行区和宝山区，房屋施工面积分别为 9344.48 万平方米和 8430.02 万平方米。奉贤区房屋施工面积达到1125.00 万平方米，同比增长 2.45%，在全市各区中排名第八，在上海郊区中位列第四，低于闵行区、宝山区、松江区，高于嘉定区、青浦区、金山区、崇明区。从房屋竣工面积来看，奉贤区 2022 年房屋竣工面积为 100.60万平方米，同比增长 17.25%，虽在全市仅位列第十，但与其他区的差距有缩窄的趋势，房屋竣工面积与去年同期相比大幅增加，体现出奉贤区房屋供给量的增长。

从房屋存量上看，2022 年上海全市房屋总量达到 154805 万平方米，同比增长 2.65%。其中，浦东新区房屋总量达到 36091 万平方米，位列全市第一。奉贤区房屋总量为 8725 万平方米，与去年同期相比增长 3.92%，在全市各区中排名第六，其中居住房屋 3376 万平方米，占比 38.69%。随着经济稳步复苏，新城建设步伐不断加快，奉贤区房地产市场经营建设将持续推进，房屋竣工面积将继续增加，房屋供给量将实现增长。

（二）2024年上海市房地产相关政策

2024 年 7 月，党的二十届三中全会审议通过《中共中央关于进一步全面深化改革　推进中国式现代化的决定》，指出要充分赋予各城市政府房地产市场调控自主权，因城施策，允许有关城市取消或调减住房限购政策、取消普通住宅和非普通住宅标准。2024 年 5 月 27 日，上海发布"沪九条"房地产新政，从整体性、系统性、综合性方面对现行房地产政策进行优化。其中，在调整优化住房限购政策方面，将非沪籍居民购房所需缴纳社保或个税年限从"连续缴纳满 5 年及以上"调整为"连续缴纳满 3 年及以上"，新城以及南北转型等重点区域的非沪籍人才购房相应从"连续缴纳满 3 年及以上"调整为"连续缴纳满 2 年及以上"，自贸区临港新片区的非沪籍人才购房继续执行"连续缴纳满 1 年及以上"规定；对二孩及以上的多子女家庭（包括本市户籍和非本市户籍居民家庭），在执行现有住房限购政策的基础上，可再购买 1 套住房。在优化住房信贷政策方面，首套住房商业性个人住房贷款利率下限调整为不低于相应期限贷款市场报价利率（LPR）减 45 个基点（调整后，5 年期以上房贷利率下限目前为 3.5%），最低首付款比例调整为不低于 20.0%。二套住房商业性个人住房贷款利率下限调整为不低于相应期限贷款市场报价利率减 5 个基点（调整后，5 年期以上房贷利率下限目前为 3.9%），最低首付款比例调整为不低于 35.0%；自贸区临港新片区以及嘉定、青浦、松江、奉贤、宝山、金山 6 个行政区全域继续实行差异化政策，二套住房商业性个人住房贷款利率下限调整为不低于相应期限贷款市场报价利率减 25 个基点（调整后，5 年期以上房贷利率下限目前为 3.7%），最低首付款比例调整为不低于 30%。2024 年 2 月和 7 月，中国人民银行两次降低贷款市场报价利率，降后 1 年期 LPR 为 3.35%，5 年期以上 LPR 为 3.85%，进一步降低了居民归还房贷成本，缓解了居民还款压力，促进了房地产市场平稳发展。

此外，2024 年 6 月 7 日，上海取消商品住房用地溢价率 10%的上限要求，恢复价高者得模式。溢价率上限约束取消，客观上既是对过去政策的调整优化，即对过热时期过严政策进行优化调整，同时也是对"沪九条"政策中土地管理政策的深入细化和落实。2024 年 8 月 27 日，上海为应对房地产市场销售疲软，支持开发商和新房建设，调整中小套型住宅标准，从 2006 年开始执行的"7090"政策正式退出历史舞台。同时，政府加快新建住宅项目的审批进度，以推动更多新房入市。针对未婚且无上海户籍但在上海缴税至少 5 年的个人，允许其在上海郊区购买房产。这一政策取消了非沪籍单身人士的购房限制，促进了整体住房需求的提升。2024 年 9 月 29 日，上海再度综合施策，优化调整房地产市场政策，回应市场住房需求，提出调整住房限购政策、优化住房信贷、调整住房税收等七条政策措施。"沪九条"自 2024 年 5 月 28 日起正式施行以来，政策效应逐步显现，市场整体保持向好向上趋势，交易活跃度明显提升，一手房和二手房的成交量均增加，成交价格总体平稳。而"沪七条"的出台重点针对非沪籍群体，调整社保缴纳年限，减少住房交易成本，以更好地满足居民的改善性住房需求。表 3 梳理了 2023 年 12 月和 2024 年 1~9 月上海房地产市场的相关政策。

表 3　2023 年 12 月以及 2024 年 1~9 月与上海房地产市场相关的政策

发布时间	政策支持	发布部门	核心内容
2023 年 12 月 14 日	普通住房标准调整	上海市住房和城乡建设管理委员会	普通住房满足条件：一是五层以上（含五层）的高层住房，以及不足五层的老式公寓、新式里弄、旧式里弄等；二是单套住房建筑面积在 144 平方米以下（含 144 平方米）
2024 年 1 月 2 日	住房公积金个人住房贷款调整	中国人民银行、上海市公积金管理中心	对于认定为第二套改善型住房的，最低首付款比例为 50%；对于认定为第二套改善型住房，且贷款所购住房位于临港新片区及 6 个特定行政区全域的，最低首付款比例为 40%
2024 年 1 月 30 日	调整优化住房限购	上海市住房和城乡建设管理委员会、上海市房屋管理局	《关于优化本市住房限购政策的通知》规定，持有"5 年社保"的非本市户籍居民，可在外环以外区域限购 1 套住房，且取消"已婚"条件，即取消非沪籍单身人士购房限制
2024 年 2 月 20 日	降低住房贷款利率	中国人民银行	1 年期 LPR 为 3.45%，5 年期以上 LPR 为 3.95%。前者较上一期保持不变，后者较上一期下降 25 个基点
2024 年 3 月 8 日	优化居住服务消费供给	上海市人民政府办公厅	发布《本市促进服务消费提质扩容的实施方案》，优化居住服务消费供给，支持住房租赁企业发展
2024 年 5 月 18 日	下调个人住房公积金贷款利率	中国人民银行、上海市公积金管理中心	5 年以下（含 5 年）和 5 年以上首套个人住房公积金贷款利率分别下调至 2.35% 和 2.85%，第二套个人住房公积金贷款利率分别下调至 2.775% 和 3.325%
2024 年 5 月 27 日	调整优化住房限购"沪九条"	上海市住房和城乡建设管理委员会、上海市房屋管理局等四部门	《关于优化本市房地产市场平稳健康发展政策措施的通知》提出调整优化住房限购政策、支持多子女家庭合理住房需求、优化住房信贷政策、支持"以旧换新"以及优化土地和住房供应等九条政策措施
2024 年 5 月 31 日	长三角异地住房公积金贷款还贷提取政策	中国人民银行、上海市公积金管理中心	职工在江苏省、浙江省或安徽省使用住房公积金贷款购房，符合规定的购房情形，并且在本市无住房公积金贷款、无委托提取住房公积金归还住房贷款的，主贷人及配偶可以提取本市住房公积金账户余额偿还公积金贷款
2024 年 6 月 7 日	土拍取消溢价上限	上海市土地交易市场	取消商品住房用地溢价率 10% 的上限要求，恢复价高者得模式，取消新房地联动价，成交地价将由市场化竞价确定

发布时间	政策支持	发布部门	核心内容
2024年7月22日	降低住房贷款利率	中国人民银行	1年期LPR为3.35%,5年期以上LPR为3.85%。前者较上一期下降10个基点,后者较上一期下降10个基点
2024年8月27日	中小套型住宅标准调整、"7090"政策正式废止	上海市住房城乡建设管理委员会、上海市房屋管理局、上海市规划资源局	《关于优化本市房地产市场平稳健康发展政策措施的通知》对商品住房中小套型的面积标准、所占比例均做出优化调整,本市多层、小高层、高层建筑的商品住房中小套型住房建筑面积标准分别调整为100平方米、110平方米、120平方米
2024年9月29日	调整住房限购、税收"沪七条"	上海市住房城乡建设管理委员会、上海市房屋管理局、上海市规划资源局、上海市税务局	首套住房商业性个人住房贷款最低首付款比例调整为不低于15%。二套住房商业性个人住房贷款最低首付款比例调整为不低于25%。有居住证、积分达到标准加3年社保,外地家庭可和沪籍家庭享有同样待遇。调整增值税征免年限,将个人对外销售住房增值税征免年限从5年调整为2年。适时取消普通住房标准和非普通住房标准

数据来源：笔者根据公开资料整理。

2024年1月30日,上海发布《关于优化本市住房限购政策的通知》。根据新政策,非本市户籍居民在外环以外区域,持有5年社保记录的,可购买一套住房,且不再受"已婚"条件限制,单身人士也可购房。奉贤区位于南上海,整个区域均在外环以外,符合限购政策的优化要求,新政为奉贤区带来了新的住房需求。2024年以来,奉贤区加速推进多主体供给、多渠道保障、租购并举的住房制度建设,深入实施人才安居工程,通过优化住房供给结构、扩大保障性住房覆盖面,筑牢住房民生保障底线,不断提升居民的居住品质与幸福感。与此同时,奉贤区积极探索住房租赁和购房机制,为各类人才特别是高层次创新型人才提供多元化的住房选择。奉贤区不仅为居民提供了更加舒适、安全的居住环境,也为一流人才的引进创造了更加优越的宜居条件和安居环境,进一步推动了区域经济社会的高质量发展。

二 2024年1~9月奉贤区房地产市场主要指标分析

（一）2024年1~9月奉贤区房地产市场开发和经营情况

2023~2024年，奉贤区房地产市场持续收缩。2023年全年，全区实现房地产业增加值72.13亿元，与2022年同期相比下降2.3%，全年房地产开发投资额为258.0亿元，同比下降0.7%。2024年上半年，奉贤区房地产完成投资额124.68亿元，同比增长5.5%，相较于2023年上半年同比增长25.7%的速度，2024年上半年房地产市场开发和经营速度持续放缓。2024年1~9月，奉贤区房地产完成投资额为183.70亿元，同比下降0.2%，下降趋势明显（见表4）。

从房地产经营情况来看，据《2023年上海市奉贤区国民经济和社会发展》统计公报数据，2023年全年，奉贤区房屋施工面积为1032.0万平方米，同比下降27.4%；房屋竣工面积为72.3万平方米，同比下降76.5%。2024年上半年，奉贤区房屋施工面积为864.70万平方米，同比下降9.9%，其中新开工面积为45.25万平方米，同比增长18.0%。从2024年前三季度数据来看，随着经济复苏逐渐企稳，与2023年同期相比，奉贤房地产市场下降速度逐渐放缓，房屋施工面积和新开工面积同比分别下降13.0%和0.8%。房屋竣工方面，2024年上半年，奉贤区房屋竣工面积为28.59万平方米，同比下降6.6%，其中住宅竣工面积18.53万平方米，同比下降6.7%；2024年1~9月，奉贤区房屋竣工面积39.67万平方米，同比下降33.1%，其中住宅竣工面积25.13万平方米，同比下降40.8%。由于房地产经营建设速度放缓和市场需求疲软，奉贤区房地产市场竣工面积减少。"5·27"新政应能提高房地产开发商的投资信心、增加对新项目的投入、加快项目审批和建设的进度，对房地产开发活动产生积极的影响。但是，新政的效应还未显著显现。

表4 2024年1~9月奉贤区房地产开发和经营情况

	1~6月累计	同比增长(%)	1~9月累计	同比增长(%)
房地产开发企业(户)	136	—	137	—
自开始建设累计完成投资(万元)	11048514	-0.9	11656789	-3.0
本年完成投资(万元)	1246810	5.5	1837027	-0.2
房屋施工面积(平方米)	8646963	-9.9	9125242	-13.0
新开工面积	452543	18.0	636534	-0.8
房屋竣工面积(平方米)	285932	-6.6	396652	-33.1
住宅	185287	-6.7	251301	-40.8

数据来源：《奉贤统计月报》。

（二）2024年1~9月奉贤区房地产市场销售情况

2023~2024年，奉贤区房地产市场销售情况整体呈现全面收缩趋势。2023年全年，奉贤区商品房销售面积为102.9万平方米，同比下降21.4%；其中住宅销售面积为86.7万平方米，同比下降28.6%；待售面积则达到201.2万平方米，同比增长10.6%。2024年上半年，奉贤区商品房销售面积为34.27万平方米，同比下降33.0%（见表5）。其中，现房销售面积为12.99万平方米，同比下降30.8%；期房销售面积为21.28万平方米，同比下降34.3%。与2023年上半年相比，现房销售面积的下降速度有所放缓（2023年同比下降70.7%），但期房销售面积则由增长转为下降，且速度较快。2024年1~9月，奉贤区商品房销售面积62.26万平方米，同比下降15.9%。其中，现房销售面积为37.23万平方米，同比增长22.2%；期房销售面积为25.03万平方米，同比下降42.6%；现房的去化逐渐回暖。

从销售金额来看，2023年全年，奉贤区商品房销售总额为243.8亿元，同比下降8.4%。2024年上半年，奉贤区商品房销售额为107.76亿元，同比下降19.5%。其中，现房销售额为14.84亿元，同比下降19.0%；期房销售额为92.92亿元，同比下降19.6%。2024年前三季度，奉贤区商品房销售额为150.77亿元，同比下降21.2%。其中，现房销售额为41.71亿元，同比上涨 11.7%；期房销售额为 109.06 亿元，同比下降 29.2%。"5·27"
"沪九条"新政效应逐渐显现，现房销售比期房率先回暖。

表5　2024年1~9月奉贤区房地产销售情况

	1~6月累计	同比增长(%)	1~9月累计	同比增长(%)
本年商品房销售面积(平方米)	342657	−33.0	622632	−15.9
现房销售面积	129855	−30.8	372289	22.2
住宅	107845	−17.8	342736	55.7
期房销售面积	212802	−34.3	250343	−42.6
住宅	212802	−33.8	249642	−40.8
本年商品房销售额(万元)	1077628	−19.5	1507689	−21.2
现房销售额	148449	−19.0	417105	11.7
期房销售额	929179	−19.6	1090584	−29.2
待售面积(平方米)	1972457	0.6	1824375	−10.4

数据来源：《奉贤统计月报》。

从新房市场来看，2024年上半年，新建商品住宅成交面积为15.09万平
方米，成交1181套，总金额66.26亿元，较2023年同期均下降约50%。然
而，自2024年5月27日"沪九条"新政实施后，下降趋势有所缓解，逐渐趋
于平稳。2024年新上市的项目中，奉贤花海、金汇镇的象屿江湾悦府和西渡
街道的熙语华庭销售表现突出，其中新城西渡板块的去化率显著优于其他板
块，配套设施齐全的项目销售去化率明显高于配套设施较弱的项目。这一趋
势反映出居民对高品质商品房的需求日益增长，体现出他们对美好生活的追
求与对居住品质的更高要求。随着生活水平提高，改善型住房逐渐成为市场
的主流，尤其是配套完善、环境优越的项目，更容易受到购房者的青睐。消费
者在选择住宅时，已经不仅仅关注价格和面积，而是更加注重社区的整体环境、
交通便利性以及周边设施的齐全度，这些因素正逐步成为购房决策的重要考量。

在二手房市场方面，2024年上半年，奉贤区二手房成交面积为39.55万
平方米，同比减少18.1%；成交套数为4242套，同比减少17.4%；前六个月
的成交量分别为6.01万平方米、3.59万平方米、7.16万平方米、6.83万平方

米、6.44万平方米和9.52万平方米。其中，2024年6月成交面积同比增长59.4%，实现了二手房市场成交面积由负增长转为正增长，这主要得益于"5·27"新政后房地产需求的释放。从成交价格来看，2023年全年二手房市场的成交均价为18954元/平方米，同比增长4.0%。2024年上半年，二手房市场成交均价为19508元/平方米，较上年同期增长3.1%。2024年，奉贤区二手房市场总体表现平稳，除2月份春节期间成交量明显下降外，6月份在新政利好刺激下成交量显著增加，其他月份保持基本稳定。总体来看，市场热度在"沪九条"新政后明显回升，成交均价则呈现小幅稳步增长的趋势，显示出相对健康的发展态势。

三 奉贤区保障性住房建设和基础设施建设情况

（一）2023~2024年奉贤区各类保障性住房建设情况

2023~2024年，奉贤区加快建立健全多主体供给、多渠道保障、租购并举的住房制度，稳步推进保障性租赁住房、廉租住房、共有产权保障房等各类保障房的筹措与供应，深入实施人才安居工程，确保各类人群的居住需求得到有效满足。通过完善住房市场体系和保障体系，奉贤区进一步优化居住环境，吸引人才扎根奉贤，为区域经济和社会可持续发展提供坚实基础保障。

截至2024年6月底，奉贤区累计筹措了3.1万套各类人才安居房源，涵盖单位租赁住房、市场化租赁住房、公共租赁住房和保障性租赁住房等多种类型，为吸引和留住各类人才提供坚实的保障。2024年，全区计划筹措各类人才安居房源3304套，计划供应3386套，并将提供"新时代城市建设者管理者之家"床位1000张。截至2024年6月底，奉贤区已完成筹措1413套，供应2377套，并已提供"新时代城市建设者管理者之家"床位576张，进一步增强了奉贤区对人才的吸引力和宜居性。

1.坚持租购并举，满足多元需求

一是规范开展共有产权保障房阶段性申请受理，满足中低收入家庭购房刚需。2024年上半年，区属共有产权房累计筹措供应6.95万平方米944套，已售5.22万平方米718套；加快2023年市属保障房结转项目建设，推进3幅市属保障房地块开发建设，提升住房供应能力。二是有序开展廉租住房常态化受理，为困难家庭提供坚实住房保障。累计筹措供应廉租住房0.48万平方米108套，已出租84套，货币补贴518户。三是持续加大各类保障性租赁住房筹措供应力度，有效缓解来沪新市民、青年人等各类人群阶段性住房困难。累计筹措保租房186.1万平方米25446套，供应119.6万平方米17132套，其中，2024年度已完成保租房新增筹措950套，供应664套。2024年全年计划保租房新增筹措3000套以上、供应3000套以上。

2.完善体制机制，强化政策支持

2024年，奉贤区制定非居改建保租房的区级实施细则，明确低效存量商办楼宇、工业厂房改建实施流程和路径，落实税收减免和民用水电优惠政策。一是稳步推进5个非居改建项目（1892套），其中全区第一个非居改建项目雅特兰汇智公寓（409套）在第一季度上市供应，金汇中心（960套）预计在第三季度实现供应。二是制定保障房供后管理工作方案，夯实保障房使用和安全管理，落实保障房项目全覆盖巡查管理制度，落实各级财政和金融支持政策。三是通过超长期特别国债、中央补助资金、贷款贴息、地方财政、地方政府专项债券等多元筹资，稳步推进6个在建R4地块保租房项目（29.6万平方米5594套），其中奉发未来·煜丰苑社区（1200套）计划于第三季度供应；确保2024年度项目海湾旅游区04-06地块（1037套）、奉贤新城21单元14-01地块（1200套）按计划于第三季度开工。

3.优化配套服务，提升居住品质

一是在汇丰名都公租房小区启动建设全市首个公租房社区职工之家，建筑面积2000多平方米，涵盖职工教育、身心健康、权益保障等多个维度，借助"核心圈层党建联盟+行业主管部门协同+工会特色服务"三位一体的创新运作机制，为210余家入驻企业、2500余名职工提供多元化综合服务。二是在奉发未来·临港社区人才驿站会客厅开展"行走的健康吧"、节日庆典、消防演练等各类社区活动，全面优化人才生活服务。三是推进奉发未来·煜丰苑社区人才驿站会客厅装修建设，其兼具党建引领、文体休闲、项目洽谈、政务帮办等功能，计划于2024年第四季度投入使用。四是不断完善奉贤大居市政公建配套建设，已完成三年行动计划（2021~2023年）目标任务24个，包括万丰路等13项市政道路、东方美谷大道两侧等4项绿化工程、致远高中等4所学校以及国妇婴等3项医疗公建设施；有序推进2024年大居内配套目标任务共6项。

（二）2023~2024年奉贤区基础设施建设情况

2023~2024年，奉贤区的城市基础设施日益完善。一系列文化和公共服务设施如文化地标言子书院和"海之花"市民活动中心相继建成开放，新华医院奉贤院区和"在水一方"等重大项目顺利完成结构封顶，"落英缤纷"和九棵树酒店等项目稳步推进，南上海体育中心国际方案征集顺利完成，新城的整体品质愈加彰显。

在交通基础设施方面，轨交15号线南延伸美谷大道站顺利开工，并全力推进南枫线的方案研究及前期准备工作。S3高速正式通车，G228剩余10个点位的腾地工作也已完成。浦星公路全线完成供地及施工许可，奉浦东桥的主桥成功合龙。此外，望园路滨江段、海湾快线、新林公路二期等7个项目全部完工，累计里程达到35公里。公共交通方面，奉贤区进一步优化公交线网布局。海湾快线正式投入运营，新开通和调整公交线路15条，更新了119辆新能源公交车，并安装了403个电子站牌。同时，完成305座公交候车亭新建项目，并新增2621个充电桩。此外，奉贤区还完成了2个智慧化停车场（库）的改造，新增了700个公共停车设施和60个错峰共享停车泊位。

四　奉贤区房地产市场发展面临的机遇与存在的问题

（一）面临的机遇

1.新城建设与城市化进程加快，交通基础设施水平提升

近年来，奉贤区在推动产业结构优化升级方面取得了显著成绩，尤其是在

生物医药、新能源和智能制造等新兴产业领域表现尤为突出。这些新兴产业的快速集聚，不仅为地区经济注入了强劲的增长动力，也为房地产市场带来了全新的发展机遇。随着城市化进程的加速，奉贤区的人口持续流入，产业蓬勃发展的势头愈加明显，由此产生了对住房、商业地产以及各类配套设施的旺盛需求。在基础设施建设方面，奉贤区不断加大投入，逐步完善区域交通网络。浦江隧道和轨道交通5号线南延伸段等一系列重大交通项目相继竣工，大幅缩短了奉贤区与上海市中心及周边区域的通行时间，显著提升了区域整体交通的便捷性，极大增强了奉贤区的区位吸引力，进一步推动了奉贤房地产市场发展。

2. 因城施策的房地产政策支持

近年来，奉贤区凭借独特的区位优势和强有力的政策支持，积极融入并承接"南上海"战略的实施，逐渐成为上海南部发展的重要引擎。作为自贸区临港新片区的辐射区，奉贤区不仅承接了来自临港的政策红利，还在产业布局和对外开放方面取得显著突破。这种地缘上的优势促使奉贤区在吸引高端产业和创新资源方面取得了显著成效。与此同时，奉贤新城作为上海市五大新城之一的建设工作也稳步推进。奉贤区得到市级层面的大力支持，从土地供应、基础设施建设到产业政策扶持，各项举措密集出台，形成了政策叠加效应，为区域的全面发展提供了有力保障，使奉贤区在产业升级、人口集聚、经济发展等多个方面展现出强劲的增长势头。

与上海其他核心区域相比，奉贤区的房价相对较低，为购房者提供了更具性价比的选择。随着奉贤区各项利好政策的逐步落实以及区域功能的持续提升，越来越多的投资者和购房者将目光投向这里。奉贤区依托其丰富的自然资源和优良的生态环境，致力于打造"生态宜居"城区。随着居民生活品质要求的提高，生态环境优越的区域将更受购房者青睐，这为奉贤房地产市场带来了新的发展机遇。

（二）存在的问题

1. 政策优惠与补贴的力度不够

奉贤区现行的人才购房政策中，针对中高层次人才，在指定小区（如朗诗等）可享受六折优惠购买不超过 100 平方米的房源。然而，这些房源在户型、面积和位置上选择较为有限，难以满足人才尤其是以家庭为单位的人才对大户型的需求。对于不选择指定房源的人才，奉贤区提供 40 万~80 万元的购房补贴。然而，考虑到 2023 年奉贤区房地产市场在售房源的平均总价为 301 万元，货币补贴的覆盖率仅为 13%~27%，这使得人才在面对六折购房的房源限制和相对较低的货币补贴时，陷入了"两难境地"。

相比之下，北京、广州和深圳在人才购房政策方面具有更大的灵活性和力度。比如，这些城市允许符合条件的人才将住房售卖，其中广州和深圳更是向在当地工作满十年的高层次人才无偿赠予现居住房屋。与这些城市相比，奉贤区在人才购房政策上的整体补贴力度相对较弱，可能会影响其吸引和留住高层次人才的效果。

2. 产业驱动力不强

奉贤区在产业发展和人口导入方面仍存在"动力不足"的问题。根据奉贤区发展改革委发布的《国民经济和社会发展"十四五"中期评估报告》，奉贤区的经济基础依然相对薄弱，龙头企业和领军企业的数量不多，新兴产业的整体规模也未形成足够的产业集群效应。同时，人口导入的效果不尽理想，距离 2035 年实现 75 万人口的目标还有较大差距；人才引进速度缓慢，高层次人才紧缺，人才总量增长不明显。

产业发展滞缓导致人口导入速度减慢，进一步加剧了房地产市场需求不足、房产供过于求的现象。受此影响，优质开发商拿地开发房产的热情减退，尤其是在投入大、收益慢的人才公寓等保障性住房项目的开发建设上积极性不高，导致这些项目的建设数量和质量均未达预期。这对奉贤未来的可持续发展提出了挑战。

3. 公共服务缺乏，增值服务单一

在公共服务方面，市场化房源和保障性租赁住房通常由开发建设单位自持，运营则由社会运营机构负责。这些机构既不具备提供社区基本公共服务的权限，也不掌握公共事务的具体办理流程。入住人才公寓的人员因产权等现实因素，无法成立居委会，导致其在获取社区提供的如证明出具、政策咨询等基本公共服务时面临诸多困难。这种现状限制了入住人员的生活便利性，影响了他们的日常生活。

在配套措施方面，奉贤区为人才提供的服务相对单一且薄弱。人才公寓的主要客群为青年人，他们在社交、休闲和集体活动方面有较高的需求，对住所提供的配套服务也有更高的要求和期待。虽然停车场、快递柜等基础设施已实现全覆盖，但改善型设施如公共活动室、健身房等相对缺乏，人文服务如社区活动和政策咨询等也不够丰富。相比之下，上海市宝山区、深圳市、苏州市通过设立"青年驿站"，为前往当地求职的毕业生免费提供短期住宿和就业指导，解决了他们在求职期间的住宿难题。此外，苏州还打造了"人才会客厅"，由企业或属地政府负责开发运营，并将高层次人才一站式服务中心下沉至其中，为人才提供包括落户、社保办理、职称评定、政策申领和政策咨询等在内的全方位政务服务。这些旨在提升居住品质和体验的配套服务在奉贤区仍明显欠缺，供给内容不足且供给比例较低，亟须进一步完善。

五 对策建议

针对当前房地产市场供需关系的显著变化，以及奉贤区面临的机遇与挑战，本报告提出以下三项对策建议供相关部门参考。

1. 完善租购并举政策体系，优化人才安居政策

加快推动临港自贸区新片区人才购房政策向奉贤新城覆盖。对于符合条件、在上海连续缴纳职工社会保险或个人所得税3年以上且在本市无房的非本市户籍人才，允许其购买一套住房，并将购房资格从家庭调整为个人。推行清单式管理，明确人才购房准入单位和人才条件，优化认定流程，简化认定材料，确保政策落实到位。稳妥推进人才优先选房制度，强化监督管理，确保政策平稳实施。进一步加大购房货币补贴力度，可参考广州分年度发放总额较大的补贴模式，适当提高补贴额度并延长补贴年限，以增强对人才的吸引力。

2. 加强市场研判，优化房源规划布局

一是在项目选址方面，属地政府应及时开展专项租赁住房调研，尤其是在奉贤新城涉及的街镇区域。考虑到老城区和新城区在租赁价格、房型上所面对的不同需求，应对不同地块和区位的租赁需求进行细分，以便在土地征询和设计方案阶段提出更具有针对性的意见，切实贴合租赁市场的实际需求。

二是提高产才融合度。在土地规划阶段，建议规划部门充分考虑人才安居房源的选址及其与产业园区的关系。通过优化房源布局，支持人才的长远发展，引领产业提质增效，同时通过产业发展吸引高质量人才。加大轨道交通周边保障性租赁住房的供地力度，选址应重点服务企业和产业园区，尤其是企业密集的区域，并在距轨交站点 600 米以内规划 R4 地块，集中新建便捷、安全的保障性租赁住房。

三是鼓励各街镇参与区级人才公寓的筹措认定工作。按照人才公寓认定标准，对属地集中租赁房项目进行梳理，推荐地段优越、品质高的项目纳入认定，不仅能扩大人才公寓的供应量，还能提升项目知名度，拓宽客源渠道，降低房源空置率。同时，指导各街镇加强对人才公寓的日常管理，对公寓的建设和运营维护进行业务监督。

3. 延伸公共服务，提升人才公寓服务品质

一是加强房屋质量管理。在配建公租房项目中，公租房公司应在交付前组织房屋验收，对存在质量问题、装修瑕疵或设施设备缺陷的房屋，联合相关部门强制要求开发商整改。进一步提升物业服务水平，在集中租赁项目中配备专业维修团队，提高租客报修的响应速度和效率；在公租房项目中，扩大 962121 热线特约维修服务的覆盖范围，指导物业企业提升服务质量，并引入第三方服务供应商，解决维修力量不足的问题。

二是在集中新建公租房、保租房项目中，充分利用现有场地和配套设施，延伸人才服务半径，将服务通达至人才个人。加强政务功能导入，探索将团委、人社、民政、妇联等职能部门引入人才社区，定期开展人才政策宣讲、政务服务帮办、就业创业辅导、培训沙龙等活动。以人才公寓为平台，

链接社会各方力量，全面优化人才的生活和工作环境。

三是通过购买服务或合作共建的方式，在产才融合度高、青年人才聚集的区域，打造一批"贤来客栈"。这些客栈集政策咨询、就业创业指导、城市融入等一站式公益性、综合性服务于一体，帮助外来优秀青年人才解决住宿、就业创业和城市融入等难题，为青年人才在奉贤的就业、创业和置业提供一体化服务。试点开发"城市会客厅"功能，在集中新建的保障性租赁住房和大型公租房项目中，结合功能定位和区域特色，搭建集党建引领、政策服务、融资路演、项目洽谈、休闲交流等功能于一体的会客空间。各部门协同合作，丰富活动设计、打造党建阵地、促进人才交流，为人才提供多元化的服务和沟通平台。

专题报告

B.10

以"东方美谷"转型升级助力奉贤
打造先进制造业重要承载区

谢越姑 张 淼*

摘 要： 随着经济不断发展，先进制造业在现代化产业发展中的位置举足轻重，推动传统制造业转型升级势在必行。作为奉贤区发展的重要核心区，近年来，"东方美谷"已集聚形成化妆品、生物医药和高端食品三大主导产业：化妆品产业积厚成势，生物医药产业备受关注，高端食品产业前景广阔。这三大产业支撑奉贤区打造以"东方美谷"为核心的先进制造业承载区。然而，打造以"东方美谷"为核心的先进制造业承载区仍然存在部分短板，包括：产业链发展有待进一步完善、核心产业专利储备有待进一步加强、园区配套设施有待进一步提升、人才队伍有待进一步扩充、企业营商环境有待进一步改善、招商需求匹配有待进一步精确。奉贤应通过强化创新引领和统筹推进，推动产业结构高端化、重点产业集群化，进一步推动"东

---

* 谢越姑，上海社会科学院数量经济中心数量经济学博士研究生，主要研究方向为计量经济学、创新与经济增长；张淼，中共上海市奉贤区委党校教学部副主任、副教授，主要研究方向为区域经济学、金融学。

方美谷"三大产业转型升级，推进产业模式现代化、产业要素协同化，加快产业技术人才集聚，打造以"东方美谷"为核心的先进制造业重要承载区。

关键词： 东方美谷　先进制造业　产业升级

一　奉贤先进制造业发展现状

制造业是实体经济的主体，是城市能级和核心竞争力的重要支撑。《工业和信息化部等八部门关于加快传统制造业转型升级的指导意见》指出："传统制造业是我国制造业的主体，是现代化产业体系的基底。推动传统制造业转型升级，是主动适应和引领新一轮科技革命和产业变革的战略选择，是提高产业链供应链韧性和安全水平的重要举措，是推进新型工业化、加快制造强国建设的必然要求，关系现代化产业体系建设全局。"①

根据《奉贤区先进制造业发展"十四五"规划》（以下简称《规划》），奉贤区将以"东方美谷"和"未来空间"为核心，全面推进先进制造业的发展。通过创新驱动和产业升级，奉贤区的目标是成为新片区西部、长三角中心和杭州湾北岸的重要制造业承载区。《规划》中强调构建"以传统产业转型为基础、先进制造业为重点、生产性服务业协同发展"的新型工业化产业体系，助力产业迈向中高端价值链，为区域经济带来新的增长动力。②

近年来，奉贤规模以上工业总产值保持连续增长，2023年全区共有规上工业企业1259家，实现规上工业产值2853.7亿元，位居全市第五，近三年的年均增长率为13.9%。结构上，新兴产业加速集聚。2023年，全区战略性新兴产业规上企业数量增加至234家，完成总产值1211.8亿元，可比

---

① 《工业和信息化部等八部门关于加快传统制造业转型升级的指导意见》，https://www.gov.cn/zhengce/zhengceku/202312/content_ 6923，最后访问日期：2024年11月13日。
② 沈思怡：《未来科技，从奉贤迈向世界》，《解放日报》2024年9月29日。

增长 5.0%，增速高出全市 6.8 个百分点。战略性新兴产业以占全区 18.6% 的规上企业数量完成了 43.2% 的规上产值，逐渐成为带动奉贤区工业增长的主要引擎。

奉贤区重点发展的生物医药、新能源、新材料等产业均属于国家统计局划分的"先进制造业"类别。2023 年，奉贤区生物医药产业实现规模以上产值 225.5 亿元，居全市第三位，仅次于浦东区的 644.7 亿元和闵行区的 282.52 亿元，吸引了上海生物研究所、药明生物、和黄药业、帝斯曼等众多领先企业。新能源汽车产业则实现规模以上产值 485.1 亿元，居全市第二，增长率为 41.1%，高于全市平均增长率 9 个百分点。新材料产业的规模以上产值为 160.7 亿元，可比增长 6%，康达新材、道生天合、保立佳等优秀企业在奉贤落地生根。

不仅如此，在上海市 53 个市级特色产业园区中，奉贤区拥有 6 个园区（包括东方美谷·美妆、东方美谷·医药、临港南桥智行生态谷、临港新片区生命蓝湾、国际氢能谷以及奉贤化工新材料产业园），数量位列全市第二。其中，东方美谷涵盖 2 个园区，展现了其在奉贤区特色产业布局中的重要地位。截至 2024 年 4 月底，全区新落地实业型项目 45 个，总投资额达 48.1 亿元，其中包含美丽大健康产业项目 14 个。同时，全区还有 59 个亿元以上在谈的实体型项目，计划总投资 281.75 亿元，其中美丽大健康产业项目达 19 个。2023 年，奉贤区引进了 150 个新产业项目，其中 48 个属于美丽大健康产业。

奉贤区先进制造产业的发展势头不断增强。工业固定资产投资作为一个先导性指标，能够在一定程度上反映区域工业发展的潜力。2023 年，奉贤区第二产业固定资产投资总额达到 168.4 亿元，创历史新高，规模位居上海郊区第二，同比增速为 21.2%，高于全市平均增速 15.7 个百分点。创新驱动是发展的核心动力。到 2023 年底，奉贤区高新技术企业数量达到 2012 家，排名全市第五，五年内实现翻番。其中，国家级专精特新"小巨人"企业有 38 家、市级专精特新企业有 772 家，均位列全市第五。此外，累计认定市级科技"小巨人"（包括培育类）147 家，位居全市第七。

通过高品质的安全生产、环境保护、政府协调等运营管理工作，奉贤推进"东方美谷"产业承载区先后建成"上海国家生物产业基地"、"国家科技兴贸创新基地（生物医药）"、"上海南郊生产性服务业功能区"、"上海市服务业综合改革试点"、"上海市产业园区转型升级试点"和"上海市新药创制服务产业创新基地"，并获得"上海市企业服务优秀园区""上海市知识产权示范园区""上海市知名品牌创建示范区"等品牌荣誉。

作为上海先进制造业的重要承载区，"东方美谷"拥有稳固的实体经济发展基础和良好的空间载体，为经济稳定提供了强力支撑。目前，"东方美谷"已集聚形成化妆品、生物医药和高端食品三大主导产业，展现出广阔的发展潜力：化妆品产业积厚成势，生物医药产业备受关注，高端食品产业前景广阔。这三大产业成为奉贤未来经济的核心增长点。

二 "东方美谷"三大主导产业厚积薄发

（一）化妆品产业积厚成势

"东方美谷"是奉贤区重点打造的品牌，专注于美丽大健康产业，其中化妆品产业是核心。园区汇聚了国内外知名化妆品品牌和研发中心，形成了涵盖研发、生产、营销的一站式产业链。"东方美谷"着力打造化妆品产业之都，不仅是国内品牌的孵化平台，还吸引了国际化妆品企业入驻，集结了资生堂、如新、美乐家、科丝美诗、莹特菲勒、多特瑞精油、伽蓝集团、上美集团、玛丽黛佳等一批国内外化妆品产业代表企业。化妆品产业是奉贤区重点打造的产业，"东方美谷"为化妆品企业提供了便捷的政策支持和完善的基础设施，助力其发展。[1]

2021~2023 年，中国化妆品市场规模呈稳定增长趋势。从图 1 来看，

---

[1] 倪珺、孙燕、邱爱荃：《"美丽炫风"从东方美谷吹遍世界》，《中国经济导报》2022 年 11 月 17 日。

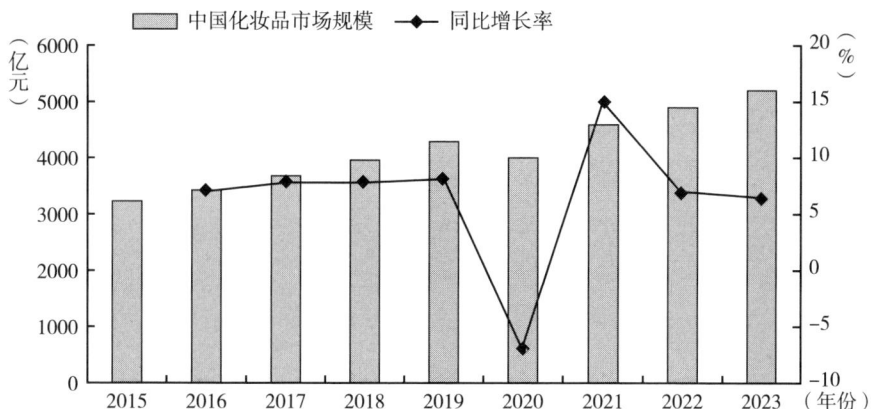

图 1 中国化妆品市场规模

数据来源：《中国美妆行业发展现状与消费趋势报告》。

2021 年中国化妆品市场规模为 4553 亿元，同比增长 15%；2022 年为 4858 亿元，同比增长 6.7%；2023 年为 5169 亿元，同比增长 6.4%，化妆品市场规模稳步增长。

"东方美谷"作为上海市政府重点支持的化妆品产业集群，已成为国内外化妆品品牌创新研发、生产和销售的重要基地。从化妆品产业规模来看，截至 2023 年，"东方美谷"聚集了超过 500 家化妆品相关企业，涵盖了化妆品研发、生产、包装、原料供应、检测等全产业链。整个区域的化妆品产业年产值已接近 1000 亿元。"东方美谷"吸引了众多国内外知名化妆品企业入驻，包括欧莱雅、资生堂、雅诗兰黛、宝洁、丽芙等全球顶级美妆公司。此外，本土品牌如完美日记、玛丽黛佳等也在该区域有清晰的业务布局。到 2023 年，已有近 20 家跨国化妆品巨头和 100 多家本土创新型企业在此落地。

近几年，"东方美谷"化妆品行业销售额呈较为明显的波动趋势。从图 2 来看，2022 年，"东方美谷"化妆品行业销售额为 112 亿元，同比下降 10.3%，2023 年则有所回升，化妆品行业销售额为 155.5 亿元，同比增长 38.8%。2024 年，"东方美谷"化妆品行业销售表现向好，前三季度销售额

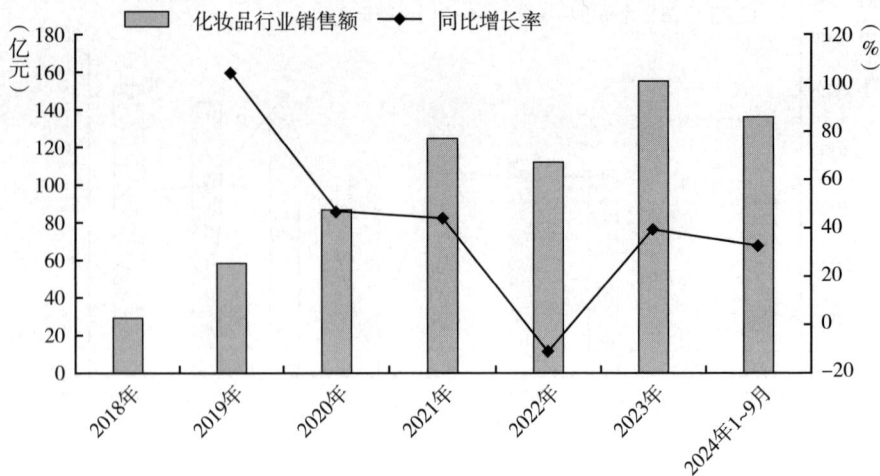

图 2　"东方美谷"化妆品行业销售额

数据来源：《奉贤统计月报》。

便达 135.4 亿元，同比增长 32.7%。综合看来，2022 年"东方美谷"化妆品行业销售额虽大幅下降，但近两年呈明显的回升趋势。

2023 年，"东方美谷"化妆品产业完成规上产值 121.0 亿元，同比增长 13.2%。"东方美谷"现有持证化妆品生产企业 85 家，占全市的 38%，销售额占全市的 40%。有数据显示，全国每销售 4 片面膜就有 1 片产自"东方美谷"，"东方美谷"品牌价值达到 338 亿元。

不仅如此，"东方美谷"化妆品产业进行了大量的技术创新和科研投入。据统计，2023 年，区域内化妆品企业在研发方面的投入超过 50 亿元，多家高新技术企业在这里设立了研发中心，推动化妆品科技创新与成果转化，开发智能化妆、个性化定制、绿色环保材料应用等前沿技术。与此同时，"东方美谷"的化妆品产业吸引了大量高端人才和科研人员。截至 2023 年末，区域内化妆品产业已创造超过 2 万个就业岗位，通过政策引导和合作平台引进了大量国内外化妆品行业的专家，推动技术交流和产业升级。

综上，"东方美谷"化妆品产业通过多年的积累，在化妆品的生产及销售等重要环节都建立了明显的优势，东方美谷"东方化妆品之都"的形象也已深入人心，品牌价值日益凸显，化妆品产业是"东方美谷"作为先进制造业承载基地的重要核心。

（二）生物医药产业备受关注

"东方美谷"致力于打造集研发、生产、创新于一体的生物医药产业基地，特别聚焦于基因药物、RNA 修饰技术、蛋白质药物等前沿领域。其目标是通过技术创新与产业链完善，推动生物医药产业向高端化、国际化发展，力争成为上海乃至全国领先的生物医药产业高地[①]。

"东方美谷"的生物医药产业已成为上海市生物医药产业发展的重要组成部分。截至 2023 年，奉贤区的生物医药产业总产值已达到 180 亿元人民币，主要来自生物制药、医疗器械、健康管理等领域。该产业集群在上海市生物医药产业中占据了约 10% 的份额。"东方美谷"已集聚了超过 200 家生物医药相关企业，包括上生所、莱士血液、药明生物、中科院巴斯德研究所、和黄药业、上海医药、凯宝药业、睿昂基因、谊众生物等一批生物医药行业龙头企业，覆盖了生物制药、医疗器械、基因检测、健康管理等多个领域。区域内不仅有大型跨国制药企业，还有一批创新型中小生物医药企业。在这些企业中，已有 30 多家企业成为上海市或国家级高新技术企业。

近几年，受紧张的国际经济环境影响，"东方美谷"生物医药行业产值波动较为显著。如图 3 所示，2022 年，"东方美谷"生物医药行业规模以上工业企业产值为 254 亿元，同比增长 32.3%。而 2023 年，"东方美谷"生物医药行业规模以上工业企业产值仅为 192 亿元，同比下降 24.4%，降幅较为显著。综合原因可归纳为几个方面：国内外生物医药行业均面临激烈竞争，生物医药发展区域的创新载体服务能级有待提升，生物医药发展创新政策体系有待完善，生物医药行业的高端创新人才引进效果有待加强，等等。

2024 年，"东方美谷"生物医药行业规模以上工业企业产值显著回升。

---

① 上海市奉贤区市场监管局：《为东方美谷产业高质量发展赋能增势》，《中国医药报》2023 年 11 月 16 日。

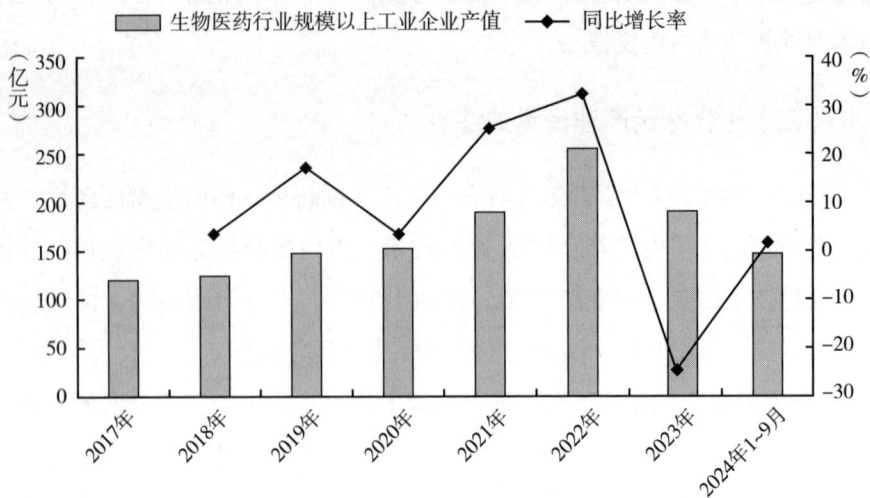

图3 "东方美谷"生物医药行业规模以上工业企业产值

数据来源:《奉贤统计月报》。

2024年前三季度,"东方美谷"生物医药行业规模以上工业企业产值已达147.5亿元,同比增长2%。与此同时,作为生物医药产业的重要研发基地,东方美谷的生物医药企业每年在研发领域的投入超过20亿元人民币。2023年,奉贤区的生物医药产业共获得国内外各类科研项目资金支持超过5亿元。同时,区域内的高新技术企业在基因工程、细胞治疗、免疫疗法等方面取得了多项突破,多个创新项目已获得国际认可。

2022年,上海市经信委批准在上海杭州湾经济技术开发区设立"'东方美谷·生命信使'基因药物创新产业基地"。该基地以兆维生物等龙头企业为引领,聚焦生物医药产业链上游,发展RNA修饰技术和非病毒载体递送技术,推动引物探针、蛋白酶及分子诊断试剂产业的发展,并引进高通量核酸检测业务。基地将继续强化上游核苷酸原料产业,吸引高品质、低批间差、具备进口替代潜力的核苷酸合成项目,目标是打造一个对标国际、国内领先、产学研用深度融合的基因药物产业高地,成为上海生物医药产业发展的新亮点。

（三）高端食品产业前景广阔

近年来，奉贤区依托"东方美谷"品牌，积极推动高端食品产业的发展，主要集中在健康食品、功能性食品以及与美容、健康相关的特色食品领域。"东方美谷"的高端食品产业正在成为上海市乃至长三角地区的重要食品产业集群。2023年，奉贤区的高端食品产业总产值已经接近250亿元人民币，涵盖了健康食品、功能性食品、定制化食品、冷链物流以及高端餐饮原材料等多个领域。随着市场需求的增长，该产业的年增长率保持在10%以上。

"东方美谷"高端食品产业的发展呈现以下几点特征。

1. 聚焦高端食品产业。"东方美谷"的高端食品产业以"健康+美丽"为核心理念，涵盖了营养补充剂、功能性食品、美容食品等多种类别。奉贤区积极引进国内外高端食品企业，吸引了大量知名食品生产商、原料供应商和研发公司。区域内已有约150家食品相关企业入驻，其中包括一些国际知名品牌和高端定制食品企业。例如，雀巢、达能等全球知名食品公司在这里设有生产基地和研发中心，同时，本土高端食品企业如三只松鼠、百草味等也在奉贤区布局，推动了高端食品产业的蓬勃发展。

2. 注重科技创新与研发。2023年，区域内高端食品企业研发投入超过10亿元，主要集中在健康食品、功能性食品、营养补充品等领域。在植物基食品、无糖食品、低脂食品、营养强化食品等方面，奉贤区涌现出一批创新型企业，推动了行业的发展。"东方美谷"还吸引了一大批生物科技企业入驻，推动食品科技研发。例如，许多企业专注于将生物科技运用于食品中，开发出具有美容养颜、抗衰老、增强免疫力等功能的产品。此外，"东方美谷"内设有多个食品研发中心，利用先进的生产技术及现代化设备，打造从研发到生产的高标准流程。

3. 获得政府支持与政策倾斜。为支持"东方美谷"的高端食品产业发展，奉贤区政府出台了多项扶持政策，包括资金支持、技术创新激励、人才引进等。同时，奉贤区政府还积极为企业提供市场推广、质量认证、科技成果转化等服务，帮助企业快速成长。

4. 产生了强烈的品牌集聚效应。目前，"东方美谷"聚集了众多知名品牌和企业，如百草味、汤臣倍健等，这些品牌在高端食品领域有较强的市场竞争力。通过品牌集聚，"东方美谷"逐渐形成了一个完整的高端食品产业链，从原料供应到生产加工再到市场推广，形成了良好的产业生态。

随着国内外市场对健康食品和功能性食品需求的增长，奉贤区的高端食品产业有望在未来几年内继续扩大规模，成为上海及长三角地区食品产业的重要组成部分。"东方美谷"正通过高端食品产业在集群效应、产业链完善、技术创新和市场扩展方面的优势，助力奉贤区成为上海市乃至全国的高端食品产业发展基地。

三 打造以"东方美谷"为核心的先进制造业重要承载区存在的短板

（一）产业链发展有待进一步完善

"东方美谷"已成功打造出自身产业品牌，形成了以三大主导产业为核心的产业格局，总估值超过338亿元。然而，化妆品产业的产值规模相对较小，仅为121亿元。当前，美丽健康产业的总产值为483.5亿元，体量偏小，且行业中利润高、税收贡献大的龙头企业仍不多。化妆品行业内多为代工企业，缺乏掌握核心技术并拥有较高市场份额和高价值地位的品牌以及龙头型、标杆性企业，项目支撑较弱。此外，企业的创新能力仍需进一步提升，以推动行业的长远发展。

（二）核心产业专利储备有待进一步加强

截至2022年底，奉贤区美丽健康产业的核心产业专利授权量总体不大，其中发明专利授权量为307件，占全年全区发明专利授权总量的21.36%，而外观设计专利授权量为60件，仅占3.20%。发明专利和外观设计专利的占比偏低，难以有效支撑创新、驱动发展。产业的活跃度与集聚度仍有较大提升空间。

一方面，专利储备仍有待扩充。虽然奉贤区在多个核心产业领域获得了初步的技术进展和市场份额，但在核心技术、前沿技术和创新型产品的专利储备方面仍有较大的提升空间，特别是在一些高科技领域如生物医药领域中的创新药物研发、化妆品领域中的高新技术应用、新能源技术领域等之中，专利数量和质量相对较低。另一方面，关键技术的技术壁垒较弱。在一些技术密集型产业（如生物医药等）中，核心技术的突破往往离不开强有力的专利保护。目前，奉贤区的生物医药产业等领域中仍存在一定的技术壁垒，很多关键技术仍依赖外部技术或专利授权。虽然部分企业取得了一些专利，但缺乏技术突破，难以形成完全的技术优势。为此，亟须积极吸引专精特新企业及高端人才进入奉贤核心产业，推动产业的创新发展。

（三）园区配套设施有待进一步提升

支持园区基础设施改造的财政资金不足，导致园区在承载能力和环境方面面临较大压力。例如，部分管网系统陈旧，出现供水、排水不畅的问题，加上电力、燃气等基础设施不够完善，难以为企业提供稳定的生产环境。这些基础设施问题降低了园区对优质企业的吸引力，也在一定程度上影响了现有企业的扩张和发展，企业升级转型步伐因此放缓。

此外，随着现代产业对生产环境和技术支持的要求提升，基础设施的不完善还影响了园区的创新能力和承载新兴产业的潜力。园区需要增加基础设施改造方面的财政投入，通过现代化改造提升园区服务水平、优化硬件条件，增强园区的吸引力，进而推动园区内存量企业的持续发展和新兴产业的顺利导入，实现园区产业的高质量发展。

（四）人才队伍有待进一步扩充

一是高层次创新人才及团队的引育仍显不足。奉贤区要成为先进制造业的重要承载地，高层次创新人才和团队的引进和培养是提升制造业发展水平的关键。然而，目前奉贤区内从事科学研究和技术服务业的人仅有 0.85%，且奉贤区在吸引具有影响力的高水平科技创新人才、团队以及科研成果产出方面还相对薄弱。2022 年，奉贤区外籍 A 类人才（高端人才）发证占比仅为 13.4%，远低于全市 A 类人才发证占比（29.2%）。此外，虽然区内企业申报市级科技创新人才计划的项目数量较多，但立项率并不理想。2023 年，尽管有 15 个技术带头人项目参加申报，但最终立项数为零。

二是技能型人才供给不足。部分企业反映，目前劳务派遣机构逐渐垄断了产业工人的供给，同时，社保基数逐年上涨，导致企业用工成本迅速增加。全区职业培训机构的课程设置与产业需求脱节，培训项目主要集中在养老护理员、保育员、中式烹调师、西式面点师、电工等领域，与区内四大新兴产业（美丽大健康、新能源汽配、数智新经济、化学新材料）相关性较低。此外，落户、安居、交通、子女教育等因素对人才引进构成了多重制约，高层次人才的短缺已经成为产业发展的瓶颈。

（五）企业营商环境有待进一步改善

一是"软环境"方面，监管执法水平亟待提升。部分企业反映，环保、安全等领域的检查频繁且标准不统一，执法人员的执法方式粗暴，不同执法主体的整改要求互相矛盾；部分企业在经营初期缺乏监管支持，轻微违规行为即遭高标准处罚，影响信誉和经营。另有企业指出，某些部门设立第三方服务商短名单并推荐特定服务商，影响公平竞争并提高了经营成本。

二是"硬支撑"方面，部分园区的配套规划和基础设施难以满足企业需求。一方面，部分园区规划不合理，存在用地布局不集中、园中村和城市干道衔接不畅等问题。另一方面，镇级工业园区的道路、管线等基础设施存在明显短板。调研中，部分企业反映了园区道路沉降破损、汛期积水、精密产品受损等问题。此外，许多园区距离主干道和公交站较远，职工通勤不便。相比之下，长三角周边新建园区提供热力、危废处理、保租房等服务，进一步削弱了本市镇级园区的吸引力。同时，镇级园区因收益较低，难以独立提升基础设施水平。

（六）招商需求匹配有待进一步精确

近年来，随着外部环境的变化，招商引资过程中尤其是在初创型科创企业项目中对资金要素的需求越发突出。这些企业是提升产业能级的重要推动者，但其早期存在高度"不确定性"，市场化资本投资较为谨慎，而地方政府在其落地时常难以为其匹配资金需求。为此，科创产业链上下游的相关企业还需与上国投、园高基金等投资平台加强合作，以资本链驱动创新链，进而增强产业链的竞争力。充分发挥"资本"在优质项目资源整合、招商选资和项目培育中的作用，实现引育结合，推动产业经济新增长点的形成。

四　政策建议

（一）强化创新引领，推动产业结构高端化

一方面，瞄准美丽大健康、生物医药等新兴产业，深化技术应用和产品升级。巩固壮大化妆品、生物医药、高端食品三大新兴产业，提升质量、扩大规模，并加强产业链的延伸、补充、巩固与强化。整合上下游资源，构建高效协同的产业链和供应链生态，提升产业链价值和全球竞争力。前瞻布局未来产业，依据上海"五大未来产业"细化对标，特别是在基因和细胞治疗、新型储能、特种合金等领域，加快技术突破与产业落地，培育新的产业增长点。

另一方面，引导企业加大研发投入，通过税收优惠、资金补助等方式激励技术创新。加大研发支持力度，深入推进产教融合，以科技创新推动产业创新，发展新质生产力。稳定工业"基本盘"，通过传统产业转型升级，加大设备更新和技术改造力度。支持骨干企业设立企业技术中心、重点实验室等创新平台。推动科研经费持续增长，强化基础研究支持，鼓励原始创新和关键技术攻关。设立专项基金，支持高新技术企业和初创企业的创新活动。

（二）强化统筹推进，推动重点产业集群化

一是优先发展市场规模大、引流能力强、产业链齐全的美丽大健康产业集群。推动多元深度融合，深耕产业上下游，鼓励企业突破现代中药技术应用、植物萃取、合成生物（例如重组透明质酸等）等关键"卡脖子"环节。用好市区重点特色产业协同联动机制，持续建设时尚消费品产业生态，积极引进和培育智能穿戴、健康诊疗、医疗美容等潜力行业龙头企业。探索搭建区级时尚消费品工业元宇宙平台，开启区级美丽大健康品牌全新营销模式。

二是优化空间布局，聚焦化妆品、生物医药、高端食品三大主导产业，打造错位发展的空间格局，突出主业特色。深入开展国有企业改革深化提升行动，培育一流企业，同时积极支持外资企业扩大投资和产能。加快企业诉求处理速度，提升企业服务水平，做优企业服务平台，持续打造市场化、国际化、法治化和有温度的一流营商环境。①

（三）强化转型提升，推进产业模式现代化

第一，鼓励传统制造业加大对自动化、信息化、智能化技术的投入，推动装备升级和智能生产线的建设，提升生产效率和产品质量。支持企业建设数字化车间，利用大数据、云计算、人工智能等技术，实现生产过程的数字化、智能化管理，推动工业互联网的应用，提升全流程的可视化、协同化和精准化。加速规上企业数字化诊断全覆盖，推动制造业数字化转型，支持企业开展智能化、数字化改造，研究出台数字经济专项政策。提升重点产业的机器人密度，支持企业"上云上链上平台"，加快培育灯塔工厂。

第二，推进"绿色生产"，支持节能技术改造，推广能源管理体系，创建更多绿色产品、绿色工厂、绿色园区和绿色供应链。深化制造业与服务业的融合，推动先进制造业与现代服务业深度结合，引导企业从提供单一产品

---

① 魏修建、魏博言、唐哲：《先进制造业与高端服务业融合对绿色技术创新的影响研究》，《陕西师范大学学报》（哲学社会科学版）2024年第5期。

向"产品+服务"转型，持续提升奉贤新城的功能品质，推动产城融合发展。

（四）强化资源保障，推进产业要素协同化

第一，加强空间保障，推进新增工业用地出让、盘活存量低效用地，保障制造业项目用地需求。推动土地资源的优化配置和高效利用，集中力量支持高端产业和战略性新兴产业发展，避免低效或过剩行业占用宝贵的土地资源，通过土地整合、再开发等方式，为产业园区和企业提供优质的用地保障。在重点产业园区内实施集约化、绿色化的土地开发模式，促进土地的高效利用，避免低附加值项目占用过多土地资源，以增强园区吸引力、放大产业集聚效应。

第二，加大金融支持力度，深化"基金+基地+产业"发展模式，鼓励金融机构加强对制造业的信贷投放。推动建立多元化融资体系，支持企业尤其是中小企业通过股权融资、债务融资、风险投资等多种方式获取资金。鼓励建立产业投资基金、天使投资基金等，特别是支持创新型、技术密集型企业的资金需求。加强政策扶持，聚焦企业反映的用工、融资等难点问题，出台更加实用、有效的政策，提升政策的穿透力，提高惠企政策的落地效率，加快释放利用外资和生命健康产业等领域的政策红利，提升企业的获得感。

（五）加快产业技术人才集聚

一是加强中高级产业技术后备人才培养。结合四大重点先进制造业的需求，推动区内高校与企业深度对接，开展跨学科、跨领域的人才培养。借鉴太仓模式，鼓励职业院校与企业合作探索"双元制"职业教育，定向培养中高级技术工人。建议市级部门优化五大新城的产业人才落户政策，从注重学历转向注重市场实绩，如社保缴纳和企业认可等指标。通过上海市的产业人才专项奖励政策，解决人才安居、子女就学等问题，引进和培养一批高层次人才。

二是打造高端产业人才培养机制。建立产教融合机制，推动高等院校、

职业院校与企业深度合作，设计符合产业需求的定制化课程和培训项目。通过产学合作，培养符合行业需求的技术型、管理型、创新型人才，为企业提供源源不断的人才支持。支持技术工人培训，加大对高技能人才的培养力度，尤其是在高端制造、新能源、智能装备等领域，开展针对性强的技能提升培训。通过职业技能鉴定、技能大赛等方式，提升劳动者的职业素养和技术水平。深入推进产学联合科研项目，推动行业领先企业与高校、科研机构共同承担技术研发和项目攻关，培养一批具有实践经验和技术专长的高端科研人才，同时促进科研成果的转化应用。

B.11
持续优化奉贤营商环境
所面临的问题与对策

吴康军　马艺瑗[*]

摘　要：　"营商环境没有最好，只有更好，优化营商环境永远在路上。"近年来，奉贤不断把握优化营商环境的市场化、法治化、国际化要求，将优化营商环境作为推动高质量发展的"一号工程"。经多年努力，奉贤营商环境持续改善，在市场准入、产权保护等方面走在全市前列，但在公平竞争市场环境、公正透明法治、智慧智能数字化等方面仍有不足。未来，奉贤应在构建全链条服务体系，实现服务和监管一体，推行综合监管、信用监管、智慧监管，营造便利普惠的投资贸易环境、便捷高效的政务服务环境、智慧智能的数字环境以及培育营商环境品牌等重点领域进一步优化营商环境建设。

关键词：　奉贤　营商环境　市场监管　法治化　数字化

习近平总书记在上海考察时指出，要瞄准最高标准、最高水平，优化政务服务，打造国际一流营商环境。[①]近年来，聚焦打造市场化、法治化、国际化的一流营商环境，上海连续七年发布《上海市坚持对标改革持续打造国际一流营商环境行动方案》，市委书记陈吉宁在2024年初的优化营商环境大会上指出，"营商环境没有最好，只有更好，优化营商环境永远在路上"。

---

* 吴康军，中共上海市奉贤区委党校讲师，主要研究方向为区域经济与农村经济；马艺瑗，上海交通大学安泰经济与管理学院应用经济学博士后，主要研究方向为劳动经济学、微观计量经济学。
① 《新时代新作为新篇章》，《人民日报》2019年3月8日，第13版。

会议同时指出，要聚焦市场准入、事中事后监管、融资服务、数据赋能等方面的痛点难点堵点深化攻坚，要以钉钉子精神锲而不舍、驰而不息抓好优化营商环境这件大事。近年来，奉贤区为建设一流的营商环境不懈努力，把优化营商环境作为推动高质量发展的"一号工程"，接续奋斗、持续发力，深入开展"五大环境"提升行动，实现营商环境建设范围不断拓展。

上海作为中国经济的龙头，近年来持续推动"五个新城"建设，奉贤是其中的重要一环。在当前经济发展新阶段，奉贤正在加速推动产业升级和城市更新，积极招商引资。作为上海远郊区，奉贤区在吸引企业方面面临与其他区域的激烈竞争，建设良好的营商环境是降低企业成本、吸引企业入驻的关键所在。因此，研究奉贤营商环境建设的成绩和主要问题，不仅可以评估当前政府对企业的支持力度和吸引力，更能够清晰地把握企业经营中的痛点，判断奉贤在区域竞争中的优势和劣势，为实现长远的可持续发展提供策略建议。

一 优化营商环境的基础条件与成效

经过多年努力，奉贤区营商环境持续改善，群众和企业获得感不断增强，在市场准入、产权保护等方面走在全市前列。

（一）发挥政策对优化营商环境的支撑作用

1.明确产业定位，战略性新兴产业蓬勃发展

明确的产业定位是地区经济高质量发展的关键支撑。产业定位引领产业集聚、带来集聚效应，从而进一步降低企业成本。奉贤区重点发展美丽大健康、新能源汽配、数智新经济、化学新材料四大新兴产业，集聚效应进一步显现。根据奉贤区经委数据，2023年，奉贤区生物医药产业完成规上产值225.5亿元，规模位列全市第三；新能源汽车产业完成规上产值485.1亿元，规模位列全市第二，可比增长41.1%；新材料产业完成规上产值160.7亿元，可比增长6%。以化妆品企业为重点的"东方美谷"品牌价值已超过338亿元。2023年，奉贤区财富百强企业中，美丽大健康、新能源汽配、化

学新材料领域企业入选 54 家，合计纳税 98.6 亿元，占百强企业总税收的 55.6%。从趋势看，产业发展后劲加快积聚。2023 年，奉贤区工业固定资产投资总额达 168.4 亿元，创历史新高，规模排上海郊区第二，同比增速 21.2%，高于全市平均增速 15.7 个百分点。创新是第一驱动力。2023 年末，奉贤区有高新技术企业 2012 家，排名全市第五，在过去五年内实现了"翻一番"；国家级专精特新"小巨人" 38 家，市级专精特新企业 772 家，位列全市第五；累计认定市级科技"小巨人"（含培育）企业 147 家，位列全市第七。

2. 坚持公平普惠原则，实施更多面向中小企业的普惠性政策

在市场准入方面，持续擦亮"一网通办"金字招牌，降低企业办事成本。一是网办率持续领跑全市。根据奉贤区政务办数据，奉贤政务全程网办率达 94.58%，年度网办率达 95.75%，均排在全市前列；年度全程网办率达 92.48%，亦排在全市前列。二是深化"高效办成一件事"集成服务。系统推进关联事项集成办、容缺事项承诺办、异地事项跨域办、政策服务免申办，根据奉贤区政务办数据，奉贤累计上线"高效办成一件事" 32 个；累计办件量达 33.4 万余件；累计上线区级"免申即享"实施事项 33 项，居全市第二；法人类"免申即享"办件 16 万余件次，居全市第一。三是打造"智慧好办"服务。根据奉贤区政务办数据，奉贤累计上线"智慧好办"服务事项 45 项，年度办件量达 397 件；实现智能预填比例不低于 75%、智能预审比例不低于 90%、首办成功率不低于 90%，大大提高了企业一次性申请通过率，有效缩短了审批时间。四是加强企业"全生命周期"生态服务平台建设。根据奉贤区政务办数据，区级"企业专属空间"梳理新增 208 个画像标签、62 个特色档案、64 项"政策体检"服务，完成 380 条内容主动提醒，年度企业访问量累计 151 万次，访问企业数 29.1 万家，均居全市前二；实现精准送达 1920 余万人次和 2409 余万家企业；开发上线"区级政策一站通"，累计上架 478 条涉企政策，全市最多。

在市场监管方面，加大事中事后监管力度，着力降低企业安全成本。一是完善事中事后监管机制。开展"构建与高水平开放、高质量发展相适应的事中事后监管体系"专项调研，全面厘清奉贤区事中事后监管工作体制

机制，前瞻谋划工作方向。二是创新构建系统性、集成式、一体化跨部门综合监管机制。针对企业反应强烈的政府监管部门重复检查、多头执法等痛点问题，以22个"一业一证"行业及剧本娱乐等新兴行业为重点领域，探索实施综合监管"一业一册""一业一查""一业一单"制度，实现"进一次门，查多项事"。根据奉贤区市场监管局数据，奉贤已制定实施联合抽查方案29个，联合抽查对象388户次，发现问题28户次，行政检查对企业正常经营活动的干扰明显减少。三是深化"审管执信"联动。落实经营主体准入准营审管联动机制，完善涉企经营许可事项"双告知"目录，深化信用评价和分级分类监管机制，加强信息互通和业务协同，推动审批、监管、执法与信用有机结合，打造全链闭环、高效协同的监管新机制，不断提升监管联动效能。

在产权保护方面，创新性依法处置牟利性职业索赔，为企业营造诚信清朗的发展空间。近年来，牟利性索赔引发的行政争议始终居高不下。根据奉贤区市场监管局数据，2023年奉贤区牟利性索赔绝对数量较2017年增长了189%。奉贤区集中注册地是牟利性职业索赔高发地，"东方美谷"美妆企业也是牟利性职业索赔的"重灾区"。2023年度，全区遭受20件（含）以上牟利性索赔的有103家企业，50件（含）以上的有15家企业，其中12家企业职业索赔件占其全年投诉举报件的50%以上，大部分为化妆品企业。在全国范围无先例可学、无制度可循的情况下，奉贤区市场监管局聚焦办好企业关心的营商环境事，态度鲜明、创新突破，从切断干扰源的角度，制定《上海市奉贤区关于依法处置市场监管领域牟利性职业索赔行为实施意见（试行）》，突出分类管理、倡导诚实守信、强化综合治理的总体原则，明确了牟利性索赔行为的主要特征、处置方式和处置保障等内容，具有较强的可操作性，为化解这一全国性顽瘴痼疾开出"奉贤良方"。

（二）协同推进行政审批改革与"互联网+"监管，促进行政审批改革深化和整体效能提升

1.深化包容审慎监管，完善监管规则规范

包容与监管看似矛盾对立，实则相互补充、相得益彰，其体现的是一种

出于价值判断的管理服务技巧，是主动站在被监管对象及服务经济发展的角度、从监管思维转变为服务思维的升华。

奉贤区创新三级"白名单"综合服务机制，为重点产业领域企业、区镇重点企业、创新型成长型企业三类对象提供事前、事中、事后一站式管理服务。从"有求必应"到"有需必应"，体现的是"监管就是服务"的核心理念。自2022年底起，奉贤区市场监管局执法大队监管许可服务一体化改革，按照"谁监管、谁审批、谁服务"的原则，清单式综合管理全区食品、生物医药和化妆品生产企业，集中专业力量推动奉贤区"东方美谷"产业园区高质量发展。此举明确将食品安全监管、工业产品质量监管、特种设备安全监管、计量行政监管、企业信用监管、知识产权保护监管、企业登记事项监管等全部事项一次性合并，交由执法大队负责对"白名单"重点企业"进一次门、全面体检"，最大限度减少对经营主体正常经营活动的干扰。根据奉贤区市场监管局数据，以全区165户食品生产企业为例，监管总次数已从2022年的434户次降至2023年的195户次，每户年均仅上门监督检查1.2次。

作为"白名单"内的食品生产重点企业，馥松公司从申请到拿证仅经一个工作日便完成了厂区合并的所有证照办理，实现旧证、新证无缝衔接，开创全市先河，企业生产经营不受任何影响，极大节省了经营成本。

变"要我合规"为"我要合规"。护航企业健康守信发展，关键在于提升企业从"要我合规"到"我要合规"的意识和能力。奉贤区市场监管局基于"企业家面对成百上千的行业法律法规，不可能成为法律专家，因此不仅要送法上门更要让法常驻"的共识，从2023年起探索建立政企联动合规管理机制，创新推行企业首席合规官制度，指导企业自我防范、化解违规风险。根据奉贤区市场监管局数据，该制度实施一年来，已累计指导自然堂集团等218家"白名单"企业建立首席合规官机制，其中对全区85家化妆品生产企业实现全覆盖。

2.强化司法保护手段，保障企业合法权益

完善知识产权保护机制，成立"奉贤区知识产权保护联盟"，以企业诉求为导向，为企业精准提供知识产权保护。积极推进全区知识产权公共服务建设，推动建设上海奉贤（化妆品）知识产权快速维权中心，与杨浦区、浙江温州、浙江海宁等地区建立跨地区知识产权公共服务合作机制，打造跨区域协同保护机制。建立经侦"蓝鲸"护企工作站（奉贤区），为中小企业提供报案指引、合规体检等，成立"合规护企联盟"，开展"合规护企""为企办实事"等系列行动，保障中小企业合规经营。建立职工法律援助案件合作机制，做好案件协作和转交工作，最大限度保护职工的合法权益。完善财产保全机制，依法审慎采取财产保全措施，将对企业正常生产经营活动的不利影响降到最低。大力推进商事调解工作，进一步发挥调解在法治化营商环境中的作用，引入民非调解组织，在不同层面搭建商事调解推介平台，引导企业签署"调解优先承诺书"，在签订合同时引入调解示范条款，优先通过调解方式解决商事争议，培育商事调解服务品牌，优化区域法治化营商环境。

（三）提升科技监管效能，推进营商环境数字化转型

奉贤区市场监管局率先开启无人机辅助监管新模式。为精准打击电动自行车违法"拼、加、改"和开设非法加油点等危害人民生命财产安全的严重违法行为，奉贤区市场监管局进一步强化科技赋能，创新"非现场监管"手段，引入无人机辅助监管，探索打造"全天候、白加黑""天空+地面"的立体监管模式，助力提升市场监管治理能力现代化水平，筑牢守护人民生命财产安全的"防护墙"。

以往监管主要依赖执法检查、投诉举报和信访等途径，需要耗费大量执法力量进行核查，如今利用无人机"永不疲倦"的优势，让监管时段覆盖至夜间，极端情况可实现24小时巡查。在中心城区，无人机从起飞到发现、锁定违法行为仅需5分钟，与传统的处置方法相比，有着早发现、早介入、快处理的优势，解决了"抓现行取证难"的问题，节省了大量的行政资源。例如，奉贤区市场监管局创新无人机智能监管模式，开启了"数字化执法+非现场监管"的新路径。一方面，通过空中无人机辅助排查和地面执法力

量实地检查相结合，形成了"空地协同、立体监管"的执法态势，确保执法行动"有的放矢"，弥补了执法力量不足的问题。另一方面，通过高清录像提前锁定证据，解决了部分违法行为难抓现行、取证条件受限等诸多问题，进一步强化了执法震慑力度，有效遏制了某些隐蔽违法行为的发生。

（四）优化金融服务体系，降低企业融资成本

奉贤区财政局与担保中心、金融机构通力合作，搭建"政府+担保+银行"三方合作的政府性融资担保体系，发挥政策性融资担保增信和财政资金杠杆撬动作用，解决了传统信贷环节中企业抵质押物不足、融资成本高等问题，缓解了企业融资压力。该模式下，融资业务相较传统信贷业务覆盖面更广、融资效率更高、融资成本更低。推出"政会银企"四方合作机制，建立快速授信机制、启动"527"金融集市活动，主动对接金融机构，为民营企业量身定制融资产品，一定程度上缓解"融资难"问题。推进区级融资担保体系建设，通过对全区金融机构的中小企业贷款进行分析，评价区内金融机构对民营企业融资的支持力度，并将评价结果在财政存款、国企项目贷款招标工作中作为重要指标予以运用，为区内的中小微企业提供覆盖面更广、操作更便捷的金融服务。推出"东方美谷贷""商会批次贷"等特色融资项目，由政府性融资担保机构为民营企业提供担保、合作银行放款、奉贤区财政局提供政策补贴，破解企业缺乏抵质押物、融资难问题，并以补贴的方式降低企业的融资成本。拓宽融资渠道，支持企业以应收账款申请担保融资，对作为应付款方收到确权请求的，30 日内确认债权债务关系。

（五）提升政务服务效能，树立特色营商环境品牌

深化"一网通办"改革和"高效办成一件事"改革，做到关联事项集成办、容缺事项承诺办、异地事项跨域办等。根据奉贤区政务办数据，2023年办件量达 33.4 万余件。加强"一网通办"服务反馈机制建设，设立"没办成"服务专窗区和线上线下"办不成事"反映窗口，较好地解决企业群众在办事过程中遇到的"最后一公里"难题。打造"智慧好办"和线上

"帮办"等智能政务辅助系统，实现智能预填、智能预审，以及智能企业"全生命周期"生态服务和政策一站通服务。深化"免申即享"模式，直接给予吸纳重点群体就业的用人单位一次性就业补贴、一次性扩岗补助等。加快电子证照库、区块链电子材料库建设，对接市级电子证照如常用的身份证、营业执照、无犯罪记录证明等，并结合区块链技术归集全区各部门、各社会化机构线上线下历史 8 类办件材料资源，实现用户历史办件材料"一次提交、多次复用、全网共享"的电子化和共享应用，实现全区 97.6% 以上政务服务事项"两个免于提交"目标。推进数据共享平台建设，依托大数据和人工智能技术，搭建集数据交换、数据管理、数据共享、数据应用于一体的全区统一大数据平台，实现各级各部门公共数据向区大数据平台集聚，促进数据跨地区、跨层级、跨部门协同共享，并制定统一的数据分类、清洗、脱敏、加密等治理标准，实现对区大数据平台内数据资产的有效管理。打造"一区一品"特色营商环境，聚焦本区重点发展领域，提出 5 项改革任务 17 条改革举措，并明确责任部门及推进时间节点，实施"挂图作战"，目前已成功培育了"贤才服务一码通"等几个优秀特色案例。

二　持续优化营商环境过程中存在的主要问题

（一）在公平竞争的市场环境方面的问题

1. 政务服务与企业需求之间有断层

政府职能部门提供的政策服务和企业的需求之间存在脱节断层现象，有的政策知晓度不高，有的政策申请便利度不强，有的政策兑现落实难。就 39 项区级政策向企业开展的问卷调查显示：4 项涉及贷款担保、教育、医疗、购房的政策，部分企业不知晓；有 3 项政策部分企业反馈说不方便，涉及文创园区、知识产权资助奖励、海外高层次人才创业项目；有 11 项政策存在"申请过但未成功"的评价。

审批管理效能不足、服务资源整合力度不够。"十四五"规划提出要取消项目准入环节，建立以政策性条件引导、企业信用承诺、监管有效约束为核心的企业投资项目准入新模式。但产业投资项目仍需通过经委、投促、规资局、环保、税务等部门组成的联席审批机制审批，部分企业反映其使用租赁厂房的产业项目需经过 2~3 个月的审批程序，项目准入在实际操作中仍存在诸多隐形门槛。在当前需要扩大有效投资促进经济复苏的背景下，相关部门跨前服务重大建设项目落地的意识和能力还不够强。容缺办理机制尚未得到有效推广，"十四五"规划实施至今仅有 2 件审批手续适用容缺办理机制。帮代办人员队伍流动性比较强，对相关业务知识了解的综合性和全面性还有待进一步提升。同时对于权责不清的工作，部门之间相互推诿的情况仍有发生。

2. "一区两法"造成监管执法尺度不一致

奉贤区在临港新片区（奉贤区域）参照适用七部浦东新区法规，同一事项在同一行政区域内适用不同的法规，造成了行政管理的不统一、司法的不统一和企业权益保障有差别。窗口工作人员在受理业务时要精准掌握不同区域的不同要求、办理条件、办理材料等，增加了部门及工作人员的履职难度。另外，除奉贤区农业农村委还留有自建系统外，其他部门的许可事项都通过市级业务平台办理。奉贤区只能通过改造市级部门业务办理系统来适应本区的需要，而浦东新区事项办理系统独立于市级业务系统，自己有调整权限。例如，书店等七类公共场所卫生许可本应由审批改为备案，但市级业务系统仍没有为奉贤调整业务审批流程，发出的仍然是许可证，而非备案登记证。

3. 与临港新片区事权调整不充分

临港新片区市场监督管理局在设立之初，受体制机制限制，仅可在产城融合区行使经营主体登记注册类事权（不含个体、农专登记），在洋山特殊综合保税区外无市场领域的行政许可和监管执法权限，注册与许可、监管分离，由浦东、奉贤两区市场监管部门负责。在临港奉贤区域，奉贤区、临港新片区管委会等多部门并行履职，给经营主体办事带来"多次跑""两头跑"等不便，需要进一步优化协调机制。

（二）在公正透明的法治方面的问题

1. 监管执法存在多头执法、重复执法情况

多头监管、包容审慎不够。基层单位在规范精准执法上还存在一定差距，部分领域在执法流程、自由裁量基准等方面还缺少统一、规范的制度支撑，"一刀切"简单化的执法仍未完全杜绝。基层政府的部分行政执法行为所获取的执法权限与法律依据不充分，有责无权的现象仍然存在。执法衔接机制有待进一步健全，条与条、块与块、条与块之间仍然存在信息不对称、衔接不到位、配合不足等情况。

目前，与事中事后监管相关的系统有上海市统一综合执法系统、上海市"互联网+监管"系统、"信用上海"系统以及各部门监管业务系统，而诸多监管系统并未实现信息共享互通，数据壁垒依然存在。各类监管信息靠人工重复录入不同系统，系统建得越多，基层工作人员的工作量就越大，因此部门对推进跨部门综合监管工作存在抗拒心理。

2. 知识产权保护有待强化，涉企法律服务需要加强

高价值专利培育有待进一步强化。国家和上海市的"十四五"规划纲要的主要指标都首次、专门为知识产权设置了一项关键性指标——每万人高价值发明专利拥有量，进一步明确了高质量知识产权创造的工作导向。根据奉贤区市场监管局数据，2023 年奉贤高价值专利有效存量同比增长32.62%。但横向比较，价值专利总量（2155 件）远低于全市平均值（7770件），尚存在较大的提升空间，高质量发明专利的引入、成果运用和转化有待加强，需要在扶持政策、引入公共服务资源、开展培育项目、开展专利导航和分析评议等方面长远谋划，久久为功。

核心产业专利储备有待进一步深化。根据奉贤区市场监管局数据，截至2022 年底，奉贤美丽大健康产业发明专利授权量为 307 件，外观设计专利授权量为 60 件，分别仅占全年全区发明专利和外观设计授权总量的 21.36%和 3.20%。核心产业专利授权总量不大，且其中发明专利、外观设计专利占比不高，难以发挥创新驱动发展的作用，产业活跃度和集聚度有待进一步提升，需要"筑巢引凤"，大力吸引核心产业中的"专精特新"企业、人才入驻奉贤，在奉发展。

在知识产权保护方面，部分企业反映，知识产权遭侵权现象时有发生，而维权面临取证难、举证难等问题。目前，部分知识产权案件需要被侵权企业自行举证，如果没有公安部门强力介入，侵权案件举证难度极大，除部分拥有法务等专职部门的大型企业外，许多企业受制于调查取证手段欠缺、维权成本高昂等，难以有效维护自身权益。一些技术类知识产权案件由于专业性较强，往往需要技术调查官来查明事实，而法院现有的技术调查官明显不多。部分企业面临技术团队被竞争对手撬挖现象，但目前对该类行为的惩罚举措十分有限。还有部分知识产权案件赔偿额度很低，导致企业维权动力不足。[1]

（三）在智慧智能的数字化营商环境方面存在的问题

1. 数据壁垒影响营商环境数字化进程

数据共享开放存在壁垒，业务系统缺乏协同。在大数据时代，各行各业积累了大量数据，公共数据和电子政务管理涉及的部门多、链条长，长期以来形成了多头管理、各自为政的体制，一些重要部门的核心数据资源开发利用滞后，部门行业之间的数据（证照批文、材料等）无法共享，层级间、条块间网络互联互通不畅仍普遍存在，形成了一个个的信息孤岛，甚至出现数据"打架"的现象，仅有的共享也只停留在依申请共享、人工推送且数据格式单一等较低层面，业务系统缺乏协同。

2. 数据安全与隐私保护不足

数字化转型使海量数据不断生成，传输及存储等更加便捷，然而也会引发数据安全、隐私保护等问题。在实际监管方面，市场监管部门数据收集工作庞大而又难以甄别，只有对数字化转型中的海量数据进行大量的采集、整

---

① 何建莹、裴梦义：《宁波打造法治化营商环境最优市路径研究》，《宁波经济》（三江论坛）2023 年第 8 期。

合与分析，才能更深入地了解市场状况，及时发现违法违规行为并制定相应的政策。同时，对于未经消费者同意使用的数据，为了保护消费者隐私权而放弃采集，提升了市场监管的难度。此外，数据存储与传输缺乏安全性，市场监管部门要把海量数据储存到云端才能方便地进行分析处理。但是，当前市场中数据存储与传输的安全问题依然非常突出，如果因为数据安全管理不到位，造成数据泄露、篡改等安全事故，不仅会使消费者蒙受损失，而且也会侵犯市场主体的商业秘密及消费者隐私。

三　进一步全面优化营商环境的对策建议

一流营商环境需要具备良好的基础设施、广阔的市场空间、公平的市场竞争、健全的法治体系、优质的公共服务、丰富的人力资源、完善的税收政策、国际化的商业氛围等。

（一）完善公平竞争的市场环境

1.围绕市场主体完整生命周期，构建全链条服务体系

开展经营范围登记改革试点，创新经营范围的登记与展示，便捷经营范围调整，推动企业经营范围登记规范化、标准化、便利化。全面实行行政许可事项清单化管理，清理规范行政备案事项，加强行政许可和行政备案效能监督，深入实施市场准入负面清单制度，持续破除妨碍各类经营主体公平准入的隐性壁垒。深化"证照分离"改革，实施涉企经营许可事项全覆盖清单管理，在更大范围和更多行业中推动照后减证和简化审批，创新和加强事中事后监管，进一步激发市场主体发展活力。扩大告知承诺实施范围，健全市场主体准入准营审管联动机制，进一步推动行政许可减环节、减材料、减时限、减费用。深化市场主体登记制度改革，充分尊重市场主体自由权，加大登记制度供给力度，实施全国统一的企业设立、变更登记规范和审查标准，优化市场主体跨区迁移登记服务，落实歇业备案制度，便利市场主体自由进、自由迁、自由出。依托市场主体登记数字化服务平台，拓展设立、变

更、注销全程电子化登记覆盖范围，推行"市场主体身份码"，推进企业高频证照变更联办"一件事"，提升企业"一窗通"网上服务水平。

2. 围绕激发市场主体竞争活力，塑造公平竞争市场环境

完善公平竞争政策制度，深化政府采购和招投标改革，保障各类市场主体平等使用生产要素、公平参与市场竞争、同等受到法律保护。加强知识产权保护和运用，全面推动知识产权保护"一件事"集成服务改革，完善中国奉贤（化妆品）知识产权快速维权中心等平台功能，加大知识产权综合管理和执法力度，提升知识产权创造质量、运用效益、保护水平、管理效能和服务能力。加强公平竞争相关制度创新，健全以公平为原则的产权保护制度，加强反不正当竞争执法，构建公平竞争审查机制、监管执法机制、市场竞争状况监测评估和预警制度。加强制度创新，建立"政府引导、企业主导、多方联动、行刑衔接"的商业秘密保护工作格局，助推奉贤规模以上企业建立完善的内部商业秘密保护机制。

3. 推行合规性指导，实现服务和监管一体

推进跨部门综合监管改革及监管信息归集共享。全面推行综合监管，探索"一业一查"新模式，以部门联合"双随机、一公开"监管为基本方式，两个以上部门对同一监管对象实施不同行政检查且可以同时开展的，原则上应实行跨部门联合检查，除有投诉举报、上级交办、其他机关移送等案件线索或者重点领域专项行动部署等情形外，原则上每年不得超过两次。呼吁市大数据中心、相关市级部门着力打通数据壁垒，以跨部门数据互通共享支撑跨部门综合监管。依托"一网通办"数据共享交互平台做好与自然人、法人、空间地理、电子证照、公共信用、监管行为等信息库的对接联通，按跨部门综合监管业务场景需要共享本领域审批和监管数据，支持数据回流，确保数据归集规范有序、使用安全高效。

4. 新片区内事权调整赋能，解决"一区两法"不一致问题

推动市级业务办理系统统一。各相关部门需对照 7 部法律法规，逐一理出在奉贤区能够落地的正面清单和不能落地的负面清单。比如，聚焦浦东新区 10 个行业"承诺即入制"涉及的食品经营许可证等事项，由各审批部门逐一梳理出其落地的可能性。加强与市级部门沟通，取得市政府办公厅、市大数据中心及相关市级部门的支持，由市大数据中心统一完善业务办理系统，尽快推动市级业务系统调整落地，从而解决"一区两法"带来的问题。适时调整完善市场监管领域相关事权，强化跨区信息和业务协商机制，在信息调用、用章授权等系统功能上加强信息互通，在监管执法等方面做到有效衔接、不漏办、不重复办。

（二）营造公正透明的法治环境

1. 坚定落实"法定职责必须为、法无授权不可为"要求，坚持依法行政，守牢权力边界

严格规范执法行为。贯彻落实行政执法公示、执法全过程记录、重大执法决定法制审核"三项制度"。在涉企行政检查中试点推行"检查码"，实现"一企、一次、一码、一查"，避免随意检查、重复检查。推行行政执法移动应用程序掌上执法，在行政检查、行政处罚过程中，扫描"随申码"获取企业相关证照信息，实现"一码核查"。依托"随申码"服务功能，通过线上渠道向企业推送相关行政处罚决定等信息，实现"一码推送"。开展行政检查监管效能评估，对本区行政执法领域突出问题进行专项整治。发挥司法对行政的监督作用，进一步能动发挥检察建议作用。

2. 跨部门综合监管、分类监管

全面推行综合监管。围绕监管对象全覆盖、监管内容全要素、监管流程全闭环、监管执法全协同、监管数据全共享、监管结果全公开"六个全"要求，深入推进跨部门综合监管。选择部分"一业一证"改革行业，从经营主体视角出发，整合相关部门的监管内容要素，形成统一的合规经营指南并精准推送给行业全量经营主体，稳定经营主体监管预期。

探索新产业新业态新模式监管方式方法。对行业主管部门不明确、监管边界模糊、监管责任存在争议的新产业新业态新模式，按照领域归口、业务相近原则和新产业新业态新模式的主要行为特征，明确监管职责，避免出现监管空白。支持食品企业总部研发中心叠加食品生产功能，打破食品生产场

地专用限制,实施"研发+生产"新模式,实现"一址两用"和"工业上楼"。探索在市场监管全领域应用轻微违法违规行为记分管理,推广包容审慎、宽严有度、全区统一的可丈量监管模式。

3. 采用信用制、承诺制手段

持续加强信用监管。充分发挥信用作为事中事后监管基础依托的重要作用,动态调整市场监管部门失信惩戒措施基础清单,有效防范和查处假冒企业登记违法行为,加强对提交虚假材料责任人的信用惩戒。加强市场监管领域企业信用与执法检查联动,对信用良好的企业原则上不主动开展检查,根据举报投诉、转办交办等线索实施"事件触发式"检查;对信用风险一般的企业,按照常规比例和频次进行抽查;对违法失信、风险较高的企业,适当提高抽查比例和频次。落实公共信用信息分类修复制度,探索失信行为纠正信息共享、申请信息智能预填、电子印章实时调用等便利化措施。

4. 加大投入力度,实行智能化非现场监管,让远程监管成为可能

不断拓展智慧监管。推动运用大数据、人工智能、物联感知、区块链等技术赋能非现场检查。积极参与打造市场监管数字化体系,深化"互联网+"明厨亮灶、电梯等智慧监管。织密"视频监控网",拓展渣土运输智能研判等应用场景,实现街面重点区域和道路全覆盖、全天候、全过程电子监管。全面推行农资进销存管理系统,强化农药"进—销—用—回"闭环管理,进一步提升农产品质量安全监管水平。优化智慧环保平台建设,构建智慧环保应用场景,提升生态环境现代化治理水平。在美容美发、运动健身等预付式消费领域设置风险预警指标体系,第一时间感知识别、预警推送、发现处置风险隐患。

(三)建设便利普惠的投资贸易环境

1. 建立"超前谋划""倒排时间表""联合预评审会"等工作机制

借鉴莫德纳建厂经验。美国生物医药企业莫德纳从战略签约至拿地开工仅用了3个多月,成为上海持续优化营商环境、激发改革开放活力的证明。

为推动莫德纳项目落地，闵行区建立了"零时差"专班工作机制，工作人员轮班24小时在岗。两个月时间里，通过邮件往来，工作专班回复解答了美方需求事项45个，最快30分钟内完成闭环处理。其中，"倒排时间表"是这个项目的特色做法之一。一张项目工作时间表，从项目公司成立到网上公告摘牌，一共历经土壤检测、管线搬迁、场地平整等26个阶段。时间表上用黄色和蓝色模块标明了不同主体负责的项目，用红色字体备注较为紧急的事项。此外，在项目方案正式审批前，创新设置了多部门"会诊"制度，专班提前召集14家委办局举行了2次"联合预评审会"。

2. 坚持公平普惠原则，实施更多面向中小企业的普惠性政策

建议完善市场准入负面清单制度，对民企名义上放开实质上禁入的领域或事项，应单独列出。清除以所有制打分、要求与能力无关的历史业绩、远超项目本身的能力要求等具有歧视性或为国企"量身定制"的做法，取缔各类备选库、名录库、资格库。加强市场准入和相关配套制度建设，形成完整一致的准入制度体系。加快推进要素市场化配置改革，减少政府直接配置市场的领域和做法。[①]

3. 加强数据、人力要素跨境流动，吸引外商投资

推进纳税智慧化便利化。拓展数据赋能企业服务场景建设，在打造智慧办税服务厅、元宇宙共治点"一体两翼"的基础上，开发更具有针对性和实用性的数据应用，为经营主体提供多元化、智能化、一体化优质服务体验。延伸打造"云上活动日"及"助企服务日"线上线下双渠道政策辅导分支体系，深入应用"智慧前置仓"，以"T+1"方式加强动态监控，确保优惠政策100%全覆盖。构筑功能性强、集成度高、协同性好的税费争议调解中枢，形成简单争议就地化解、一般争议流转响应、复杂争议提级处理的一体化争议处理体系。

打造人才集聚新高地。推动"海归小镇"申建，形成引才聚才"强磁场"。高规格承办第四届"海聚英才"全球创新创业大赛（杭州分赛区），

---

① 袁东明：《促进民营企业平等准入的思考和建议》，《智库头条》2023年8月9日。

并举办奉贤区第二届"才聚贤城·创享未来"全球创新创业大赛，引进一批优秀人才和优质项目。积极举办"走进奉贤"等系列推介活动，吸引更多人才了解奉贤、爱上奉贤。完善"贤才服务一码通"平台功能，拓展"贤才驿站"布局范围，构建线上"一键式"与线下"一门式"相结合、全生命全周期的人才服务体系。深化"筑巢引凤"工程，优化人才安居保障体系，让各类人才进得来、留得下、住得安、能成业。

（四）打造便捷高效的政务服务环境

1. 把整体政府的理念作为重要原则，完善体制机制，提升服务水平，提高办事效率

完善市场准入负面清单制度，增强负面清单的权威性和严肃性。持续削减市场准入负面清单中的许可事项，推动更多事项从事前审批向全链条监管转变。许可事项要进行再分类，对民企名义上放开实质上禁入的领域或事项，应单独列出。对没有列入市场准入负面清单，但实践中存在的禁止民企进入或"不能为第一大股东"的做法要进行梳理研究，如确有股比要求或禁入的，应纳入负面清单，没有充分理由的应予以清理。建立关于违反负面清单的投诉机制，对企业反映清单之外进不了的领域或事项，要予以查处并纠正。

推进政务服务标准化规范化便利化供给。企业服务事项进一步向区政务服务中心集中，应探索在区政务服务中心为企业提供人才、融资、科创、法律等专业服务。推进综合窗口系统标准化建设，实现入驻事项的规范管理和办件数据的统一汇聚、流转共享。完善"贤·帮办"服务体系，拓展"线上专业人工帮办"服务范围，提升服务效能，实现"1分钟首次响应，90%解决率"。持续提升"跨省通办"服务能效，扩大区域平台对接试点。打造虚拟政务服务窗口，建立规范、安全的视频交互远程受理模式，推行远程互动引导式政务服务。探索推出重点企业"政务服务包"，将各类高频政务服务事项办理渠道、办事指南等精准推送。打造"15分钟政务服务圈"，推进自助终端集成服务。

2. 推行从"互联网+政务服务"到"人工智能+政务服务"的转变

2024 年国务院《政府工作报告》强调,"深化大数据、人工智能等研发应用,开展'人工智能+'行动"。人工智能与政务服务相结合,有利于行政效能的提升。对于服务提供方而言,"人工智能+政务服务"能够让行政主体的工作更加科学高效,一些模式化和重复性的政务文件、工作方案、工作汇报与总结等政务文书可以借助人工智能更快地生成;对于服务接受方而言,人工智能能够克服人类行政人员容易出现的情绪化、疲劳以及专业知识储备不足等问题,以"理性"面对办事民众与企业。此外,"人工智能+政务服务"还能够通过算法对行政审批事项中的内容、形式、要点等要素进行自动化审核,并通过人机对话的形式推动政务运作"不见面、网上办、零跑腿"。①

3. 抓好市场准入和退出,加强对企业全生命周期的管理和服务

全力畅通市场准入和退出渠道。完善企业住所标准化登记信息库建设,依托数据核验简化企业住所登记材料。结合城乡社区服务体系建设,为从事居民服务业的个体工商户提供登记地,创新支持将农村宅基地作为经营主体登记住所。严格规范集中登记地管理,引导园区配合落实集中登记地企业守法经营管理工作。依托全国统一电子营业执照系统及"经营主体身份码",全面推广"一企、一照、一码"应用,推出更多前瞻性、引领性、普惠性创新应用场景。探索推动企业登记信息变更后在有关部门业务系统中自动更新。在破产案件审理、中小企业破产保护、破产重整信用修复、破产管理人机制等方面深化制度创新。

(五)培育智慧智能的数字环境

1. 依据世行新指标,营商环境建设由成本导向转向赋能导向

世行营商环境评估维度由原来的营商环境指标向宜商环境指标转变,由

---

① 张鹏、梅杰:《从"互联网+政务服务"到"人工智能+政务服务"》,《中国社会科学报》2024 年 4 月 11 日第 A6 版。

原来的便利度（时间、环节、成本）和监管法律框架两个维度拓展为监管框架、公共服务、企业办事便利度三个维度，在全球范围内集聚和配置各类资源要素能力增强，应用数字化技术+环境可持续性更强，市场主体活跃度和发展质量更高。例如，BR 促进市场竞争指标变化很大，取消政府采购招投标的案例假设，新增了公平竞争、反垄断法律法规和执行机制、创新和知识产权保护、市场活力和国企竞争等评估内容，营商环境由成本导向转向赋能导向。此外，丰富数据采集方式，从主要通过专业机构调查拓展为法律法规梳理、专业机构调查、企业感受调查、政府行政数据核验等多种途径。

2. 数据赋能，释放政务数据价值，精准匹配企业需求

公共数据作为关乎国民经济和社会发展的关键数据要素，是当下和未来优化营商环境的新动能、新路径。应充分激发政务数据要素潜能，发掘数据内在价值，依托对现有各职能部门平台功能的有效整合，搭建招商引资和产业转移平台，创新招商引资模式。"一码招商"，即招商对象只要通过扫二维码就可了解省情市情、主导产业、招商政策、招引项目及配套资源等信息；"一图招商"，即依托招商引资"一张图"大智治场景，实现招商线索、驻外招商人员、在谈项目数字化管理；"一链招商"，即围绕"建链、延链、补链、强链"绘制若干张产业链全景图。通过招商数据库数据，挖掘匹配产业、空间、政策、招商、配套等要素资源，提供最佳投资选址地供企业参考。[①]

（六）聚焦本区重点发展领域，培育营商环境品牌

一是围绕奉贤中小企业科创活力区建设，面向奉贤制造类中小企业的降本增效诉求，积极探索中小企业数智化转型可行路径。其一，建立潜力型工业服务企业遴选与支持机制。由区经委等部门联合相关智库机构，加快制定潜力型工业服务企业遴选标准，挖掘其中的"独角兽"企业与"瞪羚"企业，并配套专项支持政策。其二，在线上搭建具有奉贤特色的中小企业数字

---

① 刘祺：《释放政务数据价值与企业需求精准匹配》，《百生智库》2024 年 4 月 29 日。

化转型对接服务平台。建议遴选奉贤或者上海本地工业互联网平台企业，加快出台专项政策，支持其牵头搭建中小企业数字化转型对接服务平台，加快构建集中小企业数字化转型案例数据库、数据要素赋能平台、数字化转型政策服务、高标准数字化转型培训服务等于一体的公共服务平台。同步出台配套支持政策，不断优化平台运营实效。

二是围绕奉贤重点发展的美丽大健康、新能源汽配、数智新经济、化学新材料等产业领域，面向国内"民企500强"和"世界500强"，依托上海工博会、进博会等重大平台，顺应产业发展新趋势新赛道，以数智化和绿色低碳化为重点，力争引进一批优质项目、结算总部和区域性总部，为产业转型升级导入新增量、发掘新变量。完善重点项目签约落地闭环管理，建立区领导牵头的包干推进、定期协调、按时签约机制。

三是面对招商过程中企业的"要资金、要市场"需求，积极盘活奉贤区国有存量资产，为奉贤民间投资开拓新市场空间，以此为抓手吸引企业落户奉贤。支持民间投资项目参与基础设施领域不动产投资信托基金（REITs）试点，通过公益性强、收益性弱的项目与收益可观的关联项目的有效融合，鼓励民间投资参与盘活城市老旧资源、文化体育场馆和闲置土地等资产，因地制宜推广污水处理厂下沉、地铁上盖物业，以及交通枢纽地上地下空间、公路客运场站及城市公共交通场站用地综合开发等模式，拓宽收益来源，提高资产综合利用价值。

B.12
奉贤区数字经济高质量
发展的进程与展望

丁波涛 赵蔡晶*

摘 要： 奉贤区以推进"数字江海"项目建设为主要抓手，以加快数字产业化和产业数字化发展为关键任务，初步形成了"一体两翼"的奉贤数字经济发展格局。"数字江海"一期已开园，二期正式开工；数字产业化稳步发展，2024年前8个月，区内规模以上信息传输、软件和信息技术服务业产值同比增长14%，计算机、通信和其他电子设备制造业产值同比增长8.3%；产业数字化效果显著，中小企业智改数转全面推进，数字化转型示范标杆不断涌现，产业转型服务体系进一步完善。尽管取得了一定进步，但奉贤区数字经济发展仍面临总量不高、增长不稳定、企业实力不足和创新生态不佳等挑战。为应对这些挑战，奉贤区抓住发展新机，放大特色载体溢出效应，深化数实融合，推进"数据要素×"行动，突出区域特色，发展新型智慧农业，健全数字生态，打造高素质人才大军，推动数字经济的高质量发展。

关键词： 奉贤区 数字经济 数字产业 数字化转型 高质量发展

数字产业是奉贤大力发展的四大新型产业集群之一。近年来，奉贤立足打造具有国际影响力和市场竞争力的数字经济体系，积极布局人工智能、大

---

* 丁波涛，上海社会科学院信息研究所副所长、研究员，主要研究方向为智慧城市、数字经济、数据治理等；赵蔡晶，上海社会科学院信息研究所助理研究员，主要研究方向为数字经济、数据要素市场等。

数据、云计算、物联网、智能无人驾驶等新兴技术，新型数字产业从无到有、从弱到强、从新到特，不断推动奉贤新质生产力加速发展。2024年7月底举行的中共上海市奉贤区第五届委员会第九次全体会议决议指出，要进一步全面深化改革、推进科技创新，打造现代化产业体系、实现高质量发展，坚持改革攻坚、科创引领，坚持实体为本、智造强区，以美丽大健康、绿色新能源、通用新材料、数智新装备等主导产业形成竞争新优势，促进三次产业智能化、绿色化、融合化发展。未来，奉贤应以五届九次全会精神为指导，强化创新突破、数字赋能，加快奉贤数字经济高质量发展。

一 奉贤区数字经济发展的新进程

过去一年中，奉贤区围绕促进经济高质量发展的总目标，以推进"数字江海"项目建设为主要抓手，以加快数字产业化和产业数字化发展为关键任务，初步形成了"一体两翼"的奉贤数字经济发展格局。

（一）"数字江海"项目建设进展

"数字江海"是上海市奉贤区为把握上海"五个新城"建设机遇，响应上海全面推进经济、生活、治理数字化转型战略而推出的重大项目，是奉贤区发展数字经济的核心载体。该项目旨在通过"数字蝶变"带动"城市蝶变"，继"东方美谷"和"未来空间"之后，成为奉贤区着力打造的第三个城市品牌。"数字江海"全称为数字江海国际产业城区，是奉贤新城的旗舰项目，由奉贤区政府与临港集团联合开发。该项目的总体规划占地约2060亩，以打造"上海首个全面数字化的国际产业城区"为目标，融入绿色低碳、安全韧性和数字化创新的理念。整个项目分为七个阶段，预计用10年时间完成。"数字江海"的愿景是通过数字化技术，构建一个融合地上、地下和云端的"三座城"，在奉贤新城中打造一个全新的、全数字化的国际产业城区，其建设发展过程如图1所示。

2021年4月9日	·上海奉贤新城发布了首个数字产城融合造城计划，标志着"数字江海"项目的正式亮相
2021年5月27日	·一批数字化项目及企业签约入驻上海奉贤，加快了"数字江海"新地标的打造步伐
2021年7月7日	·奉贤区人民政府与临港集团签订战略框架协议，明确双方合作开发"数字江海"国际产业社区
2021年8月31日	·"数字江海"核心区域控规调整取得正式批复，这是项目的关键里程碑节点
2022年2月24日	·"数字江海"首发项目率先开工，占地178.8亩，标志着项目进入实质性建设阶段
2023年7月14日	·2023"数字江海"数字经济产业创新大会在奉贤区举行，进一步推动了数字经济产业的发展
2024年6月24日	·"数字江海"一期项目正式开园，同时，二期项目正式开工，"数字江海"数字孪生城市系统正式上线。

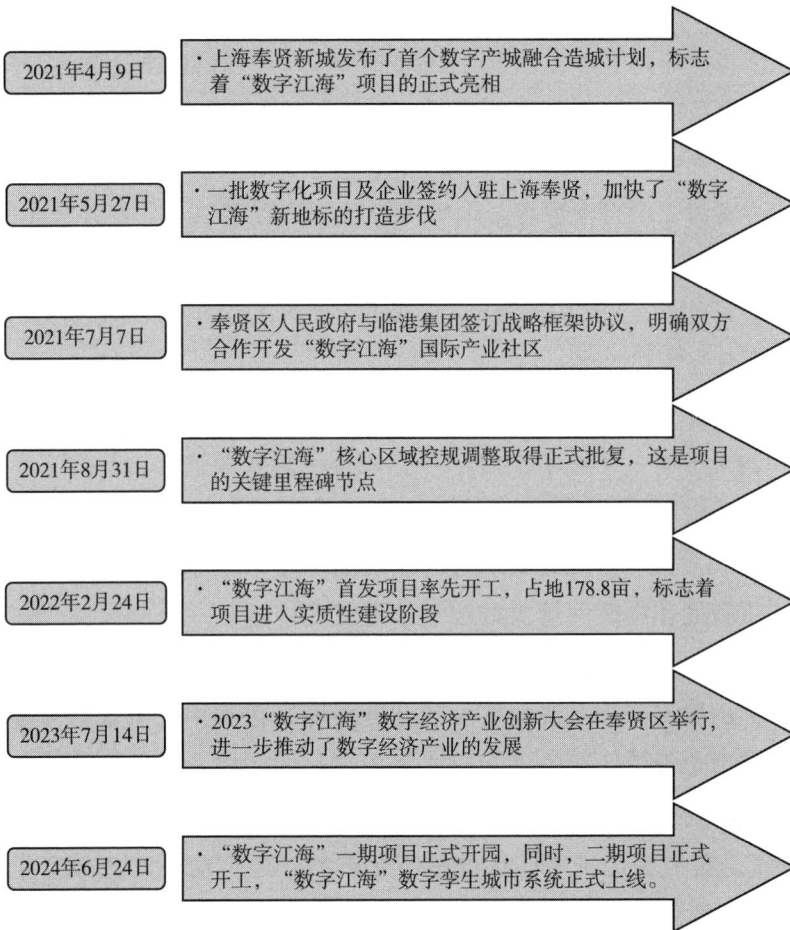

图 1 "数字江海"项目建设大事记

1. 园区一期正式开园

2024 年 6 月 24 日，"数字江海"迎来了首期项目开园庆典，同时，二期工程正式启动。首期项目占地 178.8 亩，建筑面积达到 25 万平方米，由 16 栋建筑组成。特别引人注目的是，作为上海首批规划试点项目之一的"垂直工厂"已经完成了主体结构的建设。目前，该园区的企业入驻率已经达到了 70%，入驻和签约的企业均为智能终端、精准医疗、量子计算等前沿领域的佼佼者。预计未来"数字江海"将吸引 1000 家企业入驻，提供约

20000 个就业机会，成为南上海地区人才发展和产业集聚的新高地。此外，包括上海市欧美同学会、上海人工智能研究院、中国信息通信研究院华东分院、上海交通大学 MED-X 研究院、上海数字建造工程技术中心、复旦临港产业化创新平台等在内的多个功能平台，以及工银资本、中金资本、国泰君安、东方富海、申万宏源等金融机构均已与"数字江海"签订合作协议。展望未来，"数字江海"将继续利用其资源优势，加速发展成为数字科技的新动力、布局数字经济的新领域、建设数字城区的新典范，为奉贤区的高质量发展注入智慧和活力。

2. 园区数字孪生平台上线

2024 年伊始，"数字江海"项目取得了重要的进展，其数字孪生城市系统的关键部分——"数字江海"数字底座完成了首期建设，并在一期开园仪式上正式投入运行。这一系统融合了数字孪生、大数据、云计算、人工智能和物联网等尖端技术，为园区构建了一个全面的感知神经网络。通过这个网络，系统能够收集和分析"数字江海"在各种状态和业务方面的数据。该系统能够主动监测环境变化和用户需求，为企业提供包括城市建设、社区管理和产业服务在内的多样化应用场景，通过实现"云端一座城"与"地上一座城""地下一座城"的无缝整合即"三城合一"，它不仅促进了园区的数字化转型，还推动了产业数字化的发展。"数字江海"数字底座旨在构建一个能够赋能产业发展的数字化平台。这个平台不仅能够推动特色产业集群的聚集，还能为奉贤区的现有优势产业提供支持。通过这种创新的数字化融合，"数字江海"项目将有助于提升区域产业的竞争力、促进经济的可持续发展，并为奉贤区的产业升级和智慧城市建设提供强有力的支撑。此外，数字底座的建成也标志着"数字江海"在智慧城市建设方面迈出了坚实的一步。它将为园区内的企业和居民提供更加智能、便捷和高效的服务，同时为城市的规划和管理提供数据支持和决策辅助。

3. 赋能新兴产业发展

"数字江海"数字孪生城市系统构建了一个高度智能化的虚拟数字基础

平台。这个平台能够整合所有相关设备包括能源使用、物业管理、商业消费、企业生产等各方面的数据，形成一个全面的数据中心。运营管理者可以利用这个平台，通过各种数字化的衡量指标，实现数据的可视化分析、协同工作和决策制定。该系统主要由四个核心部分构成：物联中台、数据中台、业务中台和 AI 中台。这四个中台共同构成了一个强大的数据资源库，并具备卓越的数据治理能力。一方面，系统通过部署边缘计算中心，打造了一个产业赋能平台。这个平台整合了公共基础资源、公共软件服务和公共算力服务等，构建了一个高性能的公共算力网络，专门为数字经济和生物医药产业提供支持。它为入驻园区的企业提供有针对性的科技创新支持和软件运营服务，帮助企业实现数字化转型。另一方面，系统对园区内的所有末端设备进行监测和联通，通过搭建智慧安防、智慧通行、智慧能效、智慧工地、能碳双控、城市应急管理等多维度的智慧场景模型，将数字化管理融入园区的每一个使用场景。这使得园区的城市和产业数据变得可视化和可控，从而全面提升了园区的建设和管理水平。总之，"数字江海"数字孪生城市系统通过构建一个智能化的虚拟数字底座，实现了数据的全面整合和智能化管理。它不仅为园区内的企业提供了强大的数字化支持，还通过多维度的智慧场景模型全面提升了园区的建设和管理水平，为打造一个高效、智能、可持续的数字经济生态圈奠定了坚实的基础。

（二）数字产业化

数字产业化是数字经济的核心部分，包括电子信息制造业、软件业、信息服务业等。2024 年 1~8 月，奉贤全区规模以上信息传输、软件和信息技术服务业营业收入为 15.94 亿元，同比增长 13.8%，而 1~9 月规模以上计算机、通信和其他电子设备制造业产值为 23.4 亿元，同比增长 8%，均保持了较快增长。同时，观察奉贤同期的 GDP 以及规模以上制造业、服务业的增速（分别为 1.7%、-4.8%、-1.7%），奉贤数字产业发挥了稳增长、强动能、促进发展的重要作用。

1. 持续强化城区数字底座

奉贤持续推进"双千兆宽带""城域物联专网"等新型信息基础设施建设。根据奉贤区 2023 年统计公报，至 2023 年末全区共有 2G 基站 1128 个、3G/LTE 基站 642 个、4G 基站 3437 个、5G 基站 4829 个、室分微站新型小区站等 885 个。区域内现有光缆 399.08 万芯千米，千兆覆盖小区 1923 个、商务楼宇 559 幢，光纤到户累计覆盖 180.53 万户，覆盖率 100%。窄带物联网（NB-IOT）-12-容量 3055.8 万个。发展高清交互式网络电视，高清 IPTV 用户累计 27.88 万户，信息基础设施服务能级进一步提升，移动通信用户累计 236.13 万户，5G 创新应用累计 53 个①。

尤其值得一提的是，奉贤在大数据、人工智能等新兴数字产业发展所必不可少的智能算力建设方面进展迅速，特别是在绿色低碳应用、存力规模和数据中心建设方面表现突出。根据"算力浦江"专委会组织成员单位编制的《上海市算力综合指数（2023）》，奉贤在算力综合指数以及多个单项指数方面都排在上海各区前列②（见表 1）。未来，随着"数字江海"等项目的推进和数字基础设施的进一步完善，奉贤区的算力体系有望得到进一步加强和发展。

表 1 上海各区算力指数排名

排名	综合指数	算力	存力	运力	生态	绿色
1	浦东新区	浦东新区	奉贤	浦东新区	浦东新区	嘉定
2	嘉定	宝山	宝山	徐汇	徐汇	浦东新区
3	宝山	闵行	浦东新区	静安	嘉定	奉贤
4	奉贤	金山	嘉定	普陀	奉贤	宝山
5	青浦	嘉定	徐汇	青浦	闵行	松江
6	松江	青浦	松江	金山	松江	青浦
7	闵行	松江	虹口	宝山	宝山	虹口

---

① 《2023 年上海市奉贤区国民经济和社会发展统计公报》，https://www.fengxian.gov.cn/tjj/tjsj/tjgb/20240605/71096.html，最后访问日期：2024 年 12 月 13 日。

② 《〈上海市算力综合指数（2023）〉正式发布》，http://www.shsic.org.cn/info/992，最后访问日期：2024 年 12 月 13 日。

排名	综合指数	算力	存力	运力	生态	绿色
8	徐汇	奉贤	普陀	闵行	青浦	闵行
9	金山	徐汇	金山	嘉定	杨浦	杨浦
10	静安	杨浦	杨浦	奉贤	静安	静安
11	杨浦	静安	静安	虹口	金山	金山
12	虹口	虹口	闵行	松江	普陀	徐汇
13	普陀	普陀	青浦	杨浦	虹口	普陀

注：该报告中黄浦、长宁以及崇明未参与排名。

2. 大力培育无人驾驶产业

奉贤立足本区产业发展特点以及智能产业发展趋势，大力推动以人工智能、大数据、云计算、物联网等为支撑的无人驾驶产业发展。2020年奉贤区与临港集团、上海交通大学三方联手，打造占地1.71平方公里的临港南桥智行生态谷成为南上海汽车产业中心"未来空间"的关键技术创新区，建设上海第三个无人驾驶测试中心和安全信息平台等核心功能设施，加快推动车路协同通信系统等技术的创新研发。临港南桥智行生态谷也是上海市首批26个特色产业园区中唯一一个智慧出行特色园区，国内首个"智能驾驶全出行链创新示范区"也落户奉贤。完备的科创基础为科创企业提供了良好的创业氛围，百度智联科技、昆易电子、lUMINAR等知名人工智能企业都已经落户奉贤①，同时新能源汽车核心零部件企业也不断在奉贤集聚，宁德时代、均胜电子等都是其中代表。

3. 不断涌现优质新兴企业

奉贤区无人驾驶以及精细化工等特色产业的不断集聚与发展壮大形成了一个新的产业创新生态，吸引和培育了一批优质中小企业和初创企业。2024年9月，工业和信息化部评选推出的第六批专精特新"小巨人"企业培育名单中，奉贤有11家企业入选，其中有两家电子信息企业。一是昆易电子

---

① 沈思怡：《未来科技，从奉贤迈向世界》，《解放日报》2024年9月29日。

科技（上海）有限公司。该公司服务于整车与各级零部件产业链，目前已拥有400多家客户，包括蔚来、小鹏、理想、华为、小米、路特斯、地平线、博世等知名企业；产品包括自动驾驶数据闭环工具、数据采集分析工具、硬件在环虚拟测试系统等，填补了国内空白，其中自动驾驶数据闭环工具已经达到国际领先水平。二是上海永铭电子股份有限公司。该公司专业从事电容器研发、生产与销售，不断突破电容器应用瓶颈，攻克技术难关，持续开发尖端新产品，自主研制出高分子导电性聚合物作为电解质配合有机电解液与正极化成箔表面及腐蚀孔内的氧化膜紧密结合、与负极碳箔的外碳层及内碳层紧密结合，完成纯电动车规铝电解电容低容量衰减率相关技术突破，实现进口替代。[1]

另外值得一提的是，以往奉贤在互联网平台企业领域的基础相对薄弱，但近年来有所改善。根据上海市互联网协会日前发布的2023年《上海市互联网企业综合实力指数报告》，奉贤区的五五海淘（上海）科技股份有限公司同时入围上海市互联网成长型前10家企业名单和上海市互联网综合实力前50强，显示出较强的企业实力和发展活力。[2]

4. 全力发展直播特色产业

直播产业是奉贤数字经济发展的重要特色，其规模和发展水平在上海处于领先地位。在发展直播产业的过程中，奉贤区委、区政府重视加强与抖音等头部视频平台企业的紧密合作，共同打造有利于直播产业发展的良好生态。2023年奉贤区网络零售额达1472亿元，同比增长23%。其中，抖音直播实现零售额占全市的比重达20%，规模排名第一。[3] 2023年11月24日下午，"爱直播·爱奉贤"上海奉贤&抖音电商"直播产业创新发展示范点"启动活动暨奉贤区与抖音电商合作签约仪式在四团镇五四村举行，奉贤区委

① 《奉贤新添11家国家级专精特新"小巨人"企业》，https：//www.thepaper.cn/newsDetail_forward_28886567，最后访问日期：2024年12月13日。
② 《上海互联网企业综合实力前50强，闵行7家上榜》，https：//baijiahao.baidu.com/s？id=1785037739687577791&wfr=spider&for=pc，最后访问日期：2024年12月13日。
③ 《上海奉贤&抖音电商"直播产业创新发展示范点"首场线下赋能培训会顺利举行》，https：//www.fengxian.gov.cn/gzms/20240418/67697.html，最后访问日期：2024年12月13日。

书记袁泉，区委副书记、区长王益群，抖音集团上海公司负责人余建军，抖音集团政务合作副总经理朱云龙共同为上海奉贤＆抖音电商"直播产业创新发展示范点"启动仪式点亮灯柱。[①] 2024 年 4 月 17 日下午，由奉贤区经济委员会、抖音电商主办，四团镇人民政府承办的上海奉贤＆抖音电商"直播产业创新发展示范点"首场线下赋能培训会在奉贤区博物馆顺利举行。该活动旨在通过解读政府扶持政策和抖音电商平台优惠赋能权益，引导奉贤企业打破传统发展模式，助力赋能企业数字化转型，创新运用全域兴趣电商平台，聚焦发展新质生产力，探索乡村振兴发展新模式。

直播产业的发展也带动了许多传统产业的数字化转型。例如，水星家纺是奉贤有名的老牌生产制造型企业，它不仅是家纺企业内为数不多的上市公司，更是行业内首批切入直播电商赛道、抢占市场的"先行者"。水星家纺从 2020 年开始布局，因进入赛道早，直播电商业务发展较为顺利，2023 年仅在抖音平台直播商品交易总额就超过了 10 亿元。其中，主力店水星家纺官方旗舰店的平均客单价达到 2000 元左右。[②] 直播产业发展还成为奉贤区商贸行业数字化转型的先导，全区商品销售中网络销售的规模迅速增加，2024 年 1~9 月全区通过公共网络实现的商品零售额达到 93.3 亿元，同比增速达 34.2%。[③]

5. 优化提升数字产业园区

园区是产业发展的载体。临港南桥科技城是奉贤区和临港集团"区区合作、品牌联动"的代表园区，前瞻布局了以"美丽健康与生物医药+智能网联"为核心、以战略新兴产业为重点的"2+X"产业体系，聚焦前沿赛道，持续深耕发展，目前已成为奉贤区"东方美谷+未来空间"双核引擎战略的核心载体以及"东方美谷核心区""未来空间核心技术创新承载区"。

---

① 《上海奉贤＆抖音电商"直播产业创新发展示范点"揭牌》，https：//baijiahao.baidu.com/s？id=1783451183233191823&wfr=spider&for=pc，最后访问日期：2024 年 12 月 13 日。

② 《市郊直播经济进入"快车道"》，https：//www.cnr.cn/shanghai/shzx/zq/20240925/t20240925_526917073.shtml，最后访问日期：2024 年 12 月 13 日。

③ 《奉贤统计月报（九月）》，https：//www.fengxian.gov.cn/tjj/tjsj/tjyb/20241025/78703/375ecfef27f54603a5618b6faa496da4.pdf，最后访问日期：2024 年 12 月 13 日。

2020 年，在上海市推出的首批 26 个特色产业园区中，临港南桥科技城被评定为唯一一个以智能网联产业为主导的特色园区，将致力于打造成为"世界一流、国内领先的智能网联产业集聚区"。2023 年，临港南桥科技城成为上海市海聚英才创新创业示范基地、上海市软信和信息服务业基地①，联合奉贤区政府打造了全国首个以"全出行链"为理念的无人驾驶测试示范场景，并于 2021 年 11 月 8 日发放首张自动驾驶道路测试牌照。目前，园区已发放测试牌照超过 60 张，创造了上海市单次发放牌照数量纪录。此外，园区引入信息内容分析技术国家工程研究中心以及汽车动力与智能控制国家工程研究中心两大国家工程研究中心，建立全国第一家智能网联汽车信息安全公共服务平台，打造聚焦 10 个汽车研究方向的上海"未来空间"智能网联汽车技术中心前瞻研究所，并成立专家服务中心，以科技创新赋能、服务创新赋能，为智能网联企业提供检验检测、战略咨询等技术支撑服务，聚力推进产业强链补链。

（三）产业数字化

在数字经济发展浪潮下，实施智能化改造和数字化转型是促进数字经济和实体经济深度融合、释放数字技术对经济发展放大叠加倍增作用的重要途径，也是推动奉贤产业高质量发展的必然选择。在产业数字化的引领下，奉贤科技创新赋能产业提质增效的效果进一步显现。截至 2023 年末，奉贤新城范围内有高新技术企业 500 余家、市级科技"小巨人"企业约 30 家、区级科技"小巨人"企业约 80 家②。

1. 产业数字化转型见成效

一是企业智改数转全面推进。奉贤推进"信息化和工业化融合"（以下简称"两化融合"）取得了显著成效，已有 623 家企业完成了自评估，其

---

① 《深耕产业、创新赋能！临港南桥科技城：服务驱动产业高质量发展》，https://www.fengxian. gov. cn/gzms/20240218/63612. html，最后访问日期：2024 年 12 月 13 日。
② 《科技赋能创新驱动　奉贤新城迈向数字化转型之路》，https://www.163.com/dy/article/J4G7Q7D5053469KO. html，最后访问日期：2024 年 12 月 13 日。

中189家成功通过了"两化融合"标准认证。此外，有856家企业完成了智能制造能力成熟度自评估，有687家企业已经完成了数字化诊断，这些成绩均在全市名列前茅。为了促进中小企业的数字化转型，奉贤积极推动其接入云端和平台，目前已有超过600家中小微企业实现了"上云""上平台"，这为它们的数字化转型打下了坚实的基础。同时，奉贤还鼓励重点企业进行DCMM（数据管理能力成熟度评估模型）贯标工作，数字江海、昆易电子等关键园区/企业已经启动了这一进程，这将有助于提升其数据管理能力，并充分发挥数据在推动高质量发展中的关键作用。

上述工作的开展大幅提升了奉贤企业的智能化水平。根据工信部、国家发展改革委等五部门联合公布的2023年度"智能制造示范工厂"和"智能制造优秀场景"，上海共有11家单位获评国家级智能制造示范工厂，33家单位的62个场景获评国家级智能制造优秀场景，而奉贤区各占2家①（见表2、表3）。

表2　获评国家级智能制造示范工厂的上海企业项目

	所在行业	所在区
上海氯碱化工智能制造示范工厂	化工	奉贤区
上海米其林轮胎智能制造示范工厂	汽车制造	闵行区
安波福中央电气(上海)车用连接器智能制造示范工厂	汽车制造	嘉定区
上海电气电站设备智能制造示范工厂	电气	闵行区
上海晶澳光伏组件智能制造示范工厂	电气机械和器材制造业	奉贤区
上海诺雅克低压电器智能制造示范工厂	电气机械和器材制造业	松江区
上海三菱电梯智能制造示范工厂	通用设备制造	闵行区
上海海尔洗衣机智能制造示范工厂	电气机械和器材制造业	松江区
上海君实生物制药智能制造示范工厂	医药制造业	浦东新区
上海紫丹食品包装印刷智能制造示范工厂	非金属矿物制品业	闵行区
上海外高桥高附加值船舶智能制造示范工厂	铁路、船舶、航空航天和其他运输设备制法	浦东新区

---

① 《智能制造，上海各区哪区强？》，https：//weibo.com/ttarticle/p/show？id=2309404990757453824021，最后访问日期：2024年12月13日。

表3　获评国家级智能制造优秀场景的上海企业

	优秀场景	所在区
华域三电汽车空调有限公司	智能协同作业	浦东新区
卡斯马汽车系统(上海)有限公司	智能协同作业	嘉定区
上海 ABB 工程有限公司	人机协同制造	浦东新区
上海保隆汽车科技股份有限公司	在线运行监测、质量精准追溯、产线柔性配置、智能仓储	松江区
上海电气凯士比核电泵阀有限公司	智能在线检测	浦东新区
上海海拉电子有限公司	智能仓储	浦东新区
上海航天电子通讯设备研究所	产品数字化研发与设计、工艺数字化设计	闵行区
上海禾赛科技有限公司	产线柔性配置	嘉定区
上海汇众汽车制造有限公司	先进过程控制、生产计划优化	浦东新区
上海嘉定延锋座椅系统有限公司	智能仓储、精准配送、智能在线检测	嘉定区
上海汽车变速器有限公司	数字孪生工厂建设、车间智能排产、精益生产管理、智能仓储	嘉定区
上海施耐德低压终端电器有限公司	精准配送、精益生产管理	闵行区
上海易咖智车科技有限公司	智能在线检测	嘉定区
特斯拉(上海)有限公司	智能仓储、产品质量优化、供应商数字化管理、车间智能排产	浦东新区
迅达(中国)电梯有限公司	智能仓储、产线柔性配置、产品远程运维	嘉定区
百事食品(中国)有限公司	智能在线检测	松江区
上海创元化妆品有限公司	产线柔性配置	奉贤区
上海太太乐福赐特食品有限公司	产线柔性配置	嘉定区
达功(上海)电脑有限公司	先进过程控制、数字基础设施集成	松江区
上海美维科技有限公司	精准配送、质量精准追溯	松江区
上海天马微电子有限公司	资源动态配置、设备故障诊断与预测、精益生产管理	浦东新区
上海鹰峰电子科技股份有限公司	先进过程控制、产品质量优化	松江区
台积电(中国)有限公司	设备运行优化、车间智能排产、产品质量优化、人机协同制造	松江区
上海无线电设备研究所	智能在线检测	杨浦区
中国航空无线电电子研究所	智能在线检测、智能仓储	闵行区
上海核工程研究设计院股份有限公司	产品数字化研发与设计	徐汇区
上海飞机客户服务有限公司	数据驱动服务	闵行区
中化学华谊装备科技(上海)有限公司	在线运行监测	奉贤区
中国建材国际工程集团有限公司	虚拟试验与调试	普陀区

公司名称	优秀场景	所在区
上海铁路通信有限公司	可制造性设计	静安区
中交疏浚技术装备国家工程研究中心有限公司	产品数字化研发与设计、虚拟试验与调试	杨浦区
上海烟草机械有限责任公司	产品远程运维、智能协同作业	浦东新区
上海烟草集团有限责任公司	产品质量优化、先进过程控制、能耗数据监测	杨浦区

二是数字化转型标杆不断涌现。奉贤区正以智能工厂的建设为着力点，积极推动制造企业的数字化升级。通过加强新兴技术应用和提升智能制造的关键能力，奉贤区致力于构建人机协作的现代化工厂模式。2023 年，奉贤区在智能制造领域取得了显著成就：国家级智能制造试点示范工厂实现了"零"的突破，市级智能工厂的数量也实现了翻倍增长。区内的华谊新材料、凯宝药业、兰宝传感器、阿波罗机械、和黄药业、创元化妆品等 12 家企业荣获市级智能工厂称号。特别值得一提的是，晶澳太阳能入选 2023 年度智能制造示范工厂揭榜单位名单，而创元化妆品、中化学华谊装备则成功创建了国家级智能制造优秀场景。此外，华谊新材料不仅成为全球化工行业首家"灯塔工厂"，还被授予国家智能制造标杆企业的荣誉。在工业互联网建设方面，奉贤区也取得了深入进展。以雷允上、伽蓝、创元、米思米、龙利得等为代表的典型企业已经形成了包括智能化生产、网络融合、供应链协同、C to M（客户到工厂）等在内的一系列新场景、新模式和新业态。这些创新实践不仅提升了企业的竞争力，也为区域经济的高质量发展注入了新动力。

2. 产业转型服务出新招

一是促进行业交流与对接。2023 年 12 月 13 日，奉贤区召开 2023 年产业数字化转型大会，表彰了一批典型示范企业、聘任了一批行业专家、签约了一批重大项目，充分发挥行业典范的引领作用，促进奉贤企业数字化转型，提升奉贤产业数字化水平，达到以点带面、以点活面、以点促面、以点化面的效果，形成各行各业竞相开展数字化转型的新局面。① 奉贤区还组织了一系列的交流和对接会议，积极实施上海市关于制造业数字化转型的方案和智能工厂领航计划。这些活动旨在推动制造业增量和质量双重提升，涵盖了生物医药、时尚消费品、新能源、新材料、新能源汽车等多个行业，以促进实体经济向智能制造转型。

二是开展"贤商汇"服务活动。2023 年，奉贤区举办了 20 场"贤商汇"活动，为超过 700 家企业提供了服务。这些活动采用线上和线下相结合的服务模式，与区科委、青村镇、上海杭州湾经济技术开发区、台州商会等多个部门和单位合作，为企业提供政策咨询和专业服务。服务内容涉及数字化转型、产业政策、科技与人才政策等热点议题，通过"上海企业服务""奉贤企业直通车"等微信公众号/平台，宣传成功案例，推动中小企业服务工作，大力推进制造业企业的数字化转型。

三是完善数字化转型政策支持。奉贤区发布了《奉贤区全面推进城市数字化转型总体规划》，旨在加速数字技术与实体经济的融合，推动城市的数字化转型。此外，奉贤还制定了《奉贤区建设中小企业科技创新活力区三年行动计划（2023-2025 年）》，明确提出建设智能制造产业集群和强化"数字江海"产业集群的目标，通过建立高水平的产学研协同创新平台促进新型研发机构和功能型平台的建设、创新科技金融服务支撑、营造优良的创新生态环境等措施，支持中小企业的数字化转型和创新。

四是建立数字化公共服务平台。2024 年 7 月 12 日，上海电子-临港联合产教融合创新中心奉贤基地和新质生产力数字化转型创新中心（奉贤基地）在临港南桥科技城揭牌。它们将提供职业技能等级认定考核、数字经济领域的专业技术技能培训、数字化转型技术服务、15 分钟就业服务等，以促进产教深度融合、推动产业转型升级和服务区域经济社会的高质量发展。

---

① 《奉贤区举行 2023 年产业数字化转型大会暨奉贤区城市数字化转型体验周启动仪式》，https://mp.weixin.qq.com/s/uLGPeu4Tao2e_ JelAfPLxg，最后访问日期：2024 年 12 月 13 日。

五是开展数字化人才培训项目。为了培养各领域的高层次人才，为企业的高质量发展提供坚实的人才支持，区经委和区市场监管局联合举办了2023年度奉贤区中小企业首席质量官和标准化总监培训班。46名负责质量和标准工作的企业高层管理人员获得了"首席质量官"和"标准化总监"结业证书。此外，还开展了"一起益企"助企赋能中小企业公益活动，包括5期课程，内容涵盖采购与供应链管理、企业全面改进、精益5S合理化、制造业数字化转型和新产品开发项目管理实务技巧，吸引了近200名企业主管参加。

这些措施共同构成了奉贤区推动制造业数字化转型的全面战略，从政策支持到人才培养，从服务平台建设到实际的企业服务活动，全方位地支持、促进了区域内制造业的数字化。

二　奉贤区数字经济发展的短板与瓶颈

虽然近年来奉贤区以"数字江海"项目为引领，实现了数字经济的长足发展，初步形成了以智能终端为主导、以精准医疗为特色、以量子通信为方向的产业体系，但由于区内相关产业基础较为薄弱，加之上海各区纷纷加码数字经济发展，产业和项目争夺激烈，因此奉贤数字经济发展无论是在规模上还是在质量上都有较大提升空间，对奉贤打造新型经济体系的助推作用也需要进一步强化。

（一）数字经济总量不高

2023年奉贤区计算机、通信和其他电子设备制造业产值为28.78亿元，同比下降11.8%；2023年1~11月奉贤区信息传输、软件和信息技术服务业营业收入为15.17亿元，同比增长10.6%。[①] 面上比较来看，奉贤信息传输、

---

① 《奉贤统计月报（十二月）》，https://www.fengxian.gov.cn/tjj/tjsj/tjyb/20240201/62673/80d7ebb15869433bbeebdeb55d604e6e.pdf，最后访问日期：2024年12月13日。

软件和信息技术服务业营收占全市的比重略高于0.1%，可以说微不足道；横向比较来看，奉贤信息传输、软件和信息技术服务业营收在上海8个郊区中排名第6，仅高于金山和崇明，而且相比其他郊区几乎差了一个数量级。

表4 上海市及上海各郊区信息传输、软件和信息技术服务业营业收入
（2023年1~10月）

单位：亿元

	营业收入		营业收入
全市	11484.3	金山	8.8
奉贤	13.6	松江	123.1
闵行	449.4	青浦	428.0
宝山	115.6	崇明	1.3
嘉定	193.6		

（二）数字经济增长不稳

从近几年奉贤数字经济规模的变化来看，其增速变化幅度较大，发展很不稳定。以软件和信息技术服务业为例，其2021年行业营收相比2020年大幅增长41.8%，但2022年又下降超过11%，2023年前10个月又恢复较快增长。究其原因，一方面是受新冠疫情以及国内外、上海市经济发展大环境的影响；另一方面是因为奉贤数字经济基数较小，少数甚至一个企业或项目的引进或迁出就可能对奉贤数字经济总量产生较大影响。

表5 2020年至2023年1~10月奉贤区软件和信息技术服务业发展情况

单位：万元，%

年份	营业收入	营收同比增速	利润	利润同比增速
2023（1~10月）	137200	14.0	—	—
2022	158836	-11.2	-998	—
2021	178869	41.8	14264	28.8
2020	101537	—	11478	—

数字经济增长表现在企业层面上，就是奉贤区缺乏具有高成长性的数字企业。在 2023 年底上海市经济和信息化委员会发布的 2023 上海软件和信息技术服务业高成长百家企业名单中，奉贤无一家企业入围，而同作为郊区的闵行、青浦、嘉定、宝山、松江、崇明各有 12 家、6 家、5 家、3 家、3 家、1 家企业入围。[①]

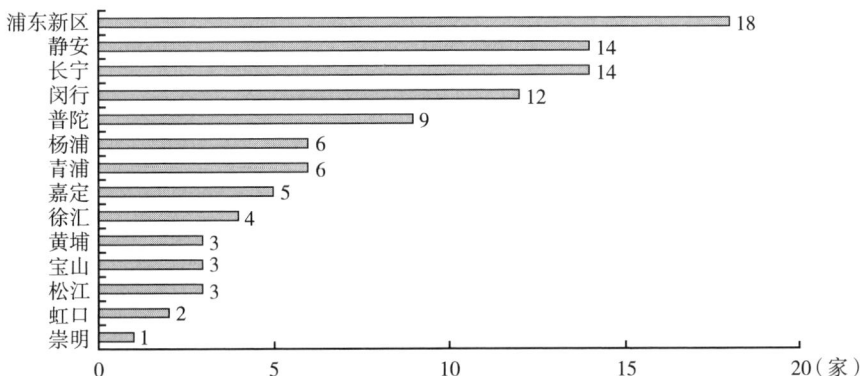

图 2　2023 上海软件和信息技术服务业高成长百家企业分布

数据来源：上海市经济和信息化委员会。

（三）数字企业实力不足

奉贤区内的优质数字企业数量不多，且规模偏小，企业实力、市场竞争力和行业知名度都不高，包括数字江海、智能网联汽配等在内的数字经济发展重点载体还缺少龙头型、标杆性的企业和项目支撑。例如，根据上海市经济和信息化委员会于 2023 年 12 月发布的 2023 上海软件和信息技术服务业百强企业名单中，奉贤区仅有 1 家企业入围，即泛微网络科技股份有限公司，在百强中排第 55 位。[②]

[①]《市经济和信息化委员会关于公布 2023 上海软件和信息技术服务业双百名单的通知》，https：//www.shanghai.gov.cn/hqcyfz2/20231128/79478f82fb104a40bb70e8f52e0ba3ce.html，最后访问日期：2024 年 12 月 13 日。

[②]《一图读懂"2023 上海软件和信息技术服务业百强""2023 上海软件和信息技术服务业高成长百家"发展报告》，https：//www.163.com/dy/article/IL70CAMF0514BN8F.html，最后访问日期：2024 年 12 月 13 日。

浦东新区 ————————————————————— 32
徐汇 ————————— 13
普陀 ——————— 9
静安 ——————— 9
闵行 —————— 7
青浦 ————— 6
长宁 ———— 5
杨浦 ———— 5
嘉定 ——— 4
松江 ——— 4
虹口 —— 3
黄埔 —— 2
奉贤 — 1

0　　5　　10　　15　　20　　25　　30　　35（家）

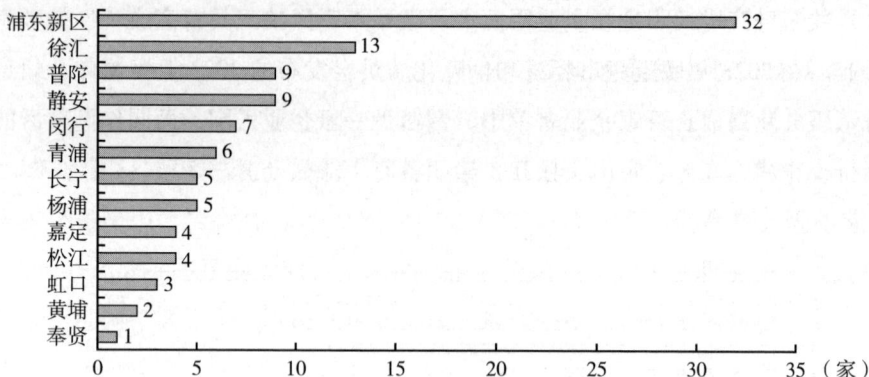

图 3　2023 上海软件和信息技术服务业百强企业分布

数据来源：上海市经济和信息化委员会。

（四）数字创新生态不佳

其一表现为数字人才较少，难以形成数字经济蓬勃发展所必不可少的知识生态。目前，奉贤数字经济核心产业人才数量仅数千人，根据《奉贤区数字经济人才发展三年行动计划（2022-2024 年）》的要求，到 2024 年底要达到 1 万人。然而根据《上海统计年鉴（2023）》，上海规模以上电子信息产业、软件和信息技术服务业从业人员分别为 25.44 万人和 72.26 万人[①]，总从业人员将近 100 万人。以此推算，奉贤数字经济人才仅占全市的约 1%。其二表现为创新平台不足。根据上海市经济和信息化委员会发布的《上海市产业地图（2022）》中的数字产业（包括集成电路、人工智能等先导产业以及 5G、新型显示、工业互联网、软件和信息服务业、大数据等重点产业）地图[②]，奉贤有一些新型显示、工业互联网等行业的重点企业，但在数字产业的创新资源方面（包括相关高等院校、科研院所、协会联盟及其他创新平台等），奉贤几乎都是空白。

---

① 《上海统计年鉴（2023）》，https：//tjj.sh.gov.cn/tjnj/nj23.htm？d1＝2023tjnj/C0216.htm，最后访问日期：2024 年 12 月 13 日。

② 《上海市产业地图（2022）》，http：//map.sheitc.sh.gov.cn/#/map/hydt，最后访问日期：2024 年 12 月 13 日。

三 国内大城市郊区发展数字经济的经验借鉴

近年来，随着我国数字经济不断发展壮大，其外溢效应逐步显现，数字产业正从大城市中心城区向周边扩散，许多城市郊区充分利用这一机遇，大力发展数字经济，取得了丰硕成果。本报告选取上海市青浦区、杭州市余杭区、南京市浦口区为样本，分析其抓住发展契机、发挥区域特色、实现数字经济高质量发展的经验，为奉贤区相关工作提供参考借鉴。

（一）上海市青浦区借助 G60 发展数字经济的经验

近年来，青浦区紧紧抓住"长三角数字干线"建设对数字产业的强大拉动效应，持续强化产业运行跟踪和企业对接服务，助力企业重大项目攻关，努力营造协同创新的产业生态，推动数字经济快速高质量发展。

一是抓住长三角 G60 发展机遇，推出《长三角数字干线青浦区行动方案（2022~2023 年）》，通过着力构建新型数字基础设施体系、扩大数字产业新价值、激发实体经济新动能、创新数字治理新模式、培育数字应用新场景，把青浦打造成为长三角数字干线的"数字天元"。为此，青浦通过平台层、应用层、基础层三个层面的行动体系，推动数字产业化取得显著成效，数字产业链条不断延伸、产业集群效应显著增强，同时实现产业数字化的重大进展，大数据、人工智能、区块链等数字技术与农业、制造业、服务业深度融合。

二是加强与华为等龙头企业的合作。华为青浦基地的选址与规划始于2016 年，当时华为创始人任正非因金泽镇的美景而心动，并对该地区进行了考察。2017 年 6 月 1 日，华为与上海市政府签署战略合作框架协议，约定在软件和信息技术服务业、物联网、车联网、工业互联网、智慧城市示范应用等方面展开全面合作，并正式启动华为研发中心项目。2020 年 9 月 27日，华为研发中心项目举行开工仪式。2024 年 7 月 9 日，华为上海青浦项目已全部建成，并被正式命名为"华为练秋湖研发中心"。该中心总投资超百亿元、占地 2400 亩，总建筑面积 206 万平方米，将成为华为在全球最大、最先进的研发基地。华为青浦基地的落成，不仅将给青浦带来数以百亿计的直接经济增长和税收，并预计导入约 3.5 万名科技研发人才，改善、提升了当地的人才结构和创新能力，同时还大幅提升了青浦区的城市形象，使其成为科技创新和产业发展的新高地，吸引了更多的企业和投资。

三是重视吸引数字人才。人才吸引不足、优秀数字人才缺乏往往是郊区发展数字经济的主要制约。为此，青浦区筹建上海长三角人力资源产业园，优化长三角数字人才资源的配置，积极争取引进国家级数字经济人才市场，打造上海青浦（长三角）留学人员创业园，多维度服务留学回国人才；联合华为等数字领军企业和高校资源，创建以"数字天元"为主题的数字干线研究培训机构，深化校地融合，加强 STEM 青年人才培育；青浦区通过"青峰计划"等引才聚才效应，依托长三角（青浦）国际人才港，提供精准高效的人事人才服务，以增强对数字经济领域人才的吸引力。

（二）杭州市余杭区打造浙江数字经济第一区

近年来，余杭构建以数字经济为核心的现代产业体系，激活发展新动能，推动高质量发展，不断"做大蛋糕"。2023 年，余杭数字经济核心产业增加值达 1998.5 亿元，占 GDP 比重接近七成，是名副其实的浙江数字经济第一区。

一是以电商为核心构建数字产业体系。电商产业是余杭数字经济的重要板块。经过十余年培育，如今这里集聚了淘宝、抖音、快手三大电商平台，拥有居全国前列的完整电商产业链和产业生态，蝉联 4 年杭州市网络零售额总量第一。以 2023 年为例，余杭新增国家级专精特新"小巨人"企业 22 家、国家高新技术企业 637 家，数量均居全省第一；新增省"尖兵""领雁"研发攻关项目 25 项，获省科学技术奖 30 项，连续三年捧回"科技创新鼎"。①

---

① 《余杭向"新"促共富｜数字之区，新赛道上奋力跃》，http://www.zjqy.gov.cn/art/2024/6/24/art_ 1229659655_ 58964628. html，最后访问日期：2024 年 12 月 13 日。

二是重视数字科技创新和转型平台搭建。余杭区集聚之江、良渚、湖畔、天目山四大省实验室，以及浙大超重力大科学装置、北航中法航空学院和众多高新技术企业、省级科技型中小企业等高能级科创载体，围绕人工智能等关键技术进行研发，为数字产业发展提供原动力。同时，余杭区还推动了科技成果转化，为企业提供智能化精准诊断和全周期服务[①]。

三是主攻智能制造，推动"未来工厂"建设。余杭通过数字化改造和技改项目补助等措施，促进了制造业的数字化转型；推进工业互联网平台建设，推动大型龙头企业先行先试，通过大企业带动中小企业的方式，推动工业互联网平台推广应用，培育多级工业互联网平台。同时，余杭区各部门合力推进工业互联网平台建设、打造完善的创新生态体系，通过政策支持、人才引进、科技成果转化等方式，构建了良好的创新环境，为智慧工厂的发展提供了有力支撑。

（三）南京市浦口区大力推进农业数字化

南京市浦口区是南京含"农"量最大的板块，农村区域占比近80%、农村人口占比超50%、农业GDP占比超过10%。当数字产业、数字治理、数字服务在这里落地生根，数字化就成为助力乡村振兴的强劲动能。

一是加快发展新型数字农业。近年来，浦口区将数字农业打造成为乡村产业振兴的最强引擎，依托国家数字乡村试点区建设项目，引进南京国家农创中心公共创新平台（该中心是农业农村部批复建设的全国首家现代农业产业科创中心），大力建设智慧农业示范基地，打造数字化无人农场、数字渔场、智慧养殖场等数字农业应用场景。浦口连续两年在浙江省乡村振兴战略实绩考核中位列第1等次第1名，在2022年底数字乡村终期评估中位列全国第4、浙江省第1。

二是加快发展数字产业集群。浦口不断加快技术突破创"新"和产业

---

① 《余杭数字经济缘何跑出"加速度"》，https://www.yuhang.gov.cn/art/2023/12/29/art_1532128_59075551.html，最后访问日期：2024年12月13日。

升级提"质"，拓展新赛道、研发新技术、创造新机遇以培育发展新质生产力：以产业数字化为重点，以推进重大项目建设为契机，拓展出培育发展新质生产力的"新"赛道；以集成电路产业为重点，通过科技创新推动产业创新，以产业创新反哺科技创新，加快形成以高质量为目标、以新技术为导向、以科技赋能为内核的新质生产力。

三是加快数字化人才培养。数字乡村建设需要与之相匹配的技术能力和人才体系，而既懂农业又懂数字技术的人才非常少，这也是浦口亟待突破的瓶颈之一。浦口区农业农村局数字乡村办已经组织了 1000 人次的培训，既给领导干部做系统培训，也给农民群众做业务培训，培训内容包括智慧系统、自动化设备的使用以及电商的操作流程等。①

四　奉贤区数字经济高质量发展的对策建议

奉贤要以习近平新时代中国特色社会主义思想为指导，深入贯彻落实党的二十大及三中全会精神，抓住国家及上海"十四五"收官、"十五五"开局的特殊时期，抓住国家推进乡村振兴、促进城乡融合发展的政策契机，抓住以人工智能、区块链为代表的新一轮数字技术革命机遇，大力推进实体经济与数字经济深度融合发展，打造具有上海特征、郊区特色、奉贤特点的数字经济新格局。

（一）聚焦"数字江海"，放大载体溢出效应

"数字江海"作为奉贤数字经济发展的主引擎，要利用一期开园、二期开工的历史契机，加快各类优质资源与要素的集聚，在实现自身发展的同时放大溢出效应，引领奉贤数字经济发展实现新突破。一是争取更多来自国家与上海市的政府支持，力争国家数字产业载体授牌以及列入上海市数字领域

---

① 杨维琼：《探索都市近郊型数字乡村建设　南京浦口如何打造示范样板?》，http://js.people.cn/n2/2022/0706/c360301-40027026.html，最后访问日期：2024 年 12 月 13 日。

重点和示范园区名单，利用好政府的政策支持和投资引导，同时吸引更多的投资和项目落地；二是进一步提升园区数字基础设施能级，推进云网协同和算网融合发展，有序推进基础设施智能升级，为园区企业提供高效、稳定的数字服务；三是加强多园联动，发挥"数字江海"对"东方美谷""未来空间"的数字化服务功能，以及"东方美谷""未来空间"对"数字江海"的需求拉动功能，构建内部强关联的"数字+制造+服务"新型产业体系；四是促进内外联动，在进一步深化"数字江海"与临港产业集聚区及自贸新片区合作的基础上，抓住15号线南延伸段开工建设机遇，推进"数字江海"与北边的紫竹高新技术产业开发区、零号湾全球创新创业集聚区等数字产业园区的深度合作。

（二）抓住发展新机遇，做大做强特色产业

奉贤要进一步抢抓临港新片区建设发展的重要机遇，承接新片区的溢出效应，以"东方美谷+未来空间"为载体，围绕科技、文化、绿色等重点产业，推动信息技术和实体经济深度融合；推进临港奉贤园区、临港生命科技园等产业园区的智慧化建设，构建生命科技产业服务平台和智能制造服务平台；推进智行生态谷建设，打造社区、园区、校区、景区、商区、城区六大典型场景，建设智能网联产业集聚区；围绕以特斯拉工厂为主的智能网联新能源整车及上下游配套企业，打造核心部件及整车装配的配套产业集群，推动5G与车联网融合发展，开展5G+智能网联汽车测试，推动关键技术攻关和成果转化；聚焦产业链价值链关键环节，围绕市场引流、功能聚流、品牌引流，制定具有奉贤特色的政策，加快引进数字产业功能型机构、高能级项目、重大平台和龙头型企业。

（三）深化数实融合，推进"数据要素×"行动

数据要素被视为数字经济发展的新动能。数据具有乘数效应，通过数据的采集、分析和应用，可以提高生产效率、降低成本，同时提升资源配置效率和激励效率，推动数字农业、制造业和服务业的转型升级并促进新业态的

发展。为此，奉贤应大力提升各类数据的供给水平，优化数据流通环境，培育流通服务主体，推动数据要素市场化配置，促进数据有序跨境流动，确保数据要素的有效利用和流通；围绕奉贤区的重点产业和未来产业，大力推动数据要素×工业制造、数据要素×现代农业、数据要素×商贸流通、数据要素×交通运输、数据要素×金融服务等工程，以数据流引领技术流、资金流、人才流、物资流，突破传统资源要素约束，提高全要素生产率；围绕智能网联汽车、智能制造、新材料等领域，谋划建设布局智能网联汽车、智能制造、人工智能等新兴产业重大创新平台。以数据融通为纽带，促进产业链供应链稳定运行，推动产业向价值链高端延伸。

（四）突出区域特色，发展新型智慧农业

奉贤是上海乡村振兴的主战场之一，乡村振兴离不开"三农"数字化的支撑，数字农业发展更是乡村产业振兴的重中之重。虽然农业在奉贤产业经济中占比不大，但能体现奉贤的郊区经济特色。《数字乡村发展行动计划（2022-2025年）》明确提出"智慧农业创新发展行动"，要求加快推动智慧农业发展。此外，中央一号文件多次提及精准农业、智慧农业等关键词，体现了国家对智慧农业发展的重视。因此，奉贤应当围绕现代农业上游的种子、化肥、传感器、农业机械等原材料，中游的智慧养殖、智慧种植等细分领域，以及下游的农产品加工、流通环节，包括农村电商、冷链物流等，加快引入、融合现代信息技术如物联网、大数据、云计算和人工智能等，对农业生产的各个环节进行数字化改造和智能化管理，提高农业生产效率和产品质量，同时培养专业人才，加强研发投入，构建智慧农业产业链，并鼓励企业和社会资本参与，形成政府引导、市场驱动、多方协同的发展格局。

（五）加强人才吸引，打造数字人才大军

"人才引领、创新驱动"是任何地区发展数字经济的制胜法宝，奉贤作为远郊区，更应当将引进和培育一大批优秀数字经济人才作为数字经济发展的重中之重。建议奉贤区在《奉贤区数字经济人才发展三年行动计划

（2022-2024 年）》的基础上，滚动推进数字经济人才的引进。一是抓住"数字江海"园区一期开园的契机，强化其全市首个城市力全渗透数字化国际产业城区对优秀数字化人才的吸引力，打造数字经济人才综合性"引育留用"平台；二是推动"数字江海""未来空间""东方美谷"等重点园区以及数字化重点企业与高等院校、科研院所之间的合作，共同培养符合数字经济发展需求的人才，推动学科专业建设与数字经济发展实际需求精准对接；三是利用奉贤城区环境优美、生活成本相对较低的优势，为重点数字经济人才提供良好的居住条件、教育资源、医疗设施等，支持建设数字经济创业载体、创业学院，为数字经济人才提供创业培训，提升其到奉贤工作和创业的积极性。

B.13

奉贤系统推进"五个创新",建设南上海
科创中心——前沿技术转化首选区

马鹏晴　朱嘉梅*

摘　要:　2024 年是实现"十四五"规划目标任务的关键一年,也是实现高质量发展的关键之年。奉贤区为了系统推进"五个创新"、建设南上海科创中心——前沿技术转化首选区,于 2024 年 9 月印发了《关于推进科技创新发展新质生产力促进产业高质量发展的若干意见》。本报告首先对奉贤区科技创新发展的现状进行分析,结果显示奉贤区科技创新创业活跃度和显示度提升、创新创业环境持续优化;其次分析了奉贤建设南上海科创中心——前沿技术转化首选区过程中存在的主要问题;最后给出相应的发展路径与对策建议。

关键词:　奉贤区　科技创新　前沿技术

习近平总书记早在 2014 年 5 月在上海考察时就明确提出,上海要努力在推进科技创新、实施创新驱动发展战略方面走在全国前头、走在世界前列,加快向具有全球影响力的科技创新中心进军。① 2024 年正是第十个年头,是实现"十四五"规划目标任务的关键一年,也是实现高质量发展的

---

* 马鹏晴,上海社会科学院高级工程师、上海市软科学研究基地科技统计与分析研究中心兼职研究员,主要研究方向为科技创新与经济增长、科技统计;朱嘉梅,上海市奉贤区委党校教学部主任,讲师,主要研究方向为区域经济发展和公共管理。
① 《通江达海向未来——沿着总书记的足迹之上海篇》,https://www.gov.cn/xinwen/2022-06/25/content_ 5697696. htm,最后访问日期:2024 年 11 月 30 日。

关键之年。上海作为全国改革开放的排头兵和创新发展的先行者，肩负重大使命。奉贤区作为新片区西部门户、南上海城市中心和长三角活力新城，正通过科技创新引领构建现代化产业体系，全力打造上海先进制造业重要承载区、前沿技术转化首选区、人才创新创业活力区和生态宜居产城融合区。

党的二十大报告明确提出："高质量发展是全面建设社会主义现代化国家的首要任务。"习近平总书记也多次强调科技创新的重要性，他在参加十四届全国人大一次会议江苏代表团审议时指出，加快实现高水平科技自立自强，是推动高质量发展的必由之路。在激烈的国际竞争中，我们要开辟发展新领域新赛道、塑造发展新动能新优势，从根本上说，还是要依靠科技创新。① 在二十届中央政治局第十一次集体学习时他强调："科技创新能够催生新产业、新模式、新动能，是发展新质生产力的核心要素。"②

2024年7月召开的中共上海市奉贤区第五届委员会第九次全体会议指出："系统推进基础理论、底层技术、颠覆项目、跨界融合和转移转化全过程'五个创新'，着力构建新质引领、创新驱动、协同高效、生态友好的奉贤现代化产业体系"，"力争通过三年奋斗，实现区域创新发展综合优势显著增强，高质量科技成果转化水平明显提升，重点领域和关键环节改革取得标志性成果，在美丽大健康、绿色新能源、通用新材料、数智新装备等主要产业形成竞争新优势，南上海科创中心框架体系基本形成"。

一 推进"五个创新"——奉贤区科技创新发展的现状

自2014年起，奉贤区积极响应上海建设具有全球影响力的科技创新中心的任务，致力于打造国家级中小企业科技创新活力区。奉贤区陆续推出了《关于全力打造国家级中小企业科技创新活力区的若干意见》以及三轮《三年行动计划》，通过政策支持和财政引导，不断完善科技创新环境。截至完

---

① 《加快实现高水平科技自立自强》，https://www.gov.cn/xinwen/2023-03/11/content_5745992.htm，最后访问日期：2024年11月30日。

② 《科技创新催生新产业新模式新动能》，《人民日报》2024年4月12日，第9版。

稿时，奉贤区根据区委全会的精神，正在积极修订《奉贤区加快推进"南上海科创中心"高质量发展的若干政策意见》。这些政策意见将从提升创新策源能力、加强科技成果转化、培育科技创新主体、加速创新人才集聚和强化区域科技合作等方面着手，旨在加快形成新质生产力，推动"南上海科创中心"的高质量发展。

（一）奉贤区印发《关于推进科技创新发展新质生产力促进产业高质量发展的若干意见》

为深入学习贯彻党的二十届三中全会精神、贯彻落实十二届上海市委五次全会精神、认真落实五届区委九次全会精神、更好融入上海"五个中心"建设、以全面深化改革推进科技创新、打造现代化产业体系、实现高质量发展、完善"普惠+专项"分层分类政策体系、系统推进"五个创新"、加快发展新质生产力、激发高质量发展澎湃动力、做强做大做优"4+N"产业集群，2024 年 9 月 27 日，奉贤区印发了《关于推进科技创新发展新质生产力促进产业高质量发展的若干意见》。

该意见包含以下四项重要内容。一是聚焦强链补链，加速产业集群化发展。具体包括"巩固壮大产业链条""助力企业加快成长""优化提升产业生态""提升细分赛道发展优势"四方面内容，力争到 2027 年，规上工业产值迈上 3600 亿元台阶，专精特新企业总量达到 1500 家，战略性新兴产业占比达到 50%，新增 5 个具有辨识度和影响力的产业地标，四大主导产业产值达到 2500 亿元。二是聚焦创新转型，加速产业高端化发展。具体包括"加快创新平台建设""加大创新主体培育""推动科技成果转移转化""支持数字化转型""支持绿色化发展"五方面内容，力争到 2027 年，区域创新发展综合优势显著增强，每年开放新技术应用场景不少于 30 个，市级及以上创新创业平台达 30 家，新增单项冠军、独角兽和科创上市企业等 10 家，国家高新技术企业超 2600 家，技术合同成交额超 100 亿元，新增市级智能工厂 20 家，单位产值能耗每年下降 1%，绿色工厂达到 30 家。三是聚焦要素保障，加速产业协同化发展。具体包括"加大产业用地供给""保障产业空间需求""推进载体品质提升""加快人才资源集聚""夯实资本要素支撑"五方面内容,力争到 2027 年,每年新增和消化利用制造业用地 2000 亩,新建院士(专家)工作站 20 家,新增科技领军人才、青年科技人才 400 个以上,政府引导基金撬动规模超 300 亿元,投资科创项目超 100 个。四是聚焦资源整合,加速产业融合化发展。具体包括"推动商务资源融合"和"加强专业资源整合"两方面内容,力争到 2027 年,外贸进出口总额站上 1500 亿元新台阶。

在临港新片区的国家战略、五个新城的市级战略以及杭州湾战略等多重战略的叠加影响和政策红利的外溢作用下,奉贤区正在逐步转型,积极拥抱科技创新的浪潮,系统推进基础理论、底层技术、颠覆项目、跨界融合和转移转化全过程"五个创新"迈向高质量发展的新阶段。

(二)科技创新创业活跃度和显示度提升

奉贤区在推动中小企业科技创新活力区的建设上取得了显著的进展,区域科技创新创业活跃度在过去三年中稳步提升,从 2021 年的全市第 12 名跃升至 2023 年的第 7 名,显示出区域创新创业活力的显著增强。

1. 创新创业主体规模快速增长,活跃度显著提升

科技型中小企业始终是奉贤区科技创新的中坚力量,它们在推动区域科技进步和产业升级中发挥着不可或缺的作用。2023 年,奉贤区有 1700 家企业荣获国家科技型中小企业认定,与 2022 年相比增长了 23.4%,与 2020 年的 439 家相比实现了三年翻两番的壮举;高新技术企业总数突破 2000 家,位居全市第五,成功完成了五年翻一番的目标(2019 年为 972 家)。[①] 2023 年,奉贤区科技"小巨人"企业累计达到 383 家,其中区级 236 家,市级(含培育)147 家,全市排名第七,与 2019 年的 277 家相比,年均增长率约为 10%。2023 年,奉贤上市企业数达 29 家,其中,阿拉丁、睿昂基因和谊

---

① 若无特殊说明,本报告数据均来源于历年《上海市奉贤区统计年鉴》、《奉贤统计月报》和奉贤区科学技术委员会。

众药业 3 家企业在科创板上市。为系统推进"五个创新",奉贤区正构建以"科技型企业—高新技术企业—科技'小巨人'企业—科技企业上市"为重点的科技企业梯度培育体系。

2. 科技创新成果不断涌现,显示度逐渐提升

2023 年,奉贤区专利授权量达到 12575 件,其中发明专利 1437 件,与 2019 年相比,分别增长了 99.3% 和 295.9%。全区每万人发明专利拥有量达 53.03 件,与 2019 年的 20.1 件相比大幅增长了 163.8%。这一跃升不仅体现了企业科技创新能力的显著提升,也彰显了区域创新活力的全面释放。截至 2024 年 8 月,奉贤区专利授权量达到 7957 件,其中发明专利 1381 件。在这一过程中,一批领军企业如和黄药业、山美环保、海融食品和凯宝药业等凭借卓越的科技创新成果荣获国家科技进步奖二等奖。这不仅是对企业科技创新能力的肯定,也是对奉贤区科技创新环境的认可。此外,奉贤区企业在 2023 年共获得上海市科学技术奖 24 项,包括 1 项特等奖和 4 项一等奖,这一成绩刷新了历史纪录,充分展示了奉贤区在科技创新方面的雄厚实力和潜力。在推动科技成果转化方面,奉贤区同样表现突出。2023 年"创·在上海"国际创新创业大赛(创新基金)立项数达到 100 家,获得市级扶持资金 1100 万元。其中,百开盛生物等 5 家企业在中国创新创业大赛中荣获优秀奖,为奉贤区的科技创新注入了新的活力。高新技术成果转化立项 64 件,位列全市第五,这一成绩的取得,标志着奉贤区在高新技术成果转化方面已经走在了全市前列。

(三)创新创业环境持续优化

随着一系列政策和措施的实施,奉贤区的创新创业环境正不断优化,创业孵化载体建设在数量和质量上都得到了显著的提升,为区域的科技创新和产业升级提供了强有力的支撑。特色产业园区发展不仅为奉贤区的经济发展注入了新的活力,也为区域的产业升级和结构优化提供了强有力的支撑。通过不断完善和优化创新创业环境,奉贤区正逐步成为科技创新的热土,吸引着越来越多的创业者和企业前来发展。

1. 创新创业载体的数量和质量提升显著

自"十四五"规划实施以来，奉贤区的科技创新创业载体数量从 2019 年的 7 家增至 19 家，增长率达到了 171.4%。这些载体包括 13 家市级孵化器（其中 2 家为国家级孵化器）和 6 家众创空间，总孵化面积达到了 16.86 万平方米，主要分布在南桥镇、东方美谷、工业开发区和杭州湾开发区等关键区域。这些载体为超过 650 家在孵企业和入驻团队提供支持，累计毕业企业 142 家，同比增长 28%。其中，一些成功的孵化案例包括伯杰医疗、拜朗生物、瀚诺威生物和术理智能等企业，它们在各自的领域内取得了显著的成就。

奉贤区不仅关注载体的数量增长，还致力于提升载体的质量和服务能力。区内的创新创业载体为入驻企业提供了包括办公场地、基础设施、商业配套、政策落实、企业运营培训、投融资对接等一站式服务。这些服务不仅降低了创业者的创业成本，还促进了创业者之间的交流合作，共同推动了区域经济的创新发展。奉贤区还通过举办各类创新创业大赛和活动，激发了区域内的创新活力，吸引了更多的人才和项目。区内创业孵化示范基地孵化总面积达到了 23 万平方米，入驻企业超过 800 家，创造了超过 5000 个就业岗位。这些基地不仅提供了物理空间，还提供了包括创业培训、项目路演、投融资对接等在内的全方位支持服务，为创业者提供了坚实的创业基础和强大的创业动力。

2. 特色产业园区建设取得显著成效

围绕特定产业方向、优秀园区主体和强大的产业生态，奉贤区已经成功创建了 5 个市级"特色产业园区"，包括东方美谷、临港南桥智行生态谷、奉贤化工新材料产业园、临港新片区生命蓝湾、东方美谷·美妆和国际氢能谷，园区数量在上海市中仅次于浦东新区，其中，生物医药类特色产业园区的数量占全市的 3/8。奉贤区还致力于打造"市级特色园区—区级特色园区—精品微园"的梯度发展格局，已经评选认定了 4 个区级特色产业园区，包括金汇镇国际健康食品产业园、青村镇文教创意产业园、工业综合开发区东方美谷爱宠经济产业园和工业综合开发区东方美谷中医药产业园。这些特色产业园区不仅为奉贤区的经济发展注入了新的活力，也为区域的产业升级和结构优化提供了强有力的支撑。通过这些园区的建设和发展，奉贤区正逐步构建起一个多元化、高效率、具有国际竞争力的产业体系，为未来的可持续发展奠定了坚实的基础。

近年来，张江奉贤园在高质量发展的道路上稳步前行，取得了显著的成就。在创新主体培育、成果转化促进、创新生态优化和双创人才集聚等方面，奉贤园都展现出了强大的活力和潜力。截至2023年底，园区内已有480家高新技术企业，占奉贤区高新技术企业总量的四分之一，这一数字是2019年的三倍。近三年来，首次认定的高新技术企业资助立项达到了255家。2024年1~7月，奉贤园的工业总产值达到了390.29亿元，占全区的19.96%；营业收入为528.96亿元，净利润为41.25亿元，固定资产投资为24.36亿元，税收收入更是高达88.53亿元，占全区的20.59%。

（四）创新支撑要素不断强化

1. 相关创新资源形成一定的集聚效应

奉贤区以创新发展为导向，积极引进和培育各类产业创新资源。截至2023年末，全区共有区级以上工程技术中心57家、企业技术中心236家、申报备案新型研发机构11家。同时，全区着力围绕产业链布局创新链，各类产业功能平台建设加速推进，已建成智能网联汽车信息安全研发与公共服务平台、"东方美谷中医药产业基地"一基地三中心、特色科创平台，以及奉贤区产业经济统筹管理平台、自然堂集团工业互联网体系、数字江海产业赋能平台、东方美谷产业生态服务平台等数字化平台，为全区产业创新发展提供了有力的支撑。

2. 科技创新人才加快集聚

奉贤区聚焦科教人才支撑，积极引进各类人才。奉贤区现有人才激励政策5项，包括人才购房优惠、租房补贴、薪酬激励、子女就学、医疗服务，自2022年实施以来，累计兑现政策资金9821万元，惠及人才7911人次。2024年6月，为使政策更加契合企业和人才的实际需求，奉贤区从企业的产值与营收、企业的科技与人才含量、企业对社会的贡献度三个维度对政策进行了调整。全区累计获批院士工作站及专家工作站77家，累计柔性引进两院院士25位，入驻工作站团队的专家达到502位。引进海内外高层次人才数量逐年增长，从2021年的新增13人提升至2023年的新增40人，高层次人才加速集聚态势明显。截至2023年底，区内高层次人才总量为529人，同比增长7.5%。其中，国家级人才计划入选人才27人，市级人才计划入选人才128人，区级"滨海贤人"人才计划入选人才374人。

3. 以基金为引领创新区域产业发展模式

奉贤区依托产业基金的资源和资本优势，创新性地推出"基金+基地+产业"发展模式，以产业基金为抓手，开拓由资本链带动创新链、做强产业链的新路径。全区全力构建产业引导功能性基金平台，通过设立奉贤区产业发展引导基金、参股上海国有资本投资母基金有限公司，赋能区域产业更好发展，并已经吸引上实资本、工银资本、科创投等百亿基金入驻。截至2023年底，全区已注册基金管理人232家，管理基金产品3533只，基金管理规模超过4296亿元。其中，奉贤区政府产业引导基金设立于2017年，截至2023年底，实际出资子基金3支，3支子基金累计对外投资项目33个，涉及投资额7.36亿元。

二 奉贤区建设南上海科创中心——前沿技术转化首选区存在的主要问题

（一）前沿技术创新主体实力有待进一步提升

1. 研发投入强度较全市尚有一定差距

2022年上海市全市研发投入强度（R&D相当于GDP的比例）约为4.4%，而奉贤区仅为2.9%，存在明显差距，且有进一步拉大的趋势，奉贤区研发投入与全市相比存在不足。究其原因，主要是区内龙头企业的研发投入较少。以生物医药领域为例，奉贤区的一些上市公司如上海莱士、上海凯宝和睿昂基因2023年的研发投入总额分别为1.74亿元、0.96亿元和0.7亿元。与此同时，业内领军企业如复星医药的研发投入额达到了59.37亿元，上海医药则为26.02亿元。奉贤区内的这些公司的研发投入力度与复星医药、上海医药等大企业相比确实存在显著差距，这种差距可能会影响其在新产品开发、技术创新和市场竞争力方面的表现。奉贤区的这些上市公司的研发投入相对较少可能是导致奉贤区整体研发投入强度不高的原因之一。

2. 优质创新主体的培育力度有待加强

奉贤区虽然拥有一定的产业基础和创新活力，但在优质创新主体的培育和规模上与市内其他制造业强区相比仍有不小差距。目前，区内市级科技"小巨人"企业总数为147家，占上海市科技"小巨人"企业总数的5.2%，这一比例显示出奉贤区在科技企业数量上的优势并不明显。此外，奉贤区的高新技术企业增长也显得有些乏力，现有的科创型实体企业多数已被纳入高新技术企业范畴，新的可挖掘企业数量有限，加上受到招商引资政策调整的影响，注册型企业的数量也有所减少。在市级以上企业创新平台的数量方面，奉贤区在全市的占比也偏低。例如，全市共有跨国公司地区总部962家，而奉贤区仅有13家，占比仅为1.4%；全市外资研发中心总数为561家，奉贤区仅有5家，占比0.9%；全市国家级企业技术中心共107家，奉贤区仅有4家，占比3.7%。这些数据反映出奉贤区在吸引和培育高级别创新平台方面还有较大的提升空间。

（二）前沿技术领域投融资机制有待完善

1. 前沿技术领域投融资力度较弱，成果转化能力相对较低

奉贤区在资本市场投资力度方面存在一定的薄弱环节。根据IT桔子的创业投资数据库统计数据，2023年奉贤区在医疗健康等六大前沿技术领域的投融资事件数仅占全市的3.33%，获得的投融资金额为8.08亿元，仅占全市的1.12%。这一数据与嘉定区的71.8亿元和松江区的32.7亿元相比，显示出奉贤区对社会资本的吸引力不足、资本市场的投资力度相对较弱。此外，奉贤区的高校成果转化能力也相对较低，区内虽有6所高职院校，但普遍存在"一校多园"的现象，即教学活动在奉贤进行，而高校的市级、国家级重点室和研发机构大多分布在其他区域，导致涉及奉贤的高水平研发机构较少，无法为区域科研创新提供强有力的支持。在产教融合方面，区校合作的成效尚不明显，校企合作中普遍存在双方对彼此需求和资源配置了解不足的问题。根据《中国科技成果转化2021年度报告》所列的科技成果转化合同金额，华东理工大学约6亿元、上海应用技术大学约2亿元，与上海交通大学的约30亿元相比存在较大的差距。

2. 容错机制不完善

在科创管理单位和个人的尽职容错免责机制方面，奉贤区尚未制定出具体且量化的措施，投融资尽职免责和补偿机制也亟待完善。国有投资机构和金融机构在面对初创科技企业的融资需求时，普遍存在"不愿、不敢"的现象，这在一定程度上抑制了创新活力和科技发展。为了激发创新活力，奉贤区需要建立更为明确的容错机制，为科创管理单位和个人提供合理的保护，鼓励他们在科技创新的道路上勇于尝试。

（三）前沿技术转化支撑体系不健全

1. 前沿技术转化链的构建存在短板

奉贤区为了系统推进"五个创新"，建设南上海科创中心——前沿技术转化首选区，从创新创业载体孵化加速到技术转移转化再到产业化阶段，发布了一系列支持政策，但在前沿技术转化链的构建方面存在短板。首先，在概念验证这一关键环节，奉贤区尚未着手建立科技成果转移转化的概念验证中心，这使得其在科技创新的步伐上落后于其他区域。例如，宝山区已经领先一步，在全市范围内率先启动了7家概念验证中心的建设工作，这无疑为该区的科技创新和成果转化提供了强有力的支撑。其次，在孵化加速这一环节，奉贤区的市级以上创新创业载体未能入选上海市首批启动建设的7家高质量孵化器名单，这限制了区内创新项目的成长速度和质量。高质量的孵化器能够为初创企业提供必要的资源和指导，加速其成长，而奉贤区在这方面的缺失无疑影响了其创新生态的完善。在技术转移领域，奉贤区尚未布局建设由政府主导的技术转移机构，这在一定程度上阻碍了科技成果向实际应用的转化。技术转移机构作为连接科研与市场的桥梁，对于促进科技成果的商业化至关重要。最后，在产业化阶段，奉贤区内能够匹配前沿技术转化的应用场景供给严重不足。这意味着即便有了创新成果，也缺乏将其转化为实际产品或服务的有效途径。缺乏应用场景不仅限制了技术的市场化，也影响了奉贤区在全球科技创新竞争中的地位。

2. 成果转化类紧缺人才有较大缺口

上海市发布的紧缺人才开发目录中的"成果转化类紧缺人才"，包括技术转移领导人才、科技成果评估人才和技术转移加速人才等14类，而奉贤区还未推出明确的或专门的招引政策。这一政策空白与宝山区等其他区域相比显得较为滞后，后者已经在上海市率先启动建设了7家概念验证中心，为科技创新和成果转化提供了坚实的人才支撑。此外，奉贤区内高水平的科研机构和高校相对较少，这限制了其在科技领域的引领作用和人才培养能力。同时，区内科技型企业的集聚度不高，这直接影响了全球高水平科技创新人才、团队和科研成果的集聚。与浦东等人才强区相比，奉贤区在高端人才总量上存在明显差距。

3. 配套制度体系不健全

在支持前沿技术研究和成果转化方面，奉贤区的相关扶持政策分散于近30项不同职能部门发布的管理办法和意见中。这种分散导致了实际操作中的一系列问题：部分政策缺乏明确的可执行性，有的政策执行不到位，甚至出现了政策惠及面不扩反收的现象。企业对于政策内容的了解不够深入，导致其无法充分利用政策优势。此外，部门间在企业融资需求信息的流通上存在不畅，对前沿技术转化的早期金融支持力度有限。奉贤区需要向外区/市学习借鉴先进的经验制度，如宝山区实施的"先投后股"创新改革试点方案，该方案通过财政资金的前期投入和后期转化股权的方式，积极探索财政支持科技成果转化的新路径。

三 奉贤建设南上海科创中心——前沿技术转化首选区的路径与建议

（一）加速全链条创新，提升科创策源转化力

1.加大研发投入力度，增加基础研究投入

奉贤区正全面落实研发费用加计扣除等优惠政策，以激励科技企业增加基础研发投入。区内鼓励链主企业牵头，联合组建创新联合体、新型研发机构、工程技术研究中心和企业技术中心等平台，积极参与国家及市级重大创新工程。此外，奉贤区支持企业家和技术负责人领衔重大创新研究任务，开展核心技术攻关，破解制约行业发展的共性问题，从而推动科技成果的转化和产业化。

2.深化区校融合，提高科创成果产业化水平

在与上海交通大学、华东理工大学、华东师范大学、上海应用技术大学、上海大学等高校签订的战略合作协议基础上，奉贤区积极推进华东理工大学国家重点实验室和长三角国家创新中心奉贤分中心等项目的建设。通过打造创新挑战赛平台，奉贤区实施"企业出题、政府搭台、高校解题"的"揭榜挂帅"模式，组织高校与企业开展精准需求对接会，推动区内企业与高校科研院所的紧密合作。自2016年举办创新挑战赛事以来，已有1500多家企业参与，征集企业技术需求827项，提供解决方案1289项，成功推动一批优秀的科研成果落地。

奉贤区围绕创新链布局产业链，完善"区区联动"的成本共担、利益共享机制，深化东方美谷、张江药谷"双谷联动"，加快建设"徐汇—奉贤"前沿技术转化产业园。区内还健全企业梯度培育机制，分类引导、因企施策，遴选培育一批创新能力强、成长性好、拥有核心竞争力的细分赛道"隐形冠军"、专精特新"小巨人"和独角兽企业。奉贤区致力于推动科创企业上规、上新、上市，形成大中小企业融通、上下游企业协同、内外资企业共赢的创新机制，以提升科创成果的产业化水平。

（二）推进全面深化改革，激发科技创新引领力

1. 打造中小企业低成本创业高地

加大对行业领军人才和专业孵化器运作团队的引进力度，提升服务水平，鼓励支持一流孵化人才、科技领军企业、大学科技园等各类主体建设高质量孵化器。同时，梳理、排摸、整合现有空置物理空间，并支持企业、高校、科研院所共建共享实验室、研发平台，努力探索在孵企业零成本创业"新模式"，将奉贤打造成为科技型中小企业首发地。

2. 重塑科创项目发现培育机制

充分发挥"创·在上海"国际创新创业大赛的遴选培育机制，发现并培育一批具有创新精神和创业能力的人才，并借鉴美国小企业投资公司计划，为遴选出的项目提供资金支持、培训服务、资源对接、政策扶持等科技创新支撑。2023 年，"创·在上海"国际创新创业大赛奉贤赛区报名 695 家企业，立项 100 家，获得市级扶持资金 1100 万元，其中百开盛生物等 5 家企业获得中国创新创业大赛优秀奖。2024 年，奉贤区成功申办第十三届中国创新创业大赛颠覆性技术创新大赛未来健康领域赛，比赛聚焦细胞和基因技术、合成生物、生物育种等前沿技术产业化，有助于推动契合奉贤主导产业发展需求的颠覆性技术的创新与突破。

（三）整合要素资源，构建全方位创新支撑体系

1. 加快建设南上海人才高地，为全链条创新提供源动力

第一，奉贤区制定并出台了一系列人才政策，如《关于全要素全链条深化人力资源建设全力打造南上海人才高地若干意见》，以及针对科技创新创业、生物医药和数字经济人才发展的专项计划等，通过政策引领，打造人才政策洼地。第二，奉贤区依托"海聚英才"计划和欧美同学会等平台，积极搭建桥梁，吸引全球顶尖人才。通过举办一系列高水平的全球科技创新大赛和项目路演活动，不仅展示了区域的创新活力，也为各类人才提供了展示才华的舞台。第三，加大对海内外科技领军人才和青年科技人才的招引和

服务力度,提供全方位的支持,包括但不限于资金、政策、平台等,以确保人才能够在这里生根发芽、茁壮成长。关注那些自带技术、项目的创新型人才,畅通快速落户的绿色通道,确保这些人才能够迅速投入创新实践中,为区域的发展注入新的活力。

2. 提升资本效率,促进要素优化配置

加大财政对科技创新的支持力度,完善区镇科创扶持资金分担机制。围绕行业特点与规律,制定更新的专项政策与规则,完善财政、科技、产业、人才、用地等政策的统筹协调机制,打造"普惠+专项"分层分类政策体系。健全多层次的科技金融服务体系,鼓励银行、证券等金融机构直接投资科创企业或创新科技金融产品。同时,支持保险机构开展科技保险试点,以解决企业在不同发展阶段的融资需求。提高政府引导基金的投资效率是关键,建立更加科学的产业基金投资评估机制,以确保每一笔投资都能产生最大的经济效益。通过试点股权和债权的灵活转化,畅通"募投管退"的闭环,实现创投资的循环接续,为科技创新提供持续的资金支持。

盘活区内低效使用的产业用地和闲置的商业办公楼宇,通过推动低效产业园区的整体转型提升土地利用效率,为新兴产业的发展提供空间。同时,支持现有优质企业的转型升级和扩建,增强企业竞争力。持续完善新型基础设施,一体推进全域数字底座、共享算力中心建设,推动更多高质量公共数据、科研数据、行业数据的开发利用和开源共享。布局前沿领域,抢占发展先机,确保在未来的科技竞争中占据有利地位。通过建立技术要素流通交易机制,推动科技成果信息的互通共享,实现高效配置和转化落地,加速科技成果的商业化进程。

B.14
以奉贤新城平台优势资源
促进城乡融合发展

孟 醒 吴康军*

摘 要: 奉贤是上海乡村振兴的主战区,在推动城乡融合发展中扮演重要角色。当前,奉贤新城已形成"十字水街""田字绿廊"的精致城市格局,具备区位、生态、产业和创新等优势资源。然而,奉贤在推动乡村振兴和城乡融合发展的过程中,仍面临人才需求大、土地使用约束强和公共服务不均衡等挑战。为促进高质量城乡融合,奉贤应着力推动城乡要素自由流动,深化产业融合发展,加快公共服务均等化,优化城乡空间协调发展。未来,奉贤新城需要进一步发挥辐射带动作用、创新发展机制、探索城乡融合新模式。通过持续完善乡村基础设施、提升公共服务质量,奉贤有望成为展现国际化大都市乡村振兴"实景图"的典范,为上海乃至全国的城乡融合发展提供有益经验。

关键词: 新城建设 平台优势 乡村振兴 城乡融合发展

一 奉贤区推动城乡融合发展的意义与优势

(一)城乡融合发展的时代背景与战略意义

2023年底,中央经济工作会议明确提出要"统筹新型城镇化和乡村全

---

* 孟醒,上海社会科学院数量经济研究中心博士研究生,主要研究方向为科技政策评价和计量模型分析;吴康军,中共上海市奉贤区委党校讲师,主要研究方向为区域经济与农村经济。

面振兴",在围绕推动高质量发展的过程中,要"以提升乡村产业发展水平、提升乡村建设水平、提升乡村治理水平为重点",要"把推进新型城镇化和乡村全面振兴有机结合起来,促进各类要素双向流动,推动以县城为重要载体的新型城镇化建设,形成城乡融合发展新格局"。① 这为在全面建设社会主义现代化国家新征程上构建新型城乡关系指明了战略方向和实践路径。党的十八大以来,通过坚持城乡融合发展,我国新型城镇化取得重大进展,农业转移人口市民化成效显著,城乡要素自由流动程度稳步提升,城乡发展协调性、平衡性明显增强。同时,我国城乡融合发展仍面临一些困难,人口总量及其区域分布变化也对推动城乡融合发展提出了新的更高要求。新征程上,统筹新型城镇化和乡村全面振兴具有重要意义。把推进新型城镇化和乡村全面振兴有机结合起来,加快构建城乡融合发展新格局,实现城市和乡村互补互促、共同繁荣,是深入实施新型城镇化和乡村振兴两大战略的必然要求。

城市与乡村是一个有机体,只有二者可持续发展,才能相互支撑。② 城乡融合发展是乡村振兴的重要路径,两者相互依存、协同并进。乡村振兴的核心目标是实现农业强、农村美、农民富,而城乡融合则是通过资源要素的合理配置和互通来促进农村地区的经济发展和社会进步。

(二)国际大都市背景下奉贤区实现城乡融合发展的优势

作为中国最重要的国际大都市之一,上海在推动乡村振兴和城乡融合发展方面具有示范引领作用。上海市的乡村振兴不仅是经济发展的需求,更是城市与乡村协调发展、共同富裕的必然选择。上海的农村是大都市的农村,拥有市场、科技、资金等诸多优势,但城乡差距仍显著存在。农村不仅仅是城市的资源供给地,更是城市生态、文化、产业功能的延伸和补充。通过乡

---

① 《中央经济工作会议在北京举行 习近平发表重要讲话》,https://www.gov.cn/yaowen/liebiao/202312/content_ 6919834. htm,最后访问日期:2024 年 9 月 30 日。
② 刘彦随:《中国新时代城乡融合与乡村振兴》,《地理学报》2018 年第 4 期,第 637~650 页。

村振兴战略，上海可以缩小城乡之间在收入、生活质量、基础设施等方面的差距，促进共同富裕。同时，上海可以强化其郊区农村在生态保护、文化传承、旅游发展等方面的功能，进一步增强上海作为国际大都市的综合竞争力。

作为上海五个新城之一，奉贤新城承担着疏解中心城区功能、带动周边区域发展的重要使命。奉贤近年来一直注重发挥乡村独特功能，全面提升乡村振兴水平，同时在国际化大都市争当农业农村现代化先行者。奉贤区在城乡融合发展中具有重要的战略定位，在推动城乡融合发展的过程中，不仅要缩小农村与城市之间的差异，还要探讨城乡共同富裕的实现路径。在推动乡村振兴的过程中，奉贤区的战略定位体现在以下几个方面。

①城乡联动的示范区：奉贤区紧邻上海中心城区，在资源配置和要素流动方面具有先天优势。通过合理的城乡规划，可以实现城市和乡村在功能上的互补。②高科技农业的引领区：奉贤新城依托其产业基础优势和科技资源，可以带动农业的高科技化、高附加值化发展，形成新型农业经济模式。③政策创新与模式创新的试验区：在推动城乡融合的过程中，政策支持和对资源的利用方式起到了至关重要的作用。奉贤通过建设新城推动了公共服务的均等化和基础设施的现代化建设，可以探索合理配置和优化城乡资源的实现路径，还可以通过创新财政体制为乡村振兴提供有力的财政和政策支持，打造城乡协调发展的新模式。④生态宜居的先行区：奉贤区拥有独特的生态环境优势，依托这一优势，奉贤在城乡融合发展、实现经济发展的同时，可以保障城乡居民的高质量生活和宜居环境。

通过这些战略定位，奉贤区在推动上海市乡村振兴过程中起到了至关重要的作用，不仅为本地区的城乡融合发展提供了有力支撑，也为上海市乃至全国的乡村振兴实践提供了宝贵的经验。本报告将结合文献、其他地区实践的先进经验和奉贤发展实际，进一步探讨奉贤新城如何利用现有的新城平台优势资源推动城乡融合高质量发展、促进乡村振兴。

二　奉贤新城的平台优势与乡村振兴实践

（一）奉贤新城平台优势资源分析

奉贤新城是上海"五大新城"之一。本节将从区位、生态环境、产业基础和创新资源四个方面分析奉贤新城的优势。

1. 区位优势

奉贤新城地处上海南部，地理位置优越。自2021年上海市委、市政府提出"新城发力"战略以来，奉贤新城建设加速推进。目前，奉贤新城已形成"十字水街""田字绿廊"的城市空间格局，一批高品质、高能级的功能性项目陆续落地，城市功能不断完善。奉贤既接近长三角一体化经济圈的重要节点，又处于"长三角1.5小时城市半径圈"圆心位置，交通便捷，可快速融入上海的中心城区及周边城市的经济辐射圈。这一区位优势使得城乡要素能够高效流动，带动了农村地区的经济发展和基础设施提升。

2. 生态环境优势

奉贤区拥有丰富的自然生态资源，如金海湖、海湾森林公园等，以及贯彻共享理念的上海第三大人工湖——"上海之鱼"，森林覆盖率逐年提升，生态环境优美，形成了"百座公园、千里绿廊、万亩林地、水天一色"的生态格局。奉贤新城通过保护与开发并重的模式，逐步将生态优势转化为发展优势，不仅推动了绿色经济的发展，还为乡村旅游和生态农业提供了广阔的空间和机遇。这种生态资源与城乡融合发展的深度结合，为奉贤推动可持续发展奠定了坚实基础。

3. 产业基础优势

奉贤新城已经集聚形成了四大新兴产业集群，在生物医药、化妆品产业（东方美谷）、新能源和数字经济方面拥有较强的产业基础。这些高新产业不仅为城市经济注入了活力，也为周边乡村的农业转型升级提供了市场和技术支持。此外，产业周边的乡村不仅可以打造成为人才公寓，还吸引了一批知名消费品牌产生入驻意向，为城乡融合发展奠定了基础。

4. 创新资源优势

奉贤新城与上海的创新资源紧密相连，依托多所知名高校和科研机构如上海农科院等，奉贤在农业科技创新、智慧农业、种源农业等方面具有独特优势。奉贤新城通过推进数字化、智能化发展，将这些创新资源应用于现代农业生产，继"东方美谷"后，上海市奉贤区正计划建设"上海农业科创谷"[①]。奉贤坚持"人才+项目+产业"一体推进，重点实施五项举措，变"单一招才"为"双招双引"，促进"人才引领链、技术创新链、产业发展链、金融支持链"深度融合，不断提升人才高度、宽度、厚度。

奉贤新城的建设已经取得了显著的成效，在现有城市功能建设的基础上，奉贤新城通过完善的空间规划体系、创新的产业融合路径以及强有力的政策支持，构建了一个资源合理配置、城乡互动发展的良性生态系统。这不仅提升了农村地区的生活水平和经济发展潜力，也为上海市的乡村振兴提供了有力的示范。

（二）乡村振兴的奉贤创新实践

奉贤区在推进乡村振兴过程中，坚持创新驱动，在农业现代化发展、农村环境整治与风貌提升、农民增收与集体经济壮大等方面进行了一系列创新实践，取得了显著成效。

1. 品牌农业

奉贤区高度重视农产品的品牌建设，积极推动农产品的全产业链发展，提升农产品附加值。例如，奉贤黄桃和庄行蜜梨等农产品通过深加工和品牌化运营，利用"黄桃+"等品牌战略实现了产业链的延伸，形成了"农业+

---

① 《全力打造"上海农业科创谷"奉贤乡村振兴闯出新路子》，https://j.eastday.com/p/1691556569038150，最后访问日期：2024年9月30日。

工业+服务业"相结合的产业生态圈。奉贤黄桃通过品牌化运营，不仅在国内市场取得了显著效益，还通过文化展示和衍生产品的开发，形成了农业与文化、旅游相结合的多元产业体系。

2. 农村环境整治与风貌提升

奉贤区深入实施农村人居环境整治行动，全面推进美丽乡村建设，农村面貌发生显著变化。奉贤通过道路修缮、村庄整治、绿化美化等措施，全面提升了村容村貌，改善了农民的居住条件。例如，奉贤通过"生态村组·和美宅基"建设，全面提升了乡村生态环境，打造了宜居宜业的乡村社区生活圈。全市首批 47 个森林乡村有 14 个来自奉贤区，数量居全市第一。①奉贤区注重农业文化遗产、名镇名村和传统村落保护，有效传承和弘扬了农耕文化，不断推进的青村老街、奉城老街开发项目营造了"田园牧歌、古镇都市"的新形象，展现了奉贤对传统文化的传承与创新。

3. 农民增收与集体经济壮大

奉贤区通过创新"国有资产带动集体资产"的模式，显著提升了集体经济的规模和效益。例如，百村集团的成立为全区 175 个村提供了共享经济红利的机会，进一步缩小了城乡之间的经济差距，提高了农民的收入水平。这种创新的经济模式不仅增强了农村经济的可持续性，还提升了城乡资源的共享能力。截至 2023 年底，全区农村集体总资产 445.31 亿元，同比增长 11.86%；农村集体净资产 157.41 亿元，同比增长 8.52%；农村集体经济组织收益分配 1.41 亿元，同比增长 11.3%。2023 年资产过亿元村 29 个，比 2022 年增加 6 个；收入上千万元村 15 个，比 2022 年增加 3 个；全区农村居民人均可支配收入达 44500 元，同比增长 9.5%，增幅排名全市第一。②

---

① 《采摘垂钓、主题公园、桃花烂漫……奉贤这 14 个森林乡村宜居宜游》，https：// sghexport. shobserver. com/html/baijiahao/2024/01/18/1237154. html，最后访问日期：2024 年 9 月 30 日。

② 《区农业农村委主任访谈·奉贤篇 | 乡村振兴工作亮点》，https：//sghexport. shobserver. com/ html/baijiahao/2024/07/30/1389455. html，最后访问日期：2024 年 9 月 30 日。

三 新城平台建设过程中实现乡村振兴的有益尝试与挑战

（一）空间布局与规划优势

1. 城市总体规划引导下的郊野村庄建设

奉贤区在城乡融合发展中的核心战略是依托上海 2035 总体规划，建立以"村庄布局规划—郊野单元村庄规划—村庄规划设计"为核心的三级规划体系，全面推进郊野单元村庄规划工作。通过精心规划，奉贤新城在城乡融合发展过程中将乡村、郊野和城市空间进行有机融合，以乡村"15 分钟生活圈"为抓手，对村民问需求计，因地制宜形成项目清单，促进城乡基本公共服务均等化，提升乡村宜居度和吸引力。在实施过程中，奉贤区完成了金汇镇、青村镇、庄行镇等多个镇的郊野单元规划，聚焦乡村的生态保护与现代化生活功能提升，实现了全区郊野单元规划全覆盖。

2. 城市与乡村规划的衔接与融合

通过科学规划，奉贤区将城市与乡村的功能有效对接与融合。例如，南桥镇等多个镇的郊野单元规划得到批复与实施，促进了农村地区的基础设施建设和公共服务设施的提升。以庄行镇为代表，推进"田、水、路、林、宅"五大要素的整合，探索宅基地改革与农民集中居住区建设，成功打造了"上海乡村生态商务示范区"，并在区域内推出了多个项目，如农艺公园、生态休闲区和郊野度假区，推动了城乡空间协调发展。这些项目为农民提供了更宜居的生活环境，同时推动了乡村的经济增长和生态保护。

在城市总体规划指导下，奉贤区以"十字水街"和"田字绿廊"为核心打造出独特的生态格局。浦南运河和金汇港构成了奉贤新城的水网结构，而 33 公里的环城林廊与 17 公里的城市景观带交织，形成了绿色生态屏障。这种规划不仅提升了城市环境质量，也为农村提供了更好的生态环境和发展空间，保证了新城与乡村的有机联系。

（二）产业发展平台

1. 新城产业的带动作用

奉贤新城通过集聚新兴产业，推动城乡互动发展。奉贤新城的产业集群建设已取得显著成效，特别是在生物医药、美丽健康产业和智能终端等高科技领域。"东方美谷"作为奉贤的特色产业集群，已成为国内知名的美妆产业基地，吸引了国内外多家知名企业入驻，其中生产企业超过 226 家，占上海化妆品生产企业总数的 37%，极大地推动了区域经济增长，同时带动了周边农村的经济发展。[1] 此外，奉贤新城还通过建设"数字江海"国际产业园区，进一步推动了数字经济的发展，提供了更多的就业机会和创新平台，为城乡产业融合创造了新的增长点。

奉贤新城作为产业集聚平台，通过引入高端产业和创新企业，有效带动了农村产业升级。例如，上海弘正新能源科技有限公司选择在农村设立总部，不仅降低了企业运营成本，还与奉贤区的绿色发展理念相契合。这种新兴产业的引入，既为城市经济注入了新的活力，也为乡村带来了更多的就业机会和技术支持，促进了农村的现代化发展。

2. 第一、第三产业融合发展

奉贤区通过构建多元化的产业平台，推动了第一、第三产业的深度融合，充分发挥了农业、生态旅游和乡村文化的资源优势，形成了独特的区域发展模式。平台优势主要体现在以下方面。第一，奉贤区依托现代农业产业链的建设，推动了特色农产品的品牌化和市场化发展。例如，黄桃、蜜梨等特色农产品通过全产业链覆盖，从种植到加工，再到市场销售，实现了附加值的提升。黄桃产业尤其通过"黄桃+"全产业链模式，衍生出黄桃汽水、果汁等创新产品，进一步提升了市场竞争力和品牌效应。第二，奉贤区通过打造第一、第三产业融合发展的综合平台，将现代农业与生态旅游相结合，

---

[1] 《奉贤："东方美谷"已汇聚上海 37% 化妆品生产企业》，http://www.yicai.com/news/101863960.html，最后访问日期：2024 年 9 月 30 日。

推动乡村经济的多元化发展。例如，庄行郊野公园充分整合农业与旅游资源，形成了以农艺公园和生态旅游为核心的乡村旅游产业，带动了农村集体经济的发展，增加了农民的收入来源。乡村旅游不仅带来了人流和资金流，还推动了农村地区基础设施的完善和公共服务的提升。同时，奉贤区的产业融合平台还积极推动文化和旅游结合，推出了多个特色项目，如庄行镇的"潮流音乐小镇"和渔沥农场项目。

这些项目不仅展示了乡村文化和生态的独特魅力，还为农民和村集体创造了多元化的经济收入，提升了乡村的吸引力和可持续发展能力。通过这些产业融合平台，奉贤区实现了城乡功能的有效联动，促进了城乡要素的自由流动和资源的优化配置，形成了产业、文化、生态协同发展的良性循环模式。这种模式为乡村振兴注入了新的活力，推动了区域经济的高质量发展。

（三）政策与财政支持

1. 政府在城乡融合中的政策支持与创新

奉贤区积极推动城乡融合发展的政策创新，特别是在乡村振兴领域，奉贤区制定了多项支持政策，包括土地整治、村庄环境提升、公共服务均等化等。这些政策不仅提高了农村地区的基础设施水平，还通过资源倾斜，优化了农村公共资源的配置，提升了农民的生活质量。

奉贤新城在推动城乡融合发展的过程中，通过一系列政策与财政支持措施，确保了乡村建设和产业发展的顺利进行。百村集团的成立是奉贤推动乡村振兴的重要举措，该集团将全区 182 个村集体经济组织整合成一体，形成了市场化运作的平台。2023 年，百村集团的分红总额达到 1.39 亿元，不仅提高了农民的收入水平、有效缩小了村与村之间的差距，还推动了农村公共服务和基础设施的改善。此外，奉贤每年将土地收益的 10% 用于支持乡村振兴，使财政支持与产业发展紧密结合，形成了持续发展的"造血"机制。①

---

① 《做大集体"蛋糕"赋能乡村振兴 奉贤百村集团推动全区农村"三资"一盘棋统筹，把帮扶资金变为投资发展资金》，https://www.shanghai.gov.cn/nw4411/20240405/fa7d2b1f626e4425bffdeed477d7169a.html，最后访问日期：2024 年 9 月 30 日。

2. 资源的合理配置与倾斜

奉贤区在资源配置上注重城乡融合协调发展，通过规划和财政的支持，确保资源能够向农村地区倾斜。例如，奉贤区在"15分钟社区生活圈"行动中，通过建设乡村社区服务中心、养老服务中心等优化了农村基础设施和公共服务的布局，进一步促进了城乡公共服务的均衡发展。

奉贤区还通过完善乡村公共服务体系，实现了城镇基础设施向农村地区的延伸。根据《奉贤区推进美丽乡村建设（2023-2025年）实施方案》的要求，到2025年，全区将建成20个以上乡村振兴示范村和45个美丽乡村示范村，并逐步实现农村生活污水处理全覆盖、垃圾分类处理和道路设施完善。[①]

（四）面临的挑战与困难

1. 城乡收入差距大

城乡收入差距大是中国城乡二元结构中长期存在的问题，这一挑战在奉贤新城的城乡融合发展进程中同样突出。奉贤作为上海市郊区，虽然农民收入在全国范围内排名靠前，但与上海市区相比仍有明显差距。2023年，奉贤农村居民人均可支配收入达到44500元，同比增长9.5%[②]，然而奉贤城乡居民人均可支配收入比仍约为1.56:1，存在较大差距。

2. 农业现代化水平有待提高

农业现代化水平不高是制约奉贤新城乡融合发展的重要因素。这不仅是奉贤面临的挑战，也是中国农业发展过程中普遍存在的问题。作为上海重要的农业生产基地，奉贤耕地面积占其总面积的一半以上，拥有约10万户农民。同时，作为大都市郊区，奉贤面临土地资源紧张、环境压力大的挑

---

① 《上海市奉贤区农业农村委员会、上海市奉贤区发展改革委员会、上海市奉贤区财政局关于印发〈奉贤区推进美丽乡村建设（2023-2025年）实施方案〉的通知》，https://xxgk.fengxian.gov.cn/art/info/2911/i20230603-bncc5cueo6vc7zjonw，最后访问日期：2024年9月30日。

② 《奉贤区人民生活——居民收入》，https://www.fengxian.gov.cn/rmsh/20240605/71119.html，最后访问日期：2024年9月30日。

战，需要在有限空间内实现农业高质量发展。这就要求奉贤在推进农业现代化的过程中，不仅要解决规模化、集约化的问题，还要着力提高农业的科技含量和生态友好度，实现农业的可持续发展。

3. 乡村人才流失

乡村人才流失是推进城乡融合发展过程中的又一重大挑战[①]，奉贤面临的人才流失压力更大，年轻人更倾向于向上海中心城区流动。奉贤乡村还面临"人户分离"现象，即许多农村居民虽然保留农村户口，但长期在城市工作生活。这种现象导致农村实际劳动力减少，影响了农业生产和乡村发展。奉贤需要在吸引人才返乡和培育本地人才之间寻找平衡，既要利用上海的人才优势吸引各类人才参与乡村建设，又要培育适应本地需求的新型农民。

4. 农村土地利用效率不高

农村土地利用效率不高是奉贤新城城乡融合发展的瓶颈。作为上海郊区，奉贤的土地资源极其宝贵，低效利用的机会成本更高。奉贤面对城市扩张与保护耕地的双重压力，需要在城市建设用地和农业用地之间寻找平衡。特别是，奉贤有大量宅基地处于闲置或低效利用状态，亟须盘活利用。这就要求奉贤在推进土地制度改革时，既要遵循国家政策，又要因地制宜、创新土地利用模式。

5. 城乡公共服务不均衡

城乡在教育、医疗、养老等公共服务方面存在差距是全国普遍面临的问题，在奉贤，这一问题同样突出。作为上海郊区，奉贤的农村公共服务水平虽然高于全国平均水平，但与上海市区相比仍有差距。奉贤面临城乡之间和镇村之间的双重不平衡，需要在推进城乡均衡发展的同时，关注农村内部的均衡发展。此外，奉贤还需要探索适合大都市郊区的公共服务供给模式，既要满足本地居民需求，又要考虑对周边区域的辐射作用，这对奉贤的资源配置和管理能力提出了更高要求。

---

① 李莹：《在城乡融合发展中全面推进乡村振兴：核心任务、突出问题与关键举措》，《河南社会科学》2024 年第 6 期，第 85~92 页。

四　实现高质量城乡融合发展的有效路径

结合现有文献的理论支撑和其他发达都市的实践经验，在推进城乡融合发展中，奉贤新城应立足平台优势，着力从城乡要素自由流动、产业融合发展、公共服务均等化、城乡空间协调发展等方面入手，探索城乡融合发展的有效路径。

（一）城乡要素自由流动

促进城乡要素自由流动是城乡融合发展的关键环节。奉贤区在实现城乡融合发展过程中，需要加快城乡要素的双向流动，提升资源的合理配置效率，特别是在人才、土地等关键要素方面探索创新性举措。

在人才双向流动机制方面，奉贤应积极引导人才下乡，如实施"三农"领域科技特派员制度，选派科技人才服务乡村。同时，要注重培养本土人才，大力培育新型职业农民，提高农业从业者素质。此外，还应完善人才激励政策，建立健全人才引进、培养、使用和激励机制，为乡村振兴提供强有力的人才支撑。通过吸引城市人才下乡创业发展乡村产业总部经济、推动现代农业和休闲旅游等新兴产业的升级，为农村注入新鲜血液。百村集团的成功实践也说明了通过集体经济的创新模式可以增强经济薄弱村的"造血"功能、缩小城乡差距。

在土地等要素市场化配置方面，借鉴广州的经验①，奉贤区应进一步推进土地流转和农业用地的合理配置，尤其是通过创新土地管理机制，提升农业用地的利用率。同时，出台更加灵活的土地使用政策，鼓励农户通过租赁、入股等方式，将分散的土地集中到大户或龙头企业手中，实现规模化经营，提升农业生产效率。此外，还应健全农村产权交易市场，搭建农村产权

---

① 广州市统计局课题组：《广州都市现代农业发展及产业结构优化分析》，载张跃国、郭艳华：《广州城乡融合发展报告（2023）》，社会科学文献出版社，2023，第43~66页。

交易平台，促进各类要素向农村流动，为乡村振兴注入新的活力。

借助百村集团翻牌升级的机会，奉贤区进行了上海农业要素交易所的整建制划转和委托管理事宜，通过拓展交易所已有的农村产权公开流转交易平台，深度参与到奉贤农村"三块地"（农村承包地、集体建设用地和宅基地）改革项目中，使得原本沉睡或低效利用的乡村资产得以重新配置或高效利用，释放了乡村活力，为农村产业升级与集体经济发展赋能。2024年以来，奉贤区大力推动全区农村土地流转、集体资产及相关涉农要素进入公开交易平台进行交易，通过公开竞价为农村集体资产找到最佳的投资方向和使用者，为集体经济提供更多元的融资渠道，促进农村产业转型升级。

（二）产业融合发展

推动产业融合是城乡融合发展的核心内容之一。[①] 在乡村特色产业培育方面，奉贤新城应立足资源禀赋，继续发挥其农业资源和生态旅游资源优势，尝试大力发展都市现代农业。广州的实践经验表明，推动农产品加工业的发展和农业全产业链的延伸是实现农业现代化和乡村振兴的重要手段。[②]因此，奉贤可以积极培育农村新产业新业态，如休闲农业、乡村旅游、民宿经济等，充分挖掘农业多种功能。

一方面，着力打造农业全产业链，推动农业与加工业、服务业深度融合，推动农业产业园区与城市功能区协同发展，实现产业、城市、农村的有机融合，进一步完善"农业+加工+服务"的全产业链发展模式，提升农业综合效益和竞争力。另一方面，注重推动产业链延伸，特别是在农产品精深加工领域，通过延长农业产业链、提升价值链，实现农业增效、农民增收。同时，奉贤区还可以通过开发文旅资源，进一步推动"农业+旅游+文化"的产业融合，将优美的自然环境与文化资源结合，打造更多乡村旅游和休闲

---

① 王珏、汪彬：《大都市乡村振兴发展路径的探索与实践——以上海市嘉定区为例》，《上海农村经济》2024年第2期，第25~27页。

② 陈凤波、曾牵芸、唐旺：《广州乡村特色产业发展模式、问题和对策研究》，载张跃国、郭艳华：《广州城乡融合发展报告（2023）》，社会科学文献出版社，2023，第113~127页。

农业示范点，吸引更多的城市居民前来消费，增加农民的收入来源，促进乡村经济的多元化发展。

（三）公共服务均等化

推进城乡基本公共服务均等化是缩小城乡差距、促进城乡融合的重要举措。城乡公共服务的不均衡是影响城乡融合的主要因素之一。奉贤区可以借鉴广州在缩小城乡公共服务差距方面的做法，加大对农村基础设施和公共服务的投入。特别是在教育、医疗、养老等领域，奉贤区应进一步优化资源分配，推进基础设施建设，确保农村居民享有与城市居民同样的公共服务。

在优质公共资源向乡村延伸方面，奉贤应重点推进教育、医疗卫生和公共文化等领域的资源下沉。在教育方面，在现有优质教育资源（如华二临港奉贤分校等）的基础上提升农村教育质量。在医疗卫生方面，应进一步完善农村医疗卫生服务网络，持续提高农村医疗卫生服务水平。在公共文化服务方面，要巩固村图书馆、文化站全覆盖的成果，进一步完善农村"十里文化圈"，丰富农村文化生活。在实现城乡基本公共服务标准统一方面，奉贤新城应重点推进养老服务均等化、健全城乡统一的社会保障体系，以及推动公共就业服务全覆盖。要加快农村养老服务设施建设，提高农村养老保障水平，有效应对人口老龄化挑战。同时，通过提高农村居民社会保险参保率和保障水平，逐步缩小城乡社会保障差距。

（四）城乡空间协调发展

推动城乡空间协调发展是实现城乡融合的重要基础，"千万工程"经验表明，改善农村人居环境是推动城乡融合的基础。奉贤区在实现高质量城乡融合发展的过程中，应继续保持和提升生态环境优势，推动乡村生态宜居环境的建设。在城乡生态环境共建共享方面，奉贤新城应坚持生态优先理念，大力推进农业面源污染治理，推广生态种养模式，保护农村生态环境。此外，还应注重建设城乡生态景观，打造海绵公园、生态廊道等，提升城乡整体生态品质，为市民营造良好的生态宜居环境。

通过以上探索与实践，奉贤新城有望在城乡融合发展方面取得突破性进展，为上海乃至全国的城乡融合发展提供有益经验。然而，推进城乡融合是一项长期、复杂的系统工程，需要政府、市场和社会各方面的共同努力。未来，奉贤还需要在体制机制创新、政策支持力度等方面进一步发力，持续推动城乡融合向更高水平、更高质量迈进。

五　未来展望

奉贤新城作为上海重要的新兴城市节点，具备独特的区位、产业和生态资源优势，是推动城乡融合发展的关键力量。未来，奉贤区可以进一步强化新城的辐射作用，通过优化空间布局和产业功能，吸引更多创新资源进入农村地区。例如，通过新城引领，将高新技术、现代服务业、数字经济等城市产业资源引入乡村，推动农村产业结构升级。此外，新城的基础设施建设应与农村地区无缝衔接，确保农村在公共服务、基础设施和生活品质方面与城市同步发展，从而实现城乡一体化发展

奉贤区的农业农村现代化不应仅局限于产业升级，更应该深度融合现代科技、生态保护和社会治理等多维因素。依托新城的区位和产业优势，奉贤区可以通过创新机制实现农村与城市的协调发展。一是借鉴"百村集团"模式，继续探索村集体经济和市场化运营的结合，推动农村自主发展能力的提升。二是鼓励更多城市资源下乡，建立城乡要素双向流动的机制，如完善土地流转制度、鼓励企业和人才下乡创业，带动农村资源价值的提升。同时，利用创新金融和科技支持政策帮助农村企业获得更多发展资金与技术资源，推动农业现代化和农村产业转型。

奉贤区可以进一步探索城乡融合发展的新模式。通过智能农业、生态农业等模式，提升农村的可持续发展能力，同时优化城乡空间布局，确保城乡要素自由流动。此外，通过强化公共服务和基础设施建设，进一步缩小城乡差距，实现城乡融合的深度发展。为了契合国家建设农业强国的要求，奉贤区需要不断提升农业设施现代化水平，优化农村生产生活设施，并持续提高

公共服务的质量，增强乡村治理能力，致力于打造"宜居宜业"的上海乡村品牌。同时，立足乡村资源禀赋，在壮大农村集体经济、推动农民就业增收和完善民生保障方面持续发力，展现国际化大都市乡村振兴的"实景图"，让农民切实感受到更多的获得感、幸福感和安全感。通过科学规划、资源优化和城乡联动，奉贤区在农业现代化和乡村振兴的道路上起到了引领示范作用，为其他地区提供了宝贵的经验借鉴。这一现代化探索不仅是奉贤区自身发展的需求，更是上海市在推动城乡融合和共同富裕中的重要实践。

B.15
农业新质生产力助力奉贤乡村振兴

冯树辉　朱嘉梅*

摘　要： 农业新质生产力为乡村振兴战略的推进提供强大的动力。作为上海市乡村振兴的主战场，奉贤争当农业农村现代化先行者、城乡融合发展排头兵，着力推进农业科创谷建设，为奉贤培育和发展农业新质生产力提供土壤。同时，奉贤在乡村振兴过程中发展农业新质生产力存在农业科创体系不完善、农业创新人才供给存在数量、质量缺口等挑战，这为奉贤培育农业新质生产力、助推乡村振兴提供了广阔的空间。本报告从农业新质生产力的时代内涵和典型特征理论出发，首先基于农业新质生产力赋能奉贤乡村振兴的理论机制，剖析了奉贤农业新质生产力助力乡村振兴的优势；其次对其面临的挑战做了深入的总结和分析；最后基于以上分析，对奉贤培育农业新质生产力并以农业新质生产力助推乡村振兴提出政策建议。

关键词： 农业新质生产力　乡村振兴　上海奉贤

　　党的十九大报告明确提出了乡村振兴战略的整体要求。"五位一体"总布局直面乡村社会经济发展困境，提出要通过重塑新型城乡关系，使乡村实现全方位振兴。作为农业现代化的重要战略、乡村高质量发展的重要举措，乡村振兴战略的全面实施需要新的生产要素和生产力动能。2023年9月7日，习近平总书记在新时代推动东北全面振兴座谈会上首次提出了"新质

---

　　* 冯树辉，上海财经大学博士后，主要研究方向为计量模型构建与分析、科技统计及科技政策评价；朱嘉梅，中共上海市奉贤区委党校教学部主任、讲师，主要研究方向为区域经济发展和公共管理。

生产力"的概念。2024 年 1 月 31 日，在中共中央政治局第十一次集体学习时，习近平总书记再次系统阐释了"新质生产力"，提出科技创新对于推动经济社会进步的核心作用，发展新质生产力是推动高质量发展的内在要求和关键着力点。新质生产力摆脱了传统经济增长方式和生产力发展路径，以高效能、创新性和高质量的特点推动生产力和生产关系的发展，通过科技创新赋能，以全要素生产率大幅提升推动生产要素创新性配置和产业深度转型升级。新质生产力的本质是一种优质的先进生产力，与乡村振兴的主题一致。党的二十大报告重申了新时期"三农"工作的重要地位，新质生产力能够赋能农业强国建设，激发乡村振兴的内生动力。农业新质生产力能够为乡村振兴战略的推进提供强大的动力，发展农业新质生产力对于实现农业高质量发展意义重大，是破解新时期"三农"难题的总抓手。

在奉贤，乡村振兴战略实施势头强劲。2023 年，全区农村集体总资产为 440 亿元，同比增长 10%，农村居民人均可支配收入达 44500 元，同比增长 9.5%。作为上海乡村振兴的主战区，奉贤区一直坚持因地制宜、改革创新，农业发展不断提质增效、农村改革不断注入新动能、农民不断增收。新时期，奉贤争当农业农村现代化先行者、城乡融合发展排头兵。2023 年，上海市奉贤区农业科创谷落地，以"凝聚科创力量　共塑农业未来"的崭新姿态，进一步探索具有现代化国际大都市特点的乡村振兴之路。然而，奉贤发展农业新质生产力也存在农业科创体系不完善、农业创新人才供给数量和质量有缺口等问题，这为奉贤以农业新质生产力助推乡村振兴提供了广阔的空间。为贯彻《中共中央、国务院关于全面推进乡村振兴加快农业农村现代化的意见》精神，上海市提出坚定不移贯彻新发展理念，对标最高标准、最好水平，全面推进"三园"工程建设，加快推进农业农村现代化，进一步发挥超大城市中乡村的功能，增强乡村发展内生动力。这既为奉贤发展农业新质生产力指明了新的方向，也对乡村振兴提出了更高的要求。在此背景下，探讨农业新质生产力助力乡村振兴的动力机制，剖析奉贤农业新质生产力发展的短板，并提出农业新质生产力的培育方式及其助力奉贤乡村振兴的实践路径具有重要的现实意义。

一 农业新质生产力的时代内涵与典型特征

农业新质生产力作为现代农业发展过程中的重要概念，不仅涵盖了生产力的提质、生产关系的优化与重塑、数智化赋能、创新驱动与科技引领以及融合发展多元化经营等要义，也具有智能化、精准化、绿色化、融合化等典型特征。农业新质生产力的发展，顺应了当今社会对可持续发展、环境保护和高质量发展的要求。它不仅追求产量和效益的提升，还更注重生态效益和社会效益的兼顾，强调绿色发展、科技引领和创新驱动。这种新质生产力具备了崭新的时代内涵，体现了农业发展的现代化方向。

（一）生产力提质是农业新质生产力的第一要义

农业新质生产力首先表现为生产力的质的飞跃，这深刻体现出农业生产力的划时代变革。[①] 一方面，传统农业生产力依赖土地、劳动力和自然条件，而现代农业则通过科技实现了生产力的全面提升。通过利用先进的机械化、自动化设备，现代农业的劳动生产率大大提高，降低了传统农业生产对人力的依赖程度。同时，生物育种、高科技农药化肥的推广使用使农作物产量和抗性均得到了大幅提高。精准农业、设施农业等农业模式的推行，使农业生产的科学性得到提高，这标志着农业生产力发生了从量变到质变的跃升。另一方面，农业生产力的提高标志着农业知识的增加与人力资本的提升。随着农业技术的不断进步和生产方式的变化，农业生产对知识和技能的要求越来越高。通过完善农业教育体系，鼓励创新创业，农业新质生产力推动了农业领域的专业化和职业化发展。农业知识的增加和人力资本的提升标志着农业正从传统的经验型生产向科学化、智能化生产转变，是农业现代化的重要基础和动力源泉。

[①] 郭晓鸣、吕卓凡：《农业新质生产力的内涵特征、发展阻滞与实践路径》，《中州学刊》2024 年第 8 期。

（二）农业新质生产力的发展伴随着生产关系的优化与重构

农业新质生产力不仅涵盖技术层面的提升，还包括生产关系的优化与重构。不同于传统的生产要素固定配置，农业新质生产力强调通过科技驱动新型劳动对象、新型劳动资料和新型劳动者等要素的动态调整和优化。[①] 传统农业中的生产关系多建立在家庭农场和小农经济中，这也导致生产较为分散，难以通过市场化形成规模效应。现代农业的生产关系建立在合作社、农业企业和产业化联合体中，生产关系更能适应市场化和规模化。推广合作社模式是生产关系组织化的重要形式之一。通过将分散的农户组织起来开展规模化生产和统一销售，降低了生产成本，农产品的竞争力得到了提升。与此同时，通过合作社也可以进行集体采购、技术培训、市场信息共享等，农民的生产效率和农产品质量均得到了提高和保证。农业企业的成立也能够推动农业生产关系的规模化。通过资本投入运作和技术的支持，现代农业企业将分散的农业生产整合在统一的生产关系下，农业生产实现了标准化管理和规模化经营。因此，农业新质生产力的发展伴随着农业生产关系的重构，不仅农业生产效率得到了提升，农业现代化进程也被一步步推进，加快了农村经济的转型升级。

（三）管理创新驱动与科技创新引领农业新质生产力的形成

农业新质生产力的内涵离不开管理创新与科技创新，它是一种"科技生产力"，这种生产力在乡村的培育与壮大能够优化分工协作机制，推动新型农村集体经济与多种所有制经济协同发展。[②] 创新是促进农业生产力提升的重要动力源泉。创新不仅体现在技术层面，还体现在农业管理模式的革新和市场机制的完善上。通过引入现代企业管理理念和市场竞争机制，农业生产效率和市场适应性得到了显著提升，推动了农业现代化进程。一方面，科

---

① 李怀、张越：《农业新质生产力：理论内涵与实现路径》，《新视野》2024年第4期。
② 刘上上、张英魁：《新质生产力赋能乡村振兴的内在逻辑与实践路径》，《学术交流》2024年第6期。

技创新推动农业生产力产生质的飞跃。现代农业的发展离不开科学技术的支撑，从种子到收获的各个环节都受到了科技创新的深刻影响。另一方面，创新驱动农业管理模式的变革。管理模式的创新使得农业生产更加市场化和规范化，推动了农业产业的升级和现代化进程。此外，科技创新不仅驱动了农业的可持续发展与农业竞争力的提高，还推动了农业的绿色发展，为实现全球可持续发展目标做出了积极贡献。现代农业企业通过科技创新和管理创新，不仅在国内市场占据优势，还积极开拓国际市场，参与全球农产品供应链的竞争。

（四）农业新质生产力的培育是数字赋能与智能化转型的结果

数字赋能是农业新质生产力的核心驱动力之一，指的是数字化和智能化技术的广泛应用对农业生产方式的深刻变革。农业新质生产力的培育在很大程度上得益于数字赋能与智能化转型。这一过程不仅改变了传统农业的生产方式，还深刻影响了农业产业链、供应链以及整个农业生态系统。随着物联网、大数据、人工智能和区块链技术的快速发展，农业生产进入了智能化时代。通过数智技术，农民可以实时监测农作物生长状况，精准施肥、灌溉，智能化管理农田，极大地提高了生产效率和农产品质量。此外，人工智能技术能够分析大量农业数据，提供精准的决策支持，使农业生产变得更加科学和高效。区块链技术的应用也为农业产品的全程溯源提供了技术支持，增强了食品安全保障，提升了消费者的信任度。数智赋能不仅改变了传统农业的生产方式，还推动了农业管理模式的全面革新，使农业生产更加智能化和精细化。更为重要的是，数字与智能化技术的融合也推动了农业研发的创新，基于数据驱动的研发模式大幅缩短了新品种的培育周期，提高了研发效率。

（五）农业新质生产力是一种可持续发展的生产力

农业新质生产力包含对可持续发展的追求，这也是现代农业的重要内涵。作为一种由科技创新推动的新兴的生产力形式，农业新质生产力不仅能够提升农业生产的效率和经济效益，更能在生态环境的保护、资源的合理利用以及社会的协调发展中发挥重要积极作用。农业新质生产力强调生态和谐发展，是一种生态和谐发展的生产力。在提高生产效率的同时，农业新质生产力也注重对保护生态环境、促进农业与自然的和谐共生的追求。例如，广泛推广的绿色农业、有机农业和生态农业大大减少了化学农药和化肥的使用量，这有利于保护土壤和水资源以及维护生物多样性，同时，循环农业理念的运用减少了农业生产对环境产生的不利影响。新质生产力的发展使农业生产在实现经济效益的同时具备了更强的可持续性，符合现代社会对绿色发展和生态文明的要求。农业新质生产力不仅关注经济效益和环境保护，还致力于社会效益的提升与农村发展的协调推进，对农业可持续发展具有重要的意义。

二 农业新质生产力助力奉贤乡村振兴的动力机制

乡村振兴战略要求乡村实现产业兴旺、生态宜居、乡风文明、治理有效、生活富裕。和其他乡村相比，奉贤乡村具有鲜明的都市与乡村融合特征。农业新质生产力在助力奉贤乡村振兴中发挥着至关重要的作用，特别是在奉贤乡村这一特定背景下，它不仅推动了农业生产的现代化，还促进了城乡融合与社会发展的全面提升。

（一）科技创新驱动奉贤的农业现代化与产业升级

奉贤乡村位于上海周边，土地资源相对有限，但其优势在于更易获得先进的科技资源和市场信息。农业新质生产力通过科技创新推动奉贤乡村的农业现代化和产业升级，从而成为产业兴旺的重要动力。精准农业技术、智能化管理系统和新型农业装备等高科技手段在奉贤农业生产中大量使用，使奉贤的农业生产效率大幅提升。例如，通过基于物联网和大数据技术的智能化农业管理系统，农民可以实时监控农作物的生长情况，合理安排灌溉、施肥等农事活动，这种精准化管理模式可以减少资源浪费，提升管理效率，保证农业产量和产品质量。智能农业机械的使用也节省了人力、提高了生产效率。农产品生产效率、产量和产品质量的提升使奉贤乡村农业在市场竞争中能够占据有利地位。此外，奉贤乡村特殊的地理位置能够且更易吸引农业高科技企业和研究机构进驻。通过技术支持、合作开发、成果转化等方式，科技与农业的紧密结合直接推动了奉贤乡村农业的产业升级。通过观光农业、都市农业、设施农业等新兴业态的推广，奉贤乡村能够在满足城市消费者需求的同时创造新的区域经济增长点，实现农业产业的高附加值和多元化发展。

（二）可持续发展的生产力赋能奉贤城乡融合发展与生态宜居建设

奉贤乡村与上海市区在地理和经济上紧密相连，这为奉贤推动城乡融合发展和生态宜居建设提供了独特的条件。农业新质生产力通过促进可持续农业和生态农业的发展，助力奉贤乡村实现生态宜居和城乡融合的目标。第一，农业新质生产力倡导资源节约型和环境友好型的生产模式，这对于奉贤乡村的生态环境保护尤为重要。在奉贤乡村，通过引入循环农业、精准施肥和节水灌溉技术，农田的污染和资源浪费问题得到了有效控制。生态农业模式的推广，如有机农业、无公害农业等，使农业生产对环境的负面影响降到最低，同时为城市居民提供了绿色、有机的农产品，提升了奉贤乡村的生活品质。第二，农业新质生产力通过现代科学手段能够进行乡村的生态修复和景观建设，不仅能够保护乡村自然生态系统，还能够提升乡村的整体宜居性，从而吸引城市居民前来休闲和度假，推动城乡融合互动。生态宜居建设还体现在公共服务的优化上，都市乡村能够通过新型能源、现代水利设施和交通网络的建设，使农村成为绿色、健康的现代化乡村。

（三）新质生产力推动奉贤的"贤"文化传承与乡风文明建设

奉贤乡村在推进乡风文明建设方面面临着独特的挑战和机遇。农业新质生产力不仅带动了经济的提升，还在文化传承和乡风文明建设方面发挥了积极作用，助力奉贤乡村实现精神文明的振兴。第一，农业新质生产力的引入有利于推动农业与乡村文化的融合发展。文化创意农业将奉贤特色农产品与文化创意相结合，既保留了传统农业文化，又为农产品赋予了新的市场价值和文化内涵。农业与文创的融合不仅有助于保护和传承地方农业，还增强了乡村的凝聚力和吸引力。第二，农业新质生产力推动了奉贤乡村的社区建设和社会组织发展。在现代化通信和数字化管理（如智能化的社区管理系统、线上社区平台等）的支持下，乡村基层组织能够更好地管理和组织乡村社区居民、提升乡村治理的效率，进而促进社区居民之间的互动与合作，推动乡风文明建设。此外，文旅融合也有利于传播奉贤乡村文化、加深城乡之间的文化交流、推动奉贤乡村的文化复兴。

（四）新质生产力赋能的市场导向模式推动实现奉贤农民生活富裕目标

奉贤乡村靠近大城市，市场需求旺盛，为其农产品的销售提供了独特的市场导向优势。农业新质生产力有利于提升产品质量、丰富产品种类、优化市场营销渠道，从而推动奉贤乡村实现生活富裕目标。第一，基于农业创新科技的推广和应用，以及现代加工技术和冷链物流体系的引入，奉贤乡村能够生产和销售有机蔬菜、特色农产品、加工食品等高附加值农产品，满足城市居民对高品质农产品的需求。这种市场导向的生产模式不仅提高了农民的收入，也使得奉贤乡村的农产品在城市市场中更具竞争力，推动了奉贤乡村经济的繁荣。第二，奉贤乡村利用其靠近城市的地理优势，能够更方便地对接城市市场需求，开展农产品直销、社区支持农业（CSA）等模式，通过电商平台、社交媒体等渠道，直接将农产品销售给城市消费者，实现"农超对接"或"农社对接"。这种新的销售模式不仅缩短了供应链、减少了中间环节，还提高了农民的议价能力和收入水平。此外，农业新质生产力能够推动农村电商和智慧农业的发展，农民也可以关注农产品市场价格信息等市场动态，及时调整生产策略，最大化利用农业资源。因此，农业新质生产力的市场导向模式能够提升奉贤乡村的经济活力和农民的生活水平。

（五）数智化赋能推动奉贤的社会治理现代化与治理有效

奉贤乡村的振兴不仅依赖经济发展，还需要有效的社会治理。农业新质生产力在助力奉贤乡村社会治理现代化方面发挥了不可忽视的作用，通过智能化、数字化手段，提高了乡村治理的效率和透明度。一方面，通过智能化管理系统和数字化治理工具，农业新质生产力有利于提高乡村社会治理的科学性和精准性。通过大数据分析，地方政府和乡村组织可以实时了解农田的生产情况、居民的生活需求和村庄的社会动态，从而制定出更加精准有效的政策和管理措施。通过智慧农业平台的建设与推广，农业生产数据可以直接应用于社会治理，这也形成了生产与治理的良性互动。另一方面，通过现代科技手段的应用，乡村的自治组织和合作社能够更有效地运作，从而提升乡村居民的参与感和归属感，推动乡村治理结构的优化和社会组织的发展。农业新质生产力推动产生的社会治理结构不仅提高了治理效率，还推动了社会和谐建设。此外，农业新质生产力通过充分利用都市乡村与城市的紧密联系、引入城市先进的治理理念和技术如智能安防、环境监测、公共服务等，推进了乡村治理的现代化进程。

三 奉贤农业新质生产力助力乡村振兴的优势与挑战

（一）奉贤农业新质生产力助力乡村振兴的优势

1. 上海农业科创谷为奉贤培育农业新质生产力提供土壤

2023 年，上海市奉贤区政府与上海市农业农村委员会、上海市农业科学院签订战略合作框架协议，共同打造上海农业科创谷。① 2024 年 7 月，《上海农业科创谷总体规划（2024—2035 年）》发布，上海农业科创谷建设的核心目标是通过加大平台建设力度，成为农业科技创新的核心枢纽，支持农业领域重大科学问题的研究和前沿技术的创新突破。上海农业科创谷建设的总体目标为：2030 年，上海农业科创谷初步建成世界一流、中国领先的农业科创"领袖型"园区；2035 年，全面建成影响力、竞争力、引领力

---

① 《上海农业科创谷：打造世界级农业领域新质生产力》，https://baijiahao.baidu.com/s？id=1805535400830066572&wfr=spider&for=pc，最后访问日期：2024 年 9 月 30 日。

世界领先的农业科创园区，为建成世界农业科技强国、实现中国农业现代化提供强大支撑。上海农业科创谷拥有"1+N+X"的空间格局，即1个农业科创策源核、N个新质产品试制区、X个科技农业示范点，致力于打造核心种源、生物基因、植物萃取、农业智能设施装备四大科技产业集群。上海农业科创谷以生物技术、人工智能底层技术为支撑，通过跨界融合，使农业基础研究和原始创新能力高质量、高标准增长，已经有70余项项目对接成功，10余项项目正在落地。① 上海农业科创谷旨在通过平台建设和资源整合，以科技创新为动力，打造农业新质生产力，推动农业高质量发展。

2. 多项目推进，为奉贤农业新质生产力助力乡村振兴注入动力

奉贤的乡村振兴项目具有明显的多样性和创新性，项目的推进为农业新质生产力助力乡村振兴注入持续动力。奉贤区通过"双招双引"大会成功签约了多个乡村振兴项目，涵盖乡村文旅、民宿、智慧农业和线上助农平台等多种业态，总投资金额达到5.46亿元。② 这些项目不仅带来了资金投入，还为乡村注入了新的活力和发展动能。上海·菡萱美町艺术社区项目通过融合现代乡村主题IP、艺术产业、电商经济和数字科技，致力于打造涵盖夜生活经济圈、乡村产学研、吉祥物产业和沉浸式演艺的城市微旅游度假目的地。这不仅提升了当地的文化和艺术氛围，还为乡村经济注入了新的活力，推动了乡村文旅产业的高质量发展。恋链轻舍乡村民宿项目和零碳都市数字渔场项目也展示了奉贤区在乡村产业和生态农业方面的创新探索。这些项目的推进不仅有助于提升当地经济水平，还为实现乡村的可持续发展和生态宜居提供了有力支持。位于金汇镇的上海鱼之乐·零碳都市数字渔场项目依托渔业尾水处理、水循环利用、数字管控及健康生态等关键技术推动了农业新质生产力的发展，通过引入零碳技术和数字化管理提升了渔业的环境友好性和生产效率，展现了现代科技在农业领域的应用潜力。这些项目的推进，标

① 《科技赋能农业 上海农业科创谷启动》，https：//baijiahao.baidu.com/s？id=18060681270 33143858&wfr=spider&for=pc，最后访问日期：2024年9月30日。

② 《6个乡村振兴项目落地奉贤，投资金额合计超5亿元》，https：//baijiahao.baidu.com/s？id=1797308596791840720&wfr=spider&for=pc，最后访问日期：2024年9月30日。

志着奉贤区在乡村振兴过程中实现了农业新质生产力的多方面提升。

3. 农业数字基础设施为农业生产和管理数智化提供保障

奉贤区的数字技术运用在基础设施建设、应用开发、云平台构建和示范引领方面展现出明显优势，将推动数智化在农村治理和生产的现代化中普及。一是全面的数字基础设施建设。奉贤已实现光网全覆盖，包括4.43万户的光网覆盖和100%的光纤覆盖率。[①] 全面的数字基础设施覆盖为奉贤农村地区的数字化进程奠定了坚实的基础，确保了高速、稳定的网络连接，为各类数字应用提供了支持。二是区内数字化应用涵盖政务服务、智慧农业和数字文化平台等多个领域。数字化政务服务让农村居民可以在线办理各种行政事务，提升政务服务的效率和便利性。智慧农业平台的应用实现了农业生产过程的智能化和精细化管理，提高了生产效率和管理水平，为农业新质生产力的培育和发展提供了保障。三是示范区和示范点引领全区数字化治理水平提升。奉贤区打造了多个示范区和示范点，提升了农业生产的能力和质量。奉贤区打造了14个"沃野千里"示范区、18个"精细极致"示范点，这些示范区和示范点不仅展示了数字技术的应用效果，也为其他地区提供了成功的经验和参考。

4. 多样化的产业发展模式为农业新质生产力助力乡村振兴提供机遇

奉贤区在打造农业新质生产力的过程中，采用了多样化的产业发展模式提升乡村经济的整体活力和竞争力，为农业新质生产力助力乡村振兴提供机遇。一是农业与旅游业的融合。这种融合不仅丰富了农业的功能，还为农村地区吸引了更多的游客、带来了新的经济增长点。农业与旅游业的结合不仅促进了农产品的销售，还提升了农村地区的整体形象，吸引了外部资本和人才流入，从而为农业新质生产力的提升创造了条件。二是智慧农业与电子商务的结合。智慧农业通过物联网、大数据、人工智能等技术手段实现了农业生产的精准化、智能化管理，提高了生产效率和资源利用率，实现了农业生产与市场需求的高效对接。这种结合不仅提升了农业的经济效益，还促使农

---

① 数据来自上海市奉贤区农业农村委员会。

民更加关注产品质量和品牌建设。三是文化创意产业与农业的结合。这种结合不仅赋予了农业新的文化内涵，还为农产品注入了文化元素和创意价值。例如，奉贤区的上海·菡萱美町艺术社区项目将艺术产业、电商经济与乡村康养、非遗创新等多元素融合，通过打造现代乡村主题 IP 模式，形成独特的乡村文化品牌，为农业新质生产力的培育提供了新的增长点。四是绿色农业与健康产业的融合。奉贤区的零碳都市数字渔场项目通过应用渔业尾水处理、水循环利用等关键技术，致力于打造低碳、环保的水产养殖模式。这不仅符合可持续发展的要求，也迎合了市场对绿色、有机产品的需求，为农业新质生产力的发展提供了新的方向。同时，健康产业的发展也为农村地区带来了新的就业机会和收入来源，进一步推动了乡村振兴。

（二）奉贤农业新质生产力助力乡村振兴所面临的挑战

1. 农业科技的应用范围和适配融合机制需优化

尽管奉贤区在农业科技应用方面取得了不少进展，但仍面临科技应用的局限性和技术更新速度过快的问题。农业新质生产力的内核是科技创新，科技的迅速发展和飞快的更新换代速度使得农业科技应用面临技术适配性和更新速度的问题。一方面，新的技术和设备不断涌现，给农业生产带来了许多新机遇，但也增加了农民和农业企业的技术适应难度。大型农场可能能够应对新技术引入初期需大量投入的挑战，但是对于一些中小型农场来说，更新技术的成本有限，可能导致这些中小型农场无法在短时间内充分地利用最新的农业科技成果和科学的管理模式。另一方面，奉贤区的科技应用也面临技术推广不均的问题。一些大规模现代化农业园区和农业龙头企业对农业科技生产方式的应用比较普遍，但在一些中小型家庭农场和合作社中，先进技术的普及程度需要进一步提升。

2. 农业科技创新人才和管理人才需求尚存缺口

农业新质生产力的提升离不开高素质的人才，但奉贤区在农业人才的培养和引进方面面临农业科技人才引进不足、人才培养结构需完善的挑战。农业新质生产力要求不仅要掌握先进的技术，还要具备一定的管理和创新能力。第一，农业科技和管理人才的短缺影响了农业新质生产力的发展。尽管奉贤区通过与高校、科研机构合作来培养农业人才，但在实际操作过程中，农业技术人才的短缺问题仍然存在。特别是对于一些中小型农场和合作社而言，高素质的农业科技人才和管理人员难以被吸引和留住，这制约了农业新技术和新模式的推广和应用。第二，技能提升的需求和现有培训体系的不匹配也是一个问题。现代农业生产对从业人员的技能要求越来越高，包括高科技设备的操作能力、数据分析能力和市场营销能力等。然而，现有的农业职业培训体系可能未能充分覆盖这些新兴技能领域，导致从业人员的技能提升方向与实际需求之间存在差距。

3. 政策支持与协调机制需进一步优化

在农业新质生产力的培育和发展过程中，政策支持和协调机制的不足也是奉贤区面临的一大挑战。政策支持对农业新质生产力的发展至关重要，但在实际操作中，政策支持的不足和协调机制的不完善可能影响农业新质生产力的发展效果。一方面，奉贤的农业政策支持力度需进一步提升。尽管奉贤区出台了一系列农业发展支持政策，并且效果显著，但在政策的具体实施过程中可能存在执行力度不够、支持范围有限等问题，这会影响农民对新技术和新模式的接受度。另一方面，在农业新质生产力的培育过程中，政策协调机制需进一步完善。农业部门与环境保护部门、土地管理部门等之间的政策协调机制有可进一步完善之处。协调机制不完善可能导致政策的执行效果不佳，从而对农业新质生产力的培育与发展产生不利影响。此外，农业产业结构的调整也需要资源的有效配置和市场的引导，同样需要采取合适的政策来推动。

4. 环境保护、土地资源应用以及农业新质生产力的培育与发展之间需建立协同机制

在农业新质生产力的发展过程中，奉贤区也需要面对日益增加的环境保护压力和资源管理等难题。尽管现代农业的快速发展提升了农业生产效率，但同时也给生态环境和资源使用带来了新的挑战。奉贤区在推广节水灌溉和减少化肥使用方面成绩显著，但农业生产活动仍可能导致水体污染、土壤退

化等环境问题。如何在提升农业生产效率的同时实现环境保护和资源可持续利用，是奉贤区培育农业新质生产力所面临的一项重要挑战。此外，资源管理难题还包括土地资源有限和资源配置不均衡等，这些难题也不利于农业新质生产力的培育和发展。奉贤区虽然靠近大城市，但土地资源相对有限，而城市化进程带来的土地流转和使用压力，使得农业用地更加紧张。如何有效管理和配置有限的土地资源以支持农业生产的可持续发展，是一个亟待解决的问题。

四 奉贤培育农业新质生产力、助力乡村振兴的对策建议

（一）以党建引领奉贤培育农业新质生产力、助力乡村振兴

党建引领是数字乡村建设的核心。深化党组织在农业新质生产力培育中的引领作用，通过开展党员培训、组织党员参与新质生产力培育过程，使党组织在农业新质生产力培育过程中发挥更大的政治核心作用。建立党组织领导下的农业合作社，在农业合作社和新型农业经营主体中设立党组织，以党组织的力量推动科技创新和生产模式转型。由党组织领导，集中力量引进先进农业科技，推动智能化设备的应用和技术培训，提高合作社的生产力和市场竞争力。开展党建引领的技术培训活动，结合党建工作，组织党员干部和农民参加技术培训，提升农业科技水平。党员带头开展农业技术推广活动，开设培训班普及现代农业知识和技能。推动党的创新成果转化为农业发展成果，利用党的创新理论和政策，推动农业新质生产力的提升。通过党的政策宣讲和理论培训，将党的创新理论转化为具体的农业发展措施，指导农业生产实践。

（二）依托上海农业科创谷推进科技创新与数智化农业的深度融合

推进上海农业科创谷建设，加强科技创新与数智化农业的深度融合，推

动农业生产方式的转型升级。一方面，建设智慧农业示范基地并逐步推广智慧农业。智慧农业示范基地可以集中展示和应用先进的农业科技和数字技术，通过建设智慧农业示范基地，促进科技创新与数智化农业的深度融合。作为农业技术创新的试验场，智慧农业示范基地推动了新技术在实际生产中的快速推广和应用，有利于培育出符合现代农业发展需求的新质生产力。与此同时，农民也能够直观地了解和学习如何利用科技手段进行精细化农业生产管理、提升农业生产效率。另一方面，推进农业大数据平台建设。农业大数据平台能够整合农田监测数据、市场行情数据、气象数据等多种信息，形成一个全面的农业信息服务系统。农民能够在平台上获取实时的农业生产建议、市场预测分析以及政策信息，提升决策能力和生产管理水平。与此同时，实施农业科技创新合作计划、建立农业科技创新孵化平台也有利于促进科技创新与数智化农业的深度融合。孵化平台可以为农业科技企业、科研人员和创业者提供集中的研发和孵化空间，在进行农业新技术的研发、试验和推广的同时，通过培育农业新质生产力助力乡村振兴。

（三）培养和引进农业人才，加大涉农企业引育力度

奉贤区应构建起覆盖高端农业人才、基层农技人员和普通农民的多层次人才培养体系。发挥好上海农业科创谷、企业、高校、科研机构各方作用，共同培养知农、爱农、兴农的农业高层次科技创新人才，推动创新链、产业链和人才链的深度融合。一方面，利用区内高校聚集优势，加强与高校、科研院所在培育农业新质生产力方面的合作，通过设立农业技术研究和培训中心，培养掌握现代农业技术和管理知识的高端人才。另一方面，建立农技推广与服务网络，提高农民技能水平，推动农业新质生产力的发展。政府可以设立农技推广站，并配备专业的农技人员深入田间地头，现场开展技术指导和问题咨询服务。探索"专家+农民"的合作模式，通过农业专家与农户结对、提供一对一的技术服务支持，确保先进农业科技的落地，与此同时也确保了农民能够充分掌握和应用先进的农业技术。此外，加大涉农科技型企业引育力度，有针对性地开展项目对接，吸引一批有实力有影响力的企业、机

构来上海农业科创谷考察、落地、投资。要提高创新保护和服务能力，进一步加强对植物新品种、生物信息实验数据等关键创新资源的保护，提高农业知识产权保护水平。上海农业科创谷要围绕发展需要，集成政策咨询、创业辅导、应用推广、知识产权、金融服务等全方位、全链条、全要素科创服务，开展农业技术的联合研发和推广活动，高效地推进农业技术成果的转化应用。

（四）完善政策支持与协调机制

有效的政策支持和协调机制是推动农业新质生产力发展的保障。奉贤区应完善相关政策，建立健全的政策支持和协调机制。一方面，需要优化财政投入与补贴政策。完善财政投入与补贴政策是促进农业新质生产力发展的关键。通过优化财政支出结构，增加对农业科技创新、现代农业设施建设和绿色生态农业发展的投入。另一方面，加强对农业科技推广与服务的支持力度。完善的农业科技推广和服务体系有利于推动农业新技术、新品种以及新管理经营模式的广泛应用。通过建立健全农业科技服务网络、设立农技推广服务站点，能够确保农业科技成果快速、稳定地转化为农业生产力。此外，还需要健全农村金融支持体系。完善的农村金融支持体系是农业新质生产力发展的重要保障。通过加深与金融机构的合作、创新农业金融产品，能够加大乡村振兴中金融支持的覆盖面。在强化多部门协同与政策落地的同时，奉贤区应注重各部门之间的协同配合，形成政策工具、政策主体协同效应，以保障农业新质生产力的培育和发展及其对乡村振兴的作用的发挥。

（五）发挥国有企业优势，筑牢农业新质生产力助力乡村振兴的根基

国有企业在资金、技术和人才等方面拥有强大的资源优势，能够在推动农业技术创新与研发中发挥关键作用。奉贤区可以鼓励国有企业加大对农业科技的投入力度，特别是在精准农业、智慧农业等领域，研发适合本地农业发展的新技术。一方面，可以依托国有企业的资源和管理优势，建立现代农业产业园区，从而推进农业产业的集约化和规模化发展。国有企业主导建设

现代农业科技园区，有利于引入先进的农业生产设施和管理模式。国有企业充分发挥资源优势，有利于集农业生产、加工、农产品物流、销售于一体的农业产业链的形成，从而推动区域内农业产业的转型升级。国有企业提升农业系统化科技组织水平和科技攻关能力，有利于提升奉贤农业科技创新策源能力，发挥培育农业新质生产力龙头作用。另一方面，国有企业在市场运作和品牌建设方面具备丰富的经验和广泛的市场网络。市场化运作和农业品牌建设不仅可以提高农产品的附加值，还能够帮助本地农产品更好地进入市场，并提升农产品的品牌价值，推动延伸农业产业链，提升农业产业的综合效益和区域竞争力。国有企业对于农业新质生产力的培育能够产生带动作用，有利于奉贤农业新质生产力助力乡村振兴。

B.16
打造"贤城工匠"，激活
高质量发展人才引擎

张美星　沈鹏远*

摘　要:　技能人才是支撑中国制造、中国创造的重要力量。近年来，上海高技能人才培养成效显著，奉贤区强化政策支持与机制创新，加速推进高技能人才队伍建设。奉贤区立足产业基础优势，培育、弘扬精益求精的"工匠精神"，打造"贤城工匠"，助力奉贤经济社会实现高质量发展。本报告从高技能人才的定义与培养理论出发，基于对上海高技能人才发展现状及问题的分析探讨，总结奉贤区高技能人才队伍发展现状和高技能人才的"引育留用"成果，研究发现奉贤区进一步打造"贤城工匠"、优化人才结构、建设南上海高技能人才高地的重点和突破口，为奉贤区建设兼具规模和良好结构的高素质技能人才队伍、激活高质量发展人才引擎建言献策。

关键词:　贤城工匠　高技能人才　人才队伍　产业结构

　　习近平总书记曾多次强调，"大国工匠是我们中华民族大厦的基石、栋梁"。① 工业强国的发展离不开技师和技工队伍的支撑，这一队伍正是"中

＊　张美星，上海社会科学院信息研究所助理研究员，主要研究方向为宏观经济计量模型构建与分析；沈鹏远，中共上海市奉贤区委党校科研部副教授、经济学科带头人，主要研究方向为产业经济、农村经济。

① 《大国工匠是我们中华民族大厦的基石、栋梁》，https://news.cnr.cn/dj/sz/20240308/t20240308_526620727.shtml，最后访问日期：2024 年 11 月 30 日。

国制造"和"中国创造"的坚实基础。高技能工人不仅仅是国家工业体系的重要组成部分,更是推动经济高质量发展的重要动力源泉。建设一支包括高级技工在内的高技能人才队伍,对于提升工人阶级的先进性、增强国家在全球产业链中的竞争力、推动科技创新具有战略性意义。

面对日益复杂的全球经济形势,技能型人才在缓解国内就业结构性矛盾方面也发挥着不可忽视的作用。通过加强对高技能人才的培养和引进,能够为解决由产业升级和技术革新带来的劳动力需求不匹配问题提供有效的方案。这不仅仅是推动经济高质量发展的现实需要,也是提升国家在国际经济舞台上核心竞争力的关键。为了实现这一目标,国家在"十四五"规划中明确提出了相关的任务要求:到期末,技能人才要占到就业人员比例的30%以上,其中高技能人才要占技能人才总数的三分之一以上。这一目标设定,不仅是为应对未来劳动力市场需求变化,也是在为国家经济长远发展奠定人力资本基础。通过不断提升高技能人才的数量与质量,国家将能够激发"人力资本红利",从而为推动高质量发展提供源源不断的人才动力。这一战略与新时代国家发展的紧迫需求高度契合,充分体现了人才强国战略在高质量发展中的重要地位。

早在 2022 年,奉贤区就发布了《奉贤区新时代高技能人才发展三年行动计划(2022-2024 年)》,立足奉贤区产业基础优势,结合高技能人才及团队的"引育留用"创新工程,旨在为奉贤新城建设提供一支规模宏大、结构合理的高素质技能人才队伍,助力奉贤经济社会实现高质量发展。近年来,随着"东方美谷"美丽健康产业集聚区的建设和发展,进一步优化人力资源结构,培育和弘扬精益求精的"工匠精神",已经成为奉贤区促进产业转型发展的重要举措。本报告将在分析总结奉贤区高技能人才队伍发展现状和高技能人才及团队的"引育留用"现有成果的基础上,研究发现奉贤区进一步打造"贤城工匠"、优化人才结构、建设南上海高技能人才高地的重点和突破口,为奉贤区建设兼具规模和良好结构的高素质技能人才队伍、激活高质量发展人才引擎建言献策。

一　高技能人才的定义与培养

（一）高技能人才的定义

党的二十大报告明确指出"加快建设国家战略人才力量，努力培养造就更多大师、战略科学家、一流科技领军人才和创新团队、青年科技人才、卓越工程师、大国工匠、高技能人才"，强调"深入实施人才强国战略"，并创新地将高技能人才与大国工匠、战略科学家等一并列入"国家战略人才力量"之中。[①] 高技能人才在产业结构调整优化、技术创新以及科技成果转化过程中发挥着关键作用。他们不仅是企业提升创新水平的核心力量，还通过将实践经验与技术应用相结合，有效推动新技术的快速普及和落地。

按照人才结构及其功能的常见分类方式，可以将人才大致分为四类：研究型人才侧重于理论探索和前沿科技研究；工程型人才主要负责将研究成果转化为实际应用；技术型人才则在解决实际生产问题中发挥专业作用；技能型人才更侧重于操作层面，通过其专业技能直接推动生产效率的提高与质量的提升。[②] 高技能人才是一个涵盖范围广泛的概念。2003 年 12 月第一次全国人才工作会议召开，会上首次提出"高技能人才"的概念。对于什么是高技能人才，2007 年劳动和社会保障部印发的《高技能人才培养体系建设"十一五"规划纲要》首次给出官方定义，即"高技能人才是在生产、运输和服务等领域岗位一线的从业者中，具备精湛专业技能、关键环节发挥作用、能够解决生产操作难题的人员，主要包括技能劳动者中取得高级技工、技师和高级技师职业资格及相应职级的人员，可分为技术技能型、复合技能

---

① 习近平：《高举中国特色社会主义伟大旗帜　为全面建设社会主义现代化国家而团结奋斗——在中国共产党第二十次全国代表大会上的报告》，《党建》2022 年第 11 期，第 4~28 页。

② 杨金土、孟广平、严雪怡等：《对技术、技术型人才和技术教育的再认识》，《职业技术教育》2002 年第 22 期，第 5~10 页。

型、知识技能型三类人员"。① 依据《高技能人才队伍建设中长期规划
(2010-2020 年)》的定义,高技能人才指具有高超技艺和精湛技能、能够
进行创造性劳动并对社会作出贡献的人,主要包括技能劳动者中取得高级技
工、技师和高级技师职业资格的人员。

(二)高技能人才的培养

创新是推动经济和社会进步的首要动力,而科技创新的成功不仅依赖设
计师、工程师和高级管理人员的智慧,还离不开一支庞大的高技能人才队伍
和数以百万计的高素质劳动者。如果没有这些拥有精湛技艺和专业化素养的
劳动力,将难以解决科技创新的"最后一公里"问题,即如何将前沿的科
研成果和高端技术设备转化为实际生产力。这种转化的瓶颈将直接影响产业
的转型升级,使得先进技术无法真正应用于大规模生产。技能型人才因此成
为制造强国和质量强国建设的根本力量,是推动高质量发展的重要基础。

当前,全球正处于新一轮科技革命和产业变革的关键阶段,特别是人工
智能、自动化技术的快速进步,使得大量程序化的工作可以由机器人和智能
设备完成,对操作性技能的需求逐渐减少,但对解决复杂问题、应对不确定
性的心智技能的需求大幅上升。在这一背景下,国家更加依赖"大国工
匠",他们不仅具备高超的技能,还能够解决、应对生产现场的复杂问题和
突发状况,确保科技创新能够顺利转化为实际生产力,从而推动产业升级、
提升国际竞争力。这种具有高技能、高思维能力的工匠,正是应对未来挑
战、实现高质量发展的关键所在。

高技能人才不仅在国内经济发展中具有重要地位,更是赢得国际竞争优
势的关键战略资源。他们是支撑"中国制造"和"中国创造"的中坚力量,
在技术创新与生产实践的结合中起到不可替代的作用。2021 年,中办、国
办印发的《关于推动现代职业教育高质量发展的意见》指出,要"切实增

---

① 曹晔、孟庆国:《国家战略人才中的高技能人才培养价值、特征与实现路径》,《中国职业
技术教育》2024 年第 26 期,第 3~10 页。

强职业教育适应性，加快构建现代职业教育体系，建设技能型社会，弘扬工匠精神，培养更多高素质技术技能人才、能工巧匠、大国工匠，为全面建设社会主义现代化国家提供有力人才和技能支撑"。

企业、高校和技师学院在培养高技能人才方面发挥着重要作用。企业作为市场主体，将高技能人才的培养纳入发展规划，依托各种培训基地、工作室和平台推动人才成长；高级技工学校和技师学院则负责培养高级技术工人，通过校企合作让学生参与企业实习，掌握解决实际问题的能力；中高职衔接模式通过贯通培养，将中等职业学校与高职教育结合，为学生提供继续深造机会，提升技能水平；职业本科院校通过多种招生和培养模式，稳步推进本科职业教育的发展，培养高层次应用型人才。同时，继续教育体系的建设为技能人才提供了终身学习的机会，国家应健全相关政策，推动学历教育与技能培训有效衔接，确保高技能人才能够持续提升技术水平、满足经济高质量发展的需求。

二　上海高技能人才发展：现状、政策及问题

（一）高技能人才培养成效显著，新增高级工数量稳步提升

上海在高技能人才培养方面显示了坚定的决心，成效颇丰。2024 年，上海市委、市政府首次将"新增培养 4.5 万名高级工及以上技能人才"列入为民办实事工程，积极推动人才供给侧结构性改革，重点培养符合就业需求和产业发展方向的高技能人才。[①] 截至 2024 年 7 月底，上海已新增培养 2.34 万名高级工及以上技能人才，同比增加 24.8%。新增高技能人才在技能人才整体中的占比由 2023 年同期的 28.5% 上升至 36.0%。其中，通过用人单位评定获得证书的有 0.35 万人，通过社会化评定获得证书的有 1.99 万

---

① 周蕊：《上海前 7 个月新增培养高级工及以上技能人才 2.34 万人次》，《经济参考报》2024 年 9 月 5 日。

人。新增高级工最多的前五大职业（工种）为：育婴员 0.39 万人，网络与信息安全管理员（互联网信息审核员）0.21 万人，电子商务师 0.18 万人，劳动关系协调员 0.15 万人，供应链管理师 0.13 万人。未来，上海将在"十四五"期间大力建设 100 个高技能人才培养平台，选拔 1000 名高技能领军人才，力争新增 20 万名高技能人才；到 2025 年，技能人才在就业人员中的比例将超过 30%，高技能人才占全体技能人才的比例将超过 35%，全力打造全国领先、具有国际影响力的技能人才高地。①

（二）加速推进高技能人才队伍建设，强化政策支持与机制创新

近年来，上海借助申办和筹备世界技能大赛的机会，全面推进技能提升行动，广泛开展职业技能培训，着力强化高技能人才队伍建设，不断扩大和优化高技能人才的规模和结构。2023 年 10 月，上海市人力资源和社会保障局联合 23 个部门发布了《关于加强新时代高技能人才队伍建设的实施意见》。该意见参照中央《关于加强新时代高技能人才队伍建设的意见》精神，结合上海建设人才高地的目标，针对重点产业领域高技能人才紧缺的现状，从技能人才的培养、使用、评价激励和保障服务等方面入手，完善相关体制机制，优化政策措施，进一步加强高技能人才队伍建设，助力培育新动能，推动新兴产业的发展。为加大高技能人才的培养力度，上海建立了以行业企业为主导、职业学校为基础，并结合政府推动和社会支持的多方合作培养体系，鼓励职业学校及培训机构积极参与项目，特别针对行业企业急需紧缺的人才开展重点培养。在推进技能人才评价机制改革方面，上海充分发挥政府部门、企业和社会培训评估组织的多元作用，推动开展多渠道职业技能等级认定，并通过广泛举办职业技能竞赛选拔优秀人才。同时，健全高技能人才的岗位使用机制，完善技能要素在分配中的参与及人才引进机制，加强政治引领，构建全方位的奖励体系，以提升对高技能人才的认可度和激励效果。最后，优化服务措施，建立市、区两级服务体系，鼓励社会力量积极参

---

① 周程祎：《力争"十四五"期间新增高技能人才 20 万名》，《解放日报》2023 年 11 月 29 日。

与，提升培养基础能力，推动技能领域的广泛交流与合作。通过构建"数量多、时效强、结构优"的技能人才培养工作格局，努力为上海加快推动"五个中心"建设、加快发展新质生产力提供源源不断的技能人才支持。

聚焦急需紧缺领域人才，上海出台系列政策，推动高技能人才培养与高校毕业生技能提升。2024 年，上海市人社部门发布《上海市急需紧缺高技能人才职业（工种）目录（2024 年）》，涵盖 100 个职业（工种）并根据经济发展的实际需要进行动态调整，目录内职业（工种）可按规定享受上海市人才引进等政策支持，同时，加大对目录内高技能人才的培养力度。此外，上海出台了《关于提升高校毕业生技能水平　推动高质量充分就业的若干措施》，提出鼓励应用型本科高校、高职院校毕业生提升技能水平，深化技能评价制度改革，落实"学历证书+职业技能等级证书"制度，探索将职业技能等级证书纳入高校毕业生就业落户政策支持范围等。积极推行产教融合、校企合作等模式，为技能人才提供更多的实践机会和成长空间。截至 2024 年 7 月底，上海市 37 所高职及以上院校的 4000 多名毕业生考取了高级工证书，与 2023 年同期相比，院校数增加了七成，获证数翻了 6 倍。[①] 与此同时，各区人社部门纷纷出台支持政策，如徐汇区将本区加强高技能人才队伍培养建设的行动方案纳入区政府重大行政决策事项、浦东新区聚焦区域产业发展出台促进技能人才发展的若干意见等。

（三）存在的问题

从现状来看，上海现有技能人才总量、结构与产业发展需要不适应，高技能人才培训设置"错位"，高技能人才评价激励机制不健全的问题依然存在。具体表现如下。

1. 技能人才总量、结构与产业发展需要不适应

从总量上看，上海市技能人才总量超过 300 万人，高技能人才约占技能

---

① 周蕊：《上海前 7 个月新增培养高级工及以上技能人才 2.34 万人次》，《经济参考报》2024 年 9 月 5 日。

人才总量的35%，较前几年有所提升，但仍存在供给不足的问题，整体供需矛盾依然突出，特别是在一些新兴产业和关键领域，对高水平专业人才的需求不断上升。新兴产业对高技能人才的需求急剧增加，但相关的培训体系和职业发展通道尚未完全建立，导致高技能人才的培养与市场需求之间存在明显的错位。从结构上看，上海传统制造业向自动化和智能化方向全面转型与升级，对高技能人才的数量和质量提出了更为严苛的要求。目前，上海高技能人才队伍的专业布局与当前的产业结构尚未完全契合，人才培养体系未能与产业升级同步调整，导致高技能人才的实际职业能力与企业新工种、新岗位的需求存在差距，这不仅为行业发展带来了挑战，也增加了企业招募合适人才的难度。

2. 高技能人才培训设置"错位"

上海市产业工人队伍建设改革督查情况显示，上海市高技能人才培训存在三个设置"错位"。一是产业转型与原有职工技能结构错位，随着经济发展和技术进步，传统行业的转型升级导致原有职工的技能未能及时适应新兴领域的需求，从而影响企业的竞争力。二是技能培训供给与产业需求之间也存在错位。现有的技能培训项目往往未能针对市场实际需求，课程内容与行业发展脱节，导致培训效果不佳，企业在寻找合适人才时仍面临困难。三是职工的发展需求与企业的评价制度之间同样存在错位。许多职工希望通过提升技能获得更好的职业发展，但企业的评价机制往往侧重于短期业绩，忽视了对技能提升的认可，降低了职工提升技能的积极性。

3. 高技能人才评价激励机制不健全

目前，以技能为基础的薪酬分配体系仍存在不完善之处，致使技能人才的收入水平与管理人员、专业技术人才之间存在明显差距，这不仅降低了对人才的吸引力，也限制了技能人才的职业发展。此外，技术工人在职业晋升和流动方面面临许多困难。至今，我国尚未实现国家资历框架的整合，普通教育、职业教育和职业培训之间的界限依然显著，使得技能人才在职业转型时会遇到种种阻碍。同时，职业发展的灵活性不足和晋升路径限制进一步影响了年轻人对技能型职业的兴趣和选择。这些因素共同制约了技能人才的成长和职业道路的拓展，亟须进行政策调整与优化。

三 奉贤区高技能人才发展现状

技能人才是支撑中国制造、中国创造的重要力量。当前，奉贤正大力发展"美丽大健康、新能源汽配、数智新经济、化学新材料"四大新兴产业，瞄准"基础理论、底层技术、颠覆项目、跨界融合和转移转化"五个创新领域，努力抢占行业制高点。① 为进一步贯彻落实人才强区战略，加快推动人才、城市与产业同步升级，为奉贤的建设和发展培养一支规模宏大、结构合理、技能精湛、素质优良的技能人才队伍，奉贤区大力推进技能人才培养系统工程，以提高劳动者技能素质为重点，创新思路、落实责任，助力奉贤区技能人才队伍建设创新发展。

（一）奉贤区高技能人才队伍建设情况

近两年，奉贤区参加职业技能评价并取得相应职业技能等级证书的技能人才中有初级工 12000 人、中级工 8688 人、高级工 4896 人、技师 171 人、高级技师 28 人。

1. 强化顶层设计，夯实政策资金支持

在政策方面，持续强化顶层设计，夯实政策资金支持。从 2022 年起，奉贤区人社局相继出台了《奉贤区关于进一步促进就业创业工作的实施意见》（沪奉人社规〔2022〕1 号）、《奉贤区新时代高技能人才发展三年行动计划（2022-2024 年）》（奉人社〔2022〕1 号）、《奉贤区使用地方教育附加专项资金开展职工职业培训工作的实施办法》（奉人社〔2023〕9 号）、《关于进一步推进奉贤区高技能人才培养工作的通知》（奉人社〔2023〕10 号）等一系列助力技能人才队伍建设的政策文件，探索打造一条"初级

---

① 沈思怡：《未来科技，从奉贤迈向世界》，《解放日报》2024 年 9 月 29 日。

工—中级工—高级工"相互衔接、"技术能手—首席技师—技能大师工作室"梯度升级的培养链条，畅通"区级—市级—国家级"技能人才晋升通道，着力构建奉贤区技能人才培养体系。奉贤通过这些实打实的文件充分整合资源、释放政策红利，发挥区级资金引导作用，积极回应企业、职业院校、培训机构在开展职业技能培训时的关注点，以真刀真枪疏通痛点难点，逐步建立起党委领导、政府搭台、政策支持、企业主体、社会参与的技能人才培养工作格局。

2.健全培养体系，打通校企联动脉络

第一，发挥企业主体作用，创新技能人才培养模式。深化产教融合、校企合作，加快推进以"企校双师联合培养"为主要内容的企业新型学徒制，充分发挥企业主体作用，鼓励企业结合生产实际、技术攻关项目，通过高技能人才的"传帮带"建立培养与评价相结合的机制，推动企业实训基地与院校培训基地并行发展，并实施企业导师与院校导师协同指导的"双导师"培养模式。对于完成"学徒制"培养的企业，奉贤区在市级补贴的基础上再叠加50%的区级培训补贴。奉贤还探索建立了区镇两级联动工作模式，共同挖掘意向企业，了解拟培养岗位的适配情况，加强前期政策指导，帮助企业顺利开展"学徒制"培养工作。同时，奉贤区积极推进企业职工线上培训工作并给予补贴，企业可根据自身主营业务，选择上海市人社局公布的"白名单"（第三方平台）开展职业技能培训。此外，奉贤区不断完善使用地方教育附加专项经费开展职工职业培训的工作机制，建立由区人社局、财政局、教育局、总工会共同组成的职工职业培训工作协调小组，推动企业按照职业技能、专业技术、综合素质能力提升、岗位能力提升四大类别分别开展企业内训。

第二，发挥职业院校基础性作用，开展技能人才摸底调研。奉贤区经上海市人社局备案的属地高职院校有三所，应届毕业生可以在毕业年度直接报名参加高级工职业技能等级评价。因此，奉贤区将高职院校作为奉贤推进高级技能人才培养的重要载体，主动对接、走访调研，走进三所院校开展"访校调研促就业"专项活动，宣传市区两级职业培训政策，了解各院校的备案专业情况以及各专业应届毕业生人数，听取院校组织毕业学年学生报考高级工技能等级评价工作的现状报告及存在的困难。通过调研，奉贤区在《关于进一步推进奉贤区高技能人才培养工作的通知》中采纳了高校的意见建议，希望借政策东风突破院校培养高技能人才的瓶颈，给予院校和学生相应的资金支持，鼓励职业院校学生取得多类职业技能等级证书。同时，奉贤区人社局通过走访摸底区内企业需求，为校企联系"铺路架桥"，助力学校推行"订单式"培养模式，让更多的学生在技能方面与企业需求接轨。

3. 以竞赛促培养，技能人才脱颖而出

2023 年 4 月 22 日，上海市第一届技能大赛在嘉定正式开幕。前期，经街镇、院校、培训机构和企业推荐，好中选优、优中选强，在 46 个国赛精选项目中奉贤区一共报名参加了 33 个竞赛项目，共有 41 名选手参赛。在 63 个世赛选拔项目中，奉贤区共有 35 名选手参加了 23 个项目，获得 5 金 13 银 1 铜的优异成绩。同时，作为第一届技能大赛的分赛区，有 4 个项目赛区设在奉贤，奉贤为此专门成立了分赛区执委会，由奉贤区副区长任执委会主任，区委宣传部、区教育局、区财政局、区总工会以及四所高校对应的街镇等部门共同参与。同时，成立工作专班，加强组织领导，压实工作责任，全力做好分赛区各项工作的安排和部署，挖掘典型事迹，提升比赛影响力，进一步激发广大劳动者学习技能、掌握技能、提升技能的积极性，营造良好的社会氛围。

（二）奉贤区高技能人才队伍建设存在的困难及问题

1. 社会对技能人才队伍的关注度还不够"高"

目前，社会对技能人才的关注仍显不足，"个人崇尚技能、企业重用技能、社会尊重技能"的良好氛围尚未形成，技能人才的社会地位和荣誉感亟待提升。部分企业中，职工技能提升的重点主要集中在特殊岗位的上岗证书获取率上，而对一线员工技能等级的提升缺乏明确需求，企业通常只要求员工有职业上岗证和基本操作技能。因此，在奉贤区，能够做出突出贡献的工匠、首席技师、技术能手以及高级工及以上工种的人数相对较少，这不仅限制了技能人才的发展潜力，也影响了社会对技能人才的认可与尊重。因此，迫切需要加强社会对技能人才的重视与支持，以提升其在经济与社会发展中的重要地位。

2. 奉贤技能人才队伍的综合素质还不够"能"

技能人才队伍的整体素质和能力水平尚显不足，这一问题在奉贤区尤为突出。目前，奉贤的技能人才队伍中初级工数量较多，而高级工相对较少，且传统技工的比例高于现代型技工，同时，单一型技工的数量也远超复合型技工。这导致了奉贤的技能人才结构不够优越、领域分布不够全面，区域发展存在短板。奉贤区的产业发展定位聚焦电子信息、生命健康、汽车、高端装备、先进材料以及时尚消费品六大重点产业领域，但技能人才的培养现状与这些产业的发展联系并不紧密。例如，区内的培训机构所开设的课程多集中于生活服务类，缺乏高级工及以上所需的紧缺培训项目；而区内中职院校的生源和专业设置与产业发展需求之间也存在明显的脱节。此外，企业自主开展技能等级评价的渠道尚未完全畅通，企业内部与等级工匹配的薪酬激励制度仍不够健全。这些问题的存在不但制约了奉贤区对技能人才的培养和使用，而且影响了区域经济的可持续发展。要解决这些问题，亟须强化技能人才培训与发展，优化课程设置，加强培训机构与产业的对接，推动企业完善薪酬激励机制，从而为奉贤的经济转型和升级提供有力支撑。

3. 奉贤技能人才队伍与产业发展还不同"兴"

奉贤区尚未形成明显的技能人才集聚效应，尤其在先进制造业和战略性新兴产业等关键领域，常常出现"千工好招，一技难求"的现象。在走访调研中我们发现，大多数企业对拥有"一技之长"的青年人才需求迫切，但求职者对技能成才的认知和认同感普遍较低。此外，部分院校的应届毕业生在择业时更倾向于选择市区内的央企、国企和大型企业，而留在奉贤的意愿并不强烈。这种情况导致奉贤区的技能人才与企业用工之间出现了供需错位，企业对寻求合适的人才感到困难，而求职者对本地区的职业发展机会缺乏足够的了解和兴趣。要解决这一问题，亟须加强技能人才培养和引导，提高求职者对技能职业的认知和重视，促使更多优秀人才留在奉贤，从而实现区域经济的可持续发展。

四 奉贤区建设高质量技能人才队伍的对策建议

（一）健全高技能人才激励机制，提升技能人才队伍建设关注度

应建立和完善高技能人才的激励机制，提高社会对技能人才的重视程度。这包括优化薪酬体系，确保技能人才的收入与其专业能力和贡献相匹配，设置专项奖励，激发技能人才的创新意识和积极性。同时，建议通过政府表彰、行业奖励和社会认可相结合的方式，建立多层次的荣誉体系，提升技能人才的社会地位与职业自豪感。这样不仅可以吸引更多优秀人才投身技能行业，还能促使现有人才不断提升自身能力。

（二）强化技能人才培训发展，构建政府推动与社会支持相结合的培养体系

建议强化技能人才的培训与发展，构建一个以行业企业为主体、职业学校为基础、政府推动与社会支持相结合的综合培养体系。政府应加大对职业培训机构的支持力度，鼓励企业与学校合作开展高技能人才培养项目，特别是针对紧缺岗位的专业培训。同时，鼓励社会力量参与技能培训，提高培训课程的实用性和针对性以满足行业需求，培养出更多适应市场的高技能人才。支持企业按规定评聘特级技师、首席技师。发挥企业办学特色和优势，建设高技能人才培养基地、工匠学院等高技能人才培养平台，给予每一位优秀人才施展才华的平台，帮助高技能人才实现自我价值。

（三）发挥奉贤产业优势，大力引育高技能人才

建议充分发挥奉贤区的产业优势，积极引进和培养高技能人才。结合奉贤区的重点产业发展，聚焦"奉贤品牌"构筑新时期"奉贤智造"品牌战

略发展新优势，设立高技能人才培养专项项目，以政府倡导、企业主导、社会参与为基础，鼓励企业与高校、职业院校建立长期合作关系，开展定向培养和实习基地建设。聚焦先进制造业和战略性新兴产业，聚焦新技术、新工艺、新材料、新设备的应用领域。支持"奉贤品牌"制造业企业数字化转型升级，围绕新产业发展、新赛道岗位需求提供政策支持。同时，依托区域内的优势产业，吸引外部优秀人才，通过提供优厚的政策支持、生活保障和职业发展空间，增强奉贤区对高技能人才的吸引力。通过以上措施，推动奉贤区的经济发展和产业转型升级，实现对高质量的人才培养与使用。

B.17
分类构建促进"无废细胞"生长的动力机制，推动"无废城市"长效发展

徐大丰*

摘　要： 奉贤的"无废细胞"数量众多、代表性强；在各创建单位的共同努力下，奉贤的"无废细胞"建设氛围浓郁。各创建单位立足本单位实践，加强"无废细胞"创建工作与垃圾分类工作的协同，注重数字化水平的提升，通过管理创新、技术进步有效降低固体废弃物排放总量、提升资源利用化水平，"无废细胞"创建成绩初显。奉贤"无废细胞"创建单位种类繁多，各单位之间的资源禀赋、建设能力有较大差异，分类制定各类创建单位的创建目标是必要的。总体而言，"无废细胞"创建需要政府、政策的大力支持。由于各类创建主体的基本职责有较大的差异，要各类"无废细胞"发挥对"无废城市"建设的引领示范作用，需要各类构建单位建立相应的动力机制。

关键词： 无废细胞　无废城市　上海奉贤

我国人口众多，固定废弃物种类繁多、规模庞大，固体废弃物处置问题日益突出。为探索建立固定废弃物污染防治的长效机制、推进固体废弃物治理体系和治理能力现代化、提升我国生态文明治理水平，2018年，国务院办公厅印发了《"无废城市"建设试点工作方案》（国办发〔2018〕128

---

* 徐大丰，经济学博士，华东政法大学商学院副教授，数学与大数据科技教学中心主任，主要研究方向为数量经济学、低碳经济学。

号）。该方案从 60 个候选单位中确定了"11+5"个城市和地区作为"无废城市"建设试点。[①] 2021 年 11 月，《中共中央国务院关于深入打好污染防治攻坚战的意见》印发实施，明确提出要稳步推进"无废城市"建设。同年12 月 10 日，中国生态环境部会同国家发展和改革委、工业和信息化部等 18个部门共同印发了《"十四五"时期"无废城市"建设工作方案》（环固体〔2021〕114 号）。该方案把开展"无废城市细胞"的单位数作为评价"无废城市"建设的重要指标。2022 年 4 月 24 日，国家生态环境部根据各省申报情况，确定了"十四五"时期开展"无废城市"建设的名单，奉贤区成功入选。[②]

为深化上海市"无废城市"建设，上海市生态文明建设领导小组办公室于 2023 年 11 月 24 日发布了《上海市"无废细胞"建设评估管理规程（试行）》与《上海市"无废细胞"建设评估细则（2023 版）》，在对"无废细胞"进行正式界定的同时，列举了"无废细胞"的典型类型。2024年 3 月 27 日，上海市第十六届人民代表大会常务委员会第十二次会议讨论通过了《上海市无废城市建设条例》。作为全国首部关于"无废城市"建设的地方性法规，该条例指出"要推动社会各方参与，开展无废细胞建设活动"。

为深入贯彻《"十四五"时期"无废城市"建设工作方案》和上海市政府有关"无废城市"工作的部署，有力落实《奉贤区"无废城市"建设实施方案》（沪奉府发〔2022〕8 号）的工作要求，规范开展全区"无废细胞"创建工作，2023 年 4 月 18 日，奉贤区"无废城市"建设工作领导小组办公室印发了奉贤区《"无废细胞"创建工作方案（试行）》（沪奉无废办

---

① 11 个城市分别为：广东省深圳市、内蒙古自治区包头市、安徽省铜陵市、山东省威海市、重庆市（主城区）、浙江省绍兴市、海南省三亚市、河南省许昌市、江苏省徐州市、辽宁省盘锦市、青海省西宁市。与此同时，河北省雄安新区、北京经济技术开发区、中新天津生态城、福建省光泽县、江西省瑞金市作为特例，参照"无废城市"建设试点一并推动。

② 《关于发布"十四五"时期"无废城市"建设名单的通知》（环办固体函〔2022〕164号），https：//www.mee.gov.cn/xxgk2018/xxgk/xxgk06/202204/t20220425_975920.html，最后访问日期：2024 年 11 月 20 日。

〔2023〕2号）。该方案指出，"无废细胞"建设是要践行"无废城市"建设理念，促进形成资源节约、环境友好生产方式和简约适度、绿色低碳生活方式的重要载体；进行"无废细胞"创建，要发挥"示范引领"效应，营造"无废城市"共建共享、社会参与的良好氛围。自"无废城市"建设工作开展以来，奉贤区深入挖掘各领域"无废细胞"创建潜力，努力打通社会各单元"无废细胞"内部小循环，使其共同融入"无废奉贤"大循环。

作为"无废城市"建设的重要组成部分，奉贤"无废细胞"建设将推动"无废城市"建设的快速发展。各创建单位积极履行创建承诺，在"无废细胞"建设上开动脑筋，"无废细胞"建设取得了初步成果。然而，"无废细胞"建设是一项长期工程，由于"无废细胞"创建单位类型的复杂性，"无废细胞"建设做法与举措的效果、可持续性需要甄别、提炼与升华，对"无废细胞"建设的动力机制需要进行系统的分析。本报告先梳理奉贤"无废细胞"建设的基础与成果，再剖析奉贤"无废细胞"建设面临的问题，从"无废城市"建设对"无废细胞"的要求角度出发，结合奉贤区"无废细胞"创建单位的特点，厘清"无废细胞"建设工作的基本原理，再结合奉贤的产业结构、固体废弃物特点，为发挥"无废细胞"建设对"无废城市"建设的长期作用、创建具有奉贤特色的"无废细胞"提出建议。

一 奉贤"无废细胞"建设成果

1. "无废细胞"创建单位覆盖面广、代表性强

根据《上海市"无废细胞"建设评估管理规程（试行）》、《上海市"无废细胞"建设评估细则（2023版）》、奉贤区《"无废细胞"创建工作方案（试行）》，"无废细胞"均指"在固体废物源头减量、资源化利用和无害化处置等方面表现突出的社会生产生活各类组成单元"。本着自愿申报的原则，根据申报单位的不同类型，对照《奉贤区"无废细胞"创建评价指标体系》关于指标的要求，由创建单位对其在固体废弃物管理方面的工作成效进行逐条陈述，并提供相应的支撑材料。经街镇核实、初步评估，由

牵头部门最终组织专家，根据《奉贤区"无废细胞"创建评价指标体系》的权重进行打分，完成评审。

2023年度，奉贤区共评选出14种类型共计73个"无废细胞"。其中，"无废企业"19家、"无废机关"12家、"无废学校"10家、"无废餐厅"10家、"无废社区"6家、"无废种植基地"4家、"无废公园"3座、"无废快递网点"2家、"无废酒店"2家、"无废养殖基地"1家、"无废菜场"1家、"无废商场"1家、"无废园区"1家、"无废景区"1家。从入选"无废细胞"的创建单位类型上来看，既有企业、事业单位，又有社区、公园，还有商场、物流等流通单位，覆盖面广、代表性强。

2. "无废细胞"的创建做法与举措

第一，创建单位普遍高度重视"无废"理念宣传，"无废城市"建设氛围浓郁。

尽管"无废细胞"创建单位种类较多、差异较大，但是所有创建单位都对"无废"理念给予了高度关注，并结合自身条件，开展形式多样的"无废城市""无废文化"宣传。"无废"理念深入人心，创建单位"无废细胞"建设氛围十分浓厚。

作为奉贤唯一的区级"无废园区"，青村镇光明经济园区围绕废弃物分类、"无废城市"等主题举办了多场宣传活动，开发了与此有关的培训课程，向企业普及废弃物分类知识和常用技巧，不仅注重增强企业的分类意识、环保意识，而且赋能企业，帮助企业提高实际操作能力。

奉贤区弘文学校在校内设置环境教育专栏，围绕环保主题，定期组织黑板报评比，利用各种校园环境向学生开展节能环保教育，普及"无废"知识。

上海市青村镇人民政府开展"无废机关"创建以来，除在机关内部张贴宣传海报外，还组织有关人员前往上海东石塘再生能源生活垃圾处置中心开展实地考察培训，深入学习垃圾分类以及资源化利用相关业务知识，提升工作人员"无废"意识。

褚家荣苑、庄行新苑等"无废社区"创建单位组织工作人员与志愿者开展入户宣传；把"无废城市""无废细胞"创建与主题党课相结合，有力地推动了"无废细胞"创建工作。

悦华大酒店在创建"无废酒店"的过程中，除定期组织开展固废管理、"无废城市"相关培训和志愿服务活动外，还充分利用酒店 LED 显示屏、大堂广告机、客梯宣传栏及包厢内的广告平台，通过发放有关宣传资料，倡导践行"光盘行动"。

南桥集贸市场在开展"无废菜场"创建活动过程中，以严格落实"限塑禁塑要求"为抓手，引导经营户和顾客树立"无废"观念与循环利用意识。

第二，创建单位普遍高度重视"无废细胞"创建与垃圾分类工作的协同。

考虑到废物与垃圾的关系，所有创建单位都将"无废细胞"创建与垃圾分类工作同时推进。南桥集贸市场、青村镇光明经济园区、奉贤区弘文学校、褚家荣苑等创建单位紧紧围绕本单位特点，把"无废细胞"创建工作与垃圾分类工作相结合，在垃圾分类指导、监督与管理的过程中，加入"无废细胞"建设环节。优化垃圾收运和处理流程，优化垃圾分类桶布局、增加垃圾收集频次，引进湿垃圾处理设备、实现湿垃圾就地处理，提高废弃物处理效率。同时，建立高效的回收渠道，通过回收企业废纸、塑料、金属等可回收物，实现资源高效再利用。奉贤区弘文学校规范收集各类废弃物，积极推进废弃物再利用；在餐厨油脂方面，针对学校食堂餐厨废弃油脂的处理，安装了油水分离器，从源头集中回收餐厨废弃食用油脂。上海市青村镇人民政府摸索、制定了《青村镇党政机关等公共机构生活垃圾分类投放标准》，针对机关单位垃圾的特点，为垃圾清晰分种类，让成员按标准投放。悦华大酒店开展垃圾自行回收利用，设置就地资源化利用设施。

第三，智慧运用数字化手段，赋能"无废细胞"创建。

上海腾达兔业专业合作社在创建"无废养殖基地"的过程中，充分运用多项数字技术、智能技术，围绕生产各环节的衔接，建立企业物联网控制中心，建成智能化大棚，使用智能喂养机器人替代人工投喂等，运用数字化技术降低固废规模、提升产出效率。上海海湾国家森林公园在无废景区创建过程中，针对票务系统进行了电子化更新改造。依托电子商务平台、LED大屏、公众号等数字媒体，大幅减少了纸质导览图册的使用，实现了固体废弃物的源头减量。上海市青村镇人民政府以"无废机关"建设为契机，全面推行"无纸"办公，会议、报告等均使用无纸化系统，从源头减少固废产生，使用一体式再生鼓粉盒、再生纸张等再生产品，助力资源的循环利用。

第四，管理创新，推进"无废细胞"创建。

在奉贤"无废细胞"建设的过程中，各创建单位紧扣"无废城市"的内涵，着力提升固体废弃物利用效率。在"无废园区"创建过程中，青村镇光明经济园区从固废流程入手，对其进行优化、改造，实现全过程管理；摸清园区内固废的主要来源，做好源头管理，更新固废处置装置，对园区内主要固废进行集中处理，实现固废园区内循环。悦华大酒店在"无废酒店"创建过程中，围绕打造"无废酒店样板间"改进酒店的管理模式，为全区各星级品牌酒店树立典范。上海奉贤大润发商贸有限公司在"无废商场"创建过程中，建立"废弃物台账管理"制度，明确废弃物的种类、数量、去向、用途等情况，制作"物流去向图"，实现废弃物全流程追溯。

第五，技术创新促进源头减量，助力"无废细胞"创建。

作为奉贤区唯一入选市级"无废细胞"的创建单位，上海苏宁物流有限公司在"无废快递网点"创建过程中，通过技术创新推进"无废细胞"建设，取得了显著的成绩。包装是快递业的重要固废来源，使用量大、使用频率高；胶带不仅是难处理的化学品，也是纸箱的重要成本构成，还给消费者拆箱带来困难。为此，苏宁物流遵循循环经济理念，研发、推出零胶纸箱、冷链循环箱。该纸箱具有刚度高、轻便、无须封箱胶带、不易开裂、耐冲击、可循环使用、材料可回收的特点，经济且环保，真正实现了源头减量和可循环利用。

上海中西三维药业有限公司、上海和黄药业有限公司、上海自然堂集团有限公司在"无废企业"创建过程中，对主要产品的生产流程进行了工艺优化，减少废料，实现危废品源头削减。其中，自然堂集团旗下明星产品"自然堂冰肌水"的包装容器采用了全球领先的创新科技"一次注塑成型技术"，减少二氧化碳排放量高达90%。

第六，变废为宝、循环再生、源头减量，实现"无废细胞"创建。

在"无废细胞"创建过程中，各单位领会了"无废"理念，普遍比较重视废弃物循环利用。例如，上海和黄药业有限公司在中药制取时会产生大量的中药药渣，尽管这些药渣含有丰富的微生物和营养成分，但是对公司而言，如何处置始终是一个难题。在"无废细胞"创建的过程中，该公司经过调研发现，药渣能够显著提高土壤的肥力，对改良土壤结构有奇效。因此，公司与当地生态合作社开展了长期合作，将车间产生的中药药渣直接转移至生态合作社进行有机肥料制造，既实现了固体废物100%资源化利用，也推动了生态合作社的绿色发展。

在"无废社区""无废校园"的创建过程中，部分创建单位还建立、畅通了旧衣物、旧书籍、旧玩具、旧家具回收通道，推动了旧物的直接循环利用。

二　奉贤"无废细胞"建设中存在的问题

尽管在奉贤区"无废细胞"创建工作的有效组织下，基层组织建设"无废城市"的积极性很高，各创建单位也基本发挥了基层智慧，在"无废细胞"建设中提出了一些创新性做法，但是，由于"无废细胞"创建单位种类较多、差异较大，在"无废细胞"创建过程中存在一些短期性、即兴做法；部分创建单位对"无废城市"建设理念、循环经济的认识还存在不足，创建目标还不十分明确；"无废细胞"创建单位的动力不足、动力机制还需要进行系统集成。

1. 各类"无废细胞"创建的具体目标需要进一步明确

可持续发展理论、循环经济发展理论是"无废城市"建设的理论基础[①]，"无废细胞"是"无废城市"建设的重要载体。根据有关文件精神[②]，"无废细胞"是指在"固体废物源头减量""固体废弃物资源化利用和无害化处置"等方面表现突出的社会生产、生活单元。由此可见，"无废细胞"的创建单位应该从本单位的基本特点出发，最大限度地降低本单位固体废弃物规模总量，最大限度地实现固体废弃物资源化利用。这需要各类创建单位对本单位的固体废弃物来源、种类、规模等进行客观的监测，并且科学制定固体废弃物规模总量、固体废弃物资源化利用路径等"无废细胞"建设的具体目标。当前，在"无废细胞"的创建过程中，注重与垃圾分类、文明单位创建等协同是可取的做法，但是要从"无废城市"建设的要求出发，要从贯彻落实《上海市无废城市建设条例》关于"无废细胞"的有关要求出发，明确"无废细胞"的具体创建目标，进而发挥"无废细胞"对"无废城市"建设的示范、引领作用。

例如，"无废企业"的创建不仅要求企业摸清固体废弃物"家底"，建立固体废弃物监测体系，而且要求企业在"无废工厂"的标准建设上开展积极探索[③]，依法进行清洁化生产审核，同时践行"生产者责任延伸"制度，推动"无废"产业链、"无废"供应链的发展。

又如，"无废园区"的创建除需要创建单位对固体废弃物进行全过程管理外，还需要对园区的能源系统、物质系统进行循环化改造与升级。而"无废园区""无废社区""无废机关"作为固体废弃物集结地，也需要在精细化分类方面进行探索，顺畅固体废弃物参与全社会循环经济保持的接口。

---

① 徐林：《以"无废城市"为切入点推进循环型城市建设——循环型城市建设的理论思考与实践探索》，《国家治理》2021 年第 40 期，第 21~25 页。
② 参见《上海市"无废细胞"建设评估管理规程（试行）》《上海市"无废细胞"建设评估细则（2023 版）》《奉贤区"无废细胞"创建工作方案（试行）》（沪奉无废办〔2023〕2 号）。
③ 参见《上海市无废城市建设条例》第十四条。

再如,"无废商场"的创建除需要在固体废弃物流向管理、垃圾精细化分类等方面设置目标外,还需要与有关部门配合、联动,设置低碳产品专柜、"净菜上市"等明确的目标。①

2. 各类单位创建"无废细胞"的能力差异较大,动力能级需要进一步提升

"无废细胞"创建单位种类繁多、特点不同,资源禀赋有较大的差异,"无废细胞"建设目标也应有很大的差异。企业类创建单位以市场目标为导向,事业类创建单位以社会职能的实现为目标。这些单位创建"无废细胞"的能力不同、动力来源不同,动力能级也不同。

从本质上看,"无废细胞"的创建是把经济活动、社会活动对环境、资源的外部影响内部化,解决的是生产外部性与消费外部性等环境经济学、资源经济学的基本问题。因此,需要创建单位事实上一定程度地承担本应由全社会共同承担的社会成本。也正因如此,在"无废细胞"创建过程中,需要"综合运用规划、土地、财政、金融、价格等政策"② 加大对创建单位的支持力度,以解决创建单位创建动力不足的问题。然而,有关法规仅为支持"无废细胞"创建提出了法律依据,使"无废细胞"建设有法可依。目前,对"无废细胞"创建单位的奖补虽然可以缓解创建动力不足的问题,但是由于"无废细胞"形成后需要长期发挥作用,因此需要内生动力的支持。需要分析不同创建单位的特点,并以此为基础,设计促进创建单位推动"无废细胞"生长的动力机制,推动"无废城市"的长远发展。

三 奉贤"无废细胞"建设的建议

与上海其他地区"无废细胞"创建的情况类似,奉贤"无废细胞"创建单位既包括企业单位,也包括机关事业单位。由于这些单位的性质不同,"无废细胞"创建应该考虑到这些单位的不同特征,建立不同类型的"无废

---

① 参见《上海市无废城市建设条例》第二十二条。
② 参见《上海市无废城市建设条例》第四十三条。

细胞"生长机制。

1. 贯彻落实《上海无废城市建设条例》，为"无废细胞"创建确定基本动力

作为全国首部关于"无废城市"建设的地方性法规，《上海市无废城市建设条例》已经于2014年6月5日正式实施。该条例约束了上海全域范围内与低碳城市建设的所有行动，所有"无废细胞"创建单位都应受该条例的法律约束。奉贤"无废细胞"建设应该在该条例的指导与要求下，结合本地特征，综合推进。

《上海市无废城市建设条例》指出，"无废城市建设是全社会的共同责任。任何单位和个人都应当厉行节约、反对浪费，预防和减少固体废物的产生，促进固体废物的回收和循环利用，积极参与、支持无废城市建设"。在"无废细胞"创建过程中，各创建单位不仅要大力提倡"无废"文化新风尚、新文明来宣传"无废"理念，而且要大力普法、大力宣传《上海市无废城市建设条例》，在对广大人民群众进行义务教育的同时，也要使全体社会成员明白创建"无废城市"是全上海社会成员的法定义务。用法律的约束力推动创建单位宣传"无废城市"建设，探索、激活"无废细胞"，创新"无废细胞"建设，为奉贤区"无废细胞"创建确定基本驱动力。

2. 分类确立"无废细胞"创建单位的具体目标

与其他地区一样，奉贤的"无废细胞"创建单位覆盖生产、流通、消费等环节，可以分为企业类创建单位、机关事业类创建单位、社区类创建单位。企业类创建单位追求经济利益，包括企业、酒店、商场、工业园区等。机关事业类创建单位主要承担社会职能，包括政府机关单位、学校、医院。社区类创建单位具有与企业类、机关事业类创建单位不同的组织能力，自成一类。不同创建单位的资源禀赋不同，可调动的资源边界不同，创建能力有相当大的差异，能够达到的目标也不同。为此，应当加强对不同类型创建单位关于创建目标的指导，明确各种类型单位的创建目标。

在明确各类创建单位建设目标的过程中，应以《上海市无废城市建设条例》、奉贤区有关"无废细胞"创建的文件为基础，结合创建单位的特征，从示范引领的角度，重点立足于实现固体废弃物减量、资源化利用方式的可复制、可推广。

企业"无废细胞"创建应围绕生产流程优化、再造，最大限度地降低废弃物规模总量，从源头减量入手开展"无废细胞"建设。针对奉贤的产业特点，在资源再生企业、生物医药企业、新能源企业、现代农业企业的"无废"标准化工厂建设方面形成奉贤特色。

机关事业"无废细胞"创建应立足于绿色办公、绿色采购，从源头上减少固体废弃物。通过电子办公、无纸化办公、线上办公、电子财务、办公审批流程优化等措施切实减少固体废弃物。"国家机关和事业单位应当加大绿色采购力度，带头采购绿色低碳产品"①，为全社会的资源循环利用起示范作用。

由于社区的组织性弱于企业与机关事业单位，"无废社区"创建宜与文明社区创建、垃圾分类工作协同推进，以"无废"文化宣传、"无废"理念培育以及畅通废旧物品互换、再利用、回收为创建主要目标。

3. 分类构建"无废细胞"的动力机制，促进"无废细胞"的生长

奉贤"无废细胞"创建单位的职能不同，"无废细胞"创建的基础也不相同。从各创建单位的职能出发，分析各类创建单位推动"无废细胞"建设的动力、分类构建"无废细胞"的生长机制是必要的。

第一，构建企业类"无废细胞"创建单位的动力机制，促进"无废细胞"的生长。生产、经营是企业的基本职责，成本控制是企业提升竞争力的一项重要策略。企业的成本控制客观上有助于企业固废的源头减量与高效利用。因此，对于企业类"无废细胞"创建单位而言，"无废细胞"的动力机制应着眼于"无废细胞"建设与企业经营、发展的激励相容。"无废细胞"创建若能助推企业的经营与发展，"无废细胞"建设将拥有强大的内生动力，能长效生长、持久生长，"无废"能级能够不断提升。为此，除对"无废细胞"创建单位的奖补外，还可以按照有关法规的规定，向"无废细胞"创建单位展示"无废细胞""无废城市"建设资格、称号的稀缺价值，发动、组织电视台、广播、融媒体等平台开展公益宣传，提升这些单位的知

---

① 参见《上海市无废城市建设条例》第二十三条。

名度与影响力，切实帮助这些创建单位降本，使它们珍惜"无废细胞"创建资格与称号，提升"无废细胞"的品牌价值。针对奉贤的上市公司、拟上市公司、有涉外业务的公司，将"无废细胞"建设纳入 ESG 建设，在帮助企业提升投资价值的同时促进"无废细胞"的健康成长。

第二，构建机关事业类"无废细胞"创建单位的动力机制，促进"无废细胞"的生长。与企业的职责不同的是，机关事业单位担负着国家机器职能，从当前奉贤"无废细胞"创建的归口来看，机关事业单位的"无废细胞"创建单位均由其业务主管部门负责申报、评审。由于这种行政上的隶属关系，机关事业类单位的"无废细胞"创建面临上级的直接行政压力，其"无废细胞"的创建动力是充沛的。而且，《上海市无废城市建设条例》明确要求，"国家机关和事业单位应当在无废城市建设中发挥示范带头作用"①。在机关事业单位评比、荣誉称号获得、文明单位授予、绩效考核、表彰等方面加入"无废细胞"创建指标将极大增强机关事业单位创建"无废细胞"的动力，促进其"无废细胞"的生长。

第三，构建社区类"无废细胞"创建单位的动力机制，促进"无废细胞"的生长。社区是居民生活的共同空间，是城市生活的基本单元，也是开展"无废细胞"建设的主要阵地。"无废社区"创建可以从倡导"无废"生活方式出发，为全社会固体废弃物源头减量做贡献。而在"无废社区"创建过程中，如何激励居民参与关乎"无废社区"创建的成败。社区采取的是居民自治模式，而居民组织性弱、相对比较分散，且社区的工作千头万绪，社区力量相对薄弱，"无废细胞"的创建难度较大、动力较弱。从当前的情况来看，"无废社区"的创建需要加强政府指导，并进行制度创新，在社区层面探索建立居民"绿色账户""碳普惠""碳积分"等制度。若能与碳交易市场对接，将能使"无废社区"创建拥有持久的动力；畅通旧物、废弃物的交易、流转渠道，强化社区在全社会回收体系中的职能，一方面可以提升"无废社区"的能级，另一方面能够加强"无废社区"的发展动力。

---

① 参见《上海市无废城市建设条例》第四条。

B.18
"贤美文化"引领奉贤文化高质量发展

廖 辉 杜学峰*

摘 要： "两个结合"为奉贤文化高质量发展指明了方向。起源于言子传教的"贤文化"，其底色为江南文化、特色为海派文化、本色为红色文化，融合"敬奉贤人、见贤思齐"和"好家风、好家训"的理念形成了"贤美文化"，彰显了奉贤城市软实力水平，推动了奉贤文化产业的发展。绘就"贤美文化"前景是积极践行"两个结合"的根本要求，是深入推动物质文明和精神文明协调发展的实践，是勇于担当新的文化使命的行动，是长三角一体化发展的应有之义。推动文化高质量发展，奉贤要立足现有基础扩大文化品牌影响力，围绕消费升级赋能奉贤新城文化消费活力区，顺应跨界融合发展文化产业新业态，加强政府引导统筹文化产业协调发展。

关键词： 两个结合 贤美文化 文化高质量发展

党的二十大报告指出，坚持和发展马克思主义，必须同中国具体实际相结合，必须同中华优秀传统文化相结合。[①] 党的二十届三中全会进一步强

---

* 廖辉，上海交通大学安泰经济与管理学院博士后、助理研究员，主要研究方向为科技统计评价、政策评估理论与应用；杜学峰，中共上海市奉贤区委党校副教授、公共管理学科带头人，研究方向为城市化与基层治理。

① 习近平：《高举中国特色社会主义伟大旗帜 为全面建设社会主义现代化国家而团结奋斗——在中国共产党第二十次全国代表大会上的报告》，https：//www.gov.cn/xinwen/2022-10/25/content_ 5721685. htm，最后访问日期：2024 年 11 月 20 日。

调,"必须增强文化自信,发展社会主义先进文化,弘扬革命文化,传承中华优秀传统文化"①。我们必须坚定历史自信、文化自信,坚持古为今用、推陈出新,把马克思主义思想精髓同中华优秀传统文化精华贯通起来、同人民群众日用而不觉的共同价值观念融通起来。"第二个结合"为奉贤绘就"贤美文化"前景、促进文化高质量发展指明了方向。

奉贤历史悠久、文化底蕴深厚。蒙先贤言子传教,"贤文化"不断发展,"敬奉贤人、见贤思齐"成为奉贤文化应有之义,马克思主义思想精髓与"贤文化"精华不断融会贯通。2015年,奉贤成功创建成为上海郊区首个全国文明城区,"好家风、好家训"受到肯定,回答了2017年习近平总书记两会期间的"奉贤之问","贤文化"展现新时代光华、提升为"贤美文化",马克思主义思想精髓同奉贤人民群众日用不觉的共同价值观念不断融合。可以说,绘就"贤美文化"前景、推动文化高质量发展,奉贤正是贯彻党的二十大报告精神"第二个结合"的重要阵地,是担负习近平文化思想中新的文化使命、建设中华民族现代文明智慧的实践场所。

2024年是中华人民共和国成立75周年,是实现"十四五"规划目标任务的关键一年。奉贤区将坚持以习近平新时代中国特色社会主义思想为指导,全面贯彻落实党的二十大精神,深入学习贯彻习近平文化思想、习近平总书记考察上海重要讲话精神,牢牢把握新时代新的文化使命,聚焦聚力用党的创新理论武装全党、教育人民这个首要政治任务,发展壮大主流价值、主流舆论、主流文化,积极落实《上海建设习近平文化思想最佳实践地行动方案》,推进对习近平文化思想的学习研究阐释、推进江南文化创造性转化和创新性发展、推进社会主义核心价值观培育和践行、推进文化创意产业高质量发展,打造文化自信自强的奉贤样本,建设彰显"贤美文化"特质的习近平文化思想最佳实践地。

本报告首先阐释"贤美文化"的本质内涵,包括追踪溯源以及探寻底

---

① 《中国共产党第二十届中央委员会第三次全体会议公报》,https://www.gov.cn/yaowen/liebiao/202407/content_ 6963409.htm,最后访问日期:2024年11月20日。

色、特色和本色；其次分析"贤美文化"引领推动奉贤文化产业和事业高质量发展的现状和前景；最后为绘就"贤美文化"前景、推动奉贤文化高质量发展给出对策建议。

一 "贤美文化"的本质内涵

（一）贤文化之踪：文化遗址

上海地区史前文化发端于距今 6000 年左右的马家浜文化，其后经历崧泽文化、良渚文化，至距今 4000 年左右的广富林文化。在上海西部，有一条西北至东南走向的地下贝壳砂带，被称为冈身地带。这条地带北起太仓，途径外冈、马桥、金山；东起嘉定，途径南翔、莘庄、竹港；南至奉贤、柘林附近。冈身地带形成于距今 7000～4000 年间，是上海境内最早的海岸线标志物，柘林遗址就位于冈身地带的最南端。1977 年，柘林遗址成为上海市文物保护地点，也是目前奉贤市级文保单位中"资历最老"的。2023 年"奉海荣光——柘林遗址考古成果展"精品展览在奉贤举办，72 件/组柘林遗址出土文物走进奉贤区博物馆，向市民展示了良渚文化基层聚落的生动形象。此外，奉贤还有原始社会晚期流传的大禹治水开通太湖古三江、柘林和江海新石器时代文化遗址，以及古海盐县、柘湖和古前京县等遗址。[①] 这些文化遗址共同构成了"贤美文化"的古文明踪迹。

（二）贤文化之源：言子思想

奉贤地处长江下游三角洲平原，北枕黄浦江，南临杭州湾，通达江海，气候适宜。奉贤历史文化源远流长，先后受鲁文化、楚文化及中原文化的浸润与影响，吸收了北方移民带来的水文化和农耕文化的精髓，最终汇入江南

---

① 毕旭玲：《新江南文化建构与上海新城建设：以奉贤新城为例》，上海辞书出版社，2023。

文化的大流之中。孔子曾云："吾门有偃，吾道其南。"言偃是孔门七十二贤人弟子中唯一的南方弟子。相传公元前444年，言偃横渡东江（黄浦江），到达青溪（今奉贤）讲学传道，"文开吴会、道启东南、灵萃勾吴"，因此奉贤成为最早的儒家道启东南策源地。公元1726年，奉贤从松江府华亭县析出、独立设县时，雍正皇帝御笔亲点"奉贤县"，正是取敬奉贤人、见贤思齐之义。言子儒学思想正是贤文化的根源，华亭海塘、奉城古城和柘林古城等遗址正是贤文化之源的现实印证。

（三）贤文化底色：江南文化

江南文化是贤文化的底色。秦汉时期的江南在华夏文明中处于华夏文化的边缘地带。正因为地处边缘，大量北人南渡，江南文化主动吸收北方文化，开启了文化繁荣。靖康之难后，第三波北人南下，江南文化实现了一轮又一轮的文化融合。公元1128年11月，宋高宗在扬州行宫举行祭天大典，孔子第47代嫡长孙、衍圣公孔端友及其伯父孔传陪祭。公元1129年，宋高宗赐孔家居住衢州，于是孔氏族人在衢州建立家庙、繁衍生息，是为孔氏南宗。"儒释道"三教合一的趋势在南北朝时期已经出现，到元明时期，"三教合一"一词正式出现，标志着三教融合成为社会的主流趋势，三个教派在文化、思想上互相影响、渗透和融合。这个过程始于北周时期，中国文化逐渐形成了"儒释道"三足鼎立之势。六朝以后的江南，特别是明清时期的江南是中国经济、文化最为发达的地区，在这里，道教解决了人与自然和谐相处的问题，佛教解决了人心安定的问题，儒教解决了人与人之间如何和谐相处的问题。

古来奉贤文化名人群英荟萃。"吴中草圣"张弼著《铁汉楼贴》，怪伟跌宕，震撼一世。宋征舆、宋存标、宋征璧被誉为"三宋"，是江南诗坛三大著名诗词流派之一的云间派的主要成员。文言小说家宋懋澄的代表作《负情侬传》被冯梦龙改编为白话小说《杜十娘怒沉百宝箱》，盛传海内外。黄之隽编纂的《江南通志》成为江南省集大成的经典之作。《白杨村山歌》推翻了一直以来的"汉族无民间长篇叙事诗，江南无民间长篇叙事诗"的论断。江南文化的思想和典籍等正是支撑贤文化不断发展的底色。

（四）贤文化特色：海派文化

海派文化是贤文化的特色。江南地区的开放包容形成于两晋南北朝，彰显于两宋，完全呈现于近代，大放异彩于改革开放。中国最早的海关——清代的"江海关"便设立在奉贤澉阙。顾炎武曾在《天下郡国利病书·苏松》中记载："今渔船出海，皆在松江澉阙口，孟夏取鱼时，繁荣如巨镇。"全国重点文物保护单位华亭海塘奉贤段是江南海塘的重要组成部分，是上海最重要的海洋文化历史遗迹。全国非遗"柘林滚灯"源于海防驻军用石料筑堤抵御水患、舞滚灯强身健体。可以说，奉贤呈现了滨海市镇文化景象，见证了传统江南与世界的对话，推动海洋文化走向海纳百川、开放包容的海派文化。

（五）贤文化本色：红色文化

红色文化是贤文化的本色。中国共产党诞生后，奉贤的革命斗争更加如火如荼。1925 年，李主一正式加入中国共产党，成为第一位奉贤籍中国共产党员。1927 年，刘晓、李主一创办曙光中学，并秘密成立了奉贤第一个地下党支部和中共奉贤县委。1929 年 1 月，陈云同志领导庄行农民进行武装暴动。1940 年 5 月，朱亚民部队在奉贤地区开展抗日武装斗争。1949 年 5 月，奉贤全境解放，至此留下了许多可歌可泣的红色记忆，红色基因深深浸润在奉贤文化血脉中。新中国成立后，奉贤大力开展海滩拓荒农垦活动。如今，奉贤共有中共奉贤县委旧址、李主一烈士纪念碑、庄行暴动烈士纪念碑、奉贤区博物馆、华亭东石塘、"贤文化"主题展示园和上海农垦博物馆等十八处完备的爱国主义教育基地。[①]

---

① 张兆安、朱平芳主编《上海奉贤经济发展分析与研判（2020~2021）》，社会科学文献出版社，2021。

二 "贤美文化"推动奉贤文化高质量发展的现状

（一）"贤""美"融合发展现状

进入 21 世纪，奉贤撤县设区，确立了"建设美丽乡村和建成现代化滨海新城"两大战略目标，秉承"以文化人、以文兴区"理念。至此，"贤美文化"建设迎来了时代高潮。2007 年，时任上海市委书记习近平来奉贤视察时指出：敬奉贤人、见贤思齐，奉贤地名本身就体现民风之淳朴。同年，奉贤区确立创建上海市文明城区的目标，提出开展以"敬奉贤人、见贤思齐"为主题的文明城区创建活动。2009 年，中共奉贤二届区委十二次全会审议通过《关于进一步加强"贤文化"建设 促进区域文化发展的若干意见》，"贤文化"正式上升为地区发展战略，全区上下广泛动员，采取一系列举措进行实践探索，取得了积极成效。2015 年，奉贤成功创建成为上海郊区首个文明城区，"好家风、好家训"受到肯定，"贤""美"文化不断相融发展，进一步推动奉贤文化产业、事业蓬勃发展。2017 年，奉贤回答了习近平总书记的"奉贤之问"，"贤美文化"品牌影响力扩展至全国。

"贤""美"融合，创新文化教育。奉贤围绕"传统文化润贤城"主题，每年举办百场"美育修身"公益活动，精心打造"我们的节日""孝贤""书香""好家风"等系列修身主题活动，以及开展中秋游园会、孝贤文化节、言子讲坛、贤人颁证等美育实践活动，举办美育修身嘉年华、美育修身展示季等活动。

"贤""美"融合，拓展文化空间。古华公园内的贤苑已被打造成举行市民文化讲座、文化展示、文化品鉴的重要场所，以开展"文明之城·美在奉贤"十大最美系列创评活动为抓手，以评促创、典型示范，打造了最美乡村、最美家园、最美街区、最美河道、最美公园（绿地）、最美校园、最美庭院（阳台）、最美文化空间、最美灯管景观及最美厂区共 110 个"最美"点位，"贤美"文化空间的不断拓展为"贤美文化"的培育提供了丰富的物理载体。

"贤""美"融合，塑造文化品牌。2019 年，中共奉贤四届区委八次全会通过《关于打响"贤美文化"品牌，实施"奉信、奉贤、奉献"工程的意见》。2020 年，《中共上海市奉贤区委关于制定奉贤区国民经济和社会发展第十四个五年规划和二〇三五年远景目标的建议》发布，提出打造富有人性化、人文化、人情味的人民城市。2021 年，中共上海市第十一届委员会第十一次全体会议通过《中共上海市委关于厚植城市精神彰显城市品格全面提升上海城市软实力的意见》；中共奉贤四届区委十一次全会通过《中共上海市奉贤区委关于打响城市软实力品牌 塑造"新江南文化"的意见》。2022 年，中共奉贤五届区委党代会报告《只争朝夕、攻坚克难，为实现"奉贤美、奉贤强"的战略目标而努力奋斗》提出："城市美、城市强，功能品质更加完善；产业美、产业强，创新动能更加强劲；乡村美、乡村强，乡村振兴更加出彩；生态美、生态强，绿色发展更加亮丽；文化美、文化强，城市软实力更加彰显。"

（二）"贤美文化"彰显城市软实力水平

2021 年春节过后的首个工作日，时任上海市委书记李强在奉贤新城打响了"五个新城建设"的发令枪，提出"新城之新"的实践命题。奉贤围绕最现代、最生态、最便利、最具活力、最具特色的目标，坚持以文立城、以文塑城、以文兴城，规划建设一批具有现代时尚的引领项目，挖掘一批古风古韵特色项目，重塑一批河湖乡村田园项目，建设一批可阅读、体验的民心项目。其中，"九棵树文化艺术圈"和"言子书院文化艺术圈"为奉贤新城最具代表性的两大文化艺术圈，包含九棵树（上海）未来艺术中心、九棵树艺术书店、大隐书局、大白兔全球首店、一尺花园等项目。

奉贤注重以文化产业振兴为引领，坚持"文化+""+文化"，聚焦创意设计、演绎娱乐、数字出版、影视动漫等重点产业方向，积极引进、培育新型文化业态，推动文创产业专业化、品牌化、集聚化发展，加快形成结合更合理、特色更鲜明、功能更强大的文创产业集群，并兴办各类文化事业活动，丰富文化产品供给。奉贤进一步打造以"九棵树—博物馆"为标志的演艺展示平台，开展东方美谷艺术节、"言子杯"、阅读周等系列品牌活动；举办 12 场市民文化展，如"古蜀之光"三星堆·金沙遗址出土文物大展、与天无极——陕西周秦汉唐文物精华展等，让市民走近历史、爱上艺术；组建成立上海九棵树爱乐乐团，在奉贤区博物馆完成首秀演出，并参与花海美妆音乐节、原创音乐剧《忠诚》等演出。

奉贤坚持守正创新，让"老字号"焕发新活力。奉贤全区上下非常重视老字号品牌工作，积极响应上海市商务委深入推进重振老字号的专项行动，以"一品一策一方案"为抓手，切实推进区内老字号企业进行自我完善，通过弘扬传统文化、传承独特技艺、强化品牌推介、推动企业创新、加大市场开拓力度、促进合作交流等有力擦亮了老字号牌匾，重振老字号的风采。目前，奉贤区共有商务部认定的"中华老字号"企业 4 家、注册商标 5 个，以及上海市商务委认定的"上海老字号"企业 6 家、注册商标 6 个。

（三）"贤美文化"推动文化产业发展

奉贤注重政策引领，提升服务能级。制定《奉贤区文化人才发展三年行动计划（2022-2024 年）》（奉委宣〔2022〕3 号）、《奉贤区文化名人扶持资金管理实施细则》，全面推进实施文化人才"登高望远"计划、文创人才"文耀江海"计划。做好市级文创项目申报工作，全区 11 个项目共获得市级文创扶持资金 965 万元，带动社会资本投资 8940 万元。加强区内文创园区（楼宇、空间）融合发展，打造数字化应用新秀场、年轻力新聚场，新增认定爱企谷为区级文创产业园区，认定金禹道具、诺梵科技等 4 家企业为区级文创产业重点企业。落实新一轮文化基因工程，共扶持群文项目 55个、文化名人 15 位、非国有博物馆馆舍 23 家，从细胞、基础、特色抓起，打造名人、名作、名馆。

奉贤持续聚焦重点，推动创新发展。聚焦影视产业生态圈、数字出版产业和生活消费场景。坚持"文体旅"融合发展。制定"三区两镇"旅游专项规划，布局宜居、乐业、悠游的滨海休闲旅游区；指导希尔顿酒店开业，指导渔沥村、华亭村、护民村创建区乡村旅游示范点；"稻花香里说丰年"滨海乡村之旅线路入选全国乡村旅游精品线路。推进文创产业创新融合。举办上海影视拍摄基地及取景地授牌仪式、文创产业云上会商推介会；金汇镇明星村、申亚森林美谷纳入上海影视"取景地"名册；盐仓影视拍摄基地（奉贤）挂牌成立；锵锵合一影业、百涛影视、一束影业等公司落户金汇镇，助力奉贤新城高水平发展影视产业。

奉贤不断优化营商环境，助力经济发展。深化与税务、统计部门的协同联动，引导各镇、开发区培育优势核心文创产业，做好文创产业统计、招商引资工作。2022 年 1~11 月，全区文化创意产业企业实现税收约 91.1 亿元，全区 13 家文创园区（楼宇、空间）入驻企业完成税收 9.6 亿元。开展市级文创项目申报动员培训会，解读年度市级文创项目申报指南、评审要点、财务要点，帮助企业更好地理解和把握政策导向。完成市级文创产业园区（楼宇、空间）评估认定工作，推选 7 个文创载体参加市级评审认定。用好"早餐会""云会商""云上晨会"等各类平台，推进阿法迪公司、熙和乾源（上海）文化工作室、AG 战队等项目落户，营造文创园区、产业、人才近悦远来的生动局面。

三　"贤美文化"引领奉贤文化高质量发展的前景

（一）积极践行"两个结合"的根本要求

习近平总书记指出，新征程上，我们必须坚持把马克思主义基本原理同中国具体实际相结合、同中华优秀传统文化相结合。中国共产党人深刻认识到，只有把马克思主义基本原理同中国具体实际相结合、同中华优秀传统文化相结合，坚持运用辩证唯物主义和历史唯物主义，才能正确回答时代和实践提出的重大问题，才能始终保持马克思主义的蓬勃生机和旺盛活力。起源于言子传教的"贤文化"。吸收了江南文化和海派文化的精华，流淌着红色文化的基因，正是马克思主义精髓与中华优秀传统文化精华融通的结果；以奉贤"敬奉贤人、见贤思齐"的理念和"好家风、好家训"为基础形成的"美文化"正是马克思主义精髓同人民群众日用而不觉的共同价值观念融通的结果。第五届长三角江南文化论坛暨第二届"江南文化与新城建设"论坛在奉贤成功举办、推动"新时代文化论坛月月讲"等，正是奉贤立足"两个结合"的根本要求所开展的积极实践。"两个结合"为奉贤绘就"贤美文化"发展前景、引领文化高质量发展提供了坚实的基础。

（二）深入推动物质文明和精神文明协调发展

习近平总书记指出，"人无精神则不立，国无精神则不强。精神是一个民族赖以长久生存的灵魂，唯有精神上达到一定的高度，这个民族才能在历史的洪流中屹立不倒、奋勇向前"①，"深入挖掘、继承、创新优秀传统乡土文化，弘扬新风正气，推进移风易俗，培育文明乡风、良好家风、淳朴民风，焕发乡村文明新气象"②。绘就"贤美文化"前景：一是要聚焦思想引领、聚焦自信自强、聚焦践行培育，"三聚焦"融文明培育于市民思想自觉；二是要深化核心力量、深化统筹协调、深化场域概念，"三深化"融文明实践于市民自发习惯；三是要结合乡村振兴、结合社会治理、结合行为规范，"三结合"融文明创建于市民行为规范。原创歌剧《沈志昂》、拓展"贤美小驿"特色阵地建设、制定《关于开展"贤企助贤治、文明促和美"联建共裕行动方案》等正是奉贤深入推动物质文明和精神文明协调发展的实践。

（三）勇于担当新的文化使命

习近平总书记指出，"巩固马克思主义在意识形态领域的指导地位、巩固全党全国人民团结奋斗的共同思想基础"③，"在新的起点上继续推动文化

---

① 习近平：《习近平谈治国理政（第二卷）》，外文出版社，2017，第47~48页。
② 习近平：《论"三农"工作》，中央文献出版社，2022，第231页。
③ 习近平：《习近平谈治国理政（第一卷）》，外文出版社，2018，第153页。

繁荣、建设文化强国、建设中华民族现代文明，是我们在新时代新的文化使命"①。绘就"贤美文化"前景、引领奉贤文化高质量发展正是担当新的文化使命的行动之一。一是"贤美文化"出新出彩。举办柘林遗址考古成果展；举办城市考古、城市文化讲坛等活动 23 场；举办长三角旅游节江浙沪皖四地演出奉贤专场；赴布鲁塞尔、巴黎、江苏、甘肃、四川、河南等地开展文化交流；积极推进华亭海塘考古工程、修缮工程；完成纸制品修复 60件。二是传承保护落实落细。以江南文化遗产保护为重点，赋予江南文化新的时代内涵和现代表现形式。实施"南源桥"城市更新项目，结合沈家花园等历史保护建筑修缮开放、鼎丰酱园提升改造等项目，打造老城区域文化核心。挖掘"海国长城"历史文化资源，启动"海国长城"历史文化遗址公园建设。三是"旧貌新颜"串珠成链。守住古宅、古树、古桥、古街、古庙等历史遗存，强化点上开发，有机串联"冷江雨巷""南源桥""水韵青溪""明城新月"等江南古镇文化风貌区，加强门户效应、灯光工程、水上交通、桥乡文化等方面的探索，构建起"百里运河、千年古镇、一川烟火、万家灯火"的新时代江南城市意象。

（四）长三角一体化发展的应有之义

奉贤坐落于上海南部、长三角洲东南端，南邻杭州湾，北枕黄浦江，是上海的南大门和重要交通枢纽。在这里，既能触摸历史的印记，也能追逐发展的足迹；在这里，既能领略江南水乡的宁静秀美，也能发现国际都市的时尚浪潮。立足长三角一体化发展这一战略背景，奉贤可以充分发挥自然资源禀赋优势，以突出的空间载体资源和商务成本优势，致力于"文""商""旅""会""体"融合发展。打响"上海文化"品牌明确指出要大力发展文化创意产业、整合文化资源、建设文化地标、聚集文创人才。奉贤正好利用自身红色文化和历史传统文化源泉，依托文创园区，引导资源要素向文化产业集聚，在文化创意领域培育一批兼具创新性与生命力的新兴产业业态。这

---

① 习近平：《在文化传承发展座谈会上的讲话》，人民出版社，2023，第 10 页。

样不仅有助于上海高质量发展，更有助于平衡上海城市的内部结构。绘就"贤美文化"前景正是促进长三角一体化发展、打响"上海文化"品牌的应有之义。

四 绘就"贤美文化"前景、推动奉贤文化高质量发展的对策建议

（一）立足现有基础扩大文化品牌影响力

进一步扩大"九棵树文化艺术圈"和"言子书院文化艺术圈"的品牌影响力。将"东方美谷艺术节"向"九棵树未来艺术中心"集聚，组织开展国际合唱节、诗歌节等系列活动。打造"九棵树"戏剧演艺品牌，构建场馆、演艺、创意周边、培训、经纪等一体化的产业链生态，助力奉贤区打造南上海文化新高地。完善九棵树（上海）未来艺术中心、奉贤博物馆等地标性文化项目的商业配套服务及业态功能，提高场馆利用效率和产业化发展水平，丰富区域文化体验和文化消费场景。打造特色文旅线路，围绕"景城同建"理念，打造滨海休闲、城市名片、乡村旅游、产业旅游等线路。此外，策划开展新媒体营销，与微信、抖音、今日头条、小红书等自媒体平台加强合作，打造区域文旅新名片。

（二）围绕消费升级赋能奉贤新城文化消费活力区

围绕促进消费结构升级，推动文化产业和文化事业向多样化和高品质提升。发挥好文具用品、视听设备等制造业传统优势，融入文化、创新、科技等要素，打通文创产品从创意设计到生产销售的各个环节。聚焦工艺设计、时尚设计、建筑设计等重点领域，加快创意设计与传统产业的融合发展，推动"文创产业化""产业文创化"，提升创意链与产业链的结合度。以"奉贤出品"为引导，推进出版服务、创作表演、数字内容、工艺美术等优质原创输出，满足群众的多样化需求，引领大众性文化消费。利用"东方美

谷"产业优势,扩大"艺术商圈"覆盖范围,引导百联南桥购物中心等商业综合体提升文化氛围,打造一批文创艺术与商业服务高度融合的综合消费场所。传统产业要积极寻求转型升级,及时拓展线上服务,延长"吃住行购""文娱医教"等相关居民生活服务的产业链条,确保文化产业持续稳定发展。

(三)顺应跨界融合发展文化产业新业态

移动互联网、物联网、云计算、大数据、人工智能等新一代信息技术在经济社会各个领域广泛应用,涌现出在线办公、智能家居等一批新业态。在技术、产业、行业交叉与融合发展趋势下,奉贤区文化产业要进一步深化供给侧结构性改革,立足于扩大增量,顺应"跨界"融合潮流,加快与其他产业、其他领域新兴技术的融合创新,以数智赋能,积极培育文化产业新业态、新模式、新场景。布局影视产业相关产业链,重点布局短剧开发拍摄,打通影视创作、影视取景、影视拍摄、后期制作、影视发行、人才培训等关键环节。布局电竞俱乐部、人才培养基地、直播中心等功能区,推动技术服务平台、直播平台、运营平台等电竞产业平台的建设,拓展相关衍生品生产及销售。打造数字出版研发中心、数字版权内容交易平台、数字传媒教育培训中心等平台,促进版权代理、版权交易、版权衍生服务等相关业态发展。布局网络直播相关基地和平台,整合流量资源、明星资源、品牌资源,打造培训考核、网红孵化、运营支持等平台,构建供应链生态。以影视产业、电竞直播、数字出版和网络直播等宣传"贤美文化",利用奉贤丰富的文化素材训练"奉贤数智人文机器人"。

(四)加强政府引导统筹文化产业协调发展

文化产业或者说大文旅产业和事业涉及行业范围广、政策性强,但奉贤区现有政府部门中并没有统一的文化管理部门,有关部门各管一摊、各行其是,文化产业的发展缺乏统筹谋划,仅仅嵌在工业、服务业相关产业的布局和配套中,文化事业也仅停留于宣传意识形态和配套公共服务的层面。在此背景下，需要深化各部门对文化产业的认识，把文化产业放在与工业、农业同样重要的战略地位，重新启动文化产业发展的协调机制和工作机构，规划协调文化产业发展中的重大问题，抓住关键项目重点推进。在街镇（开发区）层面上，要引导其差异化发展文化主导产业，打造各具特色的文化产业集聚区。

Abstract

Facing the complicated situation at home and abroad and multiple factors impact than expected, in accordance with the general requirements "epidemic to guard, economic to stay steady and development to security", based on the realit, Fengxian is focusing on the new area, new city, new industry, new village, and seizing the key points of great ecological, big traffic, people's livelihood, the big data, promoting the high-quality development of "Fengxian beauty, Fengxian strength". Fengxian District has made breakthroughs in key industries, overcome difficulties in key industries, paid close attention to high-quality investment, and promoted the implementation of projects. The economic has been quickly recovered, showing good resilience in economic development.

In recent years, Fengxian has continuously optimized the industrial structure, cultivated the development momentum, activated the innovation momentum, and the economy has shown steady progress. Around the four emerging industries of "beauty and health, new energy auto parts, digital intelligence new economy, and chemical new materials", it has vigorously introduced leading enterprises to continuously strengthen the industrial chain, build an important carrier area for advanced manufacturing, the first-choice area for cutting-edge technology transformation, a vibrant area for talent innovation and entrepreneurship, and an ecologically livable industry-city integration area in Shanghai, strive to build a people's city and a city of the future that is suitable for innovation and entrepreneurship, living and business. This book makes an in-depth study of Fengxian's economy from the perspectives of agriculture, industry, service industry, fixed asset investment, consumer goods market, foreign economic situation, financial situation, real estate development situation, etc. At the same time, it makes a detailed thematic analysis on the characteristic industries of Fengxian District, such as "Oriental Beauty Valley" beautiful health industrial cluster, new energy automobile industry highland, Digital Jianghai, improving the core competitiveness of small and medium-sized enterprises, high-quality development of Fengxian New City, digital countryside, South Shanghai innovation talent highland, "waste free city" and double carbon development, and New Jiangnan Culture. The whole book is divided into one general report, eight analysis, research and judgment, and nine thematic studies. It reviews and summarizes the economic operation of Fengxian District from different angles, and puts forward corresponding analysis and judgment.

First of all, the book explains the overall situation of the economic operation of Fengxian District in the first three quarters of 2023. Fengxian seized the two historical opportunities of the new port area of the Free Trade Zone and the construction of the new city, the economic development accelerated, the new city fully developed, the business environment continued to optimize, a large number of high-quality enterprises gathered into the trend, and the economic and social development showed a good trend. Major economic indicators have recovered and the core driving force for economic growth is strong. Fengxian Digital intelligence new economic development has begun to take shape, with the "Digital Jianghai" as the engine, the scale of digital industry has grown rapidly, digital technology has enabled the rural revitalization construction to achieve remarkable results, and digital cultural industry has enabled the construction of Fengxian regional cultural soft power new highland. Fengxian plays the role of leading enterprises in the integration of the upstream and downstream of the new energy automobile industry chain, leverages industry-university-research cooperation to layout intelligent Internet-connected vehicles, and insists on the innovative development of the industry through scene construction. Fengxian adheres to the sustainable cycle of "building a city-attracting talents-entrepreneurship-development", builds Fengxian New City with high standards, accelerates the landing of various high-quality resources, and strives to create a talent highland in South Shanghai with "attracting and retaining" as the starting point.

Secondly, this book analyzes and evaluates the economic development of

Fengxian District from the perspectives of production, expenditure and income. The research shows that: from the perspective of production, rural modernization continues to upgrade, rural business entities continue to grow, industrial growth plays a significant role in driving the economy, the new momentum of economic development continues to release, the growth of the service industry gradually recovers. From the perspective of expenditure, the consumer goods market has steadily recovered, the frequent promotion of consumption policies has been beneficial, the counter-cyclical regulation of fixed assets has been highlighted, industrial investment has entered an accelerated stage, and cross-border e-commerce has been diversified. From the perspective of income, fiscal revenue has rebounded, fiscal expenditure has remained stable, real estate operations are relatively depressed, the market has shown a trend of contraction, and actively promote the construction of diversified affordable housing, the implementation of talent housing supply, application and other work.

Finally, this book summarizes and looks forward to the highlights and characteristics of Fengxian District's economic development. Fengxian accelerates the promotion of the core competitiveness of small and medium-sized enterprises, strengthens the main role of innovation, continuously optimizes the business environment, and promotes the landing of scientific and technological achievements. Fengxian will seize the opportunity of the new area, create new energy automobile industry highland, strengthen advantages in the field of auto parts and intelligent network connection, and strengthen the coordinated development of the industrial chain. Focusing on Digital Jianghai construction, Fengxian will promote the digital transformation, enrich the construction of digital scenes, and expand the breadth and depth of applications. By creating a modern consumption scene and improving the quality of urban life, it will lead a "healthy" and "beautiful" new consumer market, meet diversified needs, promote a new consumer economy, and enhance the popularity and prosperity of Fengxian New City. Further give play to the role of digital rural construction in promoting rural revitalization, and create a "Fengxian model" of digital rural construction in promoting rural revitalization. Fengxian actively promotes the construction of "waste free city", accelerates the reduction of solid waste and the utilization of resources to bring significant environmental, economic and social benefits, and has the potential to promote carbon dioxide emission reduction. Fengxian will create a cultural landmark with brand influence and promote the construction of South Shanghai cultural and creative industry cluster. Fengxian continues to gather talents and attract talents, build innovative talents highland in South Shanghai, accelerate the promotion of professional and technical talents, and optimize the working mechanism of talents.

Keywords: Fengxian Economy; High-quality Development; Rural Revitalization; Digital Economy

Contents

Ⅰ General Report

B.1   Economy of Shanghai Fenxian: Analysis and Forecast (2025)

Zhu Pingfang, Di Junpeng / 001

Abstract: In 2024, facing increasingly complex and changing external environments, insufficient effective domestic demand, numerous risks and hidden dangers in key areas, and the pains brought by the transformation of old and new driving forces, Fengxian District adheres to the work policy of "laying the foundation and seeking long-term development", steadily promoting positive economic development. In the first three quarters, there were more positive factors affecting the economic performance. Agricultural modernization is accelerating, industrial transformation and development are continuously upgrading, and the service industry is improving quality and efficiency; Fixed assets investment was carried out in an orderly manner, the consumer goods market recovered steadily, the growth of the consumer goods market was ahead of the city, the trend of foreign trade was relatively weak, and the market confidence was enhanced with the frequent occurrence of new policies on real estate. Taking into account the internal and external risks, challenges, and opportunities faced by the economic development of Fengxian District, it is expected that the regional GDP of Fengxian District will grow positively and the growth rate will improve by 2025. However, while seizing the new track of digital economy, strengthening the advantages of open economy, and activating new driving forces for rural revitalization, we still need to be vigilant and actively respond to the anti globalization trend and the rise of trade protectionism, enhance the strength of cutting-edge technological innovation, actively cultivate high skilled talents, and promote the economic development of Fengxian to move towards a new stage of development.

Keywords: Fengxian Economy; Digital Economy; Positive Development

II Analytical Study

B.2 Analysis and Judgement of Agricultural Economic Situation
in Fengxian District (2024-2025)   *Fang Shunchao* / 021

Abstract: As the main battlefield for Shanghai's rural revitalization strategy, Fengxian has made steady progress in advancing agricultural and rural modernization. The adjustment of the agricultural industrial structure has progressed steadily, with rural residents' income growing consistently and consumer spending rebounding significantly. The livability of rural ecology has been notably improved. The implementation of the new "Hundred Villages Joint Construction" model and the development of the collective economy have effectively boosted farmers' incomes. Meanwhile, the extension of the agricultural industry chain has injected new vitality into rural development, and industrial integration has become a key driving force for rural revitalization. However, Fengxian's agricultural development in 2023-2024 still faces challenges such as insufficient technological innovation, the need for further optimization of the industrial structure, digital transformation challenges, and a shortage of talent. In response to these issues, the development strategy for Fengxian's agriculture in 2024 - 2025 will focus on deepening the strategy of promoting agricultural development through science and technology, optimizing the industrial structure, advancing rural industrial integration, enhancing rural construction, and strengthening measures for common prosperity. Policy recommendations include establishing special funds for agricultural technological innovation, formulating a digital transformation action plan, and improving talent recruitment mechanisms to promote high-quality agricultural development and achieve comprehensive rural revitalization.

Keywords: Rural Revitalization; Agricultural and Rural Modernization; Collective Economy; Labor Structure; Agricultural Industry Chain

B.3 Industrial Economy of Shanghai Fengxian: Analysis and Forecast (2024−2025)

Wang Yongshui, Ni Rundei and Ren Jing / 038

Abstract: In the first half of 2024, Shanghai, faced with the complex and severe international environment and the impact of insufficient effective demand, will consolidate the foundation of economic development, prioritizing the cultivation and development of new economic drivers, while maintaining the stability of key indicators. Fengxian District, however, has withstood the pressure, steadfastly implementing various policies issued by the central government and persisting in expanding investment, resulting in steady progress in major economic indicators. From January to September 2024, the total number of industrial enterprises above designated size in the region stood at 1, 282, with the total industrial output value reaching 198. 85 billion yuan. The new driving forces for industrial economic development are continuously being unleashed, with strategic emerging industries achieving an industrial output value of 76. 79 billion yuan, accounting for 38. 6% of the total industrial output value above designated size in the region. Additionally, the total industrial output value of the beauty and health industry above designated size reached 37. 24 billion yuan, representing 18. 7% of the total industrial output value of the region.

Keywords: Shanghai Fengxian; Industrial Economy; Beauty and Health Industry; Strategic Emerging Industry

B.4 Service Industry of Shanghai Fengxian: Analysis and

Forecast (2024-2025) *Ji Yuanyuan* / 069

Abstract: From January to September 2024, the added value of the service sector in Fengxian reached 37. 185 billion yuan, reflecting a year-on-year growth of 4. 1% and accounting for 36. 6% of the district's total added value. In terms of tax structure, the service sector has maintained a dominant position in the tax revenue composition, signaling ongoing economic restructuring and industrial upgrading. During this period, service industry tax revenue totaled 29. 799 billion yuan, marking a shift from growth to decline with a year-on-year decrease of 3. 2% and comprising 60. 22% of the district's total tax revenue. Fixed asset investment in services amounted to 27. 488 billion yuan, a 5. 4% decrease year-on-year, representing 67. 75% of the district's total investment. Within the service sector, wholesale and retail trade continued to grow, while the decline in the real estate market narrowed, and the financial market contracted in scale. Looking ahead to 2025, Fengxian's consumer goods market is expected to grow steadily, with robust expansion in online retail. The real estate market is likely to rebound after a period of adjustment, though the financial sector is anticipated to remain in an adjustment phase.

Keywords: Service Industry; Fixed Assets Investment; Tax Structure

B.5 Analysis and Forecast of Fengxian's Fixed Assets Investment

in 2024-2025 *He Xiongjiu, Fu Kaibao* / 088

Abstract: This report focuses on fixed asset investment in Fengxian District, analyzing growth rates, structure, and comparisons with Shanghai's suburban areas. It examines the development trajectory of fixed asset investment in the district from 2013 to 2023. The study finds that Fengxian experienced a period of rapid urbanization during this decade, with total fixed asset investment stabilizing from

2020 onwards. Comparative analysis with other Shanghai suburbs and an assessment of investment structure reveal that the share of industrial investment in Fengxian has consistently increased, reflecting continuous optimization of the regional industrial structure in recent years. Further comparisons with adjacent county-level cities (districts) near Shanghai indicate that Fengxian's regional advantage has been strengthened by improvements in the comprehensive transportation network, laying a foundation for high-quality development in the future. From January to September 2024, fixed asset investment in Fengxian advanced steadily without significant fluctuations, playing a stabilizing role during economic recovery. The report argues that despite the current stage of economic recovery in Fengxian, considerable uncertainties remain, with downward pressure on real estate investment and a potential slowdown in industrial investment following several years of rapid growth. Therefore, maintaining robust fixed asset investment in the short term is crucial to providing strong support for steady economic development and improvement in quality. With coordinated efforts from multiple stakeholders, the targets set in Fengxian's 2024 government work report—over 5% growth in total fixed asset investment and a 5% increase in industrial investment—should be achievable.

Keywords: Fixed Asset Investment; Industrial Investment; Industrial Structure

B.6 Consumer Markets of Shanghai Fengxian: Analysis and
Forecast (2024−2025)　　　　*Di Junpeng, Song Minlan* / 112

Abstract: 2024 is the 'Consumer Promotion Year'. Under the trend of weak consumption growth in first tier cities, the consumer goods market in Fengxian District is relatively stable. The rapid growth of online consumption and the continuous release of rural consumption potential have ensured the positive growth of the consumer goods market in Fengxian. In addition, Fengxian District has effectively activated consumer enthusiasm by organizing various cultural, tourism, sports activities, and competitions. In the future, on the demand side,

Fengxian District still needs to increase residents' income growth expectations in areas such as ensuring employment, strengthening population and industry introduction, and thereby boosting residents' consumption confidence. On the supply side, it is still necessary to fully tap into the consumption characteristics of Fengxian, strengthen policy precision supply through issuing consumption vouchers and other means, gradually improve consumer infrastructure, provide consumers with better products and services, provide more precise policy supply, and create a more secure and reassuring consumption environment.

Keywords: Consumer Goods Market; Consumption Consumer Promotion; Consumer Coupon

B.7 External Economy of Shanghai Fengxian: Analysis and Forecast (2024-2025)

Li Shiqi / 130

Abstract: Facing an increasingly complex and changing external environment, Fengxian's foreign trade scale remained above 120 billion yuan for two consecutive years in 2023. In the first eight months of 2024, Fengxian's total import and export value was 10.26 billion yuan, a year-on-year decrease of 8.4%. The export value was 6.82 billion yuan, a slight decrease of 0.04% compared to the previous year, while the import value was 3.44 billion yuan, down 20.7%. Fengxian's foreign economic dependency has declined, and its trade surplus continues to lead the city. The Fengxian Comprehensive Bonded Zone was included in the Shanghai Free Trade Zone's innovative linked area, marking a new milestone for its open economy. In the first nine months of 2023, Fengxian's FDI contract value was 760 million USD, down 28.3% year-on-year, and the actual utilized foreign investment in the first eight months was 455 million USD, a decline of 1.8%. Efforts to attract and implement foreign investment still need to be strengthened, though the source of foreign capital remains relatively stable, with The Oriental Beauty Valley returning to the top of the region's foreign investment attraction list. Looking ahead, Fengxian needs to seize the significant opportunity to transition from a commodity and factor flow-based model of opening up to a rules and system-based model, and explore new opportunities for foreign economic engagement from the perspective of the integration of industrial, supply, and value chains.

Keywords: External Economy; Comprehensive Free Trade Zone; FDI

B.8   Government Finance of Shanghai Fengxian: Analysis
and Forecast (2024-2025)   *Cheng Dongpo / 149*

Abstract: By reviewing the economic development data and fiscal revenue and expenditure characteristics of 2023 - 2024, this analysis aims to reveal the current features and challenges of fiscal operations and provide insights into the fiscal outlook of Fengxian District for 2024-2025. In 2023, the economic recovery in Fengxian District drove fiscal revenue growth, but the revenue structure showed heavy reliance on certain industries within the secondary and tertiary sectors, with insufficient diversification of tax sources. In the first half of 2024, fiscal revenue declined due to policy-driven tax exemptions and economic fluctuations. However, annual revenue is expected to recover under growth-stabilizing policies.

On the expenditure side, Fengxian District has optimized its spending structure, increasing investment in livelihood areas such as urban-rural community affairs and housing security, while expenditures in healthcare, culture, and sports saw reductions.

Looking ahead to 2024-2025, fiscal operations face dual challenges of revenue growth pressure and expanding expenditure demands. Specific risks to fiscal stability include reliance on certain industry tax sources and increasing economic uncertainty. Recommendations include promoting the development of emerging industries and the upgrading of traditional industries, optimizing expenditure structure, and prioritizing investments in education, urban-rural infrastructure, and public services. These measures aim to enhance the sustainability of fiscal operations and support the high-quality development of the regional economy.

Keywords: Fengxian Finance; Balance of Payments; Expenditure Control

B.9 Real Estate of Shanghai Fengxian: Analysis and Forecast

(2024-2025) *Xie Ruoqing / 162*

Abstract: As a pillar industry of the national economy, real estate plays a crucial role in promoting consumption and boosting market confidence. How to stabilize and ensure the healthy development of the real estate market has become a pressing issue that needs to be addressed. In December 2023, the Central Economic Work Conference put forward a series of requirements regarding real estate, incorporating it into the framework of "effectively preventing and resolving key sector risks" and accelerating the establishment of a new development model for real estate. On May 27, 2024, Shanghai issued the "Shanghai Nine Measures" policy, clearly outlining the direction for stabilizing the real estate market and meeting the diverse housing needs of residents. From 2023 to 2024, the real estate market in Fengxian District experienced a continuous contraction, with weak market demand, overall decline in sales, and a slowdown in real estate development and construction. However, the introduction of the new policy has significantly boosted the investment confidence of real estate developers, leading to increased investment in new projects and accelerated project approval and construction processes, thereby injecting new vitality into the real estate market. Fengxian District is actively promoting a housing system characterized by multiple providers, multiple channels of supply, and a combination of rental and purchase options. The district is also intensifying the implementation of the talent housing project, creating more favorable living conditions to attract top talent, further driving the high-quality development of the regional economy and society.

Keywords: Real Estate Market; Housing Demand; Talent Housing; High-Quality Development

Ⅲ　Special Topics

B.10　Help Fengxian to Build An Important Bearing Area of

Advanced Manufacturing Industry with the Transformation

and Upgrading of "Oriental Beauty Valley"

Xie Yuegu, Zhang Miao / 181

Abstract: With the continuous advancement of economic development, advanced manufacturing plays an important role in the development of modern industries, and it is imperative to promote the transformation and upgrading of traditional manufacturing industries. As an important core area for the development of Fengxian District, in recent years, Oriental Beauty Valley has formed three leading industries, mainly biomedicine, cosmetics and high – end food: the cosmetics industry has accumulated momentum, the biomedical industry has attracted much attention, and the high –end food industry has broad prospects. However, there are still some shortcomings in the development of "Oriental Beauty Valley", including: the development of industrial chain needs to be further improved, the matching of investment demand needs to be further precise, the patent reserve of core industries needs to be further deepened, and the supporting facilities of the park need to be further improved. By strengthening innovation guidance and overall promotion, we will promote the high–end industrial structure and the clustering of key industries, further strengthen the transformation and upgrading of the three major industries of Oriental Beauty Valley, promote the modernization of industrial models and the synergy of industrial factors, and create an important bearing area for advanced manufacturing with "Oriental Beauty Valley" as the core.

Keywords: Oriental Beauty Valley; Advanced Manufacturing Industry; Industrial Upgrading

B.11　Optimizing Fengxian's Business Environment: Issues

and Strategies　　　　　　　　*Wu Kangjun*, *Ma Yiyuan* / 197

Abstract: "There is no best business environment, only a better one— optimization is an ongoing journey." In recent years, Fengxian has continuously pursued the market-driven, law-based, and international standards for improving its business environment, positioning this optimization as its top priority for driving high-quality development. After years of effort, Fengxian's business environment has seen significant improvements, particularly in areas such as market access and property rights protection, placing it among the leading districts in Shanghai. However, challenges remain in ensuring a fair competitive market environment, transparent and just legal frameworks, and the development of smart, digital governance systems. Moving forward, Fengxian should build a full-service system, integrating services with supervision, and promoting comprehensive, credit-based, and smart regulation. Additionally, it is essential to foster a more convenient and inclusive investment and trade environment, efficient government services, and a smart digital infrastructure. Moreover, efforts should be made to establish a strong business environment brand. Through targeted improvements in these key areas, Fengxian can further optimize its business environment.

Keywords: Fengxian; Business Environment; Market Regulation; Rule of Law; Digitalization

B.12　The Process and Prospect of High Quality Development

of Digital Economy in Fengxian District

Ding Botao, *Zhao Caijing* / 217

Abstract: Fengxian District takes promoting the construction of the Digital Jianghai project as the main focus and accelerating the development of digital industrialization and industrial digitization as the key task, initially forming a "one body, two wings" Fengxian digital economy development pattern. The first phase of "Digital Jianghai" has opened, and the second phase has officially started construction; The digital industrialization is steadily growing. In the first eight months of 2024, the information transmission, software, and information technology services industry above designated size in the region increased by 14% year-on-year, while the computer, communication, and other electronic equipment manufacturing industry increased by 8.3% year-on-year; The digitalization effect of industries is significant, and the intelligent transformation and digital transformation of small and medium-sized enterprises are comprehensively promoted. Demonstration benchmarks for digital transformation continue to emerge, and the service system for industrial transformation is further improved. Despite some progress, the development of the digital economy in Fengxian District still faces challenges such as low overall volume, unstable growth, insufficient enterprise strength, and poor innovation ecology. To address these issues, Fengxian District needs to seize new opportunities for development, amplify the spillover effects of characteristic carriers, deepen the integration of data and reality, promote the "data element X" action, highlight regional characteristics, develop new smart agriculture, improve digital ecology, and build a high-quality talent army to promote the high-quality development of the digital economy.

Keywords: Fengxian District; Digital Economy; Digital Industry; Digital Transformation; High-quality Development

B.13 Fengxian is Systematically Promoting the "Five Innovations" to Build the Southern Shanghai Sci-Tech Innovation Center —a preferred area for frontier technology transformation

Ma Pengqing, Zhu Jiamei / 242

Abstract: The year 2024 marks a critical juncture for achieving the goals and tasks outlined in the "14th Five-Year Plan" and represents a pivotal year for advancing high-quality development. In order to systematically promote the "Five Innovations" and build the Southern Shanghai Sci-Tech Innovation Center—a preferred area for frontier technology transformation—Fengxian District issued the "Several Opinions on Promoting the New Quality Productivity of Technological Innovation to Drive High-Quality Industrial Development" in September. This report first analyzes the current state of technological innovation in Fengxian District, revealing improvements in the district's innovation and entrepreneurial activity, as well as ongoing optimization of the innovation and entrepreneurial environment. It then examines key issues encountered during Fengxian's efforts to establish itself as a preferred zone for the transformation of frontier technologies in southern Shanghai and provides corresponding development paths and policy recommendations.

Keywords: Fengxian District; Technological Innovation; Frontier Technology

B.14 Promoting Urban-rural Integration Through the Platform Advantages and Resources of Fengxian New City

Meng Xing, Wu Kangjun / 256

Abstract: Fengxian is a key area for rural revitalization in Shanghai and plays a significant role in promoting urban-rural integration. The new city benefits from its strategic location, ecological, industrial, and innovation resources, and has initially established a spatial structure of "cross water streets and grid-like green corridors". However, Fengxian still faces challenges such as a large urban-rural income gap, low levels of agricultural modernization, talent loss, inefficient land use, and unequal public services. To promote high-quality urban-rural integration, Fengxian should focus on facilitating the free flow of resources between urban and rural areas, deepening industrial integration, accelerating the equalization of public services, and optimizing spatial coordination between urban and rural spaces. In the future, Fengxian New City must further leverage its radiating influence, innovate development mechanisms, and explore new models for urban-rural integration. By continuously improving rural infrastructure and enhancing public service quality, Fengxian is poised to become a model showcasing rural revitalization in an international metropolis, providing valuable experiences for urban-rural integration in Shanghai and nationwide.

Keywords: New City Development; Platform Advantage; Rural Revitalization; Urban-Rural Integration Development

B. 15   Digital Rural Construction Boosts Rural Revitalization

in Fengxian   *Feng Shuhui, Zhu Jiamei / 272*

Abstract: The new quality agricultural productivity provides a powerful source of motivation for advancing the new rural revitalization strategy. As the main battleground for rural revitalization in Shanghai, Fengxian District strives to be a trailblazer in agricultural and rural modernization and a leader in urban-rural integration, focusing on promoting the construction of the Agricultural Science and Innovation Valley. This has created fertile ground for Fengxian to cultivate and develop new agricultural productivity. Meanwhile, challenges such as an imperfect agricultural science and innovation system and shortages in both the quantity and quality of agricultural innovation talents pose obstacles to the development of new agricultural productivity in Fengxian's rural revitalization efforts. However, these challenges also offer vast opportunities for Fengxian to cultivate new agricultural productivity to further promote rural revitalization. Starting from the exploration of the contemporary connotations and typical characteristics of new agricultural productivity, and based on the theoretical mechanism of how new agricultural productivity empowers rural revitalization in Fengxian, this topic analyzes the advantages of new agricultural productivity in supporting rural revitalization in Fengxian and conducts in-depth summaries and analyses of the challenges faced. Finally, based on the above analysis, corresponding policy recommendations are proposed for Fengxian to cultivate new agricultural productivity and leverage it to promote rural revitalization.

Keywords: New Quality Agricultural Productivity; Rural Revitalization; Shanghai Fengxian

B.16　Cultivating "Xian City Artisans" to Power High-Quality Development with Talent

Zhang Meixing, Shen Pengyuan / 289

Abstract: Skilled talent is a crucial driving force behind "Made in China" and "Created in China." In recent years, Shanghai has made significant progress in developing high-skilled talent, strengthening policy support and promoting innovative mechanisms to accelerate the growth of its skilled workforce. Leveraging its industrial foundation, Fengxian District has nurtured and promoted the spirit of craftsmanship, striving to build "Xian City Artisans" and boost the district's high-quality economic and social development. This paper begins by exploring the definition and training theories of high-skilled talent, followed by an analysis of the current development and challenges of high-skilled talent in Shanghai. It summarizes Fengxian's achievements in attracting, nurturing, retaining, and utilizing skilled talent, identifying key areas and breakthroughs needed for Fengxian to further develop "Xian City Artisans," optimize its talent structure, and establish itself as a high-skilled talent hub in southern Shanghai. The paper provides recommendations for Fengxian District to build a well-structured and high-caliber skilled talent workforce and power high-quality development with talent.

Keywords: Xian City Artisans; High-skilled Talent; Talent Workforce; Industrial Structure

B.17 Classify and Establish Driving Mechanisms to Promote the

Growth of "Zero-waste Cell" and Advance the Long-term

Development of "Zero-waste City."   *Xu Dafeng* / 303

Abstract: Fengxian boasts a large number of "zero-waste cells" with strong representativeness. Thanks to the joint efforts of various entities, a robust atmosphere for building "zero-waste cells" has been cultivated in the district. These entities have leveraged their practical experience to enhance coordination between "zero-waste cell" creation and waste sorting efforts, placing emphasis on digitalization improvements. By innovating management practices and advancing technology, they have effectively reduced total solid waste emissions and enhanced resource utilization, with initial successes evident in "zero-waste cell" creation. Given the diversity among Fengxian's "zero-waste cell" entities and the considerable differences in their resource endowments and construction capabilities, tailored creation targets for various entities are necessary. Overall, strong support from the government and policies is essential for "zero-waste cell" development. Since the core responsibilities of different entities vary significantly, constructing corresponding driving mechanisms for each type is crucial for ensuring that "zero-waste cells" play a leading and demonstrative role in building "zero-waste cities."

Keywords: "Zero-waste Cell"; "Zero-waste City"; Shanghai Fengxian

B.18 "Xianmei Culture" Leads and Drives the High-quality

Development of Fengxian's Culture

Liao Hui, Du Xuefeng / 315

Abstract: The "two combinations" has pointed out the direction for the high-quality development of Fengxian culture. Originating from Yanzi's missionary work, the "virtuous culture" is rooted in Jiangnan culture, characterized by Shanghai style culture and red culture. It integrates the concepts of "respecting virtuous people, thinking of others" and "good family traditions and teachings" to form the "virtuous and beautiful culture", highlighting the soft power level of Fengxian city and promoting the development of Fengxian cultural industry. Drawing up the prospects of "virtuous and beautiful culture" is a fundamental requirement for actively practicing the "two combinations", a practice for promoting the coordinated development of material civilization and spiritual civilization, an action to bravely undertake new cultural missions, and an essential part of the integrated development of the Yangtze River Delta. To promote the high-quality development of culture, Fengxian should base itself on the existing foundation to expand and strengthen the influence of cultural brands, empower the cultural consumption vitality zone of Fengxian New City around consumption upgrading, adapt to the development of new cultural industries through cross-border integration, and strengthen government guidance and coordination for the coordinated development of cultural industries.

Keywords: Two Combinations; Virtuous and Beautiful Culture; High-quality Development of Culture

权威报告·连续出版·独家资源

皮书数据库
ANNUAL REPORT(YEARBOOK)
DATABASE

分析解读当下中国发展变迁的高端智库平台

所获荣誉

- 2022年，入选技术赋能"新闻+"推荐案例
- 2020年，入选全国新闻出版深度融合发展创新案例
- 2019年，入选国家新闻出版署数字出版精品遴选推荐计划
- 2016年，入选"十三五"国家重点电子出版物出版规划骨干工程
- 2013年，荣获"中国出版政府奖·网络出版物奖"提名奖

皮书数据库　"社科数托邦"
微信公众号

成为用户

　　登录网址www.pishu.com.cn访问皮书数据库网站或下载皮书数据库APP，通过手机号码验证或邮箱验证即可成为皮书数据库用户。

用户福利

- 已注册用户购书后可免费获赠100元皮书数据库充值卡。刮开充值卡涂层获取充值密码，登录并进入"会员中心"—"在线充值"—"充值卡充值"，充值成功即可购买和查看数据库内容。
- 用户福利最终解释权归社会科学文献出版社所有。

数据库服务热线：010-59367265
数据库服务QQ：2475522410
数据库服务邮箱：database@ssap.cn
图书销售热线：010-59367070/7028
图书服务QQ：1265056568
图书服务邮箱：duzhe@ssap.cn

社会科学文献出版社　皮书系列
SOCIAL SCIENCES ACADEMIC PRESS (CHINA)
卡号：721359596846
密码：

S 基本子库
SUB DATABASE

中国社会发展数据库（下设 12 个专题子库）

紧扣人口、政治、外交、法律、教育、医疗卫生、资源环境等 12 个社会发展领域的前沿和热点，全面整合专业著作、智库报告、学术资讯、调研数据等类型资源，帮助用户追踪中国社会发展动态、研究社会发展战略与政策、了解社会热点问题、分析社会发展趋势。

中国经济发展数据库（下设 12 专题子库）

内容涵盖宏观经济、产业经济、工业经济、农业经济、财政金融、房地产经济、城市经济、商业贸易等 12 个重点经济领域，为把握经济运行态势、洞察经济发展规律、研判经济发展趋势、进行经济调控决策提供参考和依据。

中国行业发展数据库（下设 17 个专题子库）

以中国国民经济行业分类为依据，覆盖金融业、旅游业、交通运输业、能源矿产业、制造业等 100 多个行业，跟踪分析国民经济相关行业市场运行状况和政策导向，汇集行业发展前沿资讯，为投资、从业及各种经济决策提供理论支撑和实践指导。

中国区域发展数据库（下设 4 个专题子库）

对中国特定区域内的经济、社会、文化等领域现状与发展情况进行深度分析和预测，涉及省级行政区、城市群、城市、农村等不同维度，研究层级至县及县以下行政区，为学者研究地方经济社会宏观态势、经验模式、发展案例提供支撑，为地方政府决策提供参考。

中国文化传媒数据库（下设 18 个专题子库）

内容覆盖文化产业、新闻传播、电影娱乐、文学艺术、群众文化、图书情报等 18 个重点研究领域，聚焦文化传媒领域发展前沿、热点话题、行业实践，服务用户的教学科研、文化投资、企业规划等需要。

世界经济与国际关系数据库（下设 6 个专题子库）

整合世界经济、国际政治、世界文化与科技、全球性问题、国际组织与国际法、区域研究 6 大领域研究成果，对世界经济形势、国际形势进行连续性深度分析，对年度热点问题进行专题解读，为研判全球发展趋势提供事实和数据支持。

法律声明

"皮书系列"（含蓝皮书、绿皮书、黄皮书）之品牌由社会科学文献出版社最早使用并持续至今，现已被中国图书行业所熟知。"皮书系列"的相关商标已在国家商标管理部门商标局注册，包括但不限于 LOGO（ ）、皮书、Pishu、经济蓝皮书、社会蓝皮书等。"皮书系列"图书的注册商标专用权及封面设计、版式设计的著作权均为社会科学文献出版社所有。未经社会科学文献出版社书面授权许可，任何使用与"皮书系列"图书注册商标、封面设计、版式设计相同或者近似的文字、图形或其组合的行为均系侵权行为。

经作者授权，本书的专有出版权及信息网络传播权等为社会科学文献出版社享有。未经社会科学文献出版社书面授权许可，任何就本书内容的复制、发行或以数字形式进行网络传播的行为均系侵权行为。

社会科学文献出版社将通过法律途径追究上述侵权行为的法律责任，维护自身合法权益。

欢迎社会各界人士对侵犯社会科学文献出版社上述权利的侵权行为进行举报。电话：010-59367121，电子邮箱：fawubu@ssap.cn。

社会科学文献出版社